高等院校特色规划教材

# 创业基础教程

主　编　张文喜　李友俊
副主编　马苒苒　薛红燕

石油工业出版社

## 内 容 提 要

本书依据教育部《普通本科学校创业教育教学基本要求（试行）》编写而成，内容包括：创业、创业精神与人生发展，创业者与创业团队，创业机会，创业风险管理，商业模式的开发，创业资源管理，创业计划书撰写与展示，新企业的开办，创业实践活动等。每部分内容附有引导案例、本章要点、思考题、案例讨论等，便于读者学习。本书具有内容规范、体例新颖、资料丰富、突出实践、便于学习等特点。

本书可作为高等院校各专业本科生"创业基础"课程的教材，也可以作为开展各类创业培训的教材和创业者阅读的参考书。

**图书在版编目（CIP）数据**

创业基础教程 / 张文喜，李友俊主编．—北京：
石油工业出版社，2021.9（2023.8重印）
高等院校特色规划教材
ISBN 978-7-5183-4812-1

Ⅰ．①创… Ⅱ．①张… ②李… Ⅲ．①大学生—创业—高等学校—教材 Ⅳ．①G647.38

中国版本图书馆CIP数据核字（2021）第160959号

出版发行：石油工业出版社
　　　　　（北京市朝阳区安华里2区1号楼 100011）
　　　　　网　　址：www.petropub.com
　　　　　编辑部：(010) 64250991　图书营销中心：(010) 64523633
经　　销：全国新华书店
排　　版：北京麦莫瑞文化传播有限公司
印　　刷：北京中石油彩色印刷有限责任公司

2021年9月第1版　　2023年8月第3次印刷
787毫米×1092毫米　　开本：1/16　　印张：16
字　数：390千字

定　价：35.00元
（如发现印装质量问题，我社图书营销中心负责调换）
版权所有，翻印必究

# 创新创业系列教材

## 编 委 会

主　任：付光杰
副主任：耿　岱　刘宝库
委　员：宋要武　李志科　陶国彬　孙志刚　周博宇
　　　　戴语涵

## 《创业基础教程》编写人员

主　编：张文喜　李友俊
副主编：马苒苒　薛红燕
参　编：兰　图　蒋召宇　王　威　姜　郸　苏　欣
　　　　王佑慈　时迎健　张建华　韦小兵　薛大维
　　　　张庆霞　巩艳芬　辛全刚　曹建刚

# 前　言

在"大众创业、万众创新"的时代背景下，创业创新日益成为综合国力竞争的制高点。大学生作为最具创业活力和潜力的群体，如何培养其创业创新能力成为目前一个重要及紧迫的课题。加强对高校大学生进行创业教育不仅有利于增强大学生的创新能力，还可以拓宽就业渠道，缓解日益加重的就业压力，具有重大的现实意义和深远的历史意义。

依据2012年8月教育部下发的关于《普通本科学校创业教育教学基本要求（试行）》中的要求，结合大学生创业理论与实践的需要，在"创业基础"课程多年教学经验基础上，对2016年出版的《创业基础》教材进行了修订。本书在阐述相关创业理论的基础上，加强实用性与实践性，定位于以下三个方面：第一"是什么"，准确定义概念，阐明基本知识。第二"为什么"，运用基本理论分析主要原因，掌握创业活动的内在规律。第三"怎么做"，着重掌握基本流程与基本方法，提高学生分析问题与解决问题的能力。

本教材的主要特点如下：

（1）内容规范。本书按照《普通本科学校创业教育教学基本要求（试行）》中的"创业基础"教学大纲（试行）的规定，安排教材的内容框架，共九章，共32学时。

（2）体例新颖。通过引导案例与案例讨论，加入校友的创业案例，以配合理论内容，增强学生对现实问题的理解。

（3）资料丰富。从我国国情出发，充分反映创业研究领域的最新成果及高校创业教育教学的经验。

（4）突出实践。增加第七章至第九章的内容，对大学生参加各类创新创业大赛具有重要的指导意义。

（5）便于学习。每章有学习目的、引导案例、本章要点、思考题、案例讨论等，以帮助学生掌握本章的内容。

本书由东北石油大学组织编写，张文喜、李友俊担任主编，马苒苒、薛红燕担任副主编。各章具体分工为：第一章由兰图、蒋召宇负责编写，第二章由王威、姜郫负责编写，第三章由张文喜、苏欣负责编写，第四章由王佑慈、薛红燕负责编写，第五章由李友俊、时迎健负责编写，第六章由张建华、韦小兵负责编写，第七章由薛大维、张庆霞负责编写，第八章由巩艳芬、辛全刚负责编写，第九章由马苒苒、薛红燕负责编写，创业案例由曹建刚负责编写。

本书的编写得到了东北石油大学创新创业学院的大力支持，在此表示感谢。同时，本书在编写过程中参考借鉴了大量的国内外相关研究成果，在此一并表示感谢。

由于编者水平所限，书中难免有不足之处，期待专家与读者批评指正。

编 者
2021 年 6 月

# 目 录

## 第一章 创业、创业精神与人生发展 ... 1
- 第一节 创业与创业精神 ... 2
- 第二节 知识经济发展与创业 ... 18
- 第三节 创业与职业生涯发展 ... 23
- 第四节 当代中国创业 ... 29
- 本章要点 ... 33
- 思考题 ... 34
- 参考文献 ... 36

## 第二章 创业者与创业团队 ... 37
- 第一节 创业者 ... 38
- 第二节 创业团队 ... 48
- 本章要点 ... 61
- 思考题 ... 61
- 参考文献 ... 63

## 第三章 创业机会 ... 64
- 第一节 创业机会识别 ... 65
- 第二节 创业机会评价 ... 80
- 本章要点 ... 85
- 思考题 ... 85
- 参考文献 ... 86

## 第四章 创业风险管理 ... 87
- 第一节 创业企业风险管理概述 ... 92
- 第二节 项目选择风险管理 ... 93
- 第三节 财务风险管理 ... 96
- 第四节 人力资源风险管理 ... 100
- 第五节 技术风险管理 ... 104
- 第六节 创业过程不同阶段的风险管理 ... 106
- 本章要点 ... 111

思考题ㅤㅤㅤㅤㅤㅤㅤㅤㅤㅤㅤㅤㅤㅤㅤㅤㅤㅤㅤㅤㅤㅤㅤㅤㅤㅤㅤㅤㅤ112
　　参考文献ㅤㅤㅤㅤㅤㅤㅤㅤㅤㅤㅤㅤㅤㅤㅤㅤㅤㅤㅤㅤㅤㅤㅤㅤㅤㅤㅤㅤ112

## 第五章　商业模式的开发ㅤㅤㅤㅤㅤㅤㅤㅤㅤㅤㅤㅤㅤㅤㅤㅤㅤㅤ113
　　第一节　商业模式的内涵ㅤㅤㅤㅤㅤㅤㅤㅤㅤㅤㅤㅤㅤㅤㅤㅤㅤㅤ114
　　第二节　商业模式画布ㅤㅤㅤㅤㅤㅤㅤㅤㅤㅤㅤㅤㅤㅤㅤㅤㅤㅤㅤ117
　　第三节　国内外主要商业模式ㅤㅤㅤㅤㅤㅤㅤㅤㅤㅤㅤㅤㅤㅤㅤ124
　　本章小结ㅤㅤㅤㅤㅤㅤㅤㅤㅤㅤㅤㅤㅤㅤㅤㅤㅤㅤㅤㅤㅤㅤㅤㅤㅤㅤㅤㅤ130
　　思考题ㅤㅤㅤㅤㅤㅤㅤㅤㅤㅤㅤㅤㅤㅤㅤㅤㅤㅤㅤㅤㅤㅤㅤㅤㅤㅤㅤㅤㅤ131
　　参考文献ㅤㅤㅤㅤㅤㅤㅤㅤㅤㅤㅤㅤㅤㅤㅤㅤㅤㅤㅤㅤㅤㅤㅤㅤㅤㅤㅤㅤ131

## 第六章　创业资源管理ㅤㅤㅤㅤㅤㅤㅤㅤㅤㅤㅤㅤㅤㅤㅤㅤㅤㅤㅤㅤ132
　　第一节　创业资源ㅤㅤㅤㅤㅤㅤㅤㅤㅤㅤㅤㅤㅤㅤㅤㅤㅤㅤㅤㅤㅤㅤ134
　　第二节　创业融资ㅤㅤㅤㅤㅤㅤㅤㅤㅤㅤㅤㅤㅤㅤㅤㅤㅤㅤㅤㅤㅤㅤ140
　　第三节　创业资源管理ㅤㅤㅤㅤㅤㅤㅤㅤㅤㅤㅤㅤㅤㅤㅤㅤㅤㅤㅤ149
　　本章小结ㅤㅤㅤㅤㅤㅤㅤㅤㅤㅤㅤㅤㅤㅤㅤㅤㅤㅤㅤㅤㅤㅤㅤㅤㅤㅤㅤㅤ159
　　思考题ㅤㅤㅤㅤㅤㅤㅤㅤㅤㅤㅤㅤㅤㅤㅤㅤㅤㅤㅤㅤㅤㅤㅤㅤㅤㅤㅤㅤㅤ159
　　参考文献ㅤㅤㅤㅤㅤㅤㅤㅤㅤㅤㅤㅤㅤㅤㅤㅤㅤㅤㅤㅤㅤㅤㅤㅤㅤㅤㅤㅤ162

## 第七章　创业计划书撰写与展示ㅤㅤㅤㅤㅤㅤㅤㅤㅤㅤㅤㅤㅤㅤ163
　　第一节　创业计划的准备ㅤㅤㅤㅤㅤㅤㅤㅤㅤㅤㅤㅤㅤㅤㅤㅤㅤㅤ164
　　第二节　撰写创业计划ㅤㅤㅤㅤㅤㅤㅤㅤㅤㅤㅤㅤㅤㅤㅤㅤㅤㅤㅤ185
　　第三节　创业计划的展示ㅤㅤㅤㅤㅤㅤㅤㅤㅤㅤㅤㅤㅤㅤㅤㅤㅤㅤ192
　　本章要点ㅤㅤㅤㅤㅤㅤㅤㅤㅤㅤㅤㅤㅤㅤㅤㅤㅤㅤㅤㅤㅤㅤㅤㅤㅤㅤㅤㅤ194
　　思考题ㅤㅤㅤㅤㅤㅤㅤㅤㅤㅤㅤㅤㅤㅤㅤㅤㅤㅤㅤㅤㅤㅤㅤㅤㅤㅤㅤㅤㅤ194
　　参考文献ㅤㅤㅤㅤㅤㅤㅤㅤㅤㅤㅤㅤㅤㅤㅤㅤㅤㅤㅤㅤㅤㅤㅤㅤㅤㅤㅤㅤ195

## 第八章　新企业的开办ㅤㅤㅤㅤㅤㅤㅤㅤㅤㅤㅤㅤㅤㅤㅤㅤㅤㅤㅤㅤ196
　　第一节　成立新企业ㅤㅤㅤㅤㅤㅤㅤㅤㅤㅤㅤㅤㅤㅤㅤㅤㅤㅤㅤㅤ197
　　第二节　新企业成长管理ㅤㅤㅤㅤㅤㅤㅤㅤㅤㅤㅤㅤㅤㅤㅤㅤㅤㅤ203
　　第三节　新企业的商业伦理ㅤㅤㅤㅤㅤㅤㅤㅤㅤㅤㅤㅤㅤㅤㅤㅤ219
　　本章小结ㅤㅤㅤㅤㅤㅤㅤㅤㅤㅤㅤㅤㅤㅤㅤㅤㅤㅤㅤㅤㅤㅤㅤㅤㅤㅤㅤㅤ224
　　思考题ㅤㅤㅤㅤㅤㅤㅤㅤㅤㅤㅤㅤㅤㅤㅤㅤㅤㅤㅤㅤㅤㅤㅤㅤㅤㅤㅤㅤㅤ224
　　参考文献ㅤㅤㅤㅤㅤㅤㅤㅤㅤㅤㅤㅤㅤㅤㅤㅤㅤㅤㅤㅤㅤㅤㅤㅤㅤㅤㅤㅤ227

## 第九章　创业实践活动ㅤㅤㅤㅤㅤㅤㅤㅤㅤㅤㅤㅤㅤㅤㅤㅤㅤㅤㅤㅤ228
　　第一节　创业教育中的创业实践活动ㅤㅤㅤㅤㅤㅤㅤㅤㅤㅤ230
　　第二节　创业教育中的"教赛结合"实践ㅤㅤㅤㅤㅤㅤㅤ236
　　第三节　创业教育与专业教育的融合ㅤㅤㅤㅤㅤㅤㅤㅤㅤㅤ241
　　本章要点ㅤㅤㅤㅤㅤㅤㅤㅤㅤㅤㅤㅤㅤㅤㅤㅤㅤㅤㅤㅤㅤㅤㅤㅤㅤㅤㅤㅤ247
　　思考题ㅤㅤㅤㅤㅤㅤㅤㅤㅤㅤㅤㅤㅤㅤㅤㅤㅤㅤㅤㅤㅤㅤㅤㅤㅤㅤㅤㅤㅤ247
　　参考文献ㅤㅤㅤㅤㅤㅤㅤㅤㅤㅤㅤㅤㅤㅤㅤㅤㅤㅤㅤㅤㅤㅤㅤㅤㅤㅤㅤㅤ248

# 第一章

# 创业、创业精神与人生发展

本章学习目的在于掌握创业的概念、要素与类型、创业的过程及阶段划分、创业型人才的素质要求、创业能力对个人职业生涯发展的意义和作用,熟悉创业与创业精神的关系与创业活动的功能属性,了解经济转型与创业热潮的关系及知识经济时代赋予创业的重要意义等。

## 不负青春,勇于逐梦

赵人龙,东北石油大学秦皇岛分校旅游专业2006届毕业生。毕业那年,面对庞大的自主择业洪流和激烈的社会竞争,他毅然选择了自主创业之路。他曾先后做过导游、公司职员、部门经理等行业和职位,虽然自己也很尽力,工作上很辛苦——但其收入和预期目标相差太远。

为了不断地历练自己,为了不负大好青春年华,为了做一个对社会有贡献的人,去实现自己曾经的梦想……他于2010年同三位大学毕业的好友一起,集资投入20万元,创建了秦皇岛馨晟餐饮股份有限公司。

初始公司规模很小,办公场地只有80多平方米,员工也只有十来个人。面对强手如林的餐饮同业竞争,面对很多不确定的经营风险,他和伙伴们坚持从特色项目和市场前景定位做起,坚持市场调研和品牌打造,本着对客户尽心负责,对公司规范管理,对广大消费者提供色香味美、值得信赖的过硬产品为宗旨……经过几年的坎坷波折并逐步得以发展壮大,到目前为止公司员工多达400余人,公司年产值近亿元,各地连锁经营的门店达几千家,为本地创造就业近千人次。

## 不畏艰辛,拼搏感恩

十年风雨创业路,一颗拼搏感恩心。赵人龙作为公司主要责任人(执行总裁),在公司的发展和运作上付诸心血,不断拓宽眼界,立足开创式思维;并同伙伴们一起集思广益,本着一颗为客户诚信服务的理念,把消费市场推向了全国各地。尤其是在帮助大量的应届毕业大学生的择业就职方面,从公司的角度给予了很多特定的倾斜——为一些有志于职场历练和从事相关餐饮经营的学弟学妹们提供平台,来回馈社会,回馈母校。

## 诚信为本，铸就品牌

面对当前社会上餐饮连锁业鱼龙混杂的状况，赵人龙和伙伴们多年来一直严守公司的服务信誉：实事求是不蒙骗，品牌优先保双赢。在公司的品牌创建上，他们深入发掘传统美食和当下消费群体的不同需求，把公司的经典项目"桥头排骨"做成了全国知名品牌——曾成为各地备受推崇和喜爱的小吃，荣获众多奖项。如今，在全国的很多大中城市，都遍布"桥头排骨"的店面及消费人群。

创业有苦乐，守业具艰辛；立下报国志，馨香满园春！时代发展需要更多敢于自主创业的莘莘学子在走出校门之后有所建树，从中获得经历、获得快乐、丰富及实现人生的自我价值。

赵人龙及其伙伴们代表着东油精神和风貌，他们将继续在创业路上昂首阔步，砥砺前行！

案例思考：
（1）赵人龙当年为什么要创业？
（2）在创业途中依靠什么才能走出困境？

# 第一节　创业与创业精神

在当前全球新冠疫情常态化影响下，世界各国都在一方面加强本国防控，另一方面努力提振本国经济复苏，提升竞争能力。国与国之间竞争的实质是人才的竞争，对优秀人才的角逐和竞争已经变成了各国在后疫情时代重新复苏经济的国家战略。当前中国正处在大国崛起的关键时期，面对部分发达国家的围追堵截，我们只有加大力量培养大批应用创新型人才，并将创新应用于创业中去，积极为经济社会的高质量发展提供动力才能努力破局，完成中华民族伟大复兴的历史任务。党的十八大报告明确提出"鼓励创业的方针"，提倡"促进创业带动就业"，提倡在"尊重知识、尊重人才、尊重创造"的前提下进行人才培养，尤其是"加大创新创业人才培养支持力度，重视实用人才培养"及"重点扩大应用型、复合型、技能型人才培养规模"。同时也指出，青年人是国家的栋梁之才，"鼓励青年成长，支持青年创业"是建设中国特色社会主义事业的重要内容。尤其是对于大学生创业者而言，积极进行创业活动不仅有利于培养自身创新意识，锻炼克服困难的坚强意志，增强个人综合素质，同时也有利于解决就业问题，满足社会群体的多层次工作生活需要，推动经济、社会发展。

## 一、创业的定义、特征与功能

### （一）创业的定义

创业在我国古代文献记录中最早的含义为"开创基业"，《辞海》将其解释为"创立基业"。从字面来看，"创"字取"仓"声，取"立刀"意，拿刀来砍东西，在物体上砍出伤口即为创。于是，"创"就有了创造、首创、开始、开拓、前所未有之意。"仓"为囤粮之地，加上"立刀"，意思即为拿刀割下成熟的庄稼，而后储藏起来。于是，"创"又有了收获、积累、储藏之意。"业"之字义，所从事的工作为"业"，一般指事业、家业、职业。我们把"创"和"业"两字结合起来理解"创业"之含义，创业就是开创前所未有的事业或积累财富的过程。

在英文中，有三个词表示"创业"。第一个词是"enterpreneurship"，主要用来表示创业状态，或者是创业活动；第二个词是"startup"，主要是指创立新企业；第三个词是"venture"，其词源意思是"冒险"，在创业活动中特指"冒险创立企业"。一般而言，国内学者更愿意用"enterpreneurship"来表示"创业"或是"创业活动"。

在现代语境中，创业本身就是一个跨学科、多层面的复杂现象，从不同学科视角来审视都会产生不同的视角。但通常而言，创业有"创办企业"和"开创事业"两种主流含义，有学者称前者为"狭义"的创业概念，就是不拘泥于当前资源约束、寻求机会、通过创办企业进行价值创造的行为过程；后者为"广义"的创业概念，泛指一切具有开拓创新性质的社会实践活动，无论是政治、经济、文化、军事等各类事业，只要人们所从事的是前人没有从事过的事业，皆能称为"创业"。在本书中，虽然核心内容围绕"如何创办企业"这一问题展开，但是，基于当下的经济、社会发展及理念更新，贯穿全书的"创业"理念在阐述创业精神、职业生涯发展等内容时，用到的都是"广义"的创业概念，即"开创事业"。在当今时代，创业已经成为实现人生价值、创造社会财富、推动社会经济转型和发展的最重要的途径。

在学术上，创业的定义有很多种，广受认可的有两个，一是哈佛大学商学院史蒂文森（Howard H. Stevenson）教授的定义：创业是不拘泥于当前资源条件的限制对机会的追寻，将不同的资源组合以利用和开发机会并创造价值的过程。二是百森商学院蒂蒙斯教授（Jeffry A. Timmons）给出的定义：创业是一种思考、推理和行动的方式，它为机会所驱动，需要缜密的实施方法和掌控全局的领导能力。还有人更简单地定义创业，譬如风险投资家弗瑞德·威尔逊（Fred Wilson），把创业定义为"将创意转化为企业的艺术"。

总而言之，创业就是不拘泥于当前资源约束，寻求机会、通过创办企业进行价值创造的行为过程。此外，创业的本质也是一种既呈现目标又呈现出状态的社会实践活动。

### （二）创业的特征

创业的本质是创新、变革，是创造市场价值的探索性实践，创业活动的特征体现在把握机会、超前行动、创造性地整合资源、创新与变革和价值创造5个方面。

#### 1. 把握机会

机会的最初状态是市场需求。创业活动的机会导向进一步决定了创业活动的顾客导向，这也是创业与发明、创新不同的重要方面。要识别创业机会，就必须深入理解顾客需求，对顾客的需求做细致入微的研究分析，这不同于简单的市场细分，而是要把握顾客的本质需求。

#### 2. 超前行动

创业活动的机会导向特征决定了创业活动必须突出速度，并做到超前行动。机会都具有时效性，甚至可能稍纵即逝。现实生活中，成功的创业者一旦有了创业的想法，往往会在比较短的时间里快速付诸实施，并在实践中不断摸索、改进、寻求发展。

3. 创造性地整合资源

创业活动强调在资源不足的情况下把握机会。创业者开始创业（特别是刚毕业的大学生创业）时，往往拥有的资源很少，因此必须善于创造性地整合资源。资源种类很多，创业者自身所具备的知识、技术、组织协调才能、社会关系网络、对市场和顾客需求的洞察力等都是可能成为整合外部资源助其创业成功的重要资源。

4. 创新与变革

创新与变革是创业的基础，创业过程永远是不断创新与变革的过程。无论是发现新创意、捕捉新机遇、寻找新市场，还是技术创新、制度创新和管理创新等都是创新。企业在发展道路上，往往会遭遇资金、人才、产品、品牌、管理等方面的发展瓶颈，企业要想顺利跨越这些瓶颈，不仅需要通过技术创新来实现突破，还需要通过经营理念、管理方式与商业模式的创新与变革来实现突破。现实生活中，大多数的创业行为都是在做别人已经做过的事情，海尔公司不是第一家生产冰箱的企业，联想集团销售计算机之前许多中国人已经使用计算机，巨人集团推出"脑黄金"的时候人们早就知道保健品是什么，但是他们把平凡的事情做出了不平凡的业绩，取得成绩的背后是创新与变革。

5. 价值创造

价值创造首先意味着要向顾客提供有价值的产品和服务，并通过产品和服务使消费者的需求得到实质性的满足。其次，价值创造强调的是对社会和经济发展的贡献，强调对人们物质和精神生活的丰富和满足，只有突出价值创造的创业活动才有生命力，才更有助于生存和发展。

（三）创业的功能

1. 推动社会与经济的发展

创业对一个国家和地区的经济发展具有巨大的推动作用。创业一方面能够迅速催生大批新企业，另一方面能够造就快速发展的新行业。美国经济学家罗斯托的"经济成长阶段论"把人类社会的发展划分为六个依次更替的成长阶段，每个阶段都有与之相适应的、起主导作用的、带动经济起飞的部门，即"主导部门"，而企业家正是"富有创新精神""不怕冒风险"，且能够完成主导部门创立过程的带头人。

企业家的创新创业活动，既是对原有产业结构均衡的创造性破坏，又预示着产业结构演进发展的趋势。例如，在20世纪30年代，创业革命不但推动了美国经济的高速发展，而且改变了美国的经济结构。在今天的美国财富中，超过95%的财富是由1980年以后，以比尔·盖茨为代表的E-Generation创造的。小企业承担美国税收总数的54%，鼓励和扶持创业已经成为美国经济发展的动力源泉。

2. 增加并带动就业

我国改革开放40多年来，人们的创业激情得到了充分的释放，全国中小企业蓬勃发展。截至2020年，我国中小企业和非公有制企业的数量已经超过4200万户，占全国企业总数的99.8%。其中，在工商部门注册的中小企业数量有430多万户，个体经营户达3800多万户。中国工业和信息化部总工程师朱宏在"中国（陕西）非公有制经济发展论坛"上表示：中国中小企业总数已占全国企业总数的99.8%以上，创造的最终产品和服务价值相当于国内生产总值的60%左右。中小企业在繁荣经济、推动创新、扩大出口、增加就业等方面发挥了重要的作用。而在我国的中小企业中，创业者的学历层次也在逐年提高，越来越多的大学生加入了创业的洪流，成为创立中小企业的主力军。

3. 有助于实现人生价值

创业不但对社会经济发展起着巨大的推动和促进作用，而且对创业者个人发展也有重大影响。创业所激发出来的价值创造潜力，不仅为个人提供了巨大的发展机会，而且会带给个人实现财富梦想的机会。尤其在当前的知识经济时代，创业已然成为个人发现自我潜力、施展才华的人生舞台。但是，需要注意的是，在市场经济大潮中，机会与风险共存。创业者也必须拥有承担失败风险、担负更大责任和压力的勇气和能力。只要从事创业活动，就必然会与风险伴随。事业的范围和规模越大，取得的成就越大，伴随的风险也越大，需要承受的心理压力也就越大。因此，在决定是否创业之前，需要充分的准备，既要看到创业成功可能带来的收益，又要看到创业失败可能带来的损失，不要仅凭无知无畏而去创业。

## 二、创业的要素与类型

### （一）创业的要素

美国百森商学院蒂蒙斯教授在长期的创业学研究工作中提炼出了创业过程模型，其中包含三个要素：机会、团队和资源。该模型的含义主要有以下三个方面：

第一，创业机会是创业过程的核心驱动力。创始人或创业团队是创业过程的主导者，资源是创业成功的必要保证。创业过程始于创业机会，而不是资金、战略、网络、团队或商业计划。开始创业时，创业机会比团队的能力和资源更重要。在创业过程中，资源与商机间经历着一个适应—出现差距—适应的动态过程。成功的创业者和投资者都知道，一个好的思路未必是一个好的商机。实际上，以商业计划或商业建议等形式呈送给投资者的每100个思路中，通常仅有一两个最后会转化为投资项目。所以，对创业者和投资者来说，学会迅速估计是否存在真正的商业潜力，以及决定该在上面花费多少时间和精力是一项重要的技能。

第二，创业过程是商业机会、创业者和资源三个要素匹配和平衡的结果。处于模型底部的创始人或创业团队要善于配置和平衡，借此推进创业过程，他们必须做的核心过程是：对商机的理性分析和把握，对风险的认识和规避，对资源的最合理利用和配置，对创业团队适应性的分析和认识。

第三，创业过程是一个连续不断地寻求平衡的行为组合。三个要素的绝对的平衡是不存在的，但企业要保持发展，必须追求一种动态的平衡。以保持平衡的观念展望企业未来时，创业者必须思量：目前的团队是否能领导公司未来的成长、资源状况；下一阶段所面临的陷阱。这些问题在不同的阶段以不同的形式出现，牵涉企业的可持续发展。

总之，创始人或创业团队必须在推进业务的过程中，在模糊和不确定的动态的创业环境中要具有创造性地捕捉商机、整合资源、构建战略、解决问题的能力，要勤奋工作、勇于奉献。创业者在创业过程中就像一个杂技表演者，一边要在平衡线上保持平衡，一边还要在动荡的处境中进行各式各样的表演。

## （二）创业的类型

### 1. 按创业动机划分

按创业动机可分为生存型创业与机会型创业。

全球创业观察（GEM）在2001年的报告中第一次提出了生存型创业与机会型创业的概念。生存型创业是指由于没有其他就业选择，迫于生存压力而从事的创业活动；机会型创业是指为了追求一个商业机会而从事创业的创业活动。两者的区别主要体现在以下四个方面：

第一，生存型创业属于被动创业，其动机是为了谋生，获得必要的生活来源，主要解决创业者个人的就业问题。机会型创业是创业者受机会驱动，为了获得更多利润、更大发展空间或实现自身的社会价值而进行的主动性选择。

第二，从创业者的个人特征来看，年龄在25~44岁之间的人更有可能进行机会型创业，因为该年龄段的中青年人不乏创业激情，他们更倾向于为了把握商业机会而创业。而年龄更大者有可能因为失业原因进行生存型创业。此外，有研究表明，学历高低与生存型创业呈负相关，学历高的创业者更多是机会型创业，反之则为生存型创业。全球创业观察（GEM）中国报告（2005）指出，年龄在45~54岁的创业者中，为了生存而创业的比例就要明显高于机会型创业。在只有高中及以下学历的已有企业所有者中，其拥有和管理的企业属于生存类型的比例远远高于属于机会类型的比例。目前，我国的生存型创业者大多为下岗职工、失地农民、农村富余劳动力、没有顺利就业的毕业大学生等。而机会型创业者一般以政府公务人员、职业经理人、高校教师、专业技术人员、专利技术发明者等为典型代表。

第三，生存型创业者由于受资金、人力资源等方面的限制，通常会主动回避技术壁垒较高的行业，选择大众化、投资额小、获利水平低的服务业或简单制造业。通常而言，这些企业规模小，易于模仿，不易产生核心竞争力。机会型创业者往往基于其所积累的行业经验和社会资源，在比较熟悉的行业内选择创业项目，可能涉及国民经济发展的各个领域。由于创业者掌握着优势资源且项目具有较高的创新性和市场价值，因此创业企业会具有较强的市场竞争力和成长潜力。

第四，生存型创业主要解决创业者个人的就业问题，一般不会雇佣过多的劳动力，在企业发展到一定阶段，创业者往往会失去创业动力，趋于平淡与保守，对社会经济增长与解决就业所发挥的作用十分有限。机会型创业的企业往往属于成长型企业，其发展潜力和所创造的就业岗位质量也较高。一般来说，平均每增加一个机会型创业者就意味着增加2~7个就业岗位，据预测，这一数字还将不断提高。因此，机会型创业对产生就业倍增和促进经济发展有着重要意义。

### 2. 按创业主体的性质划分

按创业主体的性质可分为自主创业、公司创业和社会创业。

自主创业是创业者个人或团队白手起家进行创业。自主创业可能缘于各种动机，如希望将拥有的专长发展为一个企业；自己有了发明创造成果并发现了它的商业价值；喜欢挑战，独立性强，不喜欢为他人工作；受家庭或朋友的影响等。自主创业是一个能影响人一生的决策，将带来现行生活方式的改变。与就业相比，自主创业给予了创业者实现自己想法、发挥创造力、独立主动地控制工作环境和进行决策的机会以及获得无限收益的潜力，但也使得创业者面临着工作不定时、收益不稳定、责任更加重大、需时刻学习以解决新问题等挑战，如果创业一旦失败，创业者还要承受来自经济、心理、情感、家庭和社会等方面的压力。因此，自主创业对创业者来说，是一个充满挑战和刺激的选择。

公司创业指已有组织通过创新、更新及风险投资等活动追逐创新发展机会，实现企业获利能力和竞争地位提升或组织更新的过程。与自主创业相比，公司创业有以下特点：第一，公司创业的主体是已建立的公司，尤其是处于成熟期的大中型公司。创业行为可发生在企业的各个层面，包括由高层管理团队倡导的创业行为，也包括发生在各类基层部门的自发创业行为。第二，公司创业行为既可以发生在组织内部，如开发新产品、新服务，应用新技术、新管理技能，开发新战略、新市场和新的竞争方式等；也可以在组织外部，以战略联盟、并购、分包、建立子公司等方式，采用独立事业单位的结构来组合并配置新的资源，从而开发不同于母公司目前业务的创业活动。这些创新行为通过组织而非个人力量转化为企业绩效。第三，与个体创业主要以寻求外部资源不同，公司创业更侧重企业内部资源的配置与利用，以及与外部资源"新的组合"。第四，公司创业活动容易受到企业内的各种规则、程序、制度及政策的影响，削弱创业者对创业活动的影响力和控制力，并对组织决策形成较强依赖。

社会创业是指把商业机制和市场竞争引入非营利性组织，从而让这些组织以更高的效率为社会提供服务。社会创业具有两重性，一方面社会创业者也是创业者，他们应用商业机制和市场竞争，通过引入创新的商业方法来提供社会服务，其本质是要创造新的价值而不是简单地复制已经存在的组织或者活动；另一方面，社会创业必须具有显著的社会目的和使命，以"解决问题"为导向，重在创造社会价值，而经济价值只是社会创业的副产品。因此，社会创业与自主创业、公司创业不同，它是一项通过不断挖掘新机会来达到社会目的，并持续产生社会价值的事业。

3. 按创业对个人及市场的影响程度划分

按创业对个人及市场的影响程度可分为复制性创业、模仿型创业、安定型创业和冒险型创业。

复制型创业通常是复制原有公司的经营模式，创新成分低，对个人的改变也很小。如某人原来在餐厅担任厨师，后来离职自行开办了一家与原工作餐厅类似的新餐厅。这类创业通常创新贡献较低，缺乏创业精神的内涵，不是创业管理的主要研究对象。但这类创业风险较小，对创业者要求不高，因此在新创企业中占有较高的比例。

模仿型创业也是一种建立类似于市场上已经存在的企业的创业形式，创新价值较低。但与复制型创业不同，这类创业的创业者是从事与以前不同的工作，进入一个全新的商业领域，因此具有更高的风险。如某电脑公司的职员辞去工作，开设了一家服装店。模仿型创业对创业者要求较高，如果创业者具有适合的创业个性特征，并通过系统的创业管理培训，掌握正确的进入市场的机会，还是有很大机会取得成功的。

安定型创业是指创业活动具有较高创新性但对创业者改变不大的情况。这类创业更强调创业精神的实现和新价值的创造，而不是新组织的创造，公司创业就属于该类型。如某公司研发小组开发完成一种新产品导致企业内组织结构的变化，或为企业开拓了新的市场。同时也包括某公司职员脱离公司后依靠自己的行业经验和技能成立比原就职公司能更好满足市场的企业的情况。安定型创业的风险较易控制，失败的代价也比较有限，是很多选择先就业后创业的创业者常用的方式。

冒险型创业的模仿成分很低，同样强调创业精神和新价值的创造，但这类创业对创业者本身的改变极大，使得其个人前途面临较高的不确定性。与前三种创业类型相比，冒险型创业的难度最大，具有较高的失败率，但创业成功后的回报也非常惊人。创业者要取得成功，必须在创业能力、创业时机、创业精神的发挥、创业策略研究、商业模式设计以及创业过程管理等各方面有很好的配合。

## 三、创业过程与阶段划分

创业过程包括创业者从产生创业想法，到创办新企业或开创新事业并获取回报的整个过程。这个过程涉及的活动和行为较多，如寻找创业机会、组建创业团队、筹集创业资金、制订创业计划等。为了帮助大家更好地把握创业过程的关键环节，我们按照时间顺序，将创业过程分为机会识别阶段、新企业创立、新企业生存、新企业成长和新企业成熟五个阶段。

### （一）机会识别阶段

识别创业机会是创业过程的核心，也是创业管理的关键环节。识别创业机会包含发现机会和评价机会的价值两个方面，这其中有许多问题值得研究。

第一，创业机会来自哪里？或者说创业者应该从何处识别创业机会？

第二，为什么某些人能够发现创业机会而其他人却不能？或者说，哪些因素影响甚至决定了创业者识别机会？

第三，创业机会是通过什么形式和途径被识别的？是经过系统地搜集资料和周密地调查研究，还是偶然被发现的？

第四，是不是所有的机会都有助于创业者开展创业活动并创造价值？

创业者首先为自己的创业选择做好了心理准备，并开始进行有意识的创意挖掘和机会搜集，在瞄准某一商机后，创业者还需进一步建立与之相适应的商业模式，为下一步新企业的创立做好准备。

创业因机会而存在，而机会是具有时间性的有利情况。纽约大学柯兹纳教授认为机会就是未明确的市场需求或未充分使用的资源或能力。机会具有很强的时效性，甚至瞬间即逝，一旦被别人把握住也就不存在了。而机会又总是存在的，一种需求被满足，另一种需求又会产生；一类机会消失了，另一类机会又会产生。大多数机会都不是显而易见的，需要去发现和挖掘。如果显而易见，总会有人开发，有利因素很快就不存在了。

对机会的识别源自创意的产生，而创意是具有创业指向同时具有创新性的想法。几乎每一个新创企业最初都源于创业者头脑中的一个创意。在创意没有产生之前，机会的存在与否意义并不大。但是，机会不同于创意，因为并不是每一个创意都具有商业价值和市场潜力。一个好的创意应独特、新颖、难于模仿，同时还应客观、真实、可以操作，要有现实意义和实用价值。简单的判断标准是能够开发出可以把握机会的产品或服务，而且市场上存在对产品或服务的真实需求，或可以找到让潜在消费者接受产品或服务的方法。此外，有潜力的创意还必须能给消费者和创业者带来真正的价值，这也是创业动机产生的前提。因此，对创业者来说，甄别具有投资价值的商业机会是其必备的素质之一。

此外，商业模式设计也是机会识别和论证工作的一部分，因为机会不能脱离必要的商业模式的支撑而独立存在。商业模式是一种包含了一系列要素及其关系的概念性工具，用以阐明企业如何实现机会的市场价值并产生可持续盈利收入的商业逻辑。只有开发出有效的商业模式，才会激发足够多的顾客、供应商等参与合作，创建成功的新企业才更具有发展的潜力。因此，设计清晰、适宜、不易模仿的商业模式是决定创业成败的关键，是进行创业准备的重要内容。

为了发现机会，创业者需要多交朋友，并经常与朋友沟通交流，这样做有助于创业者更广泛地获取信息。创业者还需要细心观察，从以往的工作和周边的事物中发现问题，看到机会。在发现机会之后，创业者还需要对机会进行评价，以判断机会的商业价值。

## （二）新企业创立阶段

创业者选择了商业机会并找到了与之匹配的商业模式后，就可以考虑如何将商业机会转化为现实的企业。进入这个阶段，意味着创业的真正开始，创业者也将要面对创立新企业的种种问题，并需要在该阶段完成以下几个重要的任务：

（1）组建创业团队。创业活动的复杂性决定了所有的事务不可能由创业者一个人完全包揽，必须通过组建分工明确的创业团队来完成。创业者能否走得更远，取决于创业者和创业团队的基本素质。企业的成长是人才成长的一个集中体现，企业的成功也是人才的成功。搭建一支优秀的创业团队对任何创业者而言，都是一项至关重要的工作，它决定着创业的成败。创业团队的优劣取决于两个方面：对创业团队成员而言，每个人在团队中是否有一个适当的角色定位，是否有与之相匹配的基本素质和专业技能；对创业团队来说，整个团队是否能团结合作、优势互补，团队成员之间是否有一个统一的核心价值观，是否做到了责任和利益的合理分配。

（2）编制商业计划。商业计划是创业的一个良好开端，在商业计划书中需要详细阐述新创企业的核心产品及技术、企业面临的市场竞争状况，规划企业的盈利模式和市场前景，同时还需介绍创业团队的组成、创业资源的整合情况、新创企业的发展战略、企业在未来发展中可能遇到的问题及应对方案等内容。总而言之，商业计划可称为纸上的新创企业。

商业计划的编写可以使创业者对整个创业活动进行理性的分析和定位，明确自身的优劣势，并对企业的战略发展有更清晰的审视，避免无谓的错误和资源的浪费，因此，一份有效的计划书可以对创业者的行动选择起到良好的指导作用。此外，无论是对新创企业内部或是外部的利益相关者来说，商业计划也是一种明确而有效的沟通方式。对创业企业内部来说，商业计划书是一个承诺的工具，当创业者及其团队就某一特定目标达成一致以后，他们合作完成的商业计划书就记录下了对目标的约定。这样的约定，将成为各类激励工具得以实施的重要基础。对新创企业外部来说，商业计划可以用来介绍企业的价值，从而吸引到投资、信贷、员工、战略合作伙伴，或包括政府在内的其他利益相关者。

（3）创业融资。资金是新企业创立中的首要问题，创业融资不同于一般的项目融资，新创企业的价值评估也不同于一般企业的价值评估，因此需要发展一些独特的融资方式。总的来说，创业企业的融资大致可分为内源式和外源式两种，融资方式不同，其融资策略和风险也不同。创业初始，创业者更可能选择在创业团队内部融资，这种融资方式的优点是成本较低，资金来源渠道简单，容易操作，缺点在于融资量有限，特别是在企业高速发展需要大量资金支持的时候，过分依靠内源式融资可能导致新创企业资金流无法及时跟上，从而使企业发展停滞。外源式融资大大拓宽了新创企业融资的范围，但是由于创业者必须与企业之外的投资者不断谈判，无疑增加了融资成本，必要时创业者还需适当放弃新创企业的一些权益来获得这些资金。

（4）开业准备。创业者及其团队应在该阶段确定企业名称、选择适合企业经营特点的地址、设计符合企业发展要求的法律规范，并了解有关企业设立和工商注册登记的有关法律法规，从而赋予企业合法的身份。具体包括企业工商登记、税务登记、生产、销售、出纳、会计等基本部门和岗位的设立，人员招聘及工作安排，业务程序确定，生产及办公等设备用具的采购等事项。

### （三）新企业生存阶段

万事开头难，新创企业更是如此。初创阶段是企业的高风险期，刚成立的企业很弱小，对来自市场或企业内部损伤的抵御能力差，因此是对创业管理水平要求最高的阶段。该阶段企业的管理特点有：（1）谋求企业生存是创业者的主要任务。那么如何生存呢？答案只有赚钱。在这个阶段，企业亏损，赚钱；又亏损，又赚钱，可能要经历多次反复，直到最终持续稳定地赚钱，才算是度过了创业的生存阶段。（2）新创企业外部融资条件苛刻，必须依靠自有资金提高赚钱能力。企业可以承受暂时的亏损，但不能承受现金流的中断。创业者必须锱铢必较，像花自己的钱一样花企业的钱，千方百计增收节支、加速周转、控制发展节奏。（3）企业大多采用的是"所有人做所有事"的团队管理方式。尽管企业建立了正式的部门结构，但很少按正式组织方式运作。典型的情况是哪里急、哪里紧、哪里需要，就都往哪里去，职能划分粗放，工作界限模糊。但是，每个人都清楚组织的目标和自己应当如何为组织目标作贡献，没有人计较得失，没有人计较越权或越级，相互之间只有角色的划分，没有职位的区别。因此，该阶段往往是培养团队精神的关键时期，这种精神也将逐步发展成为未来企业文化的核心。（4）该阶段的领导者通常有较强的意志，并需要亲自深入企业经营的很多运作细节，如直接向顾客推销产品、与供应商谈判折扣、到车间追踪顾客订单、在库房里装车卸货、策划新产品方案、制订工资计划，甚至让顾客当面训斥等。这种亲力亲为有利于创业者对经营全过程的细节了如指掌，从而将企业越做越精。

基于初创期企业管理的特点，企业要实现生存，顺利进入成长阶段，须重点关注四个方面的工作内容。一是以市场为导向，密切关注顾客需求的变化及市场的竞争态势，把握产品方向，从而对产品进行有效的市场定位，以实施合适的价格、促销及渠道策略；二是注重产品质量的优化和提高，避免"先天不足"给企业带来生存风险；三是培养稳定的客户，保证自由现金流的通畅，并为将来的市场扩张打下基础；四是加强成本控制，有效实施现金管理。企业者可通过编制预算现金流量表和损益表随时了解企业的财务和现金状况，控制成本，避免因固定资产购买过多增加企业财务负担。此外，该阶段企业的高风险性和创业者高强度的工作状态往往使创业者面临来自社会和家庭的压力而被迫中途放弃，导致创业夭折，因此，要度过企业生存的危险期，创业者必须学会有效安排时间，并坚定自己的信念不动摇。

### （四）新企业成长阶段

初创阶段持续的时间因市场变化和企业自身管理等因素而长短不一，短则几个月，长则可达 2~3 年。若企业经过了生存的困难期并幸存下来，便会进入快速发展的成长阶段。在该时期，企业的销售额节节上升，逐渐形成稳定的客户与现金流，并在市场上拥有一定的声誉。随着高素质人才进入企业，企业人员的整体素质不断提升，同时，企业组织也开始由人员导向向结构导向调整，企业的各种管理制度逐渐完善，控制力也得到加强。资金收入的增加使企业有了进一步扩张的实力，原本非常困难的外部融资也变得较容易。创业者和企业员工都充满自信，甚至有些骄傲，总之，整个企业呈现一片欣欣向荣的局面。

但是，企业的成长过程又是一个令创业者喜忧交错的过程。创业者会面临一系列让人烦恼的抉择，如集权与分权、制度与情感、产能与市场、保持独立还是继续融资、是否要多元化经营等。企业规模的增长通常能给创业者带来更高的社会知名度、更大的支配资源的权力和更多的个人收入，使得许多创业者都倾向于量的扩张，甚至认为"大就是好"，中小企业不能成长为大企业就是失败的，这其实是一种片面的认识。企业的成长过程是量的积累和质的成长相结合的过程，两者密切相关，其中质的成长是核心问题。因此，该阶段的创业者除了要寻求企业市场规模量的扩张外，更应注重企业内涵的提升，通过打造产品品牌、培养客户忠诚、完善生产体系、创新管理制度和培育企业文化等来增强企业实力和竞争优势，同时企业还应注重保有捕捉市场机会的能力和资源并保持一定的灵活性，这对企业的持续成长是必不可少的。

### （五）新企业成熟阶段

在经历了快速增长后，企业已经达到一定的规模，具有相当的盈利水平，此时，有些创业者为了收获创业价值或被新的创业机会吸引会选择退出企业。对科技型创业企业的创业者而言，主要有三种退出方式：一是通过首次公开发行股票（IPO），使创业投资主体持有的不可流通股份转变为可交易的上市公司股票，但该方式对企业条件要求苛刻，费用昂贵，因此所占比例不高。二是转售，即创业者将所持有的股份卖给其他投资者。三是企业并购（M&A），常见的做法是企业被某一大公司兼并，创业投资者通过与大公司交换股票从而退出创投企业。当创业投资主体打算尽早撤离，创投企业经营业绩稳步上升且尚不满足 IPO 条件，或者决定通过战略联盟扩充实力时，M&A 就成为最佳退出方式。M&A 有助于新兴企业充分利用大公司的雄厚资金增强研发能力、提升核心竞争力，收购方则希望借助 M&A 完成自身的战略目标。

创业者也可以选择继续独立经营，但为了防止企业出现"家族化"或因为创业者个人能力的限制导致企业发展出现瓶颈，创业者往往需要适时地对自己重新定位，制定企业进一步的发展战略。根据企业的生命周期理论，经历成长期后，企业就会进入发展的巅峰状态——成熟期。但是，这种巅峰状态需要精心呵护才能持久。因为在成熟期，企业会面临创新精神衰退和创新力下降的问题。企业的创新力沉睡时间过长，就会影响到满足顾客需要的能力，导致企业市场竞争力的下降。虽然企业成熟阶段的管理通常不是创业管理研究范畴，但企业要实现基业长青，同样需要创业精神的激发和维持，因此，成熟企业的内创业问题也逐渐成为创业研究的一个重要分支。

事实上，创业并没有绝对统一的流程，各种活动之间也没有绝对的先后顺序。在不同的创业个案里，企业的创立和发展存在共性，也存在个性，如不同企业在不同阶段经历的时间长短不一，结果也不同，有的企业可能在机会识别阶段反复进行，以确保机会的可行性；有的企业或许要在获取创业资源过程中费尽脑汁和心力;而有的企业可能跳过其中的某些流程,如撰写商业计划书而直接进入下一阶段。这往往和创业者创业时的情景、创业者的能力及特征、社会资源等因素相关。

## 四、创业精神的内涵与本质

创业精神是创业者在创业过程中的重要行为特征的高度凝练,是创业者在创业实践中表现出来的有利于创业的优秀思想和方法,主要表现为勇于创新、敢于承担风险、团结合作、坚持不懈等。

### (一)创业精神的内涵

创业精神是独立生存的自信心和不断创新的进取心的统一,表现为对生存环境的主动适应、对文化与生活的综合理解和对奋斗目标的执著追求。创业精神是一个追求机会、创造价值和谋求增长的过程,强调通过个人或群体的努力,以创新和独特的方式达到创业的目的。该定义颠覆了资源在传统创业观念中的地位,隐含的是一种创新行为。哈佛大学商学院的定义更加直接:"创业精神就是一个人不以当前有限的资源为基础而追求商机的精神。"认为创业精神代表一种突破资源限制、通过创新来创造机会的行为。

"创业精神"是从英文"entrepreneurship"翻译而来,指企业家精神及企业家的身份、能力等。所以,现代意义的创业精神,就是企业家精神,这种精神源自西方。在17世纪的西欧,创业同风险开始联系在一起。当时的企业家制订商业计划,首先要同政府签订合同,合同的价格是固定的,产生的利润或亏损全部由企业家来承担。到了18世纪,工业革命促进了发明创造,但发明家并没有足够的财力来支撑他们的发明活动,这就促使风险投资者的出现。于是,作为需要资本的企业家、创业者,同资本的持有人——风险投资者就区别开来了。因此,企业家精神不能等同于冒险家精神。美国当代著名的"管理学之父"——德鲁克(Peter F.Drucker)引用一位成功的企业家的话说:"我认识的成功人士都有一个唯一的共同点——他们不是'冒险家'。他们设法确定所必须承受的风险,然后把风险减小至最低限度。不然的话,我和他们都不会成功。"到了19世纪末期,企业家仍然是作为个人为了获利而组建并运作企业的人士来看待的。但是,到了20世纪,美籍奥地利著名经济学家约瑟夫·熊彼特(Joseph Schumpeter)指出,企业家是那些有眼光、有能力、敢于冒一定风险的实现创新的人,他们不但受追求最大限度利润这一动机的支配,而且受一种非物质的精神力量(事业心、荣誉感、成功欲望等)的支配。熊彼特认为,正是这种"企业家精神"导致创新,而创新是一种"创造性毁灭"旧事物的过程。有了创新,经济才能前进。熊彼特对创业精神(企业家精神)的理解,同德国著名学者韦伯(Max Weber)关于新教伦理与资本主义精神的理解是不谋而合的(尽管也有区别)。韦伯认为,这种"新的精神渗透到经济生活中去从而起了决定性的作用。推动这一变化的人,既精打细算又敢想敢为。最重要的是,所有这些人都节制有度,讲究信用,精明强干,全心全意投身于事业中",他们"在现代经济制度下能挣钱,只要挣得合法,就是长于、精于某种天职的结果和表现"。韦伯称颂这种精神为"美德和能力"。这样一种导致创新的创业精神,离不开对机会的捕捉与利用。"创新是利用机会的关键。商机就是用不同的方式把事情做得更好的'可能性'。创新是能够把事情做得更好的、与众不同的做事'方式',因此创新是利用商业机会的'工具'。"

由此可知,创业精神这一概念是历史的、具体的,是发展着的,是同风险、创新、机会等联系在一起的，指的是善于捕捉和利用机会，敢于承担必须承担的风险，为创造某种新的价值，努力发挥创造力、实现创新的一种勇往直前的文化与心理过程。创业精神可以推动科技创新、开发新产品、创造新服务、开拓新市场，也可以再造企业、成就企业家等。

【创业聚焦】

## 陈正财：你的热情和气力，就是你的财富和关系

陈正财是马来西亚陈大金属桶有限公司创办人兼董事长，也是马来西亚白手起家获得成功的华人企业家之一，是很多世界级大公司的金属包装品供应商。

陈正财的父亲育有11个孩子，靠一间小杂货店养活一大家人，他排行第七，少时生活非常艰难。他创业时，也是没有钱，没有关系。他东拼西凑一点钱，买了台小货车，做起个体生意。但这个不能满足他的梦想，他希望做更大的生意。

没有钱，没有关系，如何做更大的生意？陈先生的办法是，用力气建立关系，用关系去找钱、找生意。他在接受全球华商名人堂采访时回忆说，当时，一些学校、社团、商会、工会经常招募义工。他平时一有机会就去义务劳动，还经常开着自己的车去免费帮忙运东西等等。时间一长，很多人都认识了陈正财，喜欢上了陈正财，继而有人给他介绍生意，有人问他是否需要帮忙，有人则借钱给他，投资给他，甚至主动带他，给他干股，带他做新生意。继而，生意越做越大。

"年轻人一定要记住，你不是什么都没有。你有热情，有真心，有力气，有智慧。但你要先奉献。奉献出来你的心，你的能力，让人家认识你，了解你，然后给你机会。"陈正财说，"我年轻的时候做了很多这样的事情。现在，还在这样做。我们没有钱，那我们就把我们的精神、我们的光阴奉献出来。很简单的，只是需要花一点时间。我们诚恳，我们衷心对待，最后，机会就会主动来找我。"

（资料来源：90后励志网 2020-06-13）

### （二）创业精神的本质

创业精神概念最早出现于18世纪，其含义一直不断演化。经济学家约瑟夫·熊彼特（Joseph Schumpeter）专门研究了创业者创新和追求进步的积极性所导致的动荡和变化。熊彼特将创业精神看作是一股"创造性的破坏"力量，创业者采取的"新组合"使旧产业遭到淘汰，原有的经营方式被新的、更好的方式所摧毁。而今天大多数经济学家认为，创业精神是在各类社会中刺激经济增长和创造就业机会的一个关键因素。

创业精神的本质至少包含了以下四个方面的关键要素。

1. 勇于创新

创业的本质是创新，因此创业精神的核心首先应当体现为创业精神，不断创新，追求卓越。管理学大师彼特·德鲁克认为，"创业就是要标新立异，打破已有的秩序，按照新的要求重新组织。""创新和创业精神也必须成为维持我们组织、经济和社会之生存所不可或缺的活动。"

创业就意味着创新，创新就意味着突破。这样的突破可能是产品创新（如苹果手机），

可能是技术创新（如英特尔的芯片），可能是商业模式创新（如亚马逊的网络图书销售）。如果忽视创业背后所蕴藏的创新、社会责任感等创业精神本质要义，将金钱作为创业的全部，那么这种企业肯定是长不大的。

### 2. 把握机会

创业是不拘泥于当前资源约束、寻求机会、进行价值创造的行为过程。因此，创业精神表现为创业者不断地跟踪、关注环境的变化和趋势，而且往往是尚未被人们注意的变化和趋势，在获取尽可能充分的信息的基础上寻找新趋势和把握机会。因此，机会把握就成为创业者的首要任务。随着企业的发展，这种建立在个人基础上的机会把握意识和能力，便会在更广阔的市场和更繁多的资源面前捉襟见肘。这时，就需要建立一套完整的体系，在制度上保证机会识别和把握，以不断开发新的机会，创造更大的价值。

### 3. 敢当风险

创业精神是一种善于捕捉和利用机会，敢于承担必须的风险，为创造某种新的价值，努力发挥创造力、实现创新的一种勇往直前的文化与心理过程。创业过程必然面临多种风险，没有敢当风险的胆识，则创业无从起步。

任何事情的成功都不可能一蹴而就、坐享其成，只有坚韧不拔、卧薪尝胆、求真务实，才能有所创造；只有敢想敢干、敢冒风险、敢担责任，才能有所作为。敢冒风险并不是说创业者必须"主动寻找风险、主动拥抱风险"，而是指要有敢于承担风险的胆识，善于降低乃至规避风险的能力，以保证企业的生存和健康发展。

### 4. 自我超越

自我超越就是创优，就是追求卓越，这体现创业精神的归宿。没有自我超越的信念，人就无法确定创业精神与社会需要之间的价值关系，就难以使创业的理念变成现实，也无法实现创业的根本价值。从本质上讲，自我超越的目的就是不满足于停留在小规模或现有的规模和水平上，而是希望创业企业能够可持续增长，不断地创造价值和财富，追求卓越。自我超越是创业者不断设立新的、更高的目标，推动企业不断创新，更加有效地整合多种资源，在变化的环境中保持竞争优势，从而在激烈竞争的市场环境中更好地生存和发展。

创业精神除上述四方面要素外，还表现为团结合作、艰苦奋斗、坚持不懈、社会责任感等。1993年3月31日，江泽民同志在八届人大一次会议闭幕式上就提出64字创业精神，即"解放思想，实事求是，积极探索，勇于创新，艰苦奋斗，知难而进，学习外国，自强不息，谦虚谨慎，不骄不躁，同心同德，顾全大局，勤俭节约，清正廉洁，励精图治，无私奉献"。这些都应该成为新时期我们推进现代化建设所要大力提倡和发扬的创业精神。

## 五、创业精神的作用与培育

创业精神对于成功创业是不可或缺的，在任何创业活动中，如果没有具备创业精神，哪怕是创业者已经具备了创业相关的素质和能力，也不能成功地创办企业和开创事业。因此，了解创业精神的作用并在日常生活和工作中刻意培养，并在实践中逐步养成行为习惯是走向创业成功之路的不二法门。

## （一）创业精神的作用

创业精神不是与生俱来的，而是后天的学习、思考和实践中逐渐形成的。创业精神一经形成，就会对人一生的发展产生重要影响。这种影响既体现在创业者创业准备和创业活动的始终，也体现在普通人的日常工作、学习和生活中。从某种意义上说，创业精神不但决定个人生涯发展的态度，而且决定个人生涯发展的高度和速度。

### 1. 创业精神决定个人生涯发展的态度

作为一个社会人，其生涯发展必然要受到各种社会因素的影响。但是，不同的人由于其生涯发展的态度不同，所以在面临各种各样的发展机遇时，其选择也不相同。而创业精神作为一种思想观念、个性心理特征和行为模式的综合体，必然会对其生涯发展态度具有重要影响。例如，创业精神中思想观念的开放性、开创性，容易让人接受新思想、新事物，形成开放的态度，敢于开风气之先，从而想他人未曾想，做他人不敢做，成为事业上的领跑者。再如，创业精神中的创新精神、拼搏精神、进取精神、合作精神等，能使人树立积极的生活态度，在顺境中居安思危、不懈奋进，在逆境中不消沉萎靡，排除万难、励精图治，重新找到生涯发展方向。有道是"态度决定一切"，在相同的个人禀赋和社会条件下，有创业精神的人因为有更积极的人生态度，所以更能可能发现和把握机会，更有可能取得事业上的成功。

### 2. 创业精神决定个人生涯发展的高度

精神是一个人核心素质的集中体现，它不仅决定了一个人在机遇面前的选择，而且决定了一个人的生涯目标和事业追求。具有创业精神的人，无论是创办自己的企业，还是在各种各样的企事业单位就业，都会志存高远、目光远大、心胸宽广。这样的人不但在事业上会取得更大的成绩，在个人品德和修养上，也会达到更高的境界。

随着国家经济、政治、文化、社会、生态"五位一体"的深入改革，社会结构正在发生重大调整，各行各业将在变革中重新达到利益均衡，这既为个人的发展提供了更多的机会，也给其带来了更大的挑战。在这种背景下，大学生如果能够锐意进取，高瞻远瞩，不断使自己事业得到发展，必将达到同龄人无法想象的高度。但是，大学生如果在个人生涯发展上缺乏创业精神，仍然沿袭保守的思维模式，不去主动规划自己的生涯发展，一切等着家长、学校和政府安排，一心想找个安稳、清闲的"铁饭碗"，就很有可能一辈子也找不到理想的工作，甚至毕业就"失业"。

### 3. 创业精神决定个人生涯发展的速度

创业精神是一种主动精神和创造精神，这种精神能让人积极主动、优质、高效地做好自己承担的每一份工作，从而在平凡的岗位上做出不平凡的贡献。实践证明，具有创业精神的人，不管在什么岗位，不管从事什么职业，其强烈的成就动机，其追求增长、追求效益的欲望，都将转化为内心强劲的追求事业成功的动力。在这种动力驱使下，人们会将眼前的工作作为未来事业发展的起点，把握好生命中的每个机会，做好自己从事的每一项工作。创业精神也是一种求真务实的精神。这种精神本质，就是实事求是、讲求实效，就是实干苦干、反对浮夸、反对空谈。在人类社会的发展史上，许多企业家正是凭借这种精神，创造了从白手起家到富可敌国的财富神话；许多科学家、思想家、政治家、教育家和劳动模范，也正是凭借这种精神，从一个普通学子成长为举世瞩目的业界精英。当前，我国正处于改革开放的攻坚时期，改革是一条从来没有人走过的路，既不能在"本本"中找到现成答案，也无法从前人的经验中寻找固有的模式，更不能靠幻想和争论来解决出路问题。在这种背景下，富于创业精神的人，敢于靠自己的实践探索，"摸着石头过河"，会接受更多的挑战，完成更多的任务，取得更大的业绩，因而会得到更快的发展。

### （二）创业精神对社会发展的作用

创业是一个国家经济活力的象征，一个国家的经济越繁荣，它的创业活动就越频繁。西方发达国家的经济繁荣发展史，伴随着一轮又一轮的创业史。因此，创业被认为是一个国家经济发展和社会发展的推动力，创业精神被誉为人类最宝贵的精神。

#### 1. 创业精神是经济发展的原动力

创业精神对一个国家和地区的经济发展，都具有非常大的推动作用。创业精神不但能够催生大批创业者和新企业，而且能够造就快速发展的新行业。美国是举世瞩目的经济强国，而它之所以能从一个新兴的以农业为主的移民国家，变成世界最先进的工业化国家，靠的就是美国人民的创业精神。

#### 2. 创业精神是解决就业问题最有效的措施

今天大多数经济学家都认为，创业精神是刺激经济增长和创造就业机会的必要因素，倡导创业精神，经营有利于创业的环境和氛围，是解决就业问题最有效的措施。在发展中国家，成功的小企业是创造就业机会、增加收入和减少贫困的主要力量。因此，政府对创业的支持是促进经济发展的一项极为重要的策略。

#### 3. 创业精神是促进科技成果产生和转化的根本动力

科技是第一生产力，但要发挥出这一生产力的作用，一是要促进科技成果的产生，二是要促进科技成果的快速、顺利地转化为现实的生产力。而倡导创业精神，鼓励更多的有创业意愿的人去创业，则是实现上述两个促进的根本性措施。

综上所述，倡导创业精神，加强知识创新和技术创新，发展高科技，实现产业化，是我国经济发展面临的深层次问题，是提高国民经济整体综合实力、实现跨越式发展的紧迫要求，也是应对国际竞争、确保中华民族在 21 世纪立于不败之地的战略抉择。

### （三）创业精神的培育

培育当代大学生的创业精神是建设创新型国家和人力资源强国的战略举措，是深化高等教育教学改革、提高人才培养质量、促进大学生全面发展的重要途径。

#### 1. 在全社会大力弘扬创业文化

建设创新型国家，培育大学生的创业精神，必须在全社会尤其是大学校园大力营造创新创业文化氛围，为创新创业型人才成长创造良好的社会环境。

培育创业精神，弘扬创业文化，首先要破除官本位意识，打破学而优则仕、商而优则仕的传统观念。通过创业教育引导大学生走出官场，走向市场，成为全民创业的倡导者和先行者。其次，要破除计划经济意识的束缚，弘扬一种重商的社会文化，像浙江人一样敢于白手起家，争当老板，吃苦耐劳，敢冒风险，合作拼搏，积极向上，形成人人追寻商机，处处推崇创业文化，大力弘扬创业精神，创造无穷的社会财富。再次，要使艰苦创业、自主创业、全民创业成为当代思想文化的显著特征，形成家业殷实、企业兴旺、事业发达的生动局面。使全国人民进一步增添创业的勇气、创新的锐气、创优的志气，把社会各阶层和全体建设者建设和谐社会的积极性充分调动起来，使一切有利于创新创业的愿望得到尊重，创业活动得到支持，创业才能得到发挥，创业成果才能得到肯定，为"小康社会"广开活力之源。

2. 构建并完善创业型经济体系

创业精神产生于特定的经济和政治体制中。罗伯特·蒙代尔认为，企业家精神的培养不仅需要领导力、创造力、冒险精神等这些来自企业家自身的内功，成长环境同样非常重要。企业家所处的环境自由度对于塑造企业家精神非常关键，国家应该为企业家提供自由发展的环境。

政府应当深化体制机制改革来激发人们的创业精神，着力改善软环境，加大开放力度，加快转变政府职能，为创业者和企业创造公平竞争的市场环境，创造能有利于千千万万企业家所处的环境。为此，必须加快消除制约创业的制度障碍，建立创业绿色通道，降低创业门槛，扩大和规范市场准入，减少行政审批，规范行政执法，切实降低创业成本。通过优化制度环境，从体制机制层面到政策法规层面全面构建并完善创业型经济体系，充分释放和激发民众的创业激情，让最稀缺的企业家资源充分配置，以创造最大的经济和社会价值。

构建并完善创业型经济体系还必须建立健全创业服务体系，落实《中华人民共和国中小企业促进法》，根据各地产业布局和资源优势，加快建立健全为创业者提供服务的专门机构，尽快建立一支创业辅导专业队伍，支持创业辅导基地建设，为小企业提供创业咨询、创业培训、政务代理、市场开拓、信息咨询等一条龙服务，努力形成功能完备的创业辅导服务网络。根据企业创业期出现的问题，适时提供管理咨询、法律咨询、技术支持等服务，提高创业者的创业能力和创业小企业的成活率。

3. 全面实施正规的创业教育

创业精神成为推动美国经济持续发展的一个重要因素，在很大程度上依赖于正规的创业教育。创业教育的落后一度严重制约着我国创业精神的培育和发展，2012年8月1日，教育部下发的《普通本科学校创业教育教学基本要求（试行）》有力地改变了这一状况。我们应当从中小学开始就重视创业意识和创业能力的培养，同时在全社会开展多层次的创业知识培训，在高等院校实施正规的创业教育，把创业教育融入人才培养体系，贯穿人才培养全过程，促使社会成员普遍具有良好的创业意识、创业精神和创业能力，形成赞赏创业、支持创业的社会氛围，从而有利于形成新的社会风尚和价值体系。

高等院校必须改革传统教学模式以适应创业型经济的发展，促进学科的交叉和创新，加大实践教学比重，丰富实践教学内容，改进实践教学方法，推进学生创业实践，增强创业教育教学的开放性、互动性和实效性。根据不同学科的专业特点，积极探索灵活多样的课内外、校内外以及各种时间与空间相结合的创业能力实践、创业技能训练、专业实验实习、社会调查等实践教学新模式。同时，要加强高校同社会、企业的联系，充分利用校内外资源，依托校企联盟、科技园区、创业园区、创业项目孵化器、创业实践基地等，开展多种形式创业实践活动，增进市场意识和创业意识。

# 第二节 知识经济发展与创业

## 一、经济转型与创业热潮

纵观全球创业发展的历史，大体经历过三次创业热潮。第一次创业热潮产生于资本主义的工业革命时期；第二次是第二次世界大战后复苏的商业经济使大量的创业活动不断出现；第三次是20世纪80年代以来的新经济创业革命热潮。在经济转型下，创业热潮兴起的原因主要有以下几个方面。

### （一）科学技术的革命引发创业热潮的兴起

20世纪50年代末，计算机的出现和逐步普及，使人类进入了信息化时代。20世纪80年代，科学技术获得了前所未有的进步，以生物医药、光电子信息、航空航天技术、新材料等为代表的科技革命成为经济增长的技术基础，使资源优势日益让位于技术优势，推动了科技创业活动。传统企业注重生产要素的投入，科技创业型企业则重心放在生产前端、技术项目转移和知识要素的配置上，即创业企业依托高技术创新成果实现对创业资源的重新配置，并孵化出新企业。同时，在软件开发和大规模信息创业发展带动下，物业和通信费用的降低和便捷化使得中小企业经营成本骤降，创业变得愈加容易。在以计算机、信息技术发展为先导的现代化制造业领域，最佳规模较小或者不存在规模经济，进入壁垒较少，创业门槛较低，为创业提供了大量的机会。新科技革命为创业热潮的发展提供了可能，推动了创业热潮的发展。

### （二）生产方式的变革引领创业热潮的方向

经济全球化是指世界经济活动超越国界，通过对外贸易、资本流动、技术转移提供服务、相互依存、相互联系而形成的全球范围的有机经济整体。经济合作与发展组织前首席经济学家奥斯特雷认为，经济全球化主要是指生产要素在全球内广泛流动，实现资源最佳配置的过程。经济全球化体现着一体化特征的世界经济增长的关联和依存体系，世界经济正走向一个"经济条件共同体"，各国经济增长在很大程度上得益于全球化的程度。经济全球化不仅促进了生产要素的重新配置，还加剧了各国的竞争，产业阶梯式转移成为世界经济不断发展的重要机制。发达国家高科技产业化程度高、技术成果多，与发展中国家形成了"势差"，这种"发展势差"和"技术势差"往往存在着"互动机制"，伴随着发达国家的某些产业可能向发展中国家，特别是新兴发展中国家转移，发展中国家也会获得相对先进的技术和管理经验。另外，新兴技术的发明和发展，也使生产呈现分散化、小型化趋势。由于来自国外竞争对手的不断增加，发展中国家各自的市场行情更加不稳定，一些抓住机遇的创业企业会迅速成长起来。20世纪90年代以后，新兴发展中国家在第三次创业浪潮中表现出色，随之，一批具有高速发展潜力、成长前景好的创业型企业脱颖而出。

### （三）创业环境变化推动创业热潮的发展

创业环境在创业者创业企业的整个过程中有非常重要的影响。在垄断体制时代，中小企业竞争优势与发展潜力受到了限制，其重要性得不到认可。第二次世界大战后，垄断经济体制的崩溃为广大中小企业发展提供了广阔的空间，中小企业在吸纳社会就业、提高市场竞争性、培养企业家等方面都得到了各国政府的认可。近些年来，由于很多国家进一步放松了管制，市场体制和市场结构更加灵活开放，生产要素的流动与配置更加自由，市场需求和供给也面临着更大的不确定性，这使得规模经济的优势逐渐让位于知识优势和信息优势。众多新兴创业型企业能把科技发展的前沿性与市场需求的前瞻性准确地对接起来，不仅满足了消费者的个性化需求，还开辟了许多新兴市场，催生了许多新兴产业。可以说创业适应了科技时代市场价值发现和竞争机制由"生产导向，供给推动"向"服务导向，需求驱动"转变的发展趋势。知识和技术作为最重要的生产要素，只有与创业资本相结合，才能使创业成为一国经济发展的主导因素。20世纪80年代，美国电子、信息等新兴产业的蓬勃发展，在很大程度上得益于风险资本和技术创新基金的资助。因此，各国政府纷纷出台扶持政策，推动创业活动的发展。

## 二、创业活动的功能属性

创业具有推动社会经济发展、带动就业、促进创新等功能，同时也是解决社会问题的有效途径之一。

### （一）推动社会经济发展

伴随着一浪高过一浪的创业热潮，中国的改革开放自20世纪80年代以来取得了前所未有的巨大成就，综合国力稳步升高，大批中小企业不断创立与发展，成为影响中国经济建设发展的关键因素。

一个社会创业活动发展得越好，人们的物质、文化生活水平就越高，从而推动社会经济的繁荣与发展。因此，创业是经济增长的一个积极的促进因素。经济增长必然引起一系列产业结构、经济结构乃至社会结构的变化，而一系列的创业结构、经济结构乃至社会结构的变化又可以推动经济的增长。当前中国经济结构调整的重点是发展高新技术产业和传统创业的升级改造，大量成功的创业企业必然会为社会经济注入新鲜活力，有利于促进整个社会生产力的发展。

创业活动有利于社会资源的合理配置，从而推进经济结构的战略性调整，创业企业要能够在市场中生存并获得发展，必须具备很强的竞争力，这就加剧了行业内竞争，形成优胜劣汰的局面。竞争的结果有利于资源向经营良好、效率更高的企业流动，从而促进社会资源的合理配置，产生较高的社会效益，推动社会主义市场经济的快速发展。

创业成功有利于促进知识向现实生产力的转化。在当今中国，更多的创业企业正逐渐由具有较高知识水平的创业者创办，知识与管理已经成为重要的资本参与企业的分配。因此，创业成功有利于知识向资本的转化，资本借助知识又能发挥更强大的作用，这将有力地促进经济发展、财富增长和结构调整，提升国家整体竞争能力。

### （二）带动就业

扩大就业渠道、缓解就业压力是创业在经济发展中所发挥出来的一种非常重要的功能和作用。就业是民生之本，是人民改善生活的基本前提和基本途径。我国有14多亿人口，是世界上人口最多的国家，就业压力在世界首屈一指。目前，中国的改革正进入攻坚阶段，产业结构正进行优化和调整，在这个重大的经济转型期就业矛盾十分突出。

根据教育部、人力资源和社会保障部最新统计数字显示，近年大学毕业生就业形势十分严峻：从毕业生人数来看，2018年全国高校毕业生首次突破了800万人，2019届高校毕业生834万人，为近10年毕业生人数新高，然而,2020届高校毕业生874万人，同比增加40万人，毕业生人数再创历史新高，就业工作面临复杂严峻的形势。只有在积极鼓励就业的同时，让有条件的毕业生努力提升技能投身到创业中去，才能够更有效地发挥我国的人才优势，同时缓解就业压力。

### （三）促进创新

彼得·德鲁克指出："创业者首先需要有创业精神"。美国长期从事创业研究的著名学者加特纳曾调查了36位学者和8位商业领袖，归纳出90个创业属性，最终发现创业活动强调最多的属性是创新，如新事业的创造、新企业的创建与发展、新事物附加价值的创造，通过整合资源的产品或服务创新等。

而创业正是将创新成果转化为现实的生产力的最有效途径，不仅如此，创业还可以进一步促进新发明、新产品或新服务的不断涌现，创造出新的市场需求，从而进一步推动和深化创新，提高企业和整个国家的创新能力，推动经济增长。

创业之所以能够推动创新，首先在于激烈的竞争和短暂的超额利润的压力使企业不得不创新，否则就难以生存。其次，市场对创新方面落后的企业的责罚是淘汰出局。因此，对于创业者来说，要想生存和发展，唯一的方法就是持续不断地创新，否则企业生存空间会不断缩小，无法产生自己的核心竞争力、维持必要的竞争优势，终将被无情淘汰出局。

## 三、知识经济时代赋予创业的重要机遇

### （一）知识创业

知识经济时代，知识成为最重要的生产要素，知识运营成为社会主要经济增长方式，知识创业是指以知识营业为主要特征的创业，它包含以下三层次含义。

（1）产业知识化。设法提升创业项目的知识含量。知识所创造的附加值最高，知识可以使中小企业"小而强"，并得以进入全球市场参与竞争。因此，除了在高新技术领域创业外，对于在传统制造业或服务业领域的创业，也应当设法挖掘、填补或开发其知识内涵，以有效增强其知识含量，如增加设计、研发、文化、服务等，对商标、品牌、专利、核心技术等无形资产进行注册、保护、评估等环节管理，对上下游的供应链关系做超前的疏通与培育，等等。对这些高质量的显性知识和隐性知识储备得越多、越早，创业项目的知识含量就越高，创业者通过无形资源撬动和整理有形资源的能力就越强。

（2）知识产业化。将知识转化成生产力是当今时代经济转型的主流。事实上，我国有很多研究成果、科技创新成果被束之高阁，未能实现产业化。中国工业经济联合会会长、工业和信息化部原部长李毅中在"2020凤凰网财经峰会"上表示，我国的科技成果很多，但是转化率不高，最高在30%左右，而发达国家是60%~70%，相差很远。这些科技成果中不乏市场前景良好的项目，李毅中希望，通过财政资源、科技贷款、创业风险投资等多渠道、多品种，支持成果的产业化和商业化，采用首台（套）保险、质量责任保险、新材料首批次保险

等方法有效开发、转化并使其产业化,必能创造出巨大的社会财富。

(3)提高获取知识与应用知识的能力。高度关注国际信息网络所创造出来的信息市场,抓住新一代网络技术发展的机遇,搜集并及时进行信息的分析、综合、提炼、创新并形成自己的独特优势。在此基础上,坚持不懈地进行科技创新和新产品的研究与开发,把企业已有的知识资源转化为现实的生产力,同时又催生出新的知识资源,进一步促进研究与开发,形成企业可持续发展的活力之源。

### (二)知本创业

知本创业是指创业者应当高度重视和依靠人力资本。知识经济时代资本的衡量不再取决于你拥有多少房地产、设备、资金和技术,而取决于你拥有多少知识性人才或者说是人力资本。人力资本与人力资源的最大区别在于人力资本拥有"知本",是稀缺性的人力资源,是企业获得和保持核心能力的必要条件,人力资本富有创新性的劳动是企业未来超额经济利润的直接来源,因而"知本"是企业不可或缺的宝贵资源,充分激励和发挥人力资源的潜能是创业成功的关键。创业者必须高度重视和全心全意依靠"知本"创业,吸纳更多并充分发挥人力资本,"不求所有,但求所用",激发人的创造力、促进人的全面发展,使人能更有效地实现价值创造,才能真正吸引和留住优秀人才,促进企业稳定和谐发展。

### (三)生态创业

生态创业就是指人与环境的协同为基础,以人类可持续发展为目标,以人的全面发展为归宿的创业行为。知识经济时代,经济发展方式将加速向资源节约、环境友好、人与自然和谐相处的方向转变,生态文明已经列入中国现代五大建设之列,充分说明了其重要性和战略意义。人类第一次创业(生存创业)以实物和大量不可再生性的能源的开采、利用、消耗为前提,其结果是大量消耗资源和能源、大量污染环境、严重破坏了生态,经济发展之路已经走到了尽头。

创业者、创业团队应当顺应历史发展规律,在人类社会进入第二次创业的时代潮流中,坚持以生态理念推进创业,积极追求绿色、智能、可持续发展。具体包括:在创业选项时,就坚决摒弃高能耗、高污染、高消耗的项目;在创业过程中,始终把崇尚自然、保护环境、合理利用资源、节能减排降耗、绿色发展、循环发展、低碳发展作为企业不懈的追求;在企业文化构建上,将生态、环境、资源保护上升到企业伦理和价值观层面,坚持节约资源和保护环境的基本国策,使之成为创业团队和全体员工自觉履行的社会责任。

### (四)责任创业

知识经济时代,履行社会责任是责任创业的基本要义。创业不单单是创业者个人谋利,新企业只要正式创立,客观上就成为社会的一员,与社会的发展息息相关,同呼吸、共命运。社会为企业提供了生存和发展的空间、各项公共资源、制度保障和盈利可能,而企业则支配和消耗着属于全社会的资源,并对社会以及自然资源和环境带来负面影响,这些大都不是通过市场交易所能补偿的。因此,根据责权对等的原则,创业企业在生产产品或服务、创造价值,对股东利益负责的同时,必须承担起对员工、消费者、利益相关者、环境和社会的责任。

履行社会责任,首先要满足社会需求、创造价值,企业才能在市场环境中生存,创造价值也是创业企业生存与和谐发展的客观需要。随着企业逐步发展，创业者、创业团队应当意识到，企业作为社会组织的一员，其创造的价值应该是多层面、多维度的，创造社会价值最大化才是企业的根本追求。无数事实表明，追求一己之私、一本万利、一夜暴富的企业注定是长不大、走不远的，狭隘的经济利润指标不可能实现企业综合价值的最大化。知识经济时代，创业者应当具备更高的精神境界和道德力量，旨在为创造社会价值而不仅仅是将个人财富作为自己的使命。只有将企业经营目标与社会目标统一起来，把股东追求个体利益与兼顾公众利益、社会效益联系起来，企业才能健康、可持续发展。

履行社会责任还表现在创业者、创业团队应当善待员工、关心员工的全面发展。关注用户、周边社区百姓等相关人群的利益诉求；既要追求生存与发展速度，也要高度重视生态与道德建设，努力实现循环经济、绿色可持续发展；既要考虑企业自身改革发展稳定问题，也要统筹企业与政府、企业与企业、企业与社会公众的关系，构建和谐社区。

【创业聚焦】

## 2021年知识经济创业四大机会

2021年的四大机会已经到来，你开始准备了吗？

第一，知识经济让每一个人都可以白手起家，随着知识经济时代的到来和网络信息技术的飞速发展，让每个普普通通的人们凭借一部手机上网，就可以实现成功自主创业，支持的生命载体是人才，知识的物质载体是知识性的食物产品，知识通过其物质载体的交换，实现其价值。人才价值的体现是人才为社会创造财富，这两者的决定性因素都是知识。在知识经济的大背景下，决定了我们每个创业者都必须要学习。

第二，厂家原创产品成为主流视频化，让产品实现产单合一，真正地去除中间化，创新原创是知识经济的核心。随着消费者与厂家之间的信息化程度日益加强和完善，其联系日益紧密。根据每一位消费者的不同需求，定制观念日益兴盛，厂家产品原创成为大的趋势并成为主流。随着各大社交媒体平台的兴起，厂家们也纷纷直播带货，让产品真正的实现产单合一，真正的去除中间化，让消费者得到实惠，只不过是我们每一个创业者应必备的技能，让创业者的产品随着知识经济的步伐，以全新的形式诠释它的价值。

第三，全球化黄金时代已经结束，2021年本土化全面爆发，知识经济的产品，应凸显当地文化属性。随着2008年世界经济全球化的结束，历经12年的本土化经济转型，加上2020年全球疫情的爆发，加快了国内经济自循环系统的完善。2021年本土化经济全面爆发。每个创业者的创业方向应当立足于本土的特色产品和产业，以及具有当地特色的人文风情。利用知识经济的基本价值逻辑，创新创造出符合现代人们需求的特色化产品，走出一条属于自己的本土化的创业之路。

第四，精神消费将高于物质消费。当人们的物质消费达到一定的水平的时候，必然向高层追求高质量的精神消费。因此教育和文化娱乐方面的经济以及其他所衍生出来的各种行业将是这个时代的热门趋势，比如从现阶段的电影行业就可以看到冰山一角，还有各种网络直播带货都可以管中窥豹，可见一斑。假如你拥有严谨的思维方式和终生学习的理念，就能够把握住这个时代的方向，先人一步成为这个时代的弄潮儿。你准备好加入了吗？

（资料来源：云南百收科技有限公司官方账号 2021-04-25）

# 第三节　创业与职业生涯发展

## 一、创业型人才的素质要求

青年大学生作为新时期创业大军的中坚力量，必须继承并弘扬开拓进取、锐意创新的创业精神。人是要有一点精神的，源自于追求实现人类的幸福和自身的完美的创业精神对国家和民族的发展具有更加深远的意义。

创业型人才就是在人才的基础上具有创业素质和创新能力特征的人，其特定素质包括强烈的创业意识、健康的心理素质、顽强的意志力、科学的冒险精神、出色的管理思维、博采众长的学习意识和一定的社会实践等七个方面。

### （一）强烈的创业意识

强烈的创业意识对创业型人才具有决定性作用，因为意识不仅决定行动，还决定行动的方向和力度。只有具有强烈的创业意识，才能对创业产生无限的好奇心和巨大的心理冲动，才能满怀美好的憧憬去发现新领域和提出新问题，并以健康的心态探索、开拓。在强烈的创业意识下，人会精神激昂、追求执著、意志顽强。实践证明，现实中有许多人因缺乏自觉意识，缺乏做有心人的心理准备，缺乏专注的意识和激情，才导致与机会擦肩而过，使人追悔莫及。

### （二）健康的心理素质

健康的心理素质包括积极进取的人生态度、处变不惊的自信心、力挽狂澜的气魄、慎独而恒久的自律性等。它是创业型人才心理上必备的品质，因为创业的过程是一个探索未知领域的过程，是一个充满风险的过程，也是一个不断收获喜悦的过程。在这个过程中，创业者的心理和行为会不断地受到挑战，不仅要面对竞争，还要面对抉择；不仅要面对成功，还要面对失败。在是非不定、激烈的竞争之中，在得心应手、成果累累的喜悦之时，不是忽而踌躇满志、忽而心灰意冷，而是人格独立、志存高远、超越诱惑、排除干扰，以超凡的心理调控能力，始终保持一种积极、沉稳的心态和执著的追求，保持迎战困难和追寻成功的激情。心理学家曾经说过，一切成就和财富始于健康的心理，原因就在于此。

### （三）顽强的意志力

既然创业过程充满了各种未知的阻力和风险，就可能会遇到各种各样的不测和挫折。诸如经济拮据、事业暂时落难、人际是非长短等都会给人带来苦闷、彷徨、烦恼或沮丧。事物的发展就是这样，它常常以突如其来之势改变现状，让人措手不及。许多时候成功与失败就在于是否坚持一下的意志之中。可见，创业者面对不可避免的不测和困境，非凡的意志力和心理承受能力是非常重要的。

### (四)科学的冒险精神

创业是一个从无到有的创造过程,在这个过程中充满了决策风险、市场风险、资金风险、物流风险甚至生命风险等风险因素,风险可能会伴随着创业的全过程。提到风险,人们的第一意识就是规避,而创业型人才不仅要善于规避风险,更要敢于进行科学的冒险。就是说,创业型人才必须具有承担并挑战风险的勇气,敢于突破思维定式和传统经验的束缚,向着未知地带、向着风险领域迈进。因为风险常常与效益相伴,巨大的风险常常是巨大的机遇。因此,在一定程度上说,冒险是一种动力,是一种勇敢,甚至是一种高尚的品德。在创业的道路上,必须注入一种义无反顾、知难而进、无所畏惧的冒险精神。许多创业者都认为墨守成规是创业和发展的绊脚石,真正成功的人,本质上流着叛逆的血。

### (五)出色的管理思维

现代社会的激烈竞争,没有一个默契的团队作支撑将是一事无成,而团队的默契必须依靠高效的管理。在创业过程中,始终离不开的是人才管理、质量管理、技术管理和文化管理。如果管理者管理不善、执行无力、落实无方,被管理者就会有法不依、有章不循、消极对抗,这种状况足以扼杀一切事业,所以管理是一种执行文化。创业者能否将自己的管理思想和管理制度在空间上执行到位、在时间上贯彻始终,避免制度天上飘、执行地下爬的现象出现,唯有靠管理能力。面对设定的发展目标,管理能力不仅体现在计划和决策中,体现在对单位的组织结构进行设计、对人员进行合理配置中,还体现在对员工的组织、指挥、引导、鼓励的过程中,体现在对内外的协调和人力资源的分配、调度和使用中。

### (六)博采众长的学习意识

在现代社会中,知识不仅浩如烟海,而且更新的周期短、速度快。这种情况下,一方面使得创业型人才不可能也不需要掌握各方面专业知识成为全才;另一方面应强调知识的宽泛性,即熟练的专业知识加上广博的相关知识。如何恰如其分地把握好这个度,这本身就是学问。创业是一个需要合谋、合力和合作的事业,是一个需要不断注入动力和活力的事业,是一个必须不断开创、不断引领潮流的事业。如此的事业,没有远见卓识和丰厚的知识底蕴、文化底蕴做支撑那是不可想象的。创业者必须明白:一个人有希望,不在于他的基础,而在于不断学习;一个集体有希望,不在于它的起点高低,而在于这个集体善于学习。创业型人才必须永远对学习情有独钟,让知识的增量成为永续的智慧,成为超群的资历,成为成功的动力之源。

### (七)一定的社会实践

创业型人才需要具备敏锐的信息捕捉能力、市场感知能力、比较鉴别能力,善于发现和把握社会需求和市场动态,而这一切都是以实践为前提的,不论有多少理论知识都无法代替实践的作用。创业型人才在初出茅庐时往往谈不上实践资历,但他必须认识实践知识和技能的重要性,才可能重视实践、主动实践,从而受益于实践。这是因为任何理论只有付诸实践才能转化为现实的生产力,任何思想只有通过实践才能检验其价值;因为只有通过实践,才能不断有所发现、有所启迪,从而在过程中激发灵性、促成创新,这就是实践出真知的道理。因此，实践的体验和经验对于创业者而言已经是半成品的财富，它可以让人少走弯路、降低创业的成本，可以让人胸有成竹、增加自信，可以让人意志坚强、宠辱不惊。

## 二、创业能力对个人职业生涯发展意义和作用

创业并不只是开办一家企业，创业能力并不只是开办企业的能力，而是影响创业实践活动效率、促使创业活动顺利进行，并能够创立和发展一项或多项事业的主体心理条件。其表现为一种综合性的能力，具有普遍性与时代适应性，对个人职业生涯发展起着重要的作用。

### （一）目标能力

目标能力是指设定和实现目标过程中表现出来的能力，是职业生涯发展规划的重要基础。创业者不是为了创业而创业，而是为了做好一件事情，做大一件事情，并且前提是在进行自我评估后发现这有可能实现的，这个时候才能够开始创业。

### （二）专业能力

专业能力是创业者在专业技能方面的水平。如果一个人对专业不懂就去创业，失败的可能性很大。例如，创业者开了一个饭店，假如自身不是厨师，又没有太雄厚的资金请大厨师，就很难把控饭菜的质量，而且很容易被大厨师炒鱿鱼。当一个创业者白手起家、身无分文，或者资金有限的时候，要想成功，创业者需要成为本领域的专家，是一个能控制住专业局面的人。

### （三）营销能力

营销能力是指创业者在产品销售和塑造品牌过程中表现出来的能力。创业者要能够把公司"卖"出去，一个是卖公司的产品；另一个更重要的是随着产品的销售，卖出公司的品牌，让大家都知道这个产品是从你公司卖出来的。在中国，创业者个人品牌的成长很大程度上就是企业品牌的成长，而企业品牌的成长反过来也带动个人品牌的成长，这两个加起来形成创业公司的品牌营销。所以，利用营销能力把产品推销出去，把品牌推销出去，把创业者自身推销出去，变成了企业发展的一个重要手段，也是创业者必须具备的能力。

### （四）转化能力

转化能力是指转化科学技术的能力。如果比尔·盖茨一辈子待在实验室的话，他现在可能默默无闻，但他把自己的研究成果转化成了微软产品，推销到全世界，他就成了全世界的首富。

转化创业者个人的能力，就是能把所学专业知识转化为社会能力、管理能力。创业者管理自己的时候也许管得很好，但管理一个团队就不一定了，那就需要学会从管理自己一个人转换成管理一个团队，把专业能力转换成综合能力，把专业才能转化成领导才能。

### （五）社交能力

进入社会，首先要理解社会，要理解别人为什么要这么做。譬如，俞敏洪说起自己创业之初，对一些事完全不懂，跟其他人打交道的时候觉得特别吃力，新东方的发展也处处受制

于人（一会儿居委会来人、一会儿城管来人等）。后来他慢慢学会了把自己的心态放平和，去理解社会上的人。最后当他开始融入这个社会，并且思想和境界又超越这个社会的时候，他就把新东方做大了。

### （六）用人能力

用人能力具有巨大力量，它是领导能力的一个典型体现。阿里巴巴的马云之所以能成功，很大程度归因于他的个人魅力。他有能力把一帮人聚在一起，虽然工资不高，承诺的未来到最后也不知能否实现，但大家有一个期盼。刘邦打下天下时，他说了这样一番话："其实我自己一点本领都没有，但我能够用萧何、韩信、张良这样的人才，是他们帮助我打天下；而项羽身边只有一个范增，他都没有能力好好用上。"这就体现了领导能力的重要作用，一个孤军奋战的人也许能成为英雄，但他却不能成就事业。而刘邦，成为了领袖，创建了一个几百年的帝国朝代，容纳了很多的有识之士。

### （七）把控能力

首先是对企业的把控。企业的发展速度是什么？发展节奏是什么？什么时候该增加投入？什么时候应该对产品进行研发？其次是对人的把控，创业公司的员工应当根据自己的能力和贡献每天衡量自己应该得到什么？人与人、人与环境之间应该怎样寻找一种平衡关系？人与人永远都是在一种平衡中间，而这种平衡需要创业者对人性进行很深刻地了解，并且随时把握每个人的动向，满足他们的需求，同时还能压制住他们不合理的要求和欲望，能够让他们跟你一条心、不断往前走。对人的把控能力、对环境的把控能力、对企业发展步骤的把控能力，构成了创业是否成功的重要条件。

### （八）革新能力

所谓革新能力，就是不断把旧的东西去掉，把新的东西引进来，进行体制上的革新、制度上的革新、技术上的革新以及思想上的革新。一个人或者一个企业家成长的过程，就是不断否定自己的过去，承认自己的现在，追求自己的未来的过程。一旦一个人觉得现在这样就已经挺好，做成这样已经不错，就不会有更大发展的空间。前苹果公司 CEO 乔布斯和他的两个伙伴创办了苹果公司，后来因与董事会意见不合离开苹果公司后他创办了 NeXT 公司，以制作动画片取得成功，苹果公司遇到危机，请他回公司后他开始研究 iPod，iPod 还在热销的时候他又开始研究 iPhone，iPhone 在全世界热销后，他又推出了 iPad，每走一步，他的思想都是超前的，他的每一步行动都在革新。

在创业过程中，创业能力的培养与提升对创业者的职业生涯发展也产生了不可估量的影响与作用。

首先，创业能力有利于创业者更快地适应职场环境，更为合理地规划职业生涯。创业能力有助于创业者更快地适应职场外部环境，更清晰地把握自身特点，确定产品优势、市场策略、企业发展中长期目标，选择正确的企业发展道路和个人职业生涯道路，从而有助于个人进行更为合理的设想和安排。

其次，创业能力有助于创业者更好地洞察形势，把握机会。在人的生命空间中，最重要的、起决定性作用的是职业生涯周期，它是人生存和发展的前提条件。职业生涯发展过程有两种形式，一是职务的升迁，二是职业的改变。创业能力为创业者实现职业转变、更换所从事的工作内容提供了更大的可能和更多的机会。

再次，创业能力推动创业者在职业生涯中更快地实现个人职业发展目标。如果创业者拥有专业知识、管理经验、沟通协作等创业能力，可通过创业活动将个人能力转化为生产力，从而实现人生的职业生涯目标。因此，创业者的职业生涯就是发挥创业能力、实现个人职业目标的过程。创业能力的高低，决定着能否更快地实现个人职业发展目标。

【创业聚焦】

创业？就业？回国第一步迈向哪里？

每年的秋招季，都有一批留学生完成学业，踏上回国的旅程。在他们中间，有的已经拿到了国内单位的录用通知，只等入职；有的准备好了求职材料，准备加入秋招"大军"；还有一些正暗自踌躇，这部分人心中有创业的点子，但并未想好第一步该怎么走——是直接创业，还是先进入一家同类型企业工作一段时间、积累更多经验后再创业？

创业？就业？每年都会有一批新海归面对这道或许永远没有最佳答案的命题。然而，不变的是题目，时代发展中，作为答题人的"新海归"们的心态正悄然发生着变化。

### 先就业——积累工作经验

4年前，毕业于澳大利亚新南威尔士大学的徐子航回到国内。彼时，他正跃跃欲试，他所研发的环保材料市场前景广阔，因此在研一时，徐子航心中便有了创业的想法。

但事情并没有那么简单。他深知自己的纯技术背景无法妥善处理公司实际运行中的有关问题，不仅如此，本科与研究生都就读于澳大利亚的徐子航，对于国内的商业环境客观上了解有限，"在当时贸然创业并不是一个理智的做法。回国后目之所及，很多事物都觉得陌生，而这一切都需要时间去适应，也需要时间去学习。"他说。

在入职国内一家中等规模的环保企业后，徐子航报名参加了面向在职人员开办的金融课程，其中有些他在澳大利亚的时候也曾学过皮毛，但当时并未多花费心思。

2019年5月，他终于决定辞职创业。用他自己的话说，"这是时机已到。"

"工作3年的最大收获，是让我弄明白了国内这种技术型企业运营的内在逻辑，如何打开产品销路、如何保持团队的研发热情、如何平衡收支预算……如何处理人际关系、如何更好地激发团队战斗力等这些偏感性的能力也得到了锻炼。"徐子航说。

他的话是不少"就而优则创"海归的内心写照。在毕业于意大利佛罗伦萨美术学院的赵晟看来，职场中的收获会为自己之后创业提供强劲助力，这种收获大致可分为两方面：一是与优秀的领导、优秀的团队相处中所实现的自我提高；二是积累资源。对于一心想做独立策展人的她来说，前期资源积累的重要性不言而喻。"不要'为了创业而创业'，对一些领域来说，海归没有丝毫工作经验就直接选择自己干，确实要承担极大的风险。先就业再伺机创业则相对稳妥。"赵晟说。

### 先创业——试错成本更低

也有人担心，自己所处行业正迎来风口红利，如果不直接迈出这一步或许会错失良机。

毕竟，创业环境瞬息万变，自己所处行业今日的强劲势头会持续多久，很难有人准确预测。

杨泽园说，如果自己同师哥一样出生在1985年，或许会和师哥一样，创业时考虑更多方面，先进入职场磨炼，等羽翼丰满时再尝试将创业点子付诸实践，那是师哥及其同年级选择创业的毕业生的路径。但杨泽园却没有这么选。

他出生于1994年，研究生毕业于美国康奈尔大学，如今已是一家拥有几十名电竞主播的网络平台的老板。20多年前，他的父亲辞掉公职，下海创业，杨泽园是名副其实的"创二代"。

海归创客年龄层的结构性变化，也预示着难以忽视的创业心态的改变。根据《2019中国海归就业创业调查报告》中的有关数据，"90后"尤其是"95后"新生代海归正发展成为海归就业创业的主力军。受访者当中，"90后"（1990—1995年出生）占比达52%，"95后"占比则显著升高，达17%。

相较于父亲当年创业时的瞻前顾后，杨泽园如今显然并没有那么多顾虑，更加自信而无畏，也没有考虑父亲的创业领域和创业路径。甚至，他心中考虑过一旦最终创业失败他该何去何从。"我还年轻，试错成本很低。无论这家平台能运营多久，其中经验都是我自己攒下来的。以后就算加入别人的团队也无妨，关键是创业者要做好从'老板'到'员工'的心理准备。"

**更多机会——创业就业环境优化**

无论是先就业还是直接创业，对于所有有志于创业的海归来说，国内如今的海创环境正提供着更好的机会、更广阔的平台。

从留创园数量中可见一斑。截至2018年年底，全国已建成各类留创园超过350家，入园企业超过2.5万家，在园创业或工作的留学人员总数超过8万人，累计孵化企业超过5万家。

事实上，留学生若想要回国创业，可借的助力越来越多。首先，国内各种孵化园区正在蓬勃发展。通过建设平台、开展活动、加大支持，各级政府也在为海归创新创业提供更多便利，留创园只是其中一部分。其次，通过中国留学人员创新创业大赛、中国留学人员广州科技交流会等创新创业平台建设，更多海归有了回国就业创业的机会，平台会为海归的项目转化牵线搭桥。

在徐子航看来，海归创业需要避开的误区之一，是完全照搬自己在海外学习的经验。"中外的商业环境各有特点，并不完全相同。客观来说，国外的职业经理人制度更为成熟，初创团队成立后，可以凭借职业经理人队伍来弥补创始人自己某方面的经验欠缺。在国内，创业初期日子比较苦，一些小团队并不会引起职业经理人的注意，在这种情况下，创业初期可能会面对多方面压力。"他说。

2020年10月，教育部在对十三届全国人大三次会议第5337号建议的答复中也曾指出，坚持以"支持留学、鼓励回国、来去自由、发挥作用"新时代留学工作方针为指引，积极应对新冠肺炎疫情影响，不断创新服务模式，提高服务水平和质量，支持留学人员回国服务，鼓励他们成为大众创业、万众创新的生力军。

"毫无疑问，海归创业的环境一定会越来越优渥。"杨泽园说。"关键在于，要了解自己的内心世界，知道自己到底想要的是什么。如果缺乏某一方面的经验，就需要拥有一个团队，需要寻找合伙人。创业绝不是自己打天下，善于组织团队，善于合作，才能更好地把握机遇，把事情做成。"

（资料来源：人民日报海外版 2020-11-18）

## 第四节　当代中国创业

中国的改革开放自 20 世纪 80 年代以来取得了举世瞩目的巨大成就，大批中小企业不断创立与发展，成为影响中国经济迅猛发展的关键因素。

### 一、当代中国创业活动进入新高潮

全球创业观察（GEM）的研究表明，中国创业活动近年来进入了新的高潮，在全球的创业活动中位居前列。根据清华大学中国创业研究中心发布的《全球创业观察 2018/2019 中国报告》，2018 年，中国创业环境的综合评价得分为 5.0 分，在 G20 经济体中排名第 6，处于靠前位置。

报告指出，中国创业活动的创新能力和国际化程度在不断提高，而高成长企业的比例在两成左右波动。具体来说，2009 年顾客认为创业企业提供的产品/服务是新颖的且企业在市场上没有或只有较少竞争对手的比例为 20.2%，2018 年这一比例增长到 33.6%。同时，中国创业企业的销售收入中超过 25% 来自海外市场的企业比例从 2009 年的 1.4% 增长到 2018 年的 11.3%。

然而，这样的结果并不代表我们的创业环境在世界范围内领先了。

创业是一个持续过程，不仅需要数量，更要求高质量。

### 二、中国创业活动存在的主要问题

#### （一）创业活动亟待转型

目前中国活跃的创业活动实际上是一种低水平的活跃，中国创业活动正处于从生存型向机会型转变的过程中。生存型创业属于低水平的创业活动，而创业对经济社会发展的更大力量来自高水平的创业，即机会型的创业活动。高水平创业活动的经济效应主要表现在三个方面：一是有助于促进经济增长，即对 GDP 的贡献；二是有助于促进就业，即创造新的就业岗位；三是有助于推动创新，即通过提供新产品和服务，满足客户需求，创造新的市场。

研究发现，机会型创业比生存型创业能够创造更多的就业机会、更大的新市场和更多的创新机制。以创造就业机会为例，数据显示，每增加一个机会型创业者，当年带动的就业数量平均为 2.77 人，未来 5 年带动的就业数量平均为 5.99 人。在创造的新市场方面，生存型创业者主要是在创造的小市场上捕捉市场机会，而机会型则能在更大的新市场上捕捉市场机会。

#### （二）创业活动质量不高

目前，中国的创业活动质量还存在其他的不足，主要包括：第一，创新不足，创业活动中的创新指数排名低；第二，高成长型创业不足，有高成长预期的创业者少；第三，国际型创业不足，创业活动主要是以本国市场为主。

从创业者年龄角度看，全球创业观察的研究表明，在中国，18～24 岁是创业的黄金年龄，该年龄段的青年人在创业中一直保持较高的比例，可见年轻化仍是中国创业活动的主流，而在中、高收入水平国家，创业者的年龄主要分布在 25～44 岁。

从创业者受教育程度看，尽管受过高等教育的创业者的比重逐年上升，2006 年已达到 20%，但中国初等教育水平的创业者人数众多，高学历创业者则落后，在参加全球创业观察的国家中排在第 41 位。在高收入水平国家，大学以上创业者所占比重较高，其次是专科、高中、高中以下；在中等收入水平国家，大学学历排第 2 位，专科排在第 1 位，然后是高中；而在中国，占创业者比重最高的一直都是初等教育水平。可见，中国大学生创业者为数甚少，同时也说明，提升中国创业者的素质与教育水平刻不容缓。

### （三）创业环境有待改善

中国的创业环境在过去的 10 年里不断改善，但是改善程度有限。2002 年出版的《全球创业观察中国报告》指出，中国的创业环境评分为 2.57，处于创业环境不利于创业活动的状态。经过 10 年的发展，中国的创业环境评分达到 3 左右，逐步进入有利于创业活动的环境状态，但依然在很多方面亟待改进与完善。

创业转型，即从生存型向机会型创业转变，最关键的决定因素是人力资本。创业人才成长的环境不限于大学教育，但大学是非常重要的环节，是从根本上提升创业的人力资本和改善创业质量的关键。因此，改革高等教育，完善创业人才成长的环境和机制至关重要。

## 三、当代中国创业历程

当代中国的创业是从改革开放开始的。1978 年召开的党的十一届三中全会，开创了我国社会主义建设的历史新时期。这次会议果断摒弃了"以阶级斗争为纲"的错误指导思想，把党和国家的工作重心转移到了经济建设上来。从那时起，中国人便迈开了拓荒者的步伐，走进了创业时代。

综观当代中国的创业活动，先后经历了六个不同的发展阶段，掀起过四次创业高潮，每一次创业高潮的到来都使我国创业水平登上一个新台阶。

### （一）原始积累阶段

原始积累阶段也称个体户阶段，时间是从 1979 年初至 1984 年 10 月。

中国的创业大潮最早从温州兴起。1979 年，在党的"让一部分人先富起来"的政策感召下，一些贫困农民首先行动，以家庭为单位，办起了手工小作坊。他们的作为和高出农业生产几倍的经济收入使人们惊讶和羡慕，人们争相效法。于是，这种家庭小作坊迅速推广，遍及温州，这便是后来被经济学家称为"温州模式"的创业道路。几乎在同一时期，生活在长江南岸的江苏人以更加稳妥的方式，创办了带有公有制性质的自负盈亏的乡镇企业，在全国引起了关注。江苏农民以"四千四万"的创业精神首开发展乡镇企业之先河，造就了江苏乡镇企业的异军突起。这项伟大的创造被邓小平同志称为"完全没有预料到的最大的收获"，这便是后来被经济学家津津乐道的"苏南模式"。紧接着，1980 年，随着深圳特区的建立，位于珠江三角洲的顺德、中山、三水等地的农民也大受改革开放之风的鼓舞，纷纷走上创业之路，成为先富起来的一部分人。

这个阶段的主要特点：创业人数不多，并且多是农村人口和城镇无业人员，一般文化素质不高，经营方式为个体户，经营行业一般都是传统劳动密集型产业，如饭馆、小商店、加工业、长途贩运等行业。这一时期由于"文化大革命"结束不久，百废待兴，社会经济生活方面形成了多方面多层次的需求，党和国家在这时出台了一系列鼓励发展个体经济的富民政策，为个体户的成长提供了良好的机会。那时城市绝大多数人还受计划经济的影响，抱着"铁饭碗"不放，认为经商单干没面子，都不愿辞职创业。而农村普遍实行生产承包责任制，破除了人民公社旧体制，出现了大量富余劳动力，这些人自然抓住这个机会投身创业，从而率先成为"暴发户"。典型创业者如温州的南存辉和胡成中、顺德的何享健和梁庆德、张家港的沈文荣、四川的刘永好、安徽炒瓜子的年广久、大连开摄影摊亭的姜维、黑龙江包工队的张宏伟等人，都是从干个体起步。由于市场刚刚发育，竞争不激烈，他们大多很快积累了财富。

（二）正式起步阶段

正式起步阶段也称为"头班车"阶段，时间是从 1984 年 10 月至 1988 年 4 月。

1984 年 10 月党的十二届三中全会通过的《关于城市经济体制改革的决定》指出：社会主义经济是公有制基础上的有计划的商品经济，商品经济是社会经济发展不可逾越的阶段。这就突破了过去把社会主义经济同商品经济对立起来的不正确看法，标志着我国的经济体制从计划经济转向商品经济。随之而来的学术界关于"劳动力商品""技术商品化"的讨论和劳务市场、技术市场的建立，使许多人看清了社会发展趋势。他们从"个体户"身上看到了创业的光辉前景，纷纷"下海"经商，创办企业，掀起了中国创业的第一波大潮。

这一阶段的特点是：创业人员除了第一阶段中的"万元户"外，还加入了大批敢为人先的知识分子，所创办的通常是具有现代意义的企业；创业者所从事的主要是第三产业、科技产业等。现今的许多大企业家，如联想集团的柳传志、华为集团的任正非、玖龙纸业的张茵、娃哈哈集团的宗庆后、三一重工的梁稳根、万科集团的王石、四通集团的段永基、北大方正的王选、王码集团的王永民等，都是在这一时期开始创业的。

（三）曲折前进阶段

这一阶段的时间是从 1988 年 4 月至 1991 年底。

1988 年 4 月，七届人大通过的宪法修正案增加了"国家允许私营经济在法律规定的范围内存在和发展"的内容。同时，七届人大一次会议通过了成立海南省和设立海南经济特区的决定。这一举措对渴望创业致富的中国民众无疑是一支强心剂、一股难以遏制的创业冲动，使一大批有学历、有稳定工作的人毅然走上自主创业之路，中国再次出现创业高潮。

这个阶段的一个显著特点是创业经商人数大增，形成"全民经商"之势，甚至大学校园中也出现"练摊"的学生业主。由于这一时期中国遭遇外国经济制裁，经济从发展高峰一下子跌入谷底。许多新创企业遇到打击，一蹶不振。"左"的思想有所回潮，许多创业者担心"割尾巴"，干脆洗手不干。

然而"沧海横流，方显出英雄本色"，仍然有不少创业者痴心不改，最终将所创事业进行到底。如万通集团的冯仑、SOHO 中国的潘石屹、苏宁电器的张近东、"打工皇帝"段永平、打不倒的"巨人"史玉柱等都是在这一时期开始创业，并最终取得成功的。

## （四）迅猛发展阶段

这一阶段的时间是从 1992 年初至 1999 年 11 月。

1992 年是中国企业家成长的转折年。这一年邓小平同志发表了南巡讲话，提出了"三个有利于"的判断是非的标准。"不争论，大胆地试，大胆地闯""特区姓'社'不姓'资'"，邓小平的讲话再次为私营经济的发展鸣锣开道，犹如一股春风驱散了笼罩在人们心头的疑云，大大解放了人们的思想；同年，国家体改委颁布了《有限责任公司暂行条例》《股份有限公司暂行条例》；1992 年 10 月，党的十四大决定抓住机遇加快发展，确立了市场经济体制的改革目标，推动了创业活动高速增长。1992 年、1994 年、1996 年全国私营企业户数的增长率分别达到 28.8%、81.7%、25.2%。一度沉寂的创业热潮再次高涨起来，深圳成为当时创业的前沿阵地，"深圳速度"成为当时的流行语。中国第三波创业高潮随之到来。

这一时期创业的特点：从创业人员来说，政府机构、科研院所的"下海人员"猛增，下岗人员以创业实现再就业的人员有所增加，所创办企业规模较大；从创业的行业看，除涉及金融、房地产、教育等第三产业外，创业者看到了互联网蕴藏的巨大商业机会，纷纷选择互联网创业。这一阶段著名的创业者有阿里巴巴的马云、比亚迪的王传福、泰康人寿的陈东升、中坤集团的黄怒波、搜狐的张朝阳、网易的丁磊、蒙牛的牛根生等。

## （五）列入扩大就业发展战略阶段

列入扩大就业发展战略阶段的时间是大致从 1999 年底至 2007 年底。

1999 年 12 月，全国人大九届一次会议通过了《中华人民共和国个人独资企业法》，这部法律为民间创业亮起了一盏明灯。它的最大突破是降低了企业经营者做老板的门槛，取消了开办企业注册资金的规定，改变了过去只有富人才能创办企业的陈规，意味着一元钱也可以注册企业。这个法律的公布与实施，为民间投资创业打开了绿灯。中国出现了第四次创业高潮。

2002 年 11 月，党的十六大报告指出：必须尊重劳动、尊重知识、尊重人才、尊重创造，并将其作为党和国家的一项重大方针在全社会认真贯彻；必须形成与社会主义初级阶段基本经济制度相适应的思想观念和创业机制，营造鼓励人们干事业、支持人们干成事业的社会氛围；必须放手让一切劳动、知识、技术、管理和资本的活力竞相迸发，让一切创造社会财富的源泉充分涌流。在造福于人民的创业方针的鼓励下，人们再一次爆发了创业冲动和创业热情，我国成为了世界上创业活动最活跃的国家之一。

2005 年 10 月 27 日，十届全国人大第十八次会议表决通过了修订后的《中华人民共和国公司法》，并于 2006 年 1 月 1 日起正式施行。新的《公司法》规定，设立有限责任公司取消按照公司经营范围和行业性质区分最低注册资本额的规定，将有限责任公司的最低注册资本额一律降为 3 万元，其中货币出资额不得低于公司注册资本的 30%，并允许按照规定的比例在两年内分期缴清出资；同时，还对一人有限责任公司作出特别规定。修订后的《公司法》为公司的设立和运营提供了制度便利，进一步推进了创业热潮。

2007 年 10 月 15 日，胡锦涛同志在中国共产党第十七次全国代表大会报告中首次强调指出："实施扩大就业的发展战略，促进以创业带动就业"。创业被党中央列入事关国计民生的重大发展战略，标志着党中央在国民经济发展战略上新的突破和理论创新。

这一阶段高科技领域成为创业的热点，大批海外留学人员归国创业成为引人注目的亮点。国内成为海内外投资兴业的热土和各类人才施展才华的广阔天地，创业在更大范围、更广阔的空间展开，中国进入全面创业的伟大时代。

创业者们凭借卓越的聪明才智和对资本市场机会的把握走在新经济的前列，以互联网为主导的新经济催生了一批财富英雄，涌现了一大批以百度的李彦宏、盛大的陈天桥、尚德的施正荣为代表的阳光富豪。这批富豪的崛起转变了社会对富豪的认识和看法，他们很少利用权力资源，相反，他们与权力保持了一定的距离，依靠个人和市场的力量催生和带动了一个新的产业，为社会提供了更多的就业选择和足够的虚拟空间，通过高科技和互联网经济实现了真正的产业革命，使整个国家更具有创新活力和创业动力。

### （六）探索创业型经济阶段

这一阶段的时间是从2008年1月至今。

2008年下半年，迅速蔓延的国际金融危机导致我国经济增速趋缓、出口下滑，相当数量的中小企业接不到订单，经营困难，不少农民工被迫返乡；一些行业部门如房地产、金融证券、进出口行业等，是整个金融危机中被卷入最深的领域；相当多的企业削减或放缓了招聘计划，大学生等新增就业人口的就业形势更加严峻。

在这样的形势下，政府出台了一系列保增长、促就业、鼓励创业的政策措施。

2008年7月，国家人力资源和社会保障部等11个部门起草了《关于促进创业带动就业的若干意见》，其中对创业企业提供的政策支持空前强大，并酝酿在20个城市试点。

2008年12月2日，首届全球创业型经济论坛在北京举行，我国学者在论坛上正式提出，中国应当发展创业型经济。创业型经济的概念，最早由德鲁克于1985年提出，是指以大量新创的成长型中小企业为支撑的经济形态。中国发展创业型经济应当是以知识和企业家为核心生产要素，以创意和创新为主要手段，以中小企业为微观经济基础，通过创业机制持续推动经济发展。这是中国转变经济发展方式的必由之路，是提高自主创新能力、建设创新型国家的根本途径。

2009年3月，我国启动创业型城市建设，包括深圳、南宁、太原等82个城市被国家人力资源和社会保障部列为首批创建国家级创业型城市。

2010年4月22日，教育部下发了《关于大力推进高等学校创新创业教育和大学生自主创业工作的意见》，高校创新创业教育正式进入教育行政部门指导下的全面推进阶段。

2012年8月1日，教育部又印发了《普通本科学校创业教育教学基本要求（试行）》，要求把创业教育融入人才培养体系，贯穿人才培养全过程。并规定"创业基础"是面向全体高校学生开展创业教育的核心课程，要求面向全体学生单独开设"创业基础"必修课，不少于32学时，并附"创业基础"教学大纲。

可以预言：一个全新的创业时代、新一轮中国创业高潮即将到来。

## 本章要点

本章共4节，其主要内容有：

（1）创业与创业精神。

创业是不拘泥于当前资源约束、寻求机会、进行价值创造的行为过程。

创业的关键要素包括机会、团队和资源。

创业过程包括创业者从产生创业想法到创建新企业或开创新事业并获取回报，涉及识别机会、组建团队、寻求融资等活动。可大致划分为机会识别、新企业创立、新企业生存、新企业成长和新企业成熟五个主要阶段。

创业精神是创业者在创业过程中的重要行为特征的高度凝练，主要表现为勇于创新、把握机会、敢当风险、自我超越等。

创业精神将在新时期发挥更大的作用，有利于加快转变经济发展方式，促进经济社会又好又快发展。

（2）知识经济发展与创业。

经济转型是创业热潮兴起的深层次原因。

经济社会发展不同阶段创业活动的特征。

创业具有推动社会经济发展、带动就业、促进创新等功能，同时也是解决社会问题的有效途径之一。

（3）创业与职业生涯发展。

创业并不只是开办一家企业。

创业能力具有普遍性与时代适应性。

创业能力对个人职业生涯发展起着积极作用。

（4）当代中国创业。

当代中国的创业活动，先后经历了六个不同的发展阶段，掀起过四次创业高潮，每一次创业高潮的到来都使我国创业水平登上一个新台阶。

## 思考题

1. 创业有哪些要素？大学生创业常见有哪几种类型？
2. 大学生创业需要哪些精神？如何培育？
3. 创业对职业生涯发展的作用和意义？
4. 知识经济条件下的创业有什么特征？

【案例讨论】

### 人生拒绝"到此为止"，联想收获"暂时成功"

2012年11月9日，联想控股有限公司董事长柳传志出席由上海大学生科技创业基金主办的2012中国创业周，并就创业话题发表了主题演讲，内容节选如下：

各位准备创业和正在创业的朋友们，今天我想简单介绍一下联想创业的过程，把我所做的一些经验、教训总结跟大家交流一下。

首先把联想的基本情况介绍一下，我在1984年和另外10个同事开始创业，当时筹集到了20万元人民币。我再介绍一下联想控股的目前的基本状况，2011年底，员工接近5万人，营业额1831亿元。再具体地说，我们联想这些年来在中国做了4件有特殊意义的事儿：第一，我们走出了一条在中国高科技产业化的道路，中国在20世纪80年代没有想过要把科技成果产业化，我们把这条路走出来了，把联想这家企业办成功了；第二，在与国际企业的竞争中，抢占到了领先地位；第三，走了一条高科技企业股份制改造之路，由于我们坚定不移地进行产权改造的愿望，通过漫长的努力，今天的联想已经是一个完全股份制公司，我觉得这在中国也是具有特殊意义的，因为很多科技企业想要做到这一点也不是很容易；第四，走了一条非相关多元化的路，非相关多元化就是联想控股陆续进入房地产、农业、金融等领域，目前我们也把这个非相关多元化做得相当成功。

今天不是要跟大家讲我们是怎么做的，因为大家都是创业人士，我只是想说小企业是能够做到这么大的，而且还能做得更大。我们在2004年12月8日召开的大型发布会，宣布并购IBM的PC业务，当时发布会的召开引起了很大轰动，因为IBM是美国文化、美国财富、美国精神的象征，他们竟然不做PC了，交给中国人做了，能成吗？当时的争论极其热烈，行业的朋友、媒体的朋友都非常赞叹，后来我才知道都是赞叹于我们的勇气，因为当时没有人认为我们能成功，当时有人跟我说"柳总，您干得好，就是死了也值了"。当时我到北京大学光华管理学院讲课，他们两个班合起来九十多个人，我说认为我们并购能成功的请举手，当时只有两个人举手了，事实就是这样。在并购之前的2004年我们在中国也就是29亿美元的营业额，但是到了2011年我们做到了296亿美元的营业额，现在只能说并购是暂时成功了，相信这个季度之后还会有进步。我就是想做事，后来遇到了很多风险以后才觉得不但要做事，我还应该享受做事的成果，因此才提出产权改造。不然永远是做事，做了很大，但是创业者都没份，这样的话就没有后来的联想了。我想，向国家的主人们要求产权的改造也是合理的，也是我们把联想做得更大的原因。

先说说我自己为什么创业，我在1984年的时候在中国科学院计算机研究所研究磁记录，当时很多人都说中国科技的春天到了，当时我在研究所里也不错，为什么要创业呢？

我所在的研究所是做应用技术研究，科学院就是先做个东西，然后拿来跟世界最高水平比较。到了改革开放以后，因为我们做的东西还是写论文，写完论文就评职称，评完职称就提工资，到此为止。再像以前那样干下去，是没有希望的，必须要走出来，自己创业。

创业至今走上了什么道路呢？我刚创业以后不到几个月就被人骗走了14万元，卖电子手表也赔钱了，当时经济还是很紧张的，最后我们想把原来的科研成果联想汉字系统进行转化，当时我们自己要单独做一个汉字系统，有些人是专门做软件，我们是硬软件结合，一块插槽，里面一个软件，装上以后就是一个汉字。联想为什么叫联想呢？就是因为这个功能，这个功能是我们发明的。但是在做研发的时候，真正要把成果转化的话是要钱的，钱从哪儿来呢？我们就把原来这些人员组织起来来出卖技术劳力，到各个部委去验收、讲课，挣了几十万块钱，然后再用它来进行开发。当时中国能做汉字系统的有若干家，巨人集团的史玉柱当时就是做软件出身的，他们的巨人也是我们的主要竞争对手。当时帮助PC机的公司推销PC的话，尤其是卖进口PC，1台能赚8000块钱，我们发现原来做代理赚得也很多，我们就又把心思放在研究做代理去了，在代理电脑的同时也代理别的东西，而我们在做代理的过程之中跟我们的厂家学到了很多东西，原来销售和市场还不是一回事，而且慢慢地懂得了怎么去了解客户的需要。我们本来是想做自己的品牌，干吗老给别人做代理啊？我们自己也有研发能力，所以就有了这个愿望。我们是想尽办法去做大，最后再把这个东西做成更大的品牌，在世界上去销售。

要想永远成功：一是你要有意志力，要能顶住，熬得住就能成功；二是学习能力，那些运动员能奋斗成世界冠军都是因为他们有学习能力，意志品质只能说是必要条件，自身条件就是要有学习能力，联想电脑的主要成本集中在什么地方，电脑行业是一个不停发明新的元器件的行业，一个新的元器件出来怎么办呢？库存就是降低成本的重要因素，你会发现别人研究一样，我就要研究更进一步的，一个企业到底怎么才能更好地把员工的积极性调动起来，到最后就是研究什么样的人才能当上领导，这就是所谓的学习能力。学习能力是怎么来的呢？看书很重要，所有世界500强企业的书我们都可以学，但是我觉得最重要的还是从我们自身走过的路去学习，联想的方法论叫做"复盘"。我认为大学里的学习最低等的是学知识，稍高等的是学方法，最高等的就是为自己的目标学习，因为解决问题的能力就是学习能力。有些人一做事就要跟最根本的目的联系起来，我在上学的时候老师讲完课我把三本书看完就行了，然后再把讲的内容重新写一遍，他的论点、论据是什么，在写的过程中肯定会发现若干问题，然后再看一遍，另外就是把我学的这堂课和本章的绪论连起来，看看这节在这章里是什么关系，这章在这本书里处于什么位置。当你形成思维习惯，最后在做事的时候就可以参考。学习能力，有些人能获得，有些人没法获得，你要想把企业做大就要有能力领导更多的人，你怎么才能成为他们的核心，无论是在物质上还是在精神上，都要能够给予更多的东西。

（资料来源：节选自柳传志先生在上海大学生科技创业基金会主办的2012中国创业周上的主题演讲，题目为编者所加，有少量删改）

案例思考：

（1）柳传志先生当年为什么要创业？
（2）你如何理解联想做的"四件有特殊意义的事儿"？
（3）创业者"享受做事的成果"和联想"做得更大"有什么关系？
（4）你如何理解联想创业初期的发展过程？

# 参考文献

[1] 彼特·F.德鲁克.创业精神与创新[M].北京：工人出版社，1989.

[2] 中共中央文献研究室.十四大以来重要文献选编（上册）[M].北京：人民出版社，1996.

[3] 王杜春.大学生创业基础[M].北京：化学工业出版社，2013.

[4] 吴晓义.创业基础理论案例与实训[M].北京：中国人民大学出版社，2013.

[5] 李时椿，常建坤.创业基础[M].北京：清华大学出版社，2013.

# 第二章

# 创业者与创业团队

 学习目的

本章学习目的在于掌握创业者的概念、创业者应具备的基本素质与能力、创业团队及其对创业的重要性、组建和管理创业团队的基本策略，熟悉创业者动机及产生的驱动因素、创业团队的社会责任，了解创业活动的理性因素、领导创业者角色与行为策略，形成对创业者的理性认识等。

 引导案例

### 赵雪娇：坚守教育报国梦想，彰显社会责任担当

秦皇岛金色未来教育培训学校创始人赵雪娇，2005年毕业于东北石油大学（原大庆石油学院）。2006年，她创办了秦皇岛金色未来培训学校，开启了她的教育报国梦。

**放弃"金饭碗"待遇 追逐创业梦想**

赵雪娇刚毕业即被天津一家行业知名企业招聘录用，这是同龄人眼中的"金饭碗"工作。在工作岗位上，她积极向老前辈请教业务技能、积累工作经验；变革思想、增强创新服务能力。工作不到一年，她就晋升为部门副主管职位，获得"客户满意度十佳奖""年度最佳人才"等荣誉称号。但在她事业即将走向黄金时期，前途一片光明之时，赵雪娇却毅然地辞去具有丰厚待遇的工作，开启了她的创业之路。

**立志投身教育 坚定报国初心**

赵雪娇常说，我出生在农村，家境并不算好，父母用辛苦积攒下的钱供我和姐姐读完大学，并获得了一份心仪的工作，但并不是每个人都像自己那么幸运。很多和她同龄的孩子，上完初中就辍学外出打工，自身的优势和潜力没有得以充分发展。从那时起，她就暗自立志要成立一所学校，一是让因家庭贫困而无法完成高等教育的学生有机会学习，提升自身学历；二是激发有专业特长的人员发挥其能量，实现职业技能强化和提升；三是对有创业梦想的人员开展创业培训，以创业带动就业；四是为家庭贫困的义务教育阶段儿童捐资助学，实现孩子的梦想。

**攻坚克难践使命 教育情怀显担当**

为了实现她的教育报国梦想，赵雪娇于2006年创办了秦皇岛金色未来培训学校。创办之初，她遇到了很多困难，招生模式、宣传模式、资金筹措、咨询模式、品牌建设等棘手问题都摆在眼前。但她没有被眼前的困难所吓倒，先后去北京、天津、上海、广州等教育先进地区学习、考察数十次；邀请专家开展规划编制、发展论证会、融资会等十余场。这种高标准规划、高起点起步，加强顶层设计及谋篇布局的做法，为学校的建立、发展开好局、起好步，打下了坚实基础。

赵雪娇不仅坚守了她从小的教育报国梦想，也努力彰显了她作为创业者的社会责任担当。截至目前，该校已开展各类学历提升人员2万余人、公益技能提升服务3万余人、创业服务/培训8000余人，为贫困地区义务教育儿童及母校捐赠物资总价值400余万元，为推动区域教育发展、人才供给、经济社会高质量发展留下了浓墨重彩的一笔。她说"我所做的事情，有时候会关系到很多人能否有机会学习、学习后能否就业、就业后能否支撑起一个家庭的幸福，我每天所做的不仅仅是自己梦想、是望子成龙的教育梦想、是支撑起一个家庭的幸福梦想、更是伟大的新时代中国梦"。

**千淘万漉虽辛苦，吹尽狂沙始到金**

正是赵雪娇的执着与坚守、她的担当与作为、她的奋勇与开拓，2007年以来，学校得到了蓬勃发展。她所创办的秦皇岛金色未来培训学校先后获得秦皇岛市民办教育先进单位、秦皇岛民营经济人才培训基地、秦皇岛市小微双创示范基地、秦皇岛创就业定点服务机构、河北服务外包定点机构、河北省中小企业公共服务示范平台、全国优秀培训学校等荣誉称号。

案例思考：

从赵雪娇创业的案例中，我们可以看出创业者的动机是创业活动的重要推动力量，创业者的优秀个人素质和能力影响创业的成败。创业贵在勤奋和坚持，走得更远的人，身后一定留下坚实的脚印。勤奋的背后，是对梦想的执着，对事业的热爱。赵雪娇刚毕业就获得良好的工作机会，但是她放弃了他人眼中的"金饭碗"，选择了创业，并能够始终做到坚定信念、不懈努力、脚踏实地、全力以赴。教育报国是赵雪娇从小的梦想，她希望让更多人获得学习的机会，让更多人敢于创业，以教育带动创业，以创业带动就业，同时以捐资助学的方式支持更多家庭贫困的孩子接受教育。她对梦想的执着和热爱，是她选择创业的主要动机，也彰显了她作为优秀创业者的社会责任担当。

# 第一节 创业者

创业活动被视为社会经济发展的核心推动力之一，创业者是创业活动的主体。从企业角度来看，创业者是企业生存发展的发动机，杰出的创业者决定企业的生命力与竞争力；从社会角度来看，作为人类社会稀缺资源之一，创业者是经济发展和社会进步的力量源泉。

## 一、创业者概述

创业是一种不同常人的人生选择，创业者是那些有梦想、不安分、敢于行动、勇于开拓、永不言弃的人，创业离不开创业者的推动。但对于勇于创办新企业的人，我们总是歌颂得太多，研究得太少。因此，了解和认识创业者的含义和类型，有助于未来创业活动的开展。

### （一）创业者的含义

1880年，法国经济学家萨伊（Jean Baptiste Say）首次给创业者做出定义，他将创业者描述为"将经济资源从生产率较低的区域转移到生产率较高区域的人"，认为"创业者是经济活动过程中的代理人"。熊彼特在萨伊的创业者定义基础上，进一步将创业者定义为"创新者"。布鲁克汉斯（Brockhnas）认为"创业者是一位有愿景、会利用机会、有强烈企图心的人，愿意担负起一项新事业，组织经营团队，筹措所需资金，并承受全部或大部分风险的人"。布鲁亚特（Buryat）将创业者定义为"发现和利用机会，负责创造新价值（一项创新或一个新组织）过程的个体"。诺曼·沃瑟曼（Noam Wasserman）认为创业者是"创办新企业的人，不管他们目前掌握了多少资源，他们都能够作出影响公司未来发展方向与规模的决定，甚至在公司成立之前就能够产生这种巨大影响"。

我国创业者也可被称为"创客"。所谓"创客"（maker），最早指利用开源硬件和互联网，把创意转变为产品的人。此概念最早由克里斯·安德森（Chris Anderson）在其著作《创客：新工业革命》中提出。他认为，在这个定制制造、"自己动手"设计产品、创新的时代，数以百万计发明家和爱好者的集体潜力将喷薄而出，"创客"将成为下一次全球经济大潮的弄潮儿。"创客"生产的产品不论是有形的物质产品还是无形的精神产品，都具有满足社会和人群某种需要的特性。创业者热衷于创意、设计、制造，其卓越的创新能力和创造热情为自己和全体人类创建更美好的生活。可见，创新是创客的重要特质，而这与当前我们时代所需要的创业者特质不谋而合。2014年9月，天津举办的夏季达沃斯论坛上，李克强总理首次提出"大众创业、万众创新"理念，这掀起了全国范围内的创业浪潮，也让"创客"一词成为创业者的时髦代名词。"创客"为创业者内涵赋予了中国特色的新时代解读。

综上，创业者是指某个人发现某种信息、资源、机会或掌握某种技术，利用或借用相应的平台或载体，将其发现的信息、资源、机会或掌握的技术，以一定的方式，转化、创造成更多的财富、价值，并实现某种追求或目标的过程的人。

### （二）创业者的类型

在"大众创业、万众创新"的时代里，充满着形形色色、多种多样的创业者，他们成为当今市场经济下最为活跃的群体之一。按照内涵与外延、创业者特点、创业方向、创业次数等角度，可将创业者划分为不同类型。

#### 1. 内涵与外延角度

从内涵与外延角度，创业者可分为狭义创业者和广义创业者。基于对创业内涵的不同视角考量，狭义的创业者被认为是在开办企业、创造财富时的核心企业家，广义的创业者则意味着那些勇于创造新事业的创业者。无论是在创造新企业、企业或单位内部创业，还是在自身职业生涯中开创新的局面，甚至在人类一切具有重大意义社会变革活动的创业过程中，能够创造经济或社会价值、实现自我价值的人都可被视为广义的创业者。

2. 创业者特点角度

从创业者的特点角度，美国学者弗雷德里克·韦伯斯特（Frederick Webster）把创业者分成了康替龙型创业者（Cantillion）、产业制造者型创业者和管理型创业者。

一是康替龙型创业者，以18世纪法国经济学家理查德·康替龙的名字命名，是指有效整合人、财、物等资源，并创立全新的企业的创业者。康替龙型是"古典型"或"经典型"的创业者，他们能够在市场中寻找到尚未被开发的创业机会，以创新的方式，充分开发与利用创业机会。如分众传媒的创始人江南春，他在全球领域内首次开创电梯媒体广告，短短两年多时间便成功在美国纳斯达克上市，成为海外上市的中国广告传媒第一股。

二是产业制造者型创业者，他们不只是建立新企业，他们所创造的创新成果还能为其所在行业奠定赖以存在的基础，这既包括创新产品，也包括制造产品的新技术。产业制造者型创业者往往可以开辟出一个崭新领域，甚至引发革命性的产业变革。例如，美国汽车工程师与企业家、福特汽车公司的建立者亨利·福特（Henry Ford），首次创新性使用流水线大批量生产汽车。汽车生产流水线极大提高了工作效率，降低生产成本，大幅提高了生产量，后来甚至引申出后来在工业上发扬光大的量产概念。虽然亨利·福特不是汽车的发明者，但却引发了汽车制造者业的巨大变革，开创了汽车王国新纪元，让汽车从"奢侈品"变成大众消费品，进而改变了人们的日常生活。爱迪生开发的家用电器、比尔·盖茨的视窗型操作系统等，都佐证了他们是产业制造者型创业者，能够推进产业的巨大发展和进步。

三是管理型创业者，是指在现有企业内，创业者能够实现优化管理模式和改进生产流程，以创新的方式管理企业。管理型创业者通常是企业内部的首席执行官或高级管理者，他们以其卓越的领导能力与高度的创新精神，推进企业发展、领导企业应对社会环境和市场环境的发展变化。

3. 创业方向角度

从创业方向角度，创业者可分为传统创业者和技术创业者两种类型。

传统创业者集中于餐饮、房地产、服装等传统行业，主要依靠筹集资金投资，建立工厂，生产产品，为顾客提供产品或服务的创业者。依据《科学投资》相关调查研究，传统型创业者包括生存型、变现型、主动型三种。生存型创业者是迫于生计和就业压力而走上创业之路的创业者。大多为下岗工人、城市新增劳动力、失去土地或因为种种原因不愿困守乡村的农民，以及刚毕业找不到合适工作的大学生。变现型创业者是指将过去拥有的无形资源变现为有形货币的创业者，如曾在企业担任经理人期间聚拢了大量资源，故此开始自主创业。主动型创业者是依据自己的兴趣和偏好，基于实现某种目的和某种既定目标的创业者。他们可能因为抓住创业机会而获得巨大的利润，也可能在自身个人强烈愿望驱使下，勇于承担创业风险开始创业之旅，一般具有较强的进取心和成功期待。主动型创业者又可分为盲动型和冷静型两种类型。盲动型创业者在创业过程中通常没有明确的目标，他们以赚钱盈利为唯一的创业目的，因此会在不同阶段选择不同的项目，倾向于选择各种类型的热门项目。冷静型创业者在创业之前或初期即具有良好计划性，尤其在创业初期，他们基本做好充足准备，掌握了足够资源之后再开始创业。因此，较之盲动型创业者，冷静型创业者的创业成功率相对更高。

技术创业者是以创新技术为核心，产品技术含量和附加值较高，利润空间较大的创业者。技术创业者分为研究型、生产型、应用型和机会主义型四种类型。其中，研究型创业者一般在教育机构或实验室从事基础科研开发，掌握某种先进技术，具有深厚科研背景，能够把科研成果转换成生产力。生产型创业者通常具有企业生产技术或产品开发背景，曾经从事过商业化技术或者产品开发。应用型创业者一般从事技术销售或支持工作，有一定销售渠道资源。机会主义型创业者可能没有相关技术专业背景与技术组织职业经验，但善于识别技术机会，想出运用技术的创业点子，并能够整合各类资源、获得资金支持等。

4. 创业次数角度

从创业次数角度，创业者一般分为初次创业者和多次创业者两种类型。初次创业者一般指第一次进入创业领域的创业者。多次创业者即在已有企业或已有创业经验基础上，进行进一步完善管理，发挥资源的最大效能，不断挖掘内部资源，整合外部资源，进一步将企业发展壮大或重新开启事业新篇章的创业者。我们所熟知的成功创业者，大部分属于多次创业者，或连续创业者。如美团 CEO 王兴曾多次创业失败，2004 年至 2010 年之间，他创业校内、饭否、海内等 10 多个项目，即使多次找准风口，却次次失败告终。但他在面临危机和困难时能永不言弃，寻找新的机遇，实现绝地重生。因此，创业之路充满艰辛，初次创业即取得成功的创业者少之又少，只有不断积累资源，培养优秀的品质和素质，提高创业能力，才能最终收获胜利的果实。

除了以上主要的创业者类型外，按照创业者地域来源看，创业者也可以分为本土创业者和外来创业者，等等。如何充分催生本地创业者，大力引进外来创业者，是促进当地经济发展、营造社会创业氛围的重要措施。

## 二、创业者素质与能力

创业虽然是一件极具挑战的事项，但离我们并不遥远，只要愿意为之努力，终究可以获得成功。创业者并不是特殊人群，每个人都可以成为创业者。当然，成功的创业者必然具备优秀的素质和能力，但大多数创业者的素质和能力都可以通过后天培养而习得，而创业教育就是培养和提高创业者素质和能力的重要途径之一。因此，我们应当有意识地培养和提高这些素质和能力。

### （一）创业者素质与能力的内涵

素质是指人在先天生理基础上受后天环境、教育等影响，通过个体自身的认识和社会实践养成的、相对稳定的基本品质。素质既有身体方面也包含精神层面，表现为某种品质、特点或能力，一般包括心理特质、品格特质、经验特质、知识特质和能力特质等。无论是先天获得还是后天形成的，素质都不是一成不变的，它随着时间流逝、环境变化、个人学习、实践过程的不同而变化，具有变动性、增进性和延续性特征。创业者素质是指创业者在创业过程中所表现出来的独特品质和能力。随着创业活动的深入，创业者的素质也不断提高和逐步完善，且在一定程度上决定创业的成败。

美国百森学院是全球创业管理教育和研究最著名的商学院,其企业管理研究中心主任、著名管理学专家威廉·D.拜格雷夫,曾将优秀创业者的基本素质归纳为10个"D":分别是理想(Dream)、果断(Decisiveness)、实干(Doers)、决心(Determination)、奉献(Dedication)、热爱(Devotion)、周详(Details)、命运(Destiny)、金钱(Dollar)和分享(Distribute)。荣获年度"美国俄亥俄州青年企业家称号"和"全美青年企业家奖"的美国创业家、著名演说家马丁·格伦德,认为成功创业者的"九大素质"分别是:选择一个爱好,制定一个目标,拿着薪水学习,与成功者为伍,相信自己,以己之长发财致富,敢于提问,不循规蹈矩、不墨守成规和努力工作等。我国《科学投资》杂志通过研究数千创业者的案例,发现成功创业者一般具有以下十种共同特性:欲望、忍耐、眼界、明势、敏感、人脉、谋略、胆量、与他人分享的愿望、自我反省的能力,被称为"中国成功创业者十大素质"。

随着我国信息化发展进入新阶段,国家经济发展进入到重要战略期,创业者将会迎来更大的机遇和挑战,同时也可能会遇到更为复杂的不确定因素。因此,对于创业者来说,培养自身优秀的创业素质和能力,可以为其开创生命力旺盛的宏伟事业奠定良好基础。

### (二)创业者的基本素质与能力

创业者的成功无法复制,创业者的经历各不相同,也许成功的创业者的性格、背景、能力都有一定差异,但是大部分创业者所具有素质却有一定共通性。我们将创业者应当具备的基本素质与能力概括为以下五种:个人品质和身心素质、创新创造的素质和能力、领导管理的素质和能力、自我学习的素质和能力、把握机遇的素质和能力、人际交往的素质和能力。

#### 1. 个人品质和身心素质

良好的个人品质和身心素质,是创业成功的基本前提条件。品质是指人的思想、行为习性作风所显示出的本质,多强调精神层面,即人的品性。创业需要创业者具备某些特定品质,这些品质是可以后天学习的。创业者对社会的贡献不仅仅在于物质财富,更在于其所彰显的宝贵精神财富。关于"创业者应当具备何种品质?"这一论题,可谓是"见仁见智"。我国学者陈德智借鉴古代圣贤的思想精髓,提出创业家应具备的品质为"五德",即"智、信、仁、勇、严"。由中国内地富豪榜的开创者胡润领衔的优秀团队,曾面向100位中国内地百富榜上的企业家进行了问卷调查,总结出成功创业者最为看重的十大品质:诚信、把握机遇、创新、务实、终身学习、勤奋、领导才能、执著、直觉和冒险。

良好的心理素质是创业者能够有效应对危机,取得成功的精神保障。心理健康可以使人心情愉快、精力充沛、头脑敏锐、想象丰富、行为协调,可以从根本上提高工作效率,激发创造性。创业本身是一个艰辛的过程,我们时常看到成功者的辉煌,却容易忽略失败者的悲情。在创业之路上,创业者可能会经常遭遇意想不到的艰难险阻,不断在绝望中苏醒,不断在生死线上穿越,永无停息在战斗着。马云创业初期屡遭挫折,乔布斯在他最辉煌的时候,被董事会从他一手创立的公司中赶走。如果没有强大的心理素质,成功的创业者也很难坚持到底、砥砺前行。

身体素质也是创业者非常重要的一项素质。身体素质是一个人体质强弱的外在表现,创业者应具备的身体素质包括身体健康、体力充沛、精力旺盛、思路敏捷等。创业是一条充满荆棘的道路,创业者需要一路披荆斩棘才能够迎来胜利的花朵。在这个过程中,创业者将会面临艰苦而复杂的工作，时间节奏紧张、身心压力大、工作负担重。如果身体不好，必然力不从心、难以承担创业重任。因此，良好的身体素质，能够支撑创业者应对创业过程的艰难险阻与跌宕起伏。联想集团创始人柳传志几十年如一日坚持晨跑；巨人网络集团董事长史玉柱在读大学期间就培养了长跑习惯。良好的身体素质，支撑起他们几经商海沉浮的创业人生。

2. 创新创造的素质和能力

创新是民族进步的灵魂，是创业者的核心素质和能力。创新能力即以现有的思维模式提出有别于常规或常人思路的见解，利用现有的条件和物质基础，在特定环境中，为实现某种社会需求，而改进或创造新的事物（包括理念、产品、服务、技术、方法、环境等），获得有益效果的行为。世界早已进入了一个以创新为王的经济转型周期，今天很可能就是历史大周期的一个拐点，一些人的命运因为创新而改变，另一些人因为墨守成规而发生了另外一种改变。创新与速度是新经济的真正内涵，是市场竞争的不败法则。约瑟夫·熊彼特（Joseph Schumpeter）认为"创业者的职能就是创新，创新能够克服自由市场经济的内在矛盾而使之延续"。彼得·德鲁克曾指出："创业者首先需要具有创新精神。"

创业者的创新素质和能力首先体现在创业理念上。美国《财富》杂志 2002 年下半年连续刊载了 11 位白手起家的百万富翁自述发家史，这些富翁分布在金融、IT、传媒、零售、快递、体育等各个行业，他们亲手创下的企业如今都已成为世界上赫赫有名的大公司。细读他们的故事可以发现，这些了不起的创业者都有一个共同的特点，即都是靠点子起家，凭着自己的奇思妙想，敢想敢做别人认为不可能的事，并且执著于自己的信念，才创下了百万、亿万的财富，甚至对某些行业和领域的发展产生了至关重要的影响。

创业者的创新素质和能力还体现在创业过程中创造性思维的运用。创造性思维能够以较高的质量和效率获取知识，并能根据市场需求，灵活运用所学知识开发新产品和新服务的思维方式。拥有创造性思维的创业者可以通过观察既有场景，剖析已存想法，找到解决问题的新方法。创造性思维可以通过非结构化过程（如头脑风暴）或结构化过程（如横向思维）激发。因此，创造力就是我们从现有事物中创造新事物的能力。同时，创造性思维还可以帮助创业者以不同的方式进行思考，并为解决方案提供新的角度和视角。

在企业整体战略制定上，创业者的创新能力能够帮助创业者走出困顿，实现"柳暗花明又一村"。京东集团创始人刘强东，曾回望京东十几年的成长过程，及其企业发展全过程中的关键连接点，他发现其中最为重要的是能够创新性地引入供应链，升级发展战略为建立"以供应链管理为基本的技术性与服务型"企业，转型做供应链和技术服务，持续关注成本效率以及体验。创业者的创新理念和创新能力，帮助京东走出了 2018 年的"至暗时刻"，解决了京东长久以来存在的问题，彻底改变了京东的发展战略，提高了其核心竞争力，支撑企业越走越远。因此，创新对于创业者来说，是一种精神，一种能力，更是可持续发展的一种动力。具有创新精神，可以使创业者充分发挥潜能，打破条条框框，促使个人的潜能得到充分利用，开创新局面。

3. 领导管理的素质和能力

管理学界有句名言：一只狼领导的一群羊，能打败一只羊领导的一群狼。这句话说明了作为创业者，其领导才能的重要性。成功的创业者应当具备决策能力、理财能力、预见能力、经营能力、创新能力、交际能力和聚合能力等领导才能。创业者的领导才能还包括能够运用以科学的理论指导管理实践，科学设定阶段目标，营造出和谐、进取的团队氛围，合理配置创业过程中的人、财、物资源，使创业团队效能得到最佳释放。无数中外企业创业成长的实践反复证明，"先有卓越领导后有卓越企业"的内在规律性。美国学者吉姆·柯林斯经过系统研究，得出一个规律性结论：企业从优秀到卓越的首要条件，是有一位被创造业绩的渴望所驱动、具有卓越领导才能的领导者。比如，杰克·韦尔奇、伊梅尔特之于通用电气（GE），松下幸之助之于松下，比尔·盖茨之于微软，张瑞敏之于海尔等。

领导才能日渐成为衡量创业成功的重要标识。正直、公正、信念、恒心、毅力、进取精神等优秀的人格品质，无疑会大幅度提升领导者的影响力和个人魅力。创业者要注重严于律己，以身作则，以领导魅力带动、影响、促进广大组织成员改进工作，为实现共同目标而努力奋斗。良好的沟通和聚合能力是领导能力的桥梁和翅膀，沟通使领导者能够更加准确地了解信息，也使领导行为具有良好的合作氛围和渠道，在准确传达领导者意见、要求、决策的同时，也广泛传播了领导者的影响力。创业者增强领导才能可以从加强理论知识学习、注重联系实际、提高个人素质、树立良好形象、切实重视管理等几个方面入手，努力做到积极实践、勇于创新、与时俱进，夯实提高自身领导力的根基。

4. 自我学习的素质和能力

【创业聚焦】

## "交通大学"毕业生梁庆德

世界上最大的微波炉生产企业格兰仕的总裁梁庆德42岁才开始创业，且并非具有傲人学历。"不学习，就死亡"，这是他的一句名言。几十年间，梁庆德坚持学习，不断超越自我，梁庆德随身都携带一支笔和一个本子，把学习到的东西都记在上面，并且每年花1/3的时间用在与国际国内优秀人士的交流学习上。梁庆德无论在飞机、火车还是汽车上都始终坚持学习，可谓手不离书。因此，员工们亲切地称梁庆德是"交通大学"毕业生。正是梁庆德这种坚持不懈的学习精神，带动了整个企业的学习热情，才使格兰仕一步步走向强大。

自我学习的素质和能力，包括终身学习能力和快速学习能力。我国是一个历史悠久的国度，有着"活到老学到老""学无止境"等传统美德。随着互联网时代的到来，人类已步入知识经济新时代，终身学习，将越来越成为人们生存和发展的第一需要。终身学习的价值在于培养一种学习习惯，不断提升我们的自身能力和素养，以适应事业发展和社会发展的需要。当今时代，就业结构已发生显著变化，人们的职业和岗位变动愈加频繁，一次性学校"充电"、一辈子工作中"放电"的时代已成为历史。无论在何种岗位上，都需保持终身学习的学习习惯，不断提升学习者自身能力和素质，才能应对知识经济和信息高新技术的挑战。创业的过程是不断遇到困惑、不断寻找答案的过程。创业者应依靠已有的认识、知识和经验，利用各种手段和人脉关系，去获取自己需要的新知识和新技能。以往我们寻找答案的路径一般通过读书学习、查阅资料、向他人请教和学习。如今，互联网带给我们全新的学习体验，虽然增加了人们学习视野的宽度，却阻碍了思想的深度。互联网看似让寻种答案的过程更加便捷，实际上则需要创业者基于专业知识进行独立思考，仔细甄别各类学习资源和网络信息，而这个过程也是不断学习、不断成长、不断与自我对话的过程。对于创业者来说,终身学习应该成为自身一种重要的生存方式和生活方式,这对于其在社会中找到生存位置并不断发展创业企业有着重要的意义。因此,学习将无处不在、无时不有,学习必将成为人们追求幸福与财富品质的主要诱发因子及原动力。

快速学习的能力同样也是创业者必备的能力之一。"你对这个时代适应得越好,在下一个时代到来之时,被淘汰得就越快。"现代企业的竞争不仅是"大鱼吃小鱼",更是"快鱼吃慢鱼"。现代创业者所需要的学习能力已经不仅拘泥于对于新知识、新技术的获取程度,而是聚焦获取和应用新知识、新技能的速度上。唱吧软件创始人陈华以前并不懂音乐,却做了一款用户过亿的线上唱歌产品。滴滴打车创始人程维,之前为阿里巴巴销售,原本也不懂出租车行业,却改变了国人的打车方式。小米手机创始人雷军,也并非是手机产业出身,却让小米在中国智能手机市场份额上常年处于领先地位。从这些创业者身上,我们能够认识到快速学习的能力对于创业者至关重要,能够帮助创业者快速进入到新领域,并飞速成长起来。尤其是互联网行业,更新迭代异常之快,如果缺乏快速学习能力的加持,将必然会被时代所淘汰。

5. 把握机遇的素质和能力

识别机会、把握机遇是影响创业者成功创业的重要品质之一。机遇的存在具有一定时效性,绝佳的机遇可能只停留极短的时间,有时甚至只在几分钟的时间内,比如你听了一场报告、接到一个电话等。特别是在以下三种行业中,机遇的时效性更强。一是科技类产品和服务。这类行业的产品一般出现得快,更新迭代也快。微软公司迅速崛起,得益于公司创始人捕捉到了一个不期而遇的机会——为IBM公司开发个人机操作系统软件MS-DOS1.0(1981)。此操作系统MS-DOS曾用在数以亿计的IBM-PC机及其兼容机上。二是社交类产品和服务。客户越多价值越多,因此需要在短时间内设法积累大量用户。三是能产生巨大经济效益的产品和服务,过了最关键的时间,则会在收益上大打折扣。

在真正的创业者眼中,所有平台都是帮助其走向成功的工具。互联网的出现,打破了传统的社交方式,改变了人与人之间的关联形式,向着多元化、多样化的方向发展。在互联网时代背景下,如何把握机遇,成为当下创业者们努力思考的难题。生活中不缺少美,只是缺少发现美的眼睛。其实机遇也是如此,好的机遇往往存在于我们身边,关键在于你是否能够在他人之前看到机遇、抓好机遇。

6. 人际交往的素质和能力

人际交往的素质和能力同样也是创业者在创业过程中不可或缺的重要部分。卡耐基指出:"一个人的成功,只有15%靠他的专业知识,而85%要靠他良好的人际关系和处世能力。"创业,意味着创业者要进入社会、理解社会、理解他人。在这个过程中,对人情、事理、世事的通透理解应当是一个创业者的基本社交素质。有人形容交际能力对创业者的重要性:"一个人能否成功,不在于你知道什么,而在于你认识谁。"俞敏洪认为社会交际能力对一个企业家或创业者来说十分重要。斯坦福研究中心调查报告的显示,交际能力强的人,可以在社会关系网络中穿梭自如,解决别人难以解决的问题,大大提高工作效率,也能与周围的伙伴愉快的合作,从而产生强大的凝聚力。因此,一个成功的创业者或将来能够成功创业的人必定是一个有着良好人际关系的人。

## 三、创业动机的含义与分类

创业动机是创业者的"初心"。创业是一个知易行难的过程,但是创业者们依然坚持不懈的奋斗和持续不断的努力,都起源于他们的创业初心。对于创业者来说,创业动机可以是外在利益驱使,也可以是内在愿望驱动;可能也意味着开辟自己的事业,可以自由支配时间,完成梦想和抱负,甚至实现财富自由。虽然在创业初期更多的是考虑经济利益,但是当创业者到达一定阶段的时候,更多的人开始注意实现自己更高的目标和更大的自我价值。

### (一) 创业动机的含义

创业动机是创业者选择创业的驱动力,来源于个体创业前所表现出来的目标或愿景,它在创业的过程中驱动着创业者的行为,并影响创业行为和创业绩效。创业动机不是一个抽象的观念,是鼓励和引导个体为实现创业成功而行动的内在力量,能够激励创业者的行为,帮助其寻找和把握机会,助力实现创业成功。埃克哈特和萨妮(Eckhardt, Shnae, 2003)提出,创业机会的追求是不断演化的过程,在发现机会之后,要正确地评估机会,寻求资源和设计开发框架,这些都需要人们愿意来"玩这个游戏",因此,他把创业动机看作个体的一种意愿,一种自发性的驱动力。人们在这些动机(意愿)上的差别影响了人们如何去发现机会,如何获取资源,如何执行整个创业过程。

创业动机的产生受诸多直接和间接因素的影响。创业动机可能基于负面因素而产生,被动走向创业之路,是"推"的力量。这些负面因素包括对现有工作的不满意等内在原因或者企业裁员等外在原因导致。创业动机也可能产生于正面因素,是"拉"的力量。这种动机往往因为某种吸引力,引发创业者主动开始创业。影响创业动机的正面因素包括实现自我价值的需要、发现潜在商机、拥有出众的个人能力、产生突出的创意,或源于创业者所拥有的创业资源、人脉关系、家庭背景、早年经历等因素。鲍姆(Baum J R, 2006)认为创业者选择创业可能是因为内心中的某种激情,比如对创业本身的激情、对自己的创意而兴奋,或是自己怀抱的能够改变行业的想法而彻夜难眠,这种激情能够成为创业者进行创业的重要精神源泉。

### (二) 创业动机的分类

哈佛商学院 MBA 职业发展项目主任蒂姆·巴特勒博士(Timothy Butler)和詹姆斯·沃德鲁普博士(James Waldroop)发起的 CareerLeader 项目,曾在全球范围内调查了 2000 多名创业者的创业动机。通过统计,项目组发现目前创业者比较常见的创业动机种类包括:参与感、奉献精神、自主权、财富、智力挑战、改变生活方式、管理欲、地位、权力(影响力)、威信、认同感、安全感、丰富阅历等 13 种。以此为依据,创业动机源于对成就的需要、对独立性的偏好、控制的欲望、改变家庭和个人的经济状况等情况。因此,我们将创业动机分类为成就动机、独立动机、控制动机和改变动机。

1. 成就动机

成就动机即对成就的需要,基于美国哈佛大学教授戴维·麦克利兰(David McClelland)的"成就需要"理论,对成就的需要是指创业者通过创业希望能够获得成功、追求优越感,希望将事业做到最好的需要。成就动机可以表现为成就感的获取心理与行为,是个体追求自认为重要、有价值的工作，并使之达到完美状态的动机，即一种以高标准要求自己，力求成功取得目标的内在动力。对成就的需要创业动机类型可以包括参与感、奉献精神、认同感、安全感、智力挑战（或自我挑战，Intellectual Challenge）等。

2. 独立动机

独立动机即对独立性的偏好，指对创业者对自主权、主控权的追求。许多创业者选择创业所追寻的是自主权和自由，他们认为通过创业能他们把命运掌握在自己手中，对自己职业生涯拥有更大的掌控权，而不用听命于人。这种对独立性的偏好能够让创业者获得更大的自我满足感和幸福感。

3. 控制动机

控制动机即创业缘于控制的欲望（控制权），也可理解为创业者对权力的追求，包括管理欲、地位、权力、影响力等。部分创业者选择创业源于对控制的需求，其对他人和组织的控制水平越高，越能获得安全感和满足感，能让他们取得更多的生存和发展的资源。

4. 改变动机

改变动机即对改变家庭和个人的经济状况的期望。许多创业者选择创业之路的重要动机是追求财富，以此改变家庭和个人的经济状况、生活方式等。但是这种创业动机类型往往会随着年龄增长而产生变化，后期的创业者不再将改变家庭和个人的经济状况作为创业的行为动机。前哈佛大学商学院教授，现南加州大学创业者中心主任诺曼·瓦瑟曼（Noam Wasserman）与相关项目组合，通过研究发现不同年龄阶段的创业者的创业动机不尽相同。二十岁左右创业者的创业动机倾向于控制权（权力与影响力、自主权、管理欲），追求财富、改变家庭和个人的经济状况也是其选择创业的重要动机。进入四十岁之后，创业者的创业动机发生明显变化，除了对自主权和权力的追求不变外，他们更加注重丰富阅历和奉献精神，乐于通过创业实现社会价值。

### （三）产生创业动机的驱动因素

大学生产生创业动机一般有以下驱动因素，包括生存的需要、积累的需要、自我实现的需要和就业的需要因素。

1. 生存的需要

由于经济的原因，许多学生难以负担学校学费和生活费用，即使申请助学贷款、获取奖学金也不能完全解决问题。在沉重的经济负担压力之下，为了顺利完成学业，一部分人利用课余时间打工来维持正常的学习和生活。在打工的过程中，一些具有创业素质的人会发现商机并且去努力把握它，开始走上了创业的道路。

2. 积累的需要

按照奥尔德弗（Alderfer）的 ERG 理论，人的需求分为生存、相互关系和成长。这三种需求并不一定按照严格的由低向高的顺序发展，可以越级发展。当代大学生随着年龄的增长，对于相互关系和成长的需要会逐渐强烈。一部分大学生为了增加自己的实践经验，丰富自己的社会阅历，或者为了自己未来发展或目标实现做好经济上的准备，在条件成熟的情况下，会利用课余时间走上创业的道路。这个类型的创业者往往以获得锻炼为目的，承受失败的能力较强。但同时由于压力较小，失败和半途而废的比例也比较高。

3. 自我实现的需要

心理学研究表明：25～29岁是创造力最为活跃的时期，这个年龄段的青年正处于创造能力的觉醒时期，对创新充满了渴望和憧憬。他们思维活跃、创新意识强烈，同时所受的约束和束缚较少。另外，由于大学生所处的环境，他们往往更容易接触一些新的发明和学术上的新成果，或者他们中的一部分人本身拥有具有自主知识产权的科研成果。为了能早日实现自己成功的目标，他们中的一部分人改变了自己的成功观念也开始了自己的创业生涯。具体包括如下四种情况：

第一，实现自己的抱负。这类创业者或是拥有一定的技术专利，或对某个行业有比较透彻的了解，想通过创业实现自己的理想和抱负。

第二，将兴趣爱好作为终生的事业。这类创业者选择创业源于对某项事情有兴趣，致力于将其作为一生的事业，但他很难找到一个与自身兴趣爱好吻合、能任由自己发挥才能的单位。于是，他们以与兴趣爱好结合的产品或服务项目作为基准点，选择创业、谋求发展。

第三，实现主控权。创业可表现为一种独立工作方式和一种令人满意的生活方式。自主创业的最大优势在于，完全由自己为自己的事业设计发展方向和模式。这类创业者有一定的思想和魄力，想按照自身的想法创造、整合资源，通过自己的企业实现对产品运营和管理的主控权。

第四，发现创业机会。创业者相信自身管理方式会比其他人更有效率；相信其提供的产品和服务比其他竞争者更具有市场优势；相信其他机会都是有限的而创业是唯一的出路。

4. 就业的需要

当前，我国的大学生就业形势相当严峻，一方面表现为需求不足，另外一方面表现为大学毕业生的工资待遇降低。在这种情况之下，为了找到一份自己满意的工作，有一部分大学生也开始了创业生涯。

## 第二节 创业团队

创业活动是创业者识别商业机会并整合资源的过程，同时也是创业者领导创业团队推进创业活动和实施创业活动的过程。创业团队在整个创业活动中具有举足轻重的地位，对企业组织运作、战略决策和绩效具有实质性影响。创业者要充分认知创业团队及对创业的重要性，了解和分析创业团队的类型和特点，把握组建创业团队的策略技巧，有助于在实践中培育出一支优秀的创业团队。

### 一、创业团队的含义、重要性及类型

#### （一）创业团队的含义

美国著名管理学家斯蒂芬·P. 罗宾斯（Stephen P. Robbins）认为，"团队是由两个或两个以上的、相互作用、相互依赖的个体，为了特定目标而按照一定规则结合在一起的组织。"

创业团队是一种特殊的团队，与群体不同，团队中成员所作的贡献是互补的，而群体中成员之间的工作在很大程度上是互换的。团队一般具有团队目标、团队成员、团队定位、领导权限、团队计划五个要素。凯姆（Kamm）和苏曼（Shuman）认为创业团队是指两个或两个以上的个人组成的团队，能够参与企业创立的过程，投入个人资源，并对企业的创立和企业管理负责。恩斯利（Ensley）和班克斯（Banks）结合之前学者关于创业团队的概念，延伸了创业团队的内涵："创业团队应该包含对战略选择有直接影响的个人的集合"。恩斯利认为创业团队成员具备共同创建企业、拥有财务权益以及对企业战略决策有直接影响的特征。

对于创业团队的内涵还可分为狭义、广义两种理解。狭义的创业团队是指有着共同目的、共享创业收益、共担创业风险的一群经营新成立的营利性组织的人，他们提供一种新的产品或服务，为社会提供新增价值。广义的创业团队不仅包含狭义创业团队，还包括与创业过程有关的各种利益相关者，如风险投资供应商、专家咨询群体等。

综上，创业团队指在创业初期（包括企业成立前和成立早期），由一群才能互补、责任共担、利益共享、愿为共同的创业目标而奋斗的人所组成的特殊群体。

### （二）创业团队的重要性

组建创业团队进行创业是当今时代创业的发展趋势。创业并非是一个人的狂欢，也并非是一个人的江湖，作为创业者你不可能做到单打独斗、孤军奋战，创业的过程同样也是一个团队走向成熟的过程。因此，创业团队对创业来说具有非常重要的意义。

第一，创业团队有利于初创企业的成长与发展。在创业浪潮中，创业者"个人秀"的情况正在逐步消失，单个创业者的素质和能力毕竟有限，在创业部分具体情境中具有局限性。尤其在创业的起步阶段，团队的力量越来越获得创业者们的重视。20世纪60年代，一项针对美国104家高科技企业创业的研究报告指出，在年销售额达到500万美元以上的高成长企业中，有83.3%是以团队形式建立的。没有团队的初创企业也许并非注定失败，但是要建立具有高成长潜力的企业却十分困难。

第二，创业团队能够有效整合创业所需的各类资源。风险投资人在投资新创企业时，会将创业团队列为重要的评估指标之一。新风险投资之父乔治·多里特（George Doriot）说过："我更喜欢拥有二流创意的一流创业者和团队，而不是拥有一流创意的二流创业团队。"初创企业的成长潜力、成功概率、吸引投资的能力与创业团队的素质和经验明显相关。优秀的创业团队可以促进初创企业的知识、技能和人力资本多样化，资金和网络等创业资源充足化，使新创企业更有能力完成复杂的创业目标，有助于企业的生存和成长。

第三，创业团队能够实现创业中的个体最大价值。团队成员一般具有知识、技能、性格的互补性，能够实现信息共享、协调沟通、思想碰撞和创意融合，最大化地激发个人潜力，提升创业中的创新创造能力，尽快将创意想法落地，激励团队成员快速制定问题解决方案并能提高决策效率和组织运作效率。同时，创业团队能将一群具有共同理想、目标、价值观的人聚合在一起，为实现共同的愿景与目标，在创业途中同舟共济、共同承担责任、携手应对风险。创业之路并非坦途，这是一条不平凡而艰辛的道路，机会往往与风险相伴。只有选择合适的创业伙伴，才能在创业逆水行舟时获得有效助力，携手抵达成功彼岸。

### （三）创业团队的类型

一般来说，根据创业团队的组建结构和核心人物的地位，创业团队的类型可分为星状创业团队、网状创业团队、虚拟星状创业团队三种类型，这三种类型的创业团队各有其优势与劣势。

#### 1. 星状创业团队

星状创业团队（Star Team）即领袖型创业团队，团队中有一个核心人物（Core Leader），充当了领队角色。一般是在团队形成之前，核心人物已经就团队组成进行过仔细思考，根据自己的想法选择相应人员加入团队，这些加入创业团队的成员也许是核心人物以前熟悉的人，也有可能是不熟悉的人，他们在企业中更多是支持者角色（Supporter）。

（1）星状创业团队优势分析：

①组织结构紧密，向心力强，主导或核心人物行为对团队影响较大；

②决策由核心人物主导，决策程序相对简单，团队组织效率较高。

（2）星状创业团队劣势分析：

①容易形成权力过分集中的局面，从而使决策失误的风险性提高；

②核心主导人物特殊权威，其他团队成员和主导人物发生冲突时，常处于被动地位。当团队冲突较严重时，其他团队成员甚至会选择离开团队，这直接影响团队凝聚力和未来发展。

#### 2. 网状创业团队

网状创业团队（Net Team）又称伙伴型创业团队，其成员在创业之前可能有密切的关系，如同学、亲友、同事、朋友等。在交往过程中，团队成员可能出于相似的成长生活经验，共同的兴趣爱好，共同认可某一创业想法，并就创业达成了共识以后，开始共同创业。在创业团队组成时，没有明确核心人物，大家根据各自特点进行自发组织角色定位。在企业初创时期，各位成员基本上扮演的是协作者或者伙伴角色（Partner）。微软的比尔·盖茨和儿时玩伴保罗艾伦，惠普的戴维·帕卡德和他在斯坦福大学的同学比尔·休利特等，这些企业的创建多是先彼此熟识，基于一些互动激发出创业点子，然后组建创业团队，实现合伙创业。

（1）网状创业团队优势分析：

①一般采取平等协商、积极解决态度消除冲突，团队成员不轻易离开；

②团队成员在团队中地位相似，权力平等，团队氛围较为融洽；

③决策一般采用集体决策形式，通过大量沟通和讨论达成一致意见，能充分考虑团队成员各方利益。

（2）网状创业团队劣势分析：

①团队的核心作用不明显，团队整体结构较为松散；

②一旦团队成员冲突升级，某些成员撤出，易导致团队解散风险；

③容易形成多头领导、遇事难以抉择的局面，集体决策效率较低。

#### 3. 虚拟星状创业团队

虚拟星状创业团队（Virtual Star Team）又称作核心型创业团队，由网状创业团队演化而来，是前两种类型的中间形态，同时具有星状创业团队和网状创业团队的优势。在虚拟星状创业团队中，有一个地位相对不算强势的核心成员，其地位确立是团队成员协商的结果。核心人物是整个团队的代言人，而不是主导型人物。核心人物在团队中的行为必须充分考虑其他团队成员的意见，能充分权衡团队民主与决策效率之间的关系。

（1）虚拟星状创业团队优势分析：

①团队有核心人物，作为团队的代言人，能够相对主导团队前进方向；

②团队决策能够顾及多方意见与利益；

（2）虚拟星状创业团队劣势分析：

①核心人物由团队成员协商产生或自然形成，虽然具有一定威信，但并非强势型领导人物，但不及星状创业团队主导人物权威；

②能够在团队民主与决策效率之间维持稳态平衡，但因需要充分考虑团队每位成员意见，仍存在效率偏低的情况。

## 二、创业团队的组建策略及其后续影响

创业团队的组建受多种因素的影响，包括创业者、商机、团队目标与价值观、团队成员能力、外部环境等，这些因素相互作用、共同影响着创业团队的组建过程，并进一步影响着团队建成后的运行效率。创业团队的组建是一个相当复杂的过程，不同类型的创业项目所需的团队不一样，创建步骤也不完全相同。一般来看，创业团队组建的主要工作包括：明确创业团队的总目标、制订周密的创业计划、招募创业团队的成员、划分创业团队的职权、构建团队的制度体系、创业团队的调整融合等方面。

### （一）明确创业团队的总目标

目标是一种有效的激励因素。孙子曰："上下同欲者胜。"新东方创始人之一俞敏洪曾说："我们的生活中最让人感动的日子，总是那些一心一意为了目标而努力奋斗的日子，哪怕是为了一个卑微的目标而奋斗也是值得我们骄傲的。无数卑微的目标积累起来可能就是一个伟大的成就。"团队目标是团队有意识地选择并清楚表达的创业方向，它能够运用团队成员的才能，促进创业进程的发展与推进，实现团队成员的成就感。创业团队与一般群体的不同就在于团队成员应当拥有共同的价值观和目标，目标的制定不能单凭一人意志行事，需要在团队内部形成共识，防止创业方向触礁。一致的团队目标和共同的价值观是影响团队组建的重要因素，是组建创业团队的基本前提，也是创业团队方向的指路标。如果团队成员不认可团队目标，会缺乏工作动力，不可能全心全意与其他团队成员相互合作、共同奋斗。相异的价值观则可能导致团队成员间产生重重矛盾，甚至在创业过程中脱离团队，进而削弱创业团队作用的有效发挥。

创业目标在创业团队组建过程中具有特殊的价值，可以激发团队中每一个成员的能动性。明确创业团队的总目标是创业团队克服困难、取得胜利的动力。创业团队总目标能够指导创业者完成创业阶段的技术、市场、规划、组织、管理等各项工作，实现企业从无到有、从起步到成熟。总目标确定之后，为了推动团队最终实现创业目标，再将总目标加以分解，设定若干可行的、阶段性的子目标。依据不同逻辑组建创业团队既可能带来优势，也可能带来障碍，对后续创业活动会带来潜在影响。在同一时期内的战略目标必须明确、清晰、可衡

量、符合实际并且有完成期限。团队目标的设立能够帮助团队成员明确未来的前进方向，并为之而努力。团队成员可以依据总体团队目标，细化自身应承担的任务，实现各司其职，提高团队管理绩效。拥有共同团队目标的团队可以将力量凝聚，团结一致为团队利益而奋斗。因此，明确团队总目标可通过营造共同认可的团队文化，制定科学的团队管理制度，实现个人利益与团体利益一致等途径，塑造共同的价值观。

## （二）制订周密的创业计划

在确定创业总目标及阶段性子目标之后，要围绕如何实现这些目标，制订周密的创业计划。创业计划是在对创业目标进行具体分解的基础上，以团队为整体来考虑的具体行动指南。创业计划确定创业团队在不同的创业阶段需要完成的阶段性任务，并通过逐步实现这些阶段性目标来最终实现创业目标。

## （三）招募创业团队的成员

招募合适团队成员是创业团队组建最关键的一步。最佳团队合伙人可以通过身边同学、朋友和学长学姐介绍、参加创新创业类社团、老师推荐等途径获得。关于创业团队成员的招募，主要应考虑两个方面，即成员互补性与团队的规模。

### 1. 成员互补性

考虑团队成员候补人选能否与其他成员在能力或技术上形成互补。这种互补性形成既有助于强化团队成员间彼此的合作，又能保证整个团队的战斗力，更好地发挥团队的作用。优秀的创业团队成员应各有所长、相互补充、相得益彰。创业团队至少需要管理、技术和营销三个方面的关键性人才。有效的人员整合会在创业过程中提高企业的整体实力。

具体而言，最佳的创业团队组合应当至少包括：一个创新意识强的人，这个人可以决定公司未来发展方向，相当于公司的战略决策者，是能够领导团队发展、提升团队斗志、指引团队未来的核心和灵魂人物；一个策划能力极强的人，这个人能够全面分析团队面临的机遇与风险，考虑成本、投资、收益的来源及预期收益，能够完成制定公司管理规范章程、设计长远规划等工作；一个执行能力较强的成员，需要具体负责计划的执行过程，包括联系客户、接触终端消费者、拓展市场等；一个技术类的创业公司，还应具有掌握核心技术的专业人士和研究人员。除此之外，创业团队还需要有人掌握必要的财务、法律、审计等方面的专业知识；具备良好文字表达和资料收集能力的人才；语言表达能力和临场反应能力强的答辩高手；调节团队气氛、凝聚集体力量的人。只有这样，才能形成最佳团队组合，团结一心应对创业过程的艰难险阻。

### 2. 团队的规模

创业团队的人数并非是一个固定值，成功的创业者既有马云的"十八罗汉"创业团队，也有俞敏洪的"三驾马车"创业团队。但是创业团队的规模仍然有迹可循，因为适度的团队规模是保证团队高效运转的重要条件。史蒂夫·霍夫曼（Steve Hoffman）是硅谷著名的创业家、天使投资人、硅谷知名孵化器 Founder Space 创始人。他曾经统计过，一支理想的初创团队一般由 2~5 人组成。团队越小，成员间的合作、沟通、协调成本越低，效果也越好，而团队成员之间的关系也更亲密，能够熟知每位成员的优势和劣势，进而降低管理的难度。亚马逊的创始人杰夫·贝索斯（Jeff Bezos）说过，"如果一支团队无法用两张披萨填饱肚子，那么这个团队就太大了"，这意味着他眼中创业团队的合适规模也不应该超过十人。一支优秀、快速、精干的团队，能够击败一直庞大、缓慢的队伍。团队成员太少则无法实现团队的功能和优势，而过多又可能会产生交流的障碍，团队很可能会分裂成许多较小的团体，进而大大削弱团队的凝聚力。因此，创业团队的规模控制在2~12人为佳。

### （四）划分创业团队的职权

为了保证团队成员执行创业计划、顺利开展各项工作，必须预先在团队内部进行职权的划分。创业团队的职权划分就是根据执行创业计划的需要，具体确定每个团队成员所要担负的职责以及相应所享有的权限。团队成员间职权的划分必须明确，既要避免职权的重叠和交叉，也要避免无人承担任务造成工作上的疏漏。可在创业团队中设立好CEO（首席执行官）、CTO（首席技术官）、CFO（首席财务官）、CDO（首席设计官）等职位。此外，由于创业团队还处于创业过程中，面临的创业环境又是动态复杂的，不断会出现新的问题，团队成员可能出现更换。因此，创业团队成员的职权也应根据需要不断进行调整。

### （五）构建团队的制度体系

【创业聚焦】

## 梁建章谈企业制度建设

携程网创始人梁建章非常注重企业的制度建设，他曾亲手设计了公司的平衡计分卡，制定了所有的衡量标准，完善了流程管理和西格玛制度管理，让公司的发展依赖于制度而不是"人治"。他认为："一个真正强大的公司，沉淀下来的东西，个人的烙印不会很强。我一直是一把手，公司都是我做起来的，所以有我的烙印是正常的。但是，应尽量把我的烙印变成公司的东西。这些东西就是，当公司要做事时，我们的员工、干部、高层都知道这肯定不是因为我这么说过，而是基于公司的理念和已经制定的策略。"

创业之初，一般都是由同学、战友、同事、朋友、亲戚等关系组成创业团队，这种聚义式的组合难以成为团队稳定发展的基础。把团队成员的职责和权利划分清楚，这样团队成员才会心无疑虑地投入到创业中去。创业团队制度体系体现了创业团队对成员的控制和激励能力，主要包括团队的约束制度和激励制度。

一方面，创业团队通过各种约束制度（包括纪律条例、组织条例、财务条例、保密条例等）指导其成员避免做出不利于团队发展的行为，实现对其行为的有效约束、保证团队的稳定秩序。

另一方面，创业团队的高效运作需要有效的激励机制（包括利益分配方案、奖惩制度、考核标准、激励措施等）。利益的合理分配等激励机制是凝聚团队的坚实力量，是创业走向长远的重要保障。一个成功的创业团队必须建立规范化管理制度和合理的利益分配机制，搭建团队利益分配平台，消除团队成员的后顾之忧，帮助其全力以赴地投入创业工作中去。同时，领导创业者要使团队成员看到随着创业目标的实现，其自身利益将会得到怎样的改变，从而达到充分调动成员的积极性、最大限度发挥团队成员作用的目的。要实现有效的激励，必须把成员的收益模式界定清楚,尤其是关于股权、奖惩等与团队成员利益密切相关的事宜。需要注意的是,创业团队的制度体系应以规范化的书面形式确定下来,以免带来不必要的混乱。

### (六)创业团队的调整融合

完美组合的创业团队并非创业初期就能建立起来的,一般在企业创立一定时间以后,才随着企业的发展而逐步形成的。随着团队的运作,团队组建时在人员匹配、制度设计、职权划分等方面的不合理之处会逐渐暴露出来,这就需要对团队进行调整融合。由于问题的暴露需要一个过程,因此团队调整融合也应是一个动态持续的过程。在完成前面的工作步骤之后,要专门针对创业活动中出现的问题,不断地对前面的步骤进行调整,直至满足实践需要为止。在进行团队调整融合的过程中,需要保证团队成员间经常进行有效的沟通与协调,培养强化团队精神,提升团队士气。

## 三、创业团队的管理技巧和策略

创业团队管理的重点是在维持团队稳定的前提下,发挥团队多样性优势。根据我们对成功创业团队基本特征的分析,要组建一支成功的、高绩效的团队,领导创业者应该从树立共同的创业信念、确立明确的发展目标、培育协同的团队精神、实现优势互补和角色转换、建立责权利统一的团队管理机制和打造团队学习型组织等方面进行创业团队的管理,以此打造一支优秀、充满活力和战斗力的创业团队。

### (一)树立共同的创业信念

创业团队成员的共同理念和共同愿景是凝结团队的基础,也是团队在创业过程中克服困难、战胜挫折的精神支柱。共同的创业信念使团队的目标变成行动计划,实现创业团队业绩的快速增长。拥有正确团队理念的成员相信他们处在一个命运共同体中,共享收益,共担风险。团队不是靠个别的"英雄"工作,每个人的工作都应相互依赖和彼此支持,并依靠事业成功来激励每个人。树立共同的创业信念,要排斥纯粹的实用主义或利己主义,拒绝狭隘的个人利益和部门利益。拥有正确团队理念的成员,他们会相信自己正在为企业的长远利益工作,正在成就一番事业,而不是把企业当做是一个快速致富的工具。团队成员应追求的是最终的资本回报及带来的成就感,而不是当前的收入水平、地位和待遇。

大学生创业团队由一些志同道合的同学自愿组成,所以在创业之初往往会有比较一致的创业理念。但是,在创业过程中,由于创业团队成员不断与外界接触,自身能力也在不断提高,很可能会改变当初的创业理念和愿景。因此,还要不断加强团队共同理念和愿景的营造,并且及时解决在创业过程中出现的分歧和矛盾,保持积极、和谐、开放的创业氛围。

### (二)确立明确的发展目标

目标在团队组建过程中具有特殊的价值。首先,共同的未来目标是创业团队克服困难、取得胜利的重要激励因素和成就来源。如果个人能将自我实现的目标与团队未来发展目标有机结合起来,会促进团队成员的奋斗意识和进取意识。从这个意义上讲,共同的未来目标是创业团队克服困难、取得胜利的动力。其次,目标是一种有效的协调因素。虽然各团队成员的角色、个性、能力有所不同,但是如果能够真正做到目标一致、齐心协力,则会提高创业成功概率。

### (三)培育协同的团队精神

团队精神是高绩效创业团队的灵魂,也是成功团队的重要特质。团队精神是指团队在共同的目标指引下,积极协作、共同努力工作,以期达到目标的一种精神状态,是团队成员的团队意识与集体态度,有助于凝聚创业团队,激发巨大的战斗力。创业团队的团队精神反映了团队成员是否具有大局意识和协同意识,是共同价值观与团队目标确立的基石,是促进团队成长发展与进步的内在力量。

培育团队精神,首先,领导创业者要以身作则,强调榜样的力量,做一个团队精神极强的楷模。其次,在团队培训中加强团队精神的理念教育。最重要的是要将团队精神理念落实到团队工作的实践中,塑造企业价值认同。一般来说,企业章程和用工合同解决的是经济契约问题,但作为管理规则仍不完备。经济契约不完备的地方要由文化契约来弥补,即设定团队共同的价值观,构成团队成员共同的终极行为依据。同时,设定团队成员在团队中行为的道德底线,让团队精神的理念与团队成员的实践充分融合。

### (四)实现优势互补和角色转换

团队精神的实质不是要团队成员牺牲自我去完成一项工作,而是要充分利用和发挥团队所有成员的个体优势去做好这项工作。一支优秀的创业团队,应该是一个优势互补的团队。创业团队中应当拥有涉及研发、技术、市场、融资等各方面的一流合作伙伴,这是创业成功的法宝。从团队角色理论的角度出发,还应特别注重培养团队成员的主动补位意识。事实上,由于多数人在个性、禀赋上存在着双重、甚至多重性,也使团队角色的转换成为可能。因此,当一个团队在团队角色出现欠缺时,其成员应在条件许可的情况下,主动实现团队角色的弹性转换,使团队的结构从整体上趋于合理。

大学生创业团队中,如果能够合理地分配好每个成员的角色,使他们各尽所能,不仅可以发挥每个人的积极性,更可以提高其创造性。因此,要建立角色互补和角色转换的创业团队,就要注意为团队吸纳主内与主外的不同人才、耐心的总管和具有战略眼光的领袖、技术与市场等各方面的人才;同时,在进行团队人才的搭配时,也要适应团队成员的个人性格与能力,从多种角度出发,合理整合团队人才结构。

### (五)建立责、权、利统一的团队管理机制

严明的纪律和管理机制不仅是维护团队整体利益的需要,在维护团队成员的根本利益方面也有着积极意义。制定创业团队的管理规则,要有前瞻性和可操作性,要遵循先粗后细、由近及远、逐步细化、逐次到位的原则。这样有利于维持管理规则的相对稳定,而规则的稳定则有利于团队的稳定。

1.妥善处理创业团队内部的责任关系

在创业团队管理过程中,团队要确定团队各自担任的责任和职位,实现分工合理、各司其职,将团队成员间能力重复和责任重复尽量最小化。同时,制定管理层面的管理规则如科

层制管理或扁平化管理。科层制管理是传统的金字塔管理模式,需要坚持服从原则和等级原则,服从原则是下级服从上级,行动要听指挥;等级原则是不能随意越级指挥,也不能随意越级请示。扁平化管理则坚持平等原则,制度面前人人平等。团队成员之间没有明显的级别区分,为了处理好创业团队内的责任关系需要重视打造团队文化;营造相互激励、相互关心的工作氛围,避免团队内部的恶性竞争;增强队员的归属感和认同感;实现充分沟通、坦诚相待、客观公平、尊重与信任等。

2. 妥善处理创业团队内部的权力关系

创业团队的权力关系会因为成员间是合伙关系还是雇佣关系而有所不同。在合伙关系下,团队成员的意见对于领导创业者的决策都具有重要意义;在雇佣关系下,领导创业者则具有核心权力。因此,为了处理好权力关系,需要解决权力剩余索取权和剩余控制权问题,建立符合合伙关系或雇佣关系的利益分配机制、争端解决机制、进入机制和退出机制等。特别是需要建立创业团队的进入机制和退出机制,设定创业者退出的条件和约束,解决退出成员股权的转让、其他团队成员增股等问题。

3. 妥善处理创业团队内部的利益关系

利益关系一般与新创企业的报酬体系有关。一个新创企业的报酬体系不仅包括诸如股权、工资、奖金等金钱报酬,同时也包括个人成长机会和提高相关技能等方面的因素。每个团队成员所看重的并不一致,这取决于其个人的价值观、奋斗目标和抱负。有些人追求的是长远的资本收益,而另一些人只关心短期收入和职业安全。

科学合理的股权分配机制。应该在股东股份分配时,尽量广泛听取各个股东的建议,以有利于企业长远发展的原则予以分配。如果创业公司的股份大部分由创业团队中的某一位成员持有,会极大挫伤其他股东的积极性,降低了整个团队的战斗力。股权分配之后还需要建立合理的利益分配体系。在创业过程中,可能会发生某些具有显著贡献的团队成员,因拥有股份数较低导致其贡献与报酬不一致的现象,这就需要有一套公平弹性的利益分配机制,弥补按股份分红的分配机制所产生的问题。比如,创业之初可以保留10%~20%的利润,用来奖赏对于公司成长和发展有突出贡献的部门或个人。

建立有效的团队激励机制也能够帮助创业者妥善处理好创业团队中的各种利益关系。团队激励一般包括竞争激励、奖励激励、个人发展激励和薪酬激励等措施。竞争激励能够发挥团队成员进取心和最大潜力,如通过设定优秀员工榜、竞赛等方式,对于优秀的团队成员给予相应奖励。奖励激励比竞争或压力更能影响人的行为,通过薪资和福利的增长、分配公司股权和期权、旅游、休假、发放各类奖品等方式能够更好激励团队成员。个人发展激励是最好的激励方式,能够将团队成员的自我发展与团队的发展目标融为一体,具有长久性、持续性和稳定性的特点。个人发展激励包括提供成员以培训或学习机会,为成员分配其善于或喜欢的工作,以及授予组织荣誉等激励方式。薪酬激励是最为有效的激励措施,能够指引成员积极合作,增强团队协同效应,提升团队整体绩效。

## (六)打造团队学习型组织

从"井底之蛙"的古老故事中,我们知道世界无限广阔,知识永无穷尽。如果把自己看到的一个部分当做整个世界,把自己知道的一点知识看做人类文化的总和,那就会跟枯井里的青蛙一样，成为安于现状、不思进取、眼界狭窄、孤陋寡闻的角色。对于创业者、创业团队和创业企业，都要避免成为孤陋寡闻，只满足现状的井底之蛙。因此，打造创业团队学习型组织显得尤为重要。学习型组织即要坚持团队学习。团队学习指一个团体的集体性学习行为，是发展团队成员整体配合和实现共同目标的过程。建立学习型组织，能够有利于帮助团队解决问题、增进团队精神、养成团队学习习惯、提升团队专业水平和业务水平，进而凝聚团队的力量。因此，创业者需要尽力为创业团队创造学习机会，提供学习场地，激励学习进步快的成员，并通过一对一沟通、讨论会、培训课、共同工作的方式营造学习氛围，使团队成员在学习与复制中成为精英。同时，创业者和创业团队需要带领企业中的每位员工进行持续性学习，在学习的过程中实现企业的持续性成长。

大学生创业团队由于团队成员知识实践水平不够、社交也不够广，在整个创业过程中都需要不断学习。大学生创业团队在后期扩大队伍时，会出现原有团队成员退出和新成员加入等各种新情况。在这种情况下，保持团队的创造力，可以通过团体学习让新成员了解团队理念，建立统一信念和价值观。因此，大学生更要努力建立学习型团队，保持创业团队的持续学习力和创造力；注重整个组织的学习气氛、充分发挥团队成员的创造性思维能力。这样，大学生创业团队才会有持续的学习力和创造力，取得团队长足发展和个人的全面提升。

## 三、领导创业者的角色与行为策略

创业如逆水行舟，唯有长久坚持，保持对创业的执着与热爱，最终才能抵达彼岸。领导创业者恰似创业团队的掌舵人，凭借其执着与坚持的企业家精神底色，以其卓越的领袖能力，带领创业团队向共同的创业目标前进。

### （一）领导创业者的角色

领导创业者一般具有优秀的个人品质，如超凡的毅力、重承诺、守信用等。创新、实践与分享也是领导创业者的共同特点。领导创业者如果自身领导能力不足，团队也难以取得出色的表现。在创业活动中，领导创业者一般担当团队协调者、团队整合者和团队指引者的重要角色。

#### 1. 领导创业者是团队的协调者

领导创业者是创业团队的核心和灵魂人物，也是团队力量的协调者。他们能够在创业活动中，指引方向、凝聚人心和协调团队成员，这对于团队建立与创业发展至关重要。尤其是在创业初期，创业团队可能会不计较个人得失地持续付出，这就需要领导创业者来引领和激励大家共同前行，众志成城地克服创业过程中的种种困难。因此，团队中负责领导的创业者应当增强团队成员对创业团队的认同感，使其认识到他们之间的协作与贡献对创业成功至关重要。马云的创业团队"十八罗汉"，在创业之初就对阿里巴巴的恢弘未来坚信不疑，始终愿意跟随核心创业者和团队领导马云克服艰难险阻、勇往直前，这才成就了今天的阿里巴巴。

#### 2. 领导创业者是团队的整合者

领导创业者的能力和思想意识从根本上决定了是否要组建创业团队、团队组建的时间表以及由哪些人组成团队。组建团队可以弥补创业者自身能力与创业目标之间存在的差距，也可以对什么时候需要引进互补人员做出准确判断。创业者的认知水平和创业技能决定其如何组建团队，以期获得创业成功所必备的条件和资源。同时，创业者要对所需团队成员的专长、社会关系网络、实际工作能力进行评估，然后再决定什么时候需要引进什么样的人才，形成才能互补。领导创业者也负责为团队制定目标，并肩负组织协调各部门关系的职责。

3. 领导创业者是团队的指引者

在创业活动中，领导创业者是一名优秀的指引者，同时担当创意者、设计者和实践者的三重角色，能够为创业团队指明前进方向。一是创意者。领导创业者善于发现问题，能带领团队或企业适应发展与变化，找到改进的办法，将其整理归纳为创意和点子，或者不断创造出新的需求。二是设计者。他们可以将一切创意和点子转化为详细可执行的图纸或计划。创业是一个严谨的执行过程，领导创业者需要在理论和实践的基础上，与创业团队协商，预先对整体的创业活动进行设想、安排，并制定计划书。三是实践者。没有强有力的行动，一切只是虚幻泡影、空中楼阁。领导创业者通过创建或运营经济实体，领导创业团队和企业，把潜在的价值转化为现实的价值。无论是创办新企业，还是在原有企业中开展新战略、开发新产品、开辟新市场、引入新技术、运用新资源，领导创业者都能在不同程度上带领创业团队进行创新活动，将创意源源不断地转化成为现实。总的来说，领导创业者能够整合内外资源、处于领导或管理地位、做出关键决策、承担主要风险，是创业团队和创业活动的指引者。

## （二）领导创业者的行为策略

成功的领导创业者，应该能够打造一个在目标、理想、理念、文化、价值观等方面有共同的语言的创业团队，促进团队成员间默契的形成，从而形成一个利益共同体，实现创业的成功。为此，领导创业者应该做到以下几方面：

1. 确立共同的创业信念

共同的创业信念和清晰的目标是一个成功团队的基本要求。如果这个目标能够与每个成员的个人目标完美结合，那么就更能充分调动团队成员的积极性。领导创业者需要确立一个被团队的所有成员接受和认可的、清晰的奋斗目标，将个人的力量拧成一股绳，形成合力，实现每个人的最大价值，带领团队成员齐心协力、共同为完成这个目标奋斗。

2. 加强团队信任和尊重

团队成员间的团结和信任可以说是所有完美团队的共有特性。领导创业者在分派任务、设定计划、职权划分、相互沟通和协同工作时，确保对所有团队成员保持足够的尊重和信任。同时，领导创业者需要认真思考其他成员提出的问题和看法、认真反思自己可能存在的问题和缺点。除此之外，领导创业者还应充分重视提高每个成员的工作积极性和技术水平，尊重和体现每个成员的自我价值，让每个成员都有幸福感和归属感，以此增加团体的凝聚力。

3. 时刻坚持团队利益

能够同甘共苦的创业团队是创业成功的保证，领导创业者的价值还体现在其对于团队整体价值的贡献。领导创业者应当愿意牺牲利益来换取长期利益，比如创业初期，领导创业者可以不计较短期薪资、福利、津贴，将企业目标放在成功后的利益分享之中。创业不仅需要领导创业者具有卓越能力，也需要创业伙伴具有共担风险、风雨同舟特质，如果个别成员贪图富贵，而损害其他成员的个人利益或团队的整体利益，可能导致团队的不欢而散。因此，领导创业者除了自身要具有为团队贡献的意识外，还要注意培养团队成员的集体意识。

4. 实现团队成员互补

团队中的每位成员都具有强项和弱项，并不是每个成员都能熟练精通所有的技术，但关键在于领导创业者能够帮助团队成员找准合适的位置，并做好人员之间的合理搭配，实现团队成员技能互补。因此，领导创业者要保证团队成员之间可以有一定的交叉，但又要尽量避免过多的重叠，让掌握相关技能的不同性格、不同能力的人互相搭配、协同工作，以此提高工作效率和化解团队内部矛盾。

5. 灵活的应变能力

领导创业者要能够敏锐地捕捉市场中的创业机会，正确预测市场发展趋势的能力，尽可能地去适应各种与自己团队定位不冲突的任务，并不断地学习和跟踪新技术、新技能和新知识，打造具有较强适应性的创业团队，提高创业团队的生存能力。

6. 良好的团队沟通

团队沟通是团队成员凭借一定形式和媒介，分享信息、意见、思想、评价，相互作用与影响，实现团队任务和团队目标顺利完成的互动过程。领导创业者需要通过沟通，有效解决创业过程中遇到的问题和困难，加强团队成员之间的信任与理解，促进彼此对新想法与新观点的交流，提高团队的工作效率等。随着信息共享性和透明度的提高，领导创业者能快速理解其他成员的意图，充分理解市场需求和各模块之间的协同性，以此提升团队的工作效率和企业业绩。同时，领导创业者可以通过有效团队沟通，培育团队精神，增强团队目标的导向性与凝聚力，激发成员工作的积极性与创造性，建立良好的人际关系和团队氛围。这有助于领导创业者做出快速而正确的决策，在一定程度上利于创业风险的规避，进而达成创业团队共同愿景。

7. 展现恰当的领导力

最胜任的领导创业者不仅要制定团队方向，并能够在团队陷入苦难时带领大家走出困境，同时还要能够为大家带来丰厚的利益。因此，领导创业者要善于担任教练和后盾的角色，对团队提供指导和支持，既能够妥当地发号施令，更能够为团队提供周到细致的服务。

8. 外部和内部的支持

外部支持是建立这个团队所需要的软硬件资源要到位。内部支持就是团队人员搭配适合，各项机制运行正常。领导创业者尽可能地把握商业机会所必需的外部关系，如投资人、律师、银行家、顾客、供应商等，挖掘自身内部优势，推行相应的竞争战略。比如，领导创业者可以建立准确的项目风险和成本审核机制、公平的绩效考核机制、及时的冲突解决机制、适当的培训和激励机制、良好的上下和平行沟通机制、合适的人员调配机制等。

## 四、创业团队的社会责任

创业团队并非做到独善其身就等同于取得成功。创业团队的成立与发展，与社会环境、经济环境、市场环境、资源环境等多种外部要素息息相关,其所取得的成果或造成的影响都可能会为社会带来一定程度的改变。因此,创业团队需要担负起社会责任,这包括经济责任、公益责任、法律责任和道德责任四个方面。

### (一) 经济责任

企业重要目的即为盈利,如果无法盈利,则谈不上生存和发展,更不用说为社会奉献力量。因此经济责任是创业团队社会责任的基础,也是企业生存的基础。创业过程是"由一系列百米冲刺组成的马拉松比赛",每次百米冲刺都是决定成败的关键。在这过程中,风险和危机是与机会时时并存的。有的创业团队喜好投机取巧,妄想一本万利,一夜暴富;有的创业团队不了解实际情况,盲目乐观,高估自己实力,低估竞争对手,这会将创业活动引领至万丈深渊,也不可能实现企业持续稳定发展。所以为了承担经济责任,创业团队需要打造质量过硬的"拳头"产品,取得市场和消费者的信赖和认可,这是企业长盛不衰的重要保证。

### (二) 公益责任

公益责任是创业团队社会责任的核心,是指创业团队在实现经济价值之外,也应该实现社会价值,要将创业过程与实现国家利益和社会公共利益相融合。当前,公益责任的基因开始逐步植入创业团队中,公益创业引领了大学生创业的一种新潮流。创业团队彰显公益责任担当,不应以盈利为创业团队的唯一追求。创业团队需要认识到自身的使命感与责任感,除履行基本的法律责任外,应该关注能否创造更多就业岗位,是否能够通过产品服务、科技创新推进社会进步、改善人们生活水平、助力公益事业等。同时,公益责任并非仅属于创业成功者的专属品。处于初期的创业团队,同样也应当具有这样的责任。在进行产品创意、确立创业项目时,应当将公益性纳入到其创业计划中,将为人民带来更美好的生活作为创业的主要目标之一。

### (三) 法律责任

法律责任是指创业团队具有遵守法律、自觉维护法律尊严的义务。随着市场经济的逐步成熟与完善,相关法律规范已经渗透到经济领域中生产、交换、分配、消费的各个环节。企业与国际市场接轨、风险投资、股份制改造、法人治理结构的建立以及新型市场的培育发展都离不开法律。具备法律素质、懂法并善于用法是任何创业团队不可或缺的重要元素。创业团队需要承担的法律责任围绕企业创办期、企业管理期、企业融资期三个时期展开,包括公司内部治理、合同、知识产权、人事管理、行政管理、刑事法律风险等方面的具体问题。这些法律问题涵盖面广,内容复杂,许多工作需要由法律专业人士处理。但是创业团队也必须有承担法律责任的义务,了解《中华人民共和国民法典》《中华人民共和国公司法》《中华人民共和国劳动法》《中华人民共和国反不正当竞争法》《中华人民共和国消费者权益保护法》《中华人民共和国知识产权法》等相关法律,掌握公司注册登记、缴纳税款、知识产权保护、劳动合同、社会保险、商业合同等相关的基础法律常识,自觉遵守市场、社会和企业等内外部环境的法律法规及其运行机制。创业者以法律为武器,规范创业团队和企业行为,担负法律责任,有助于规避未来可能存在的法律风险,保护创业团队合法权益,对于企业的生存和发展大有裨益。

## （四）道德责任

创业团队的道德责任即在遵纪守法的同时，要有诚信为本的道德原则和职业操守，坚持道德底线。创业团队道德责任担当的主要体现之一在于诚信上。诚信是创业团队的立命之本，是创业者最看重的财富品质。1997 年美国经济学会上，哈佛大学的四位经济学家指出，人际之间的信任感是决定一个国家行政效率与企业规模的重要因素。华为创始人任正非在面临众多机会的诱惑时，仍然坚持脚踏实地的工作精神，诚实守信的工作态度，严守道德底线。他曾经说过，"在大机会时代，千万不要机会主义。"从 20 世纪开始，华为在进军海外市场时，提出"拒绝机会主义"战略方针。任正非认为通信行业是一个需要长期进行研发、积累技术的过程，为了短期利益放弃对研发和创新的持续性投入，是影响企业发展的短视行为。

市场经济是法治经济，更是信用经济、诚信经济。没有诚信的商业社会将充满极大的道德风险，显著抬高交易成本，造成社会资源的大量浪费。随着社会经济的发展，创业机会似乎不再是稀缺品，越来越多的创业者拥有了更多选择。在大机会时代，面临急速发展的经济、尚且不成熟的市场环境，某些创业者开始摒弃扎实做事、脚踏实地的精神，怀抱机会主义心态，牺牲根本利益，贪图短期利益，盲目追求"风口"红利，将赚钱作为创业唯一的目的，甚至践踏法律和道德底线。如果企业的发展完全寄托在投机取巧、钻空子上，风险是极大的，也不可能实现企业持续稳定发展。创业的目的虽然是获得利润，但为此投机取巧、失了诚信，甚至毫无道德底线，损害公众利益，必然会导致创业的失败。因此，创业团队在创业活动中要始终坚守道德主航道，回归商业精神本质，彰显社会责任担当。

## 本章要点

创业者是创业活动的核心推进者。按照内涵与外延、创业者特点、创业方向和创业次数等角度，可以将创业者分为不同的类型。成就动机、独立动机、控制动机、改变动机是创业者的主要创业动机。大学生产生创业动机的驱动因素源于对生存的需要、积累的需要、自我实现的需要和就业的需要。星状创业团队、网状创业团队、虚拟星状创业团队等三种不同创业团队，具有不同的优劣势，创业者应当予以甄别和选择。

创业团队对于整个创业活动具有重要意义。为了打造优秀的创业团队，领导创业者应该树立共同的创业信念、确立明确的发展目标、培育团队精神、实现优势互补和角色转换、建立责权利统一的团队管理机制、打造学习型组织等。领导创业者是创业团队的协调者、整合者和指引者，应该带领创业团队不断发展，并努力担当经济责任、公益责任、法律责任和道德责任等社会责任。

## 思考题

1. 请举例谈谈，你认为合格的创业者应当具备何种素质和能力？
2. 请结合自身实际，谈谈如何组建和管理创业团队？

【案例讨论】

## 《西游记》中的"黄金组合"创业团队

谈到团队的组建,《西游记》中由唐僧率领的取经团队,被公认为是一支"黄金组合"的创业团队。四个人的性格各不相同,却又同时有着不可替代的优势。比如说,唐僧慈悲为怀,具有使命感,有组织设计能力,注重行为规范和工作标准,所以他担任团队的主管,是团队的核心。孙悟空武功高强,是取经路上的先行者,能迅速理解、完成任务,是团队业务骨干和铁腕人物;猪八戒看似实力不强,又好吃懒做,但是他善于活跃工作气氛,使取经之旅不至于太沉闷;沙僧勤恳、踏实,平时默默无闻,关键时刻他能稳如泰山、稳定局面。但是,创业路上,并没有那么巧的机缘和条件,能幸运地集聚到这样四个不同性格的人。所以,如果只能从这四个人中挑选出两个人来作为创业成员的话,你会挑选哪两位?

在一次活动中,牛根生客串主持人,向马云和俞敏洪提出了这样一个问题。俞敏洪选沙僧和孙悟空,马云选择了沙僧和猪八戒。两人都选择了耿直忠厚的沙僧,但是关于另一个人选,两人的选择却很有意思。马云这样解释他为什么选择猪八戒:"最适合做领袖的当然是唐僧,但创业是孤独寂寞的,要不断温暖自己,用左手温暖右手,还要一路幽默,给自己和团队打气。因此,我很希望在创业过程中有猪八戒这样的同伴。当然,猪八戒做领导是很欠缺的,但大部分的创业团队都需要猪八戒这样的人。"

俞敏洪不赞同马云的选择,他认为猪八戒不适合当一个创业伙伴。猪八戒是很能搞活气氛,让周围的人轻松起来,但是缺点也很突出,即心志不够坚定,需要领袖带着才能往前走。而且猪八戒既然没信念,哪好就会去哪,哪有好吃的就往哪去,很容易在创业过程中发生行为偏移。在企业盈利时大赚一笔后离开,企业没钱时也很可能会弃企业而去。但孙悟空就不会这样,他是一个很理想的创业成员。

俞敏洪列举了选择孙悟空作为创业团队成员的理由:第一,有信念,知道取经就是使命,不管受到多少委屈都要坚持下去。第二,有忠诚,不管唐僧怎么折磨他,都会帮助他一路走下去。第三,有头脑,在许多艰难中会不断想办法解决。第四,有眼光,能看到别人看不到的机会和磨难。

如果将西天取经比喻成一次创业过程,孙悟空就是其中不可或缺的创业成员。新东方的创业团队就有些类似于唐僧的取经团队,徐小平曾是俞敏洪在北大时的老师。王强、包凡一同是俞敏洪北京大学西语80级的同班同学,王强是班长,包凡一是大学时代睡在俞敏洪上铺的兄弟。这些人个个都是能人、牛人。所以,新东方最初的创业成员,个个都是"孙悟空"。每个人都很有才华,而个性却都很独立。俞敏洪敢于选择这帮优秀的人作为创业伙伴,并且在一起做成了大事,成就了一个新东方传奇,从这一点来说,他是一个成功的创业团队领导者。

(资料来源:http://www.docin.com/p-1489949926.html)。

案例思考:

(1)你是否赞同俞敏洪对《西游记》创业团队的评价?谈谈如果你从《西游记》创业团队挑选成员你会选择谁?为什么?

(2)结合创业案例或自身实际,谈谈你觉得创业团队组建应该注意哪些原则?

## 参考文献

[1] [英]波兰尼.大转型：我们时代的政治与经济起源[M].冯钢,刘阳,译.杭州：浙江人民出版社,2007.

[2] [美]查尔斯·霍顿·库利.社会过程[M].洪小良,等译.北京：华夏出版社,2008.

[3] [美]弗朗斯西·福山.信任：社会美德与创造经济繁荣[M].郭华,译.桂林：广西师范大学出版社,2016.

[4] [美]亨利·罗伯特.罗伯特议事规则[M].袁天鹏,孙涤,译.上海：格致出版社,2015.

[5] [美]史蒂夫·布兰克,鲍勃·多夫.创业者手册：教你如何构建伟大的企业[M].新华都商学院,译.北京：机械工业出版社,2013.

[6] [美]史蒂夫·霍夫曼.让大象飞：激进创新,你一飞冲天的创业术[M].周海云,陈耿宣,译.北京：中信出版社,2017.

[7] [美]诺曼·瓦瑟曼.创业者的窘境[M].七印部落,译.武汉：华中科技大学出版社,2000.

[8] Eckhardt J T, Shnae S A. Opportunity and entrepreneurship[J]. Journal of management, 2003, 29（3）: 333-349.

# 第三章

# 创业机会

 学习目的

本章学习目的在于使学生了解创意和机会的概念、来源和类型，了解创意与机会之间的联系和区别，了解创业机会的识别要素，了解识别创业机会的一般步骤与影响因素。

 引导案例

## 看清趋势，抓住机遇

2006年李腾飞毕业于东北石油大学经济管理院市场营销专业，毕业后没有选择石油系统，而是选择了到大城市去开阔眼界，2009年之前他去过上海和北京，一直从事IT行业销售工作。2009年初他感觉在大城市没有归属感，也很难在大城市落地生根，于是选择到了青岛。青岛是个宜居城市，生活节奏也没有北京上海那么快，但大城市的经历为他后来的发展提升了个人的眼界，总梦想着有一天能实现人生的价值。

刚到青岛，没有亲戚、朋友，也没有同学，他就把客户当朋友，慢慢有了积累。他先后在系统集成商、总经销商、IT厂商工作过，积累了对行业的理解和相关资源。2014年随着国产化的趋势，李腾飞拿出手上仅有的5万元资金，决定成立公司——卓思越，以华为产品为中心，拓展山东市场。随着华为品牌的崛起，公司发展进入快车道。虽然市场竞争激烈，虽然比卓思越有资金、有资源的竞争对手有很多，却能在这样的环境中凸显出来，主要是因为与华为发展的利他理念一致，再加上5年青岛市场的积累，以及对行业和客户的理解，公司取得了3年翻10倍的不错业绩，也一跃成为华为山东区域核心合作伙伴。随着公司的成长，华为业务达到瓶颈，公司发展面临重大抉择，要么选择扩展区域，要么选择深耕行业，于是在2019年提出转型，公司愿景由"做华为中的华为"提升到"做中国最受信赖的数字化转型服务平台"，希望能抓住未来数字化转型的机遇。

从公司成立到转型，5年的时间，依托华为的快速发展，积累了行业知名度和各种资源，也拥有了平均年龄26岁的年轻团队，为公司转型打下良好基础。行业头部企业纷纷抛来合作的橄榄枝，加上向华为学习的管理经验，公司正一步一步朝数字化转型服务平台的方向坚定前行。

# 第一节　创业机会识别

在当前大众创业、万众创新的时代背景下，任何创业机会都不会凭空而来，它来自创业者勤奋的努力和灵感的迸发。蒂蒙斯指出，创业机会是通过把资源创造性地结合起来，迎合市场需求（或兴趣、愿望）并传递价值的可能性。成功识别创业机会，对创业机会进行科学、理性、系统地评价，是创业活动成功的起点和基础。创业源自创新，创新始于创意。创意从哪里来，如何判断创意能否转化为创业机会？对于创业者来说，这是需要面临的第一个问题。

## 一、创意与机会

### （一）创意

1. 创意的含义

创意（idea）是一种思想、概念或想法，是纯粹经验的、主观的，是指具有创业指向同时具有创新性甚至原创性的想法或概念，是创业者的初步设想或灵感。创意意味着梦想，容易唤起创业者的创业冲动。因而创意是创业者确定创业目标的起点，所有的创业机会都蕴含在一个个或许是"天方夜谭"或许是"点石成金"的大胆创意中，所以良好的创意是创业成功的一半。

2. 创意的来源

创意经常来源于新的市场需求、技术创新、产品缺陷以及企业经营模式的变化等。

（1）新的市场需求。随着社会的发展，市场上会不断产生新的需求，如何满足这些需求，正是创意的最重要来源。当我们在商场或服务场所听到消费者的抱怨时，一个新的创意可能已经出现在我们的眼前。

（2）技术创新。新技术会激发创业者的思维，形成新的创意，构思出新的产品。一项新技术转化为新产品或服务，进入生产和消费领域，并满足社会需求才能实现其价值，这便是新技术的转化推广过程。技术创新基于新技术的出现，这类创意在形成产品实现创业的过程中风险很大，但一旦成功将具有"里程碑"的意义，同时会激发形成更多的创意。

（3）产品缺陷。对生产企业来说，产品存在缺陷是很不幸的事，但对于创业者来讲，却是绝好的机会。创业者可以通过对市场上已有的产品和服务进行追踪、分析和评价来发现现有产品的缺陷，从而有针对性地提出改进的方法，并以此开发出有巨大市场潜力的新产品。

（4）企业经营模式的变化。企业经营管理思想、方法或运作模式的改变也可以形成新的创意。麦当劳并没有发明任何新事物，它提供的产品是美国任何一家餐馆每天都可以提供的，但是麦当劳运用新的管理方法，使产品生产过程和服务标准化，既大大提高了产品质量，又开拓了新的市场。

3. 创意的分类

（1）根据发生领域，创意可分为科技创意、经济创意、政治创意、社会创意和文化创意。

（2）根据所属专业，创意可分为设计创意、营销创意、管理创意、技术创意、规划创意等。

（3）根据完善程度，创意可分为萌芽创意和成熟创意。成熟创意虽然比较理想，但是也来源于萌芽创意。

（4）根据发展状况，创意可分为原始创意和派生创意。原始创意始于原始创新，消化吸收再创新产生派生创意。

（5）根据参与程度，创意可分为团队创意和个体创意。

（6）根据产生条件，创意可分为主动创意和偶然创意。

4. 创意的基本特征

（1）新颖性。创业的本质是创新，创业指向的想法首先应具有新颖性。这里的新颖性可以是新的技术和新的解决方案，可以是差异化的解决办法，也可以是更好的措施。新颖性意味着一定程度的领先性，不少创业者在选择创业机会时，关注国家政策优先支持的领域就是在寻找领先性的项目。

（2）真实性。有价值的创意不是空想，要有现实意义，具有实用价值。创意要可实现，判断标准是能够开发出可以把握机会的产品或服务，而且市场上存在对产品或服务的真实需求，或可以找到让潜在的消费者接受产品或服务的方法。

（3）价值性。创意的价值特征是根本，好的创意要能给消费者带来真正的价值。
创意的价值要靠市场检验，好的创意需要进行市场测试。

5. 创意在创业中的作用

有创意才会有创业机会，在现代经营中，谁拥有创新思想，谁就有可能立于不败之地。但是创意不等于创业机会。

现实中，创意的数量远比市场机会多得多，只有那些具有商业价值的创意才能带来好的市场机会。事实上，由于环境、技术、市场等因素的不断变化，发现真正有商业价值的创意是一个充满不确定性的过程，很多创业者的创业结果甚至完全不同于其最初的设想。

此外，即使第一个获得最好的创意也并不能保证成功。率先拥有好的创意并付诸实践当然是一件好事，但除非能够迅速占有很大的市场份额，或是建立起进入该市场领域的不可逾越的障碍，从而抢先于竞争对手获得创意带来的丰厚利润，否则只能算是开拓了一个供竞争对手谋取利润的新市场。

6. 从创意到成功创业的影响因素

（1）对市场风向、对消费者需求的透彻了解；

（2）有相关的知识经验、不断学习、长期积累；

（3）勤于思考研究。

【创业实例】

江南春正是在从事了多年的广告事业后，积累了大量的经验，又在2001年经历了互联网泡沫危机后对市场等都有了充分了解，又经过了长达几个月的思考后才在偶然的机会下有了分众传媒的好创意。有个企业家说过："一个产品从创意到技术开发直到产生效益赚到钱，过程中的投入比例大致是这样的，产品创意研发的过程如果投入是10万元的话，那产品生产过程的投入就是它的5倍，即50万元，市场营销的过程就是累计的5倍，即250万元，如果形成知名品牌引领市场取得高利润就再需要累计5倍的投入，即1250万元，如果想成为市场的领导者形成规模效益就需要进一步的5倍投入。做企业打市场不进则退，所以从创意到技术再到产品再到营销需要每个环节层层相扣步步投入，才能真正成为成功的企业。"

（资料来源：http://www.docin.com/p-540898552.html）

### （二）机会

就语言文字的角度来看，机会的本意是指恰好的时机，是一个时间的概念。然而，现实生活中，机会在不同的语境下其含义不尽相同。第一种情况："这件事有机会再做吧，现在不行。"此时"机会"是指其语言学上的本意，即恰好的时机。第二种情况："李某获得了参加教学培训的机会"，意思是指李某可以参加教学培训。"张某因预赛成绩突出，取得了参加决赛的机会"，是指张某有资格参加决赛；"在市场经济条件下要求竞争者机会均等"，是指竞争者都有平等资格参与竞争。在这些语境下，"机会"的含义是某一主体具备参加某种活动或做某事的资格。第三种情况："他取胜的机会很大"，是指取胜的可能性很大，"只要努力提高产品质量，我们还是有机会取得这笔订单的。"是指只要努力就有可能取得订单。在这里，"机会"的含义则是在从事某种活动过程中，实现某个具体目标的可能性。

获取和抓住机会是创业活动的现实起点。机会是创业的核心要素。创业离不开机会，但并不是所有的想法和创意都能成为创业机会。不同的创业机会价值不同；同样的机会，不同的人看到的方向和角度不同；由不同的创业者来开发，效果也有巨大差异。创业的实质是具有创业精神的个体对具有价值的机会的认知过程，包括机会的识别、评价和建构等环节。

1. 机会的来源

从产品市场角度来看，机会的来源主要有：
（1）新技术的发明所带来的新产品及新的信息。
（2）信息不对称导致的市场低效率。
（3）政治因素、规章制度的变动带来的相关资源使用上的成本收益的变动。

大多数的机会存在于产品市场之中，要素市场中的创业机会同样不能忽视，例如某一新材料的发现等。

2. 机会的类型

按照机会的来源和发展程度，机会可以分为以下四种类型，如图3-1所示。

|  | 市场需求 | |
|---|---|---|
|  | 未识别 | 已识别 |
| 资源和能力 不确定 | "梦想" I | 问题解决 II |
| 资源和能力 确定 | 技术转移 III | 企业形成 IV |

**图3-1 机会的类型**

（1）市场需求未识别且资源和能力不确定（问题及其解决方法都未知）——表现为艺术家、梦想家、一些设计师和发明家的创造性。他们感兴趣的是将知识的发展推向一个新方向和使技术突破现有限制。

（2）市场需求已识别但资源和能力不确定（问题已知，但其解决方法仍未知）——描述了有条理地搜集信息并解决问题的情况。在这种情况下，机会开发的目标往往是设计一个具体的产品或服务以适应市场需求。

（3）市场需求未识别但资源和能力已确定（问题未知，但可获得解决方法）——人们常说的"技术转移"的挑战、寻找应用领域和闲置的生产能力。这里的机会开发更多强调的是寻找应用的领域而不是产品或服务的开发。

（4）市场需求已识别且资源和能力已确定（问题及其解决方法都已知）——机会的开发就是将市场需求与现有的资源匹配起来，形成可以创造并传递价值的新企业。

（三）创意与机会之间的联系与区别

对机会的识别源自创意的产生，在创意产生之前，机会的存在与否意义并不大。

创意的典型特征是具有创业指向。有创业意向的人在产生创意之后，会很快甚至同时把创意发展为可以在市场上进行检验的商业概念。商业概念既体现了顾客正在经历的也是创业者试图解决的种种问题，同时体现了解决问题所带来的顾客利益和获取利益所采取的手段。这种利益是顾客认可并愿意为此支付的价值。

看到机会、产生创意并发展成清晰的商业概念意味着创业者识别到机会，并因为找到解决问题的手段而有可能把握住机会，这是启动创业活动所需的基本前提。

尽管如此，创意并不完全等同于机会。一个好的创意并不意味着就一定有市场机会。对创业者来说，一个好的创意只不过是一个工具。在把企业家的创造力转化为创业机会的艰巨过程中，发现好的创意只是第一步。这是因为创意的本质只是一种有吸引力的思想、概念或想法，不必十分注重其实现的可能性，但机会却必须是实实在在的，是能够用来作为创业基础的，这是一个相当关键的区别。

## 二、创业机会与商业机会

本质上，成功创业者就是识别商业机会，并将其转化为创业机会进而成功创业的人。商机犹如一扇门，一旦新产品市场建立起来，机会窗口就打开了。

机会之窗理论认为产业的发展有一个生命周期，而在产业刚刚产生时，人们并不了解这个产品，所以在市场上只有很少或者几乎没有顾客群，而到了大家开始认识这个产品时，它会出现爆发式的增长，这时产品和行业都进入了高速成长期。对于创业者来说，进入期是最难的，这个时期最大的问题就是如何生存下去，并且一方面要完善产品，一方面要宣传产品。这时的机会非常小。而到了成长期，机会突然大增，彼得·德鲁克（Peter F. Drucker）把它比喻为如同机会打开了一扇窗户，所以把这个现象取名为"机会之窗"（图 3-2）。成长期结束前，会有更多的企业涌入，这时成长的空间越来越小，大淘汰开始了，机会之窗会渐渐关闭。

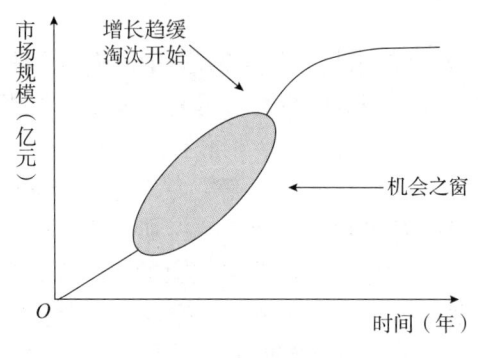

图 3-2 机会之窗

### （一）创业机会

关于什么是创业机会有以下几种常见看法：

（1）创业机会是可以为购买者或使用者创造或增加价值的产品或服务，它具有吸引力强、持久性和适时性的特点。

（2）创业机会是可以引入新产品、新服务、新原料和新的管理方法，并能应用或以高于成本价出售的情况。

（3）创业机会是一种新的"目的—手段"关系，它能为经济活动引入新产品、新服务、新原料、新市场或新组织方式。

（4）创业机会是具有商业价值的创意，其表现为特定的组合关系。

综合上述看法，我们简单定义创业机会是基于未明确市场需求或未充分使用的资源或能力，对于"产品、服务、原料和管理方法"有重大革新的机会。

仅有少数创业者能够把握创业机会从而成功创业，创业者的成功几乎都是源于成功把握创业机会。例如，蒙牛公司的牛根生看到了乳业市场的商机，好利来公司的罗红看到了蛋糕市场的商机。一旦创业者创业成功，不仅会改变人们的生活和休闲方式，甚至能创造出新的产业。随着人们对创业机会价值潜力的探索，会逐渐衍生出一系列的商业机会，从而滋生出更多的创业活动，例如利用互联网创业的多个成功案例。

### （二）商业机会

#### 1. 商业机会的含义

商业机会也称市场机会，是指有吸引力的、能实现某种商业盈利目的的、适时的商务活动的空间。

美国"创业教育之父"杰弗里·蒂蒙斯教授认为，创业过程始于商业机会，而不是资金、战略、网络、团队或商业计划。开始创业时，商业机会比资金、团队的才干和能力及适合的资源更重要。商业创业来自于创业机会的丰富和逻辑化，并最终演变为商业模式，好的商业模式是具有对社会资源的极大整合力。

商业机会是决定是否进行创业而考虑的最核心的要素，也是创业行为的起点。一个人只有在发现商业机会后，才可能进一步考虑能否配置到必要的资源，以及利用这个商业机会能否最终盈利。如果可以盈利，则这个商业机会对于这个人而言就成为创业机会，进而可以决定是否进行创业。

商业机会是由于消费者未能被满足的消费需求而引发,这种未能被满足的需求导致了可以给顾客提供更多价值的产品和服务的机会。可是,一个好的想法未必是一个好的商业机会。例如,你可能通过一项新技术发明了一个非常有创意的产品,但是市场可能并不需要它;或者一个想法听起来不错,但是在市场上没有竞争力,或不具备必要的资源;或者说,尽管有时市场有需要,但是需求的数量不足以收回成本,那也不值得考虑。事实上,在新产品开发中,有超过80%的新产品都是失败的,很多发明家的想法听起来很好,但是经受不住市场的考验。如何将一个不错的想法或创意转化成为一个商业机会?即有市场需要且创造的收入超过成本时能够获得利润,此时想法或创意便转化成为一个真正的商业机会。

2. 商业机会的类型

(1) 问题性机会,指的是由现实中存在的未被解决的问题所产生的一类机会,例如现代环保产业、新能源产业、有机农业中的大部分创业项目。

(2) 趋势型机会,就是在变化中看到未来的发展方向,预测到将来的潜力和机会,例如互联网领域的许多创业项目。

(3) 组合型机会,就是将现有的两项以上的技术、产品、服务等因素组合起来,以实现新的用途和价值而获得的机会,例如家电、家居和娱乐类的很多产品。

商业机会来源于对我们身边各种市场机会和创意的发掘。需要大胆的设想和大量的实践提炼,方可找到最佳的创业构想。事实上,寻找商业机会的过程有可能像"踏破铁鞋无觅处"一样复杂,也有可能只是"得来全不费工夫"的灵机一动。

3. 创业机会与商业机会的内在关系

创业机会与商业机会的根本区别在于利润或价值创造潜力的差别,创业机会具有创造超额利润的潜力,而其他商业机会只可能改善现有利润水平。

创业机会是指能营造出对新产品、新服务或新业务需求的有利市场环境,且能够被创业者有条件加以利用的商业机会。从这个意义上讲,中国的创业机会远比发达国家多,因为发达国家的市场已经相当完善,市场几乎没有缝隙,而中国的市场还很不发达、很不完善,因而充满了各种机会。这也是近年来外国投资者纷纷到中国投资、大批海外留学人员矢志回国创业的基本动因。

## 三、创业机会的特征与类型

创业机会是具有商业价值的创意,表现为特定的组合关系。创业机会来自一定的市场需求和变化。

### (一) 创业机会的特征

1. 创业机会的一般特征

(1) 潜在的盈利性。盈利性是创业机会存在的基础。创业者追逐创业机会的根本目的是基于创业机会组建企业,进而获得财富。如果创业机会不具有盈利性,机会也就不是创业机会了。同时,创业机会的盈利性是潜在的。对于这种潜在盈利性的理解尤其需要创业者拥有一定的知识和技能，同时也需要相关领域的实际经验。因此，这也为创业机会的评价和识别造成一定的难度。很多创业机会看起来似乎具备较强的盈利可能，但是经过仔细推敲之后却发现是虚假的信号。因此，在创业机会的识别和评价方面，需要创业者投入更多精力。

（2）创业机会需要具体的商业行为来实现。现实中，富有价值的创业机会具有很强的时效性，如果没有及时地把握住，一旦时过境迁，由于条件所限，原有市场不复存在，或者已经有其他创业者抢先一步占据市场先机，原先具有巨大价值的创业机会也会沦为无价值的一条市场信息。将创业机会商业化，还取决于许多客观条件，特别是创业者所面临的创业环境和所能够拥有的资源状况。因此，在创业机会的识别和开发上，创业者应当做好准备。

（3）创业机会的潜在价值能够不断开发和提升。创业机会的潜在价值依赖于创业者的开发活动，也就是说创业机会并非是被发现，而是被"创造"出来的。创业机会的最初形态很可能仅仅是一些散乱的信息组合，只有创业者以及创业过程的各类利益相关者积极地参与到机会识别中来，不断磨合各自的想法，创业机会的基本盈利模式才能够逐步形成，并且最终成为正式的企业。因此，创业机会的潜在价值具备很强的不确定性，它会随着创业者的具体经营措施和战略规划而发生变动。如果创业者的战略方案与创业机会的特征得到良好的匹配，创业机会的价值就能够得到很大的提升，创业活动也能够获得较好的效果。如果相关战略规划与创业机会特征不匹配，甚至产生严重的失误，那么即使创业机会潜在价值很大，也无法得到有效机会，甚至引起创业失败。

2. 创业机会的核心特征

创业机会的核心特征表现为具有商业价值的创意。从某种意义上说，创业机会是创意的一个"子集"。创业机会可以满足创意的诸多特征：来源广泛；具有较强的创新性；未来的发展带有很大的不确定性。但是，创业机会拥有大多数创意所不具备的一个重要特征：能满足顾客的某些需求，因而具有商业价值。这一特征使有价值的创业机会得以从众多创意中脱颖而出，成为创业者关注的焦点。有商业价值的创意有两个特性：有用性及可行性。换句话说，漫无目的或是异想天开、天马行空的创意点子对创业是没有什么帮助的。

因此，从众多创意中寻找值得关注的机会，是创业者选择创业生涯、实施创业战略的第一步。而创业机会具有吸引力强、持久、适时的特性，它根植于可以为顾客或用户创造或增加价值的产品或服务中。

## （二）创业机会的类型

1. 市场层面的创业机会类型

（1）面向现有市场的创业机会。在现有市场上通常已经有企业在经营，这些企业往往是一些成熟的大企业，创业者唯有通过有效的创新手段，营造新的经营模式，才可能在市场上占据一席之地。

（2）面向空白市场的创业机会。空白市场属于现有行业范围内尚未被开发的市场。这一市场可能是缝隙市场，尚未被现有的大型企业所关注，如果经营得当，便可能创造出可观的价值。

（3）面向全新市场的创业机会。这一市场上的创业机会不属于任何已经存在的行业。因此，创业者将要进入的是一个全新的市场，市场上暂时没有任何竞争对手，也没有现成的经营模式可循。在这种情况下,需要警惕的是,这一全新的市场是否具备高度成长可能。如果该市场发展缓慢,即使创业者及时进入,也会由于市场的成长性不足,使企业发展大大受限。反过来,如果该市场成长性非常强,创业者则不需要花费多少时间和精力就能够建立起很强的竞争优势,此时创业者也需要警惕追随者。如果先进入的创业者没有足够的准备和应对措施的话,先进入者的优势也会转化为劣势,紧跟而来的追随者完全有可能后来居上。

2.产品(服务)层面的创业机会类型

(1)提供现有产品的创业机会。这一类型的创业机会在所提供的产品方面并没有什么创新或者改进,但是,只要市场上存在空间供创业者发展,那么该创业机会就具备一定的可行性。当然在创业活动中需要注意应当尽可能避开与市场上提供该类型产品的成熟企业直接竞争。因为创业者的资源和发展能力都较为有限,应当积极探索空白市场或者现有企业力所不能及的市场,在积累一定资源和能力之后再考虑下一步的发展。例如,很多生存型创业选择开个餐厅或者一些简单的服务性企业,这些企业实际上在提供的产品方面没有太多创新,但是只要选址得当,企业仍然有发展空间。

(2)提供改进产品的创业机会。这一类型的创业机会所提供的产品是对现有产品的改进,改进的对象可能是原材料、生产工艺、核心技术、销售渠道等,通过对现有产品进行改进,创业者有可能实现比同类产品供应商更为低廉的成本、更为独特的功能、更为有效的生产和经营方式以及更有吸引力的利润。对现有产品进行改进,是一种省力且见效快的好办法,但是改进方式必须有章可循。通常认为,对一种产品改进的程度往往可以分为较小、中度、重大三个层次。

(3)提供全新产品的创业机会。这一类型的创业机会所提供的产品是现有市场上从未出现过的。全新产品的推出会引起整个市场翻天覆地的变化,原有产品市场会大大萎缩,让位于新的产品。同时,全新产品的经营风险也非常大,经营经验以及顾客认可的缺乏都会影响创业活动的推进。因此,全新产品的推出时机以及创业者的自身准备对于创业活动的成功至关重要。

## 四、创业机会的来源

随着经济环境与技术条件的变化,实践创业者越来越多,对于初创企业或已建企业的二次的企业家来说,首先要考虑的一个问题是:创业机会来自哪里?

### (一)发现与创造需求

在市场经济中有很多创业机会,关键看你如何发现与把握出现的机会,这就需要创业者能够有常人所没有的捕捉商机的智慧和眼光。美国作家加里·胡佛20世纪60年代提出"发现需求并且去满足它"的经典理论,说明只要有市场需求的地方,就不可避免存在机会。

【创业实例】

## 把梳子卖给和尚

某公司创业之初,为了选拔真正有效能的人才,要求每位应聘者必须经过一道测试:以比赛的方式推销100把奇妙聪明梳,并且把它们卖给一个特别指定的人群——和尚。

几乎所有的人都表示怀疑:把梳子卖给和尚?这怎么可能呢?搞错没有?许多人都打了

退堂鼓，但还是有甲、乙、丙三个人勇敢地接受了挑战。一个星期的期限到了，三人回公司汇报各自销售成果，甲先生仅卖出1把，乙先生卖出10把，丙先生居然卖出了1000把。

面对同样的条件，为什么结果会有这么大的差异呢？公司请他们谈谈各自的销售经过。甲先生说，他跑了三座寺院，受到了无数次和尚的臭骂和追打，但仍然不屈不挠，终于感动了一个小和尚，买了1把梳子。乙先生去了一座名山古寺，由于山高风大，把前来进香的善男信女的头发都吹乱了。乙先生找到住持，说："蓬头垢面对佛是不敬的，应在每座香案前放把木梳，供善男信女梳头。"住持认为有理。那庙共有10座香案，于是买下10把梳子。丙先生来到一座颇负盛名、香火极旺的深山宝刹，对方丈说："凡来进香者，多有一颗虔诚之心，宝刹应有回赠，保佑平安吉祥，鼓励多行善事。我有一批梳子，您的书法超群，可刻上'积善梳'三字，然后作为赠品。"方丈听罢大喜，立刻买下1000把梳子。更令人振奋的是，丙先生的"积善梳"一出，一传十，十传百，朝拜者更多，香火更旺。于是，方丈再次向丙先生订货。这样，丙先生不但一次卖出1000把梳子，而且获得长期订货。

公司认为，三个应考者代表着营销工作中三种类型的人员，各有特点。甲先生是一位执著型推销人员，有吃苦耐劳、锲而不舍、真诚感人的优点；乙先生具有善于观察事物和推理判断的能力，能够大胆设想、因势利导地实现销售；丙先生通过对目标人群的分析研究，大胆创意，有效策划，发现和创造了这种需要，开发了一种新的市场需求。由于丙先生过人的智慧，公司决定聘请他为市场部主管。

上面这个故事，对于从事创业的大学生有没有启发呢？在相同的市场环境下，为什么却有着不同的营销结果？在创业的过程中，创业者要从多角度进行思考，改变传统的思维模式，勇于创新，也许就会发现一些令人想不到的机会，创造适合市场需要的新的需求。成功要有一颗发现机遇的慧眼，还要有一颗富有创造力的心。

### （二）从意料之外捕捉创新商机

有一些人将创业点子的产生，归缘于机缘凑巧，所谓"无心插柳柳成荫"。不过，研究创意的专家以为，创意只是冰山上的一角，没有平日的用心耕耘，机缘也不会如此凑巧。无数的人看到苹果落地，但却只有牛顿能产生地心引力的联想。所谓的机缘凑巧或第六感的直觉，主要还是在于创业者在平日培养出面对环境变化的敏锐观察力，因此，才能够举一反三形成创意构想。

【创业实例】

在旧金山淘金热形成之际，难以计数的贫穷人满怀着美丽憧憬奔向金山，李维公司创办人却机缘巧合地看到了"供应坚固耐用的帆布"这个商机。于是，他立即展开以帆布为布料制成牛仔裤的生产事业，把产品卖给上述众多淘金客，从而成为日后创业的美谈。在一些大学生创业成功的事迹中，不乏这种看似偶然，其实有着必然因素的案例。

### （三）在现实与预期结果的反差中寻找机遇

不管做什么事情，在具体实施之前，我们一般都会制订一份大致的计划。创业更是如此，从准备创业到进行创业，有一套周密的准备过程。但计划赶不上变化，市场是块试金石，再精密的策划在市场前面都会显得肤浅。当创业的实际状况与预期的结果不一致，出现冲突时，如何拨开乌云见太阳，从失败的阴影中走出来，是对创业者最大的考验。成功的创业者，就在于他们在实际与预期出现重大不一致时还坚持自己的信念，百折不挠，从而找到创新之路。不少的创业者在调整自我中发现商机，从而取得成功。

【创业实例】

熬夜、蹲点、在山东临沂"走南闯北"，张沛松的酸奶吧来之不易，却物有所值。如今，每天稳定增加的销售额，让他的创业甘甜如蜜。

### 试试水有多深

张沛松说，选择手工酸奶吧作为创业项目，只是因为自己喜欢。"读大学时我常和同学去济南大观园一带吃这个，口感很好。"张沛松说："那时我就想，毕业后也开家这样的店，肯定赚钱，因为那些店里总是顾客盈门。"可他父母觉得他刚毕业，一点经验也没有；而且受经济危机影响，人们消费能力下降，整个大环境不好，叫他不要去趟这浑水。不得已，张沛松只好老老实实地做了位城市白领。可他始终惦记那香浓可口的手工酸奶，直到毕业半年后，实在按捺不住的张沛松，终于决定创业。"我就是要试试这水有多深"，张沛松赌气似地说："现代人对孩子的营养都很关注，手工酸奶营养价值那么高，不会不受欢迎。"张沛松的底气还源自市场空白——在他家乡临沂，还没有一家手工酸奶吧。下定决心后，张沛松像一根上足发条的弹簧，白天上班，晚上筹备创业。由于不了解手工酸奶的制作技术，张沛松决定为自己找个东家——发源于济南的美食美客手工酸奶吧，并很快谈定了各种加盟细节。

### 蹲点中的生意经

找到奶源后，张沛松盘算找个合适的店面。他骑着新买的自行车，花一个多月绕着临沂市区转了好几圈。碰到合适的店面，张沛松就在街对面蹲点，有时一蹲就是一个多小时——这虽是个笨办法，却最直接有效。"我还随身带了个本儿，随时记下看到的情况。"张沛松说："首先，我要看店外的人流量、人群年龄结构。人流量大是首要条件，但人群年龄不能偏高，因为手工酸奶在临沂还是新鲜事物，年龄越大的人接受程度越低；相反，年轻人和小孩是最理想的客户群。此外，还要看车流量，车流量太小说明它不是主干道，人气相对较差；车流量太大往往会带来更多扬尘，不利于酸奶的卫生和保存，这两种地段都不行。"最后，张沛松在少年宫附近找到了现在的店面，约12平方米，周围是幼儿园的聚集地。

### 艰难起步

当张沛松马不停蹄地忙完门面装修，已是今年3月底。他熟记总部传授的酸奶制作技术，信心满满地开始做手工酸奶。可真刀真枪的实战哪有纸上谈兵那么容易，一开始，张沛松精心做出的酸奶，一点儿也不好喝。一连倒了四天奶后，张沛松的手工酸奶终于做得像模像样。"开业前一天我特意称了下体重，比创业前整整瘦了20斤。"可顾客对他的辛苦并不买账，试营业第一天，张沛松只卖出了不到10杯手工酸奶，总营业额50块钱。创业之路与预期大不一致。店里冷清清的，看不到繁荣。张沛松沮丧极了，不明白问题究竟出在哪里。

张沛松的创业的希望在那里？经过不断的探索、思考与考察，张沛松领悟到自己的创业必须解决两个根本性的问题。一是提高酸奶的品质；二是在创造消费者喝酸奶的需求。

### （四）从创业过程的需要中寻求成功的可能

创业过程是一个极其艰辛的过程。任何一个创业者，在创业之初，是很难预想自己会面临哪些艰辛的。在进行创业的过程中，任何一个创业者都会遇到各种各样的压力，有时候甚至是难以承受，要想创业成功，就必须承担这些艰辛与压力。创业做生意，你必须想到，什么事情都可能发生，事情发生的时候，必须冷静对待，要有相应的后备计划，不要让自己处于被动的地位。在创业就要成功的时候，往往也是最黑暗的时候，创业者只有不断地解决创业过程中的种种矛盾和问题，才会一步步走向成功。

### （五）从行业市场的结构变化中寻求成功的可能

行业市场结构指的是特定市场中各种要素之间依一定的内在关系确定的稳定形式，行业市场结构变化主要指特定市场中既有供给者之间、需求者之间、供给者和需求者之间关系出现的变化，此外，还包括市场上现有的供给者、需求者与正在进入该市场的供给者、需求者之间互动发生的变化。一般而言，行业市场结构变化一定会对现有关系产生冲击，只有充分把握行业市场结构变化规律，顺应市场发展趋势，才能在变化中寻找到成功的机会。

### （六）从解决困境出发寻求成功的可能

困境无处不在，无时不有，只不过成功的创业者，会从困境中突破自己，发现机会。对于他们而言，危机既是危险，更是机遇。只有敢于直面危机与困境，才能体会到"柳暗花明又一村"的喜悦。

### （七）从新知识中捕捉创新机会

21世纪，是知识经济蓬勃发展的时代。知识经济时代就是以知识运营为经济增长方式、知识产业成为龙头产业、知识经济成为新的经济形态的时代。知识在现代社会价值的创造中其功效已远远高于人、财、物这些传统的生产要素，成为所有创造价值要素中最基本的要素。在这种时代背景下，涌现了一批以知识为创新机遇的创业新人类，他们具有这样共同的特征，即他们是引领时代的新行业缔造者，创造了新的商业模式和价值标准；他们是新时代财富的主流，带来新的领导风格和行为理念；他们是创业领域中的新贵，往往有着高学历和傲人的行业背景；他们领导的企业，具有较高的成长性和稳定性；他们是新时代的榜样和财富榜领军人物；他们开发和运用的高新技术成为推动人类社会加速发展的重要力量。《福布斯》上榜富豪刘永行在回忆自己的创业历程时曾说："为了办企业，我们四兄弟凑了1000元钱……我们花了一年时间，把1000元变成了3000元……到了第7年，1000元钱已经变成了1000万元，那是1989年。"在20世纪八十年代末，这种财富增值已经是奇迹了，而在技术领军的21世纪里，新技术的开发和应用就像神奇的催化剂，使财富呈几何级数飞速膨胀，其速度甚至超出了人们的预想。

### （八）从政策变化中寻找商机

政府政策变化会给创业者带来商业机会。随着经济发展、科技变革等，政府必然会不断调整自己的政策，而政府政策的某些变化，就可能给创业者带来新的商业机会。

政策的变化能够产生创业机会，是因为它使创业者能够提出更多不同的想法，而这些创业者可能在一个常规体制下面是被禁止进入的。政策的变革也清除了很多不利于生成新企业的官僚政治障碍，这些障碍的清除，使得创业者的创业成本大大降低，原来无利可图的创业项目变得有利可图。

政策也可能通过强制增加需求的方式创造出新的商机，如汽车安全带。政府政策的改变可以为新企业带来机会，例如对某些行业进入限制条件的放宽（如民用航空、资源开采等）、政府采购政策的导向（对科技型新小企业、创造大量就业的企业）有可能为新企业带来机会。

### （九）从社会和人口变化中寻找商机

随着社会和人口因素的变革产生出创业机会。人的需求是变化的，不同时期的社会和人口因素的变化会产生不同的需求。

随着现代社会发展的加快，这种变化中的需求更加明显。大量女性人口加入就业领域，创造了家政服务业和快餐食品业的市场机会；人口寿命延长导致的老龄化问题，创造了老龄用品市场；计划生育政策使得教育市场高速发展；"单身贵族"的产生，促进了小户型商品房的热销。

社会和人口是紧密联系在一起的，有时候社会文化的变革也是创业机会产生的引擎，例如随着中国国家实力的增强，中国文化产业的相关市场也得到了蓬勃发展，越来越多的外国人学习中医、太极拳和中国传统文化，中餐、中国结和唐装等中国文化产品在国外的市场也越来越大。社会和人口因素的变化改变了人们对产品和服务的需求，需求的变化就带来了产生新事物的机会。

欧美人口减少的趋势也引起大学增加吸引来自发展中国家的留学生的需要，从而产生了一些针对国际学生的服务项目。社会和人口的改变也产生了针对新的需求所要求的新的解决方案，这些方案会比目前的方案更有效率。

### （十）从中外差异中寻找商机

从中外比较中寻找差距，差距中往往隐含着某种商机。通过与先进国家或地区比较，看看别人已有的哪些东西我们还没有，借鉴西方国家成熟企业的发展经验，也可能发现某种商业机会。需求条件通常由市场规模、市场成长与市场细分来描述。研究发现，新企业在市场需求规模大的市场比较小的市场中业绩更好；在成长较快的市场比在成长较慢的市场业绩更好；在市场分割（市场细分）更多的市场比分割性更小的市场业绩更好。

## 五、影响机会识别的关键因素

创业者能够成功识别机会，取决于创业者的四类关键因素。

### （一）先前经验

在特定产业中的先前经验，有助于创业者识别机会。在某个行业工作的经历，会使创业者有可能识别出未被充分满足的市场需求。同时，创业经验对于创业者来说也非常重要，有过创业经验的创业者很容易发现新的创业机会。这被称为"走廊原理"，指创业者一旦创建企业，就开始了一段创业旅程，在这个过程中，通向创业机会的"走廊"将变得清晰可见。

这个原理告诉我们，某个人一旦投身于某个行业创业，将比那些在外观察的人，更容易看到行业内的创业机会。

### （二）认识因素

有些人认为，创业者拥有"第六感"，使他们能看到别人错过的机会。多数创业者以这种观点看待自己，认为自己比别人更警觉。实际上，创业警觉不仅是一种先天禀赋，也是个体在多年实践中通过学习积累和沉淀出的认知特质，对信息的敏锐把握和解读能力。机会发现者和未发现者之间最重要的差别在于他们对市场的敏锐洞察力，换句话说，创业者可能比其他人更擅长估计信息背后的商业价值和含义，感知事物的发展趋势。

### （三）社会关系网络

个人社会关系网络的深度和广度影响着机会识别，拥有大量关系网络的人，比那些拥有少量网络的人容易得到更多的机会和创意。在社会关系网络中，按照关系的亲疏远近，我们可以将这种关系大致划分为强关系和弱关系。强关系以频繁互相作用为特色，形成于亲戚、密友和配偶之间；弱关系以不频繁相互作用为特色，形成于同事、同学和一般朋友之间。研究显示，创业者通过弱关系比通过强关系更可能获得新的创业机会，在弱关系中，个人之间的意识往往存在较大差异，因此更可能激发创意的灵感。

### （四）个人特征

创业者的个人特征体现为个体的自信乐观与创造力。自信乐观的心态使个人首先看到的是信息中蕴含的机会，而不是风险。创业机会要求创业者愿意看到充满不确定性的机会中的潜力，而不是因仅看到不确定性和风险而止步不前。创造性是产生新奇或有用创意的过程，从某种程度上讲，机会识别是一个创造过程，是不断反复的创造性思维过程。

## 六、识别创业机会的一般过程

创业者从烦躁和梦幻般的创意中选择了他心目中的创业机会，随之而来的是组织资源着力开发这一机会，使之成为真正的企业，直至最终收获成功。这一过程中，机会的潜在预期价值以及创业者的自身能力被反复权衡，创业者对创业机会的战略定位也越来越明确，这一过程称为机会的识别过程。

创业机会的识别分为五大步骤：

第一步，判断新产品或服务将如何为购买者创造价值及使用新产品或服务的潜在障碍。根据对产品或服务使用的潜在障碍以及市场认可度的分析，得出新产品的潜在需求、早期使用者的行为特征以及产品创造收益的预期时间。

第二步，分析产品在目标市场投放的技术风险、财务风险并进行机会之窗分析。

第三步，明确在产品的制造过程中是否能保证足够的生产批量和可以接受的产品质量。

第四步，估算新产品项目的初始投资额，明确使用何种融资渠道。

第五步，在更大范围内考虑风险程度以及如何控制和管理那些风险因素。

这一过程可以概括成三个阶段：机会搜寻阶段、机会识别阶段、机会评价阶段，如图3-3所示。

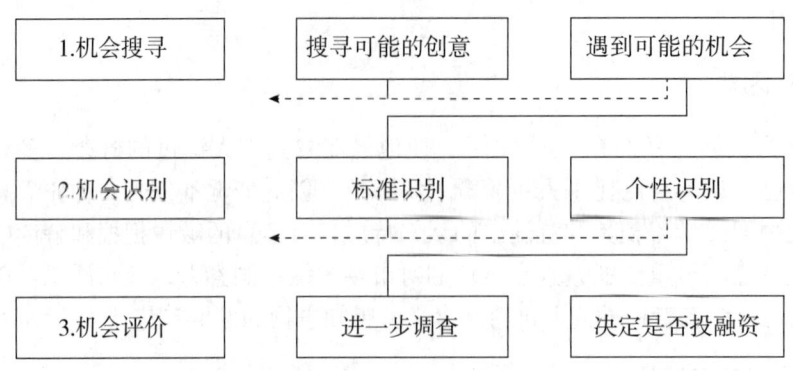

图 3-3　识别创业机会的三个阶段

## （一）机会搜寻阶段

这一阶段，创业者对整个经济系统中可能的创业展开搜索，如果创业者意识到某一创业可能是潜在的商业机会，具有潜在的发展价值，就将进入机会识别的下一阶段。创业者在这一阶段需要从各种途径尽可能搜寻更多的创业点子与想法，先不去急于评价点子的优劣，只需把所有的想法都写在纸上。

## （二）机会识别阶段

这里的机会识别是指从创意中筛选合适的机会。这一过程包括两个步骤：一是通过对整体的市场环境，以及一般的行业分析来判断该机会是否属于有利的商业机会，称为机会的标准化识别阶段；二是考察对于特定的创业者和投资者来说，这一机会是否与创业者的资源和能力相吻合，是否与投资者的兴趣点和价值期望相一致，也就是个性化的机会识别阶段。

## （三）机会评价阶段

机会评价主要包括各项财务指标的预测分析、创业团队和资源的酝酿等。通过机会的评价，创业者决定是否正式组建企业和吸引投资。通常机会识别和机会评价是共同存在的，创业者在对创业机会识别时也有意无意地进行评价活动。在机会识别的初始阶段，创业者可以非正式地调查市场的需求和所需的资源，直到判定这个机会值得考虑或进一步深入开发；在机会开发的后期，这种评价变得较为规范，并且主要集中于考察这些资源的特定组合是否能够创造出足够的商业价值。

# 七、识别创业机会的行为技巧

既然创业要从机会中产生，那么机会在哪儿？哪些情况又代表着机会呢？可以说机会无时不在，无处不在。但如果想知道掌握机会的简便方法，不妨关注以下几个方面。

## （一）从"低科技"中搜寻机会

随着科技的发展，开发高科技领域是时下热门的课题。但是，创业机会并不只属于"高科技领域"。在运输、金融、保健、饮食、流通这些所谓的"低科技领域"也有机会,关键在于发现。

### (二) 在大企业无暇顾及的缝隙中寻找机会

目前,市场上许多价格昂贵或需求量大、通用性强、购买频率高的商品为大企业所垄断。大企业依赖大批量生产方法,充分发挥生产和营销上的规模效应来获得收益,这是创业企业望尘莫及的。然而,大批量生产方式必然会引起分工协作的发展。在现代生产体系中,大企业想真正获得规模效应,谋求利润最大化,就必然会摆脱样样都由自己生产的传统体制,把相当一部分零部件或加工过程、装配过程转移出去,求助于社会分工与协作,而把自己有限的资源集中到附加值最高的环节。创业企业可以利用这种机会来发展自己。市场上总有一些对大企业而言既小又很特别的市场,这些市场不仅容量小而且发展潜力不大,但这些市场又符合市场细分有效性标准。一般而言,大企业对此无暇顾及或根本不愿顾及。因此创业企业可以以此作为机会,主动介入,以满足这一层次的需要。

### (三) 在变化中抓住机会

环境的变化,会给各行各业带来良机,人们透过这些变化,就会发现新的前景。

这些变化包括:产业结构的变化、科技进步、通信革新、政府放松管制、经济信息化、服务化、价值观与生活形态变化以及人口结构变化等。在国有企业改制与公共部门产业开放、市场自由竞争的趋势中,我们可以在交通、电信、能源产业中发掘更多的创业机会。再例如人口的变化,像单亲家庭快速增加、妇女就业的风潮、老龄化社会、教育程度的变化、青少年国际观的扩展等,必然提供许多新的市场机会。

### (四) 追求"负面"就会找到机会

所谓追求"负面",就是着眼于那些大家"苦恼的事"和"困扰的事"。因为是苦恼、是困扰,人们总是迫切希望解决,如果能提供解决的办法,实际上就是找到了机会。例如双职工家庭,没有时间照顾小孩,于是有了家庭托儿所;没有时间买菜,就产生了送菜公司。这些都是从"负面"寻找机会的例子。

### (五) 整合资源创造机会

创业者除了要学会寻找机会之外,还要懂得创造机会。每个人在成长的过程中都会学习一些知识,从事过一种或几种职业,有一些工作或生活中的朋友。此外,也许创业者还具备一些专业技能或特长,有特定行业的从业经验以及过去的工作网络或销售渠道。所有这些不论是创业者自身具有的,还是存在于外界的,都是创业者的个人资源。从自己拥有的资源入手,通过分析与整合,也会产生出创业的机会来。曾经做过中学教师,后来创办了好孩子集团公司的宋郑还在创业之初,就是通过一位学生家长得到了第一批童车订单。之后不久,宋郑还在将自己设计的好孩子童车准备投入生产时遇到资金短缺问题,依然是通过一位在银行做主任的学生家长解决了问题。资源的整合为宋郑还今日的成就提供了重要的支持,如果没有这些外部资源也许就不会有今天的"好孩子"。

# 第二节　创业机会评价

创业机会评价是创业策划中的一个十分重要的问题，一个好的创业项目，在相当大的程度上影响和决定了创业企业的成功和发展。如果创业机会难以衡量或评价，那么创业机会的研究就会停留在概念层面，难以真正深入研究机会与创业过程中其他因素的关系与作用机制。可以说，选对了创业项目，就意味着创业成功了一半。因此，对于创业项目的评价选择，必须慎重并全面考察。

## 一、有价值创业机会的基本特征

### （一）价值性

一个好的创业机会，必然具有特定市场利益，专注于满足顾客需求，同时能为顾客带来价值增值。客户应该能够从产品或服务的购买中得到利益，或可降低成本，或可获得较明显的、可衡量的和确定的价值。创业企业能带给顾客的价值越高，创业成功的机会也会越高。

### （二）可行性

将机会变为现实是创业的关键一步，有价值的创业机会一定是现实可行、具有可操作性的创业机会。

创业机会的可行性是指创业机会在技术、管理、财务资源以及市场竞争等方面有现实基础，能为创业者带来经济效益和社会效益，以及未来的发展前景很好。假如创业者打算创办一个以产品生产为主的新企业，其技术可行包括：推出的产品适销对路，能够满足市场需要；工艺技术过关，具备满足生产需要的设备、技术人员和操作工人；各种原料、材料、燃料、动力可获得；不存在环境保护及其他社会问题等。经济可行包括：生产的产品预计年销售量大、成本费用在可以承受的合理范围内、资金利润率有吸引力和投资回收期短等。

### （三）时效性

创业机会具有很强的时效性，如果时间迟滞，创业"机会之窗"就会关闭。

机会之窗理论指出，创业者有可能把握住的创业机会，其机会窗口应该是敞开的而非关闭的，并且能保持足够长的敞开时间，以便被加以利用。假如在机会窗口接近关闭的时候选择创业，留给创业者的余地将十分有限，其成功的可能和盈利性都将受到影响。因此，有价值的创业机会必须在创业"机会之窗"存在期间实施。

### （四）创业者能够获得利用机会所需的关键资源

创业资源是支持商机转变为发展潜力的企业的一切东西。拥有一定的创业资源，是创业活动的基本前提。创业资源是创业的基础，它影响创业的类型和路径的选择，同时影响企业以后的成长。

## 二、个人与创业机会的匹配

创业机会的发掘过程就是个体对创业机会的识别过程。在这个过程中，一方面个体识别并开发创业机会,另一方面创业机会也在选择创业者个体,只有个体和创业机会之间存在恰当的匹配关系时,创业活动才最可能发生,也更可能取得成功。

与创业机会相匹配的个体必须具备两个条件:一是个体拥有识别创业机会的先前信息;二是个体必须具有创业警觉性。不具有这些条件的个体则很难识别到创业机会,也不可能成为创业者。当然,从识别创业机会到成为一个创业者可以有以下两种有效途径。

### (一)利用自己的兴趣、爱好进行创业

我们常说,创业是一件艰苦的事情,在创业过程中,经常会遇到意想不到的麻烦和困难,如何克服这些困难——不轻易退缩,不轻易退缩对于创业成功至关重要。而当创业者对自己的创业项目充满兴趣和喜好的时候,他往往会把自己所做的事情当成一种事业来做,而不是简单的赚钱工具。强烈的事业心和对于创业项目执著的追求,将有助于创业者克服创业过程中遇到的种种困难和波折,把自己所从事的事业进行到底。

### (二)利用自己的特长进行创业

在自己熟悉的领域,利用自己的特长创业,是大多数创业者都会选择的创业之路。原因是,在自己熟悉的领域创业,对于创业者来说,具备天然的优势,例如:在行业中有良好的人脉关系,对行业运作模式了解,对产品和技术熟悉等,都会在创业者的创业过程中起到很大帮助作用,会节约创业者为熟悉本行业所付出的额外成本。

## 三、创业机会评价的特殊性

### (一)超前性与预见性

创业机会评价发生在一切经营活动开始之前,它与一般的战略机会评价相比更具有超前性和预见性。从创业项目启动到新创企业经营进入正轨需要经历一个漫长而又复杂的过程,因此创业者在分析创业机会的时候必须更加谨慎,留有一定的余地。

### (二)综合性和系统性

创业机会不是独立存在的,创业机会评价不应该仅局限于对创业机会本身的评价,更需要从系统的角度或思维来思考评价问题,综合考虑市场、行业、经济、环境、政治、社会等各方面要素,选取评价指标。其中比较重要的评价指标包括财务、顾客、内部因素和创新成长四个方面。从系统角度看,这四个指标既包括内部因素,也包括外部因素;既包括财务因素,也包括非财务因素;既包括当前因素,也包括将来因素。

### (三)持续性和动态性

创业机会评价是一个持续的过程,是一个从商业概念的产生、筛选、完善,到商业模式(或商业计划)的形成的过程。创业机会评价是一个动态的过程,贯穿于商业概念到商业模式(或商业计划)的每一个步骤。创业机会评价的动态性也是一个对商业概念不断完善过程的体现,创业机会评价的动态性也反映了创业环境和创业团队的动态性,这种动态性是社会需求与经济变化的必然结果。

## 四、创业机会评价的技巧和策略

### （一）评价指标的选择

不是所有的机会对创业者都具有同等的价值。因为创业者资源有限，不可能去追逐所面临的每个机会，必须去选择那些回报潜力最大并有能力去利用和利用好的机会。

在选择创业机会的过程中，需考虑以下因素。

1. 机会的大小

评价机会的大小，需要正确地回答下列问题：市场规模的大小、我能得到多大的市场份额、可能有多少毛利（收入减去成本）、服务的价格和成本、机会可以开发的时间，为此要分析顾客的兴趣会保持多长时间，在新竞争者进入之前有多长时间可以利用。

2. 投资的多少

机会开发需要的投资额决定着创业者是否有能力去开发这个机会。创业者需要对以下问题做出回答。

（1）什么是当前最迫切的资本需求及其规模，即现在创办企业需要在人员、经营性资产和法定费用等方面投资多少？

（2）要长期、持续地开发这个商业机会，需要多少未来的追加并有办法获得所需要的资本？如果机会真如所期望的那么大，有足够的能力去开发吗？如果没有独立开发的能力，是否有可能找到合作开发的对象，或者将新创企业出售？

（3）开发这个机会需要什么特殊人才？有能力将其留下来吗？

3. 回报

创业者创业的目的是获取回报，因此，对一个创业机会的评价需要考虑以下几个问题：将产生多少利润、持续多长时间、损失多大机会成本。

4. 风险

机会与风险是并存的，高收益往往伴随着高风险。在选择机会时要考虑风险因素，为此需要考虑以下几个问题：

（1）关于机会大小的假设可靠性如何？

（2）如果所提供的产品或服务不如期望的那样对顾客有吸引力，怎么办？

（3）如果竞争者实际上的反应比假设的更强烈，怎么办？

（4）所采取的营销战略如在价格、销售网点和目标顾客等方面是否特别敏感，是否易遇到竞争对手的强烈反击？

（5）考虑到如发生出人意料的变化时所采取的对策和调整方法了吗？其可能性和代价有多大？是否愿意接受这个代价？

（6）创业成功在多大程度上要依赖外部资源如风险投资？这些外部资源是否容易得到？得到这些外部资源的条件是否可以接受？

（7）如果收益低于预期会对现金流动产生什么影响？如果收益不如预期那样高，怎么办？

（8）投资者退出的可能性和退出方式是什么？

上述因素只有在相互联系中才有意义。创业者在选择机会时不能应用单一要素和绝对标准，必须综合考虑以上各种要素，利用相对标准，在对各种机会进行相互比较之后再做出选择，即将机会进行排序，从中择优，如同投资者一样。

### （二）基于系统分析的评价

系统评价类似于大公司开展的可行性论证分析。在系统评价创业机会时，一定要注意创业活动不确定性高的特点，创业者不太可能按照框架中的指标对创业机会一一做出评价，而仅会选择其中若干要素来判断创业机会的价值，从而使得创业者机会评价表现为主观感觉而非客观分析的过程。创业者应该从行业和市场、经济因素、收获条件、竞争优势、管理团队、致命缺陷问题、个人标准、理想与现实的战略差异八个方面评价创业机会的价值潜力。

创业机会定性评价，通常依据以下五项基本标准。第一，机会对产品有明确界定的市场需求，推出的时机也是恰当的。第二，投资的项目必须能够维持持久的竞争优势。第三，投资必须具有一定程度的高回报，从而允许一些投资中的失误。第四，创业者和机会之间必须互相适合。第五，机会中不存在致命的缺陷。

创业机会定性评价，通常分为以下五个环节：其一，判断新产品或服务将如何为购买者创造价值，判断新产品或服务使用的潜在障碍，如何克服这些障碍，根据对产品和市场认可度的分析，得出新产品的潜在需求、早期使用者的行为特征、产品达到创造收益的预期时间。其二，分析产品在目标市场投放的技术风险、财务风险和竞争风险，进行机会窗分析。其三，在产品的制造过程中是否能保证足够的生产批量和可以接受的产品质量。其四，估算新产品项目的初始投资额，使用何种融资渠道。其五，在更大的范围内考虑风险的程度，以及如何控制和管理那些风险因素。

### （三）常见评价方法

#### 1. 蒂蒙斯法

蒂蒙斯概括总结了一个创业机会评价框架，涉及行业和市场、经济因素、收获条件、竞争优势、管理团队、致命缺陷、个人标准、理想与现实的战略差异等八个方面的53项指标。

（1）行业与市场。

①市场容易识别，可以带来持续收入；

②顾客可以接受产品或服务，愿意为此付费；

③产品的附加值高；

④产品对市场的影响力高；

⑤将要开发的产品生命长久；

⑥项目所在的行业是新兴行业，竞争不完善；

⑦市场规模大，销售潜力达到1000万~10亿元；

⑧市场成长率在30%~50%甚至更高；

⑨现有厂商的生产能力几乎完全饱和；

⑩在五年内能占据市场的领导地位，达到20%以上；

⑪拥有低成本的供货商，具有成本优势。
（2）经济因素。
①达到盈亏平衡点所需要的时间在1.5~2年以下；
②盈亏平衡点不会逐渐提高；
③投资回报率在25%以上；
④项目对资金的要求不是很大，能够获得融资；
⑤销售额的年增长率高于15%；
⑥有良好的现金流量，能占到销售额的20%~30%以上；
⑦能获得持久的毛利，毛利率要达到40%以上；
⑧能获得持久的税后利润，税后利润率要超过10%；
⑨资产集中程度低；
⑩运营资金不多，需求量是逐渐增加的；
⑪研究开发工作对资金的要求不高。
（3）收获条件。
①项目带来的附加价值具有较高的战略意义；
②存在现有的或可预料的退出方式；
③资本市场环境有利，可以实现资本的流动。
（4）竞争优势。
①固定成本和可变成本低；
②对成本、价格和销售的控制较高；
③已经获得或可以获得对专利所有权的保护；
④竞争对手尚未觉醒，竞争较弱；
⑤拥有专利或具有某种独占性；
⑥拥有发展良好的网络关系，容易获得合同；
⑦拥有杰出的关键人员和管理团队。
（5）管理团队。
①创业者团队是一个优秀管理者的组合；
②行业和技术经验达到了本行业的最高水平；
③管理团队的正直廉洁程度能达到最高水准；
④管理团队知道自己缺乏哪方面的知识。
（6）致命缺陷。
不存在任何致命缺陷。
（7）创业家的个人标准。
①个人目标与创业活动相符合；
②创业家可以做到在有限的风险下实现成功；
③创业家能接受薪水减少等损失；
④创业家渴望进行创业这种生活方式，而不只是为了赚大钱；
⑤创业家可以承受适当的风险；
⑥创业家在压力下状态依然良好。

（8）理想与现实的战略性差异。
①理想与现实情况相吻合；
②管理团队已经是最好的；
③在客户服务管理方面有很好的服务理念；
④所创办的事业顺应时代潮流；
⑤所采取的技术具有突破性，不存在许多替代品或竞争对手；
⑥具备灵活的适应能力，能快速地进行取舍；
⑦始终在寻找新的机会；
⑧定价与市场领先者几乎持平；
⑨能够获得销售渠道，或已经拥有现成的网络；
⑩能够允许失败。

2. 阶段性决策方法

阶段性决策方法是评价创业机会最普遍使用、可以适应很多情况的一种评价方法。这一方法明确要求创业者在机会开发的每个阶段都要进行评价。一个机会是否能够通过每个阶段预先设置的"通过门槛"，在很大程度上取决于创业者经常面对的约束或限制，如创业者的目标回报率、风险偏好、金融资源、个人责任心和个人目标等。虽然某个创业者可能会因为某个准则而放弃某机会，但它又会引起其他个人或团队的注意。

一项不能成功通过某一阶段的评价门槛进入下一阶段的机会，将被修订甚至被放弃。因此，通过循环反复的"识别—评价—开发"步骤，一个最初的商业概念或创意就会逐步完善起来。同时，评价过程使创业企业家在开发过程中的每一阶段都要放弃一些机会，一个明显的证据就是我们认识到的社会需求和未利用资源的数量远远超过成功形成的企业的数量。

## 本章要点

创意是具有一定创造性的想法或概念，其是否具有商业价值存在不确定性。创业机会是具有商业价值的创意，表现为特定的组合关系。创业机会来自一定的市场需求和变化。识别创业机会受到历史经验等多种因素的影响。识别创业机会是思考和探索互动反复，并将创意进行转变的过程。

有价值的创业机会具有价值性、时效性等基本特征。判断创业机会是否适合自己的主要依据在于机会特征与个人特质的匹配。机会评价有利于应对并化解环境不确定性。常规的市场研究方法不一定完全适用于创业机会评价，尤其是原创性创业机会的评价。

## 思考题

1. 创意机会的来源有哪些？影响机会识别的关键因素有哪些？
2. 有价值创业机会的基本特征是什么？
3. 创业机会评价的特殊性是哪些？

【案例讨论】

## 侯立东的创业之路

位于赤道地区的印度尼西亚海域常年炎热而潮湿，2006年，刚从东北石油大学（原大庆石油学院）石油工程系毕业不久的侯立东所在的中海油服某钻井平台就在这个海域作业，他当时的工作岗位是副司钻，主要工作是负责循环系统的正常运转。封闭式的钻井泵仓内的温度通常可达40℃以上，平时巡检还好，若遇到维修作业，不到几分钟就会让人大汗淋漓。"两瓶矿泉水，一瓶喝下去，一瓶从头淋湿，进入蒸笼似的泵仓，一小时后再淋一瓶"，这是侯立东在平台上修泵的日常操作。在这片跨越南北半球的海域，侯立东度过了两年的岁月，这两年时间给予侯立东的不仅是扎实的技术基本功，更打造了他坚韧的性格。时年24岁的他认为今生往后再不会有比这更艰苦的日子，但之后的创业之路一次再一次地证明印度尼西亚的艰苦岁月不过是人生的开胃甜点而已。

2008年侯立东离开中海油服加入了世界四大油服之一的美国威德福公司，在短短几年时间他便从一个普通的钻井工程师成长为一体化部门经理，这样的速度在整个威德福国际，甚至整个外企油服圈里，都是极为少见的。尽管在外企职场一路顺风顺水，他却冷静地看到了在油气开发技术上中国和发达国家的巨大差距，这差距也让他开始萌生创业的念头。那些年是油价高企的年代，后来被石油人追忆为"黄金年代"，然而商业规律从不会放过任何一个行业，2015年油气行业的寒冬不期而至，威德福在中国的业务骤减，次年侯立东拒绝了调至美国总部的机会，离开威德福开始创业。2016年冬季的某一天，侯立东来到天津临港工业区的一片荒地上考察建厂事宜，海风冰冷，前途未知。不久，合力公司在天津正式注册成立，那一天的油价是28美元，不及油价最高时140美元的零头。他知道这是一次比印度尼西亚更加艰苦的征程，也更加充满不确定性。尽管创业之路举步维艰，但他给自己以及公司董事会定了"十二字箴言"：只做实业、自主研发、进口替代。短短十二个字包罗了一位油气行业企业家的使命与情怀。在短短五年时间里，完成了一系列核心技术研发、进口产品替代、海外重大项目以及深海装备管理突破，发展壮大为一家以技术研发与技术服务为核心的科技型油服企业，并被评定为"国家级高新技术企业""国家科技型企业""天津市战略性新兴产业领军企业""天津市瞪羚企业""天津海洋装备产业（人才）联盟副主席单位"，累计为国家纳税数千万元。侯立东个人在创业的同时还并先后就读南开大学EMBA、长江商学院FMBA，并荣获东北石油大学客座教授，创新创业导师荣誉称号。2018年入选天津市1111工程新型企业家梯队，荣获青年企业家荣誉称号。

案例思考：

（1）侯立东抓住了哪些创业机会？

（2）结合创业案例或自身实际，谈谈你觉得如何识别创业机会？

# 参考文献

[1] 李成钢，马琳，邵争艳. 创新创业基础 [M]. 北京：中国纺织出版社，2019.

[2] 吕爽. 创业基础 [M]. 北京：中国铁道出版社，2018.

[3] 彭四平，伍嘉华. 创新创业基础 [M]. 北京：人民邮电出版社，2018.

[4] 郑晓燕，相子国. 创业基础 [M]. 成都：西南财经大学出版社，2013.

# 第四章

# 创业风险管理

### 学习目的

本章学习目的在于使学生熟悉创业风险的概念及其特点,掌握常见的创业风险及其管理策略等,具备有一定的创业风险管理能力,树立起正确的创业风险管理意识。

### 引导案例

融资、收购、重大产品更新,无论是有意或无意,创业媒体圈似乎总聚焦在光鲜的贝壳。而那些生命短暂的失败创业却犹如沙粒般无声息地被大浪卷入大海。而贝壳是稀缺的,沙粒才是常态般的存在。而只因沙粒的繁多方能显出贝壳的稀缺珍贵。前车之鉴,后事之师,全球知名创业服务网站 Chubby Brain 在 2010 年曾对 32 家创业失败的公司进行了详细的走访调查,最终梳理出 20 条创业失败缘由,值得我们思索。

1. 创业时机不对

经济大环境和细分领域的市场成熟度都是创业时机的指标。典型的例子就是 2010 年的那批创业。当时 2008 年的经济危机影响尚未褪去,投融资环境从 2009 年开始就出现悬崖般的下滑,最重要的是当年消费者(也就是客户端创业公司的目标客户群体)的购买力出现下滑。大萧条背景下,专营艺术品交易的网站 Untitled Partners 就是遭遇多重打击的其中一家创业公司,最终无力回天。Untitled Partners 当年也对这次失败做了总结:我们的市场判断是基于《华尔街日报》及《纽约时报》的数篇文章,同时也参考了"梅摩全球艺术品指数"。这些文章和数据的其中一个中心结论是艺术品市场存在反周期性,与标普指数的相关度低。长期来看这个结论没错。但就当下的环境来看,两者仍存在极强的正相关。而作为创业公司,我们无力等到反周期的出现。另外,普通艺术品客户购买力的下降也是我们事先没能考虑到的变数。

2. 总想着先把创业作为兼职

保留现有的工作,保证一份稳定的收入来源,用业余时间进行创业。显然,不少创业者会认为这是在创业初期最保险安全的做法。吃了大亏的初创企业 Overto 可不这样认为:我们原以为可以利用下班后的时间来开发运营我们的因特网服务。没错,的确是这样,如果我们运气够好，服务器一次差错都不出现的话。而当我们的基础架构出现问题的时候，事情开始并不如我们预想的那样发展。我们的团队没有一名全职员工，之后出现的机构服务器挂机都是在我们的上班时间，问题总是不能及时解决，挂掉了好几次。你可以想象这对品牌和用户体验的影响。更糟糕的是，由于之后我们在问题修复上花了过多时间，产品新功能的开发几乎处在停滞状态。除了以上弊端，你可以想象，一个全员兼职的创业团队还存在一个根本性的问题：缺乏危机感，反正大家都有一份保底的工作。事实上，在接受调查的32家公司中，有好几家公司就把缺乏全职员工归结为创业失败的最重要因素。

### 3. 公司选址

选址是个问题，这体现在多个方面。首先，公司选址最好与公司发展的理念、目标客户、潜在投资人所在地契合。一家来自于福建的移动电商类创业公司，据说其销售额在成立一年多一些的时间已超过1亿人民币，但却鲜少见诸于媒体。事实上，据公司创始人黄天财所述，在福建的二三线城市有不少靠谱的创业公司，但却鲜少有机会和媒体、投资人、潜在合作伙伴联系。当然，蜗居二三线城市也有好处，那就是创业成本低，运气好政府扶持还给力，利弊两端需要创业者自身做权衡。另外，对于很多更早期的初创公司来说，远程协作是公司的主要组织形式。节省成本的好处很明显，但要切记保证团队的沟通协作效率。事实上，根据 Chubby Brain 的调查来看，至少有两家公司认为创业失败的主要原因是选址不当。其中一家就是为企业提供防止恶意软件入侵的 Nouncer 公司。Nouncer 将公司地址定在了纽约。它认为纽约具有不缺钱、创业氛围浓厚、人才济济、不乏创业导师等各种优点。但它却没能考虑到纽约的唯一缺点——无法为它们提供第一批种子企业用户。相比于纽约来说，旧金山才是遭受黑客攻击频繁的城市。

### 4. 吸引不了投资者

调查中有几位创业者很坦诚地表示，公司最终倒闭的直接原因是他们吸引不了投资者。这当中不排除有运气不佳的原因。没准是因为他们接触的投资者都不识货，或者创业者自身没能接触足够广泛的投资者。但在融资失败后，不能逃避的一个操作是，抛开外部因素，重新审视自己的创业项目，理念、产品、目标客户群、商业模式等问题是否都思考到位？

### 5. 在竞争中丧生

在创业早期过度重视竞争不是好事，但完全忽略掉对手也并非明智之举。尤其是在市场转热，模式已得到市场验证的情况下，你必须做好有大批新手加入竞争的心理准备。调查中，10%的创业者就吃了完全忽视竞争的亏。其中一位就是理财服务网站 Wesabe 的创始人 Marc Hedlund。他的创业失败总结是这样的：不依赖单家公司的理财产品、注重保护用户个人隐私、帮助用户实现更好的理财方式，所有这些 Mint 公司做到了，我们也做到了。差就差在我们的用户门槛过高，需要用户做的事情太多。其实这一表层可用性的优化是不难做到的，错就错在我们没能及时关注竞争对手，并作出变化，因而结果出现了质的差别。

### 6. 身心俱疲

混迹创业圈，很少在早期团队看到朝九晚五的上班生活，工作到22：00是家常便饭，挑灯也是常有的事。此种热情一度还成为创业者引以为傲的资本，直到开复老师患癌事件的发生，圈内才又一次敲响了预支身体带来危害的警钟。事实上，过度拼命工作不仅会对身体造成伤害，这次调查中超过 12% 的创业者还把此归结为他们创业失败的原因之一。工作时间长和工作效率高很多时候并不能成正比。而且与其每件事都亲力亲为，还不如慢慢学会逐渐把工作任务下放给团队成员。同时，对于某些可以预期失败结果的事，何不提前放弃，节省精力。

## 7. 注意力分散，被华而不实的东西迷住双眼

一个创业可以引发多种可能性，有巨大的想象空间。这是创业的魅力所在，同时却也是导致众多创业公司最终败下阵来的最大绊脚石。我的这个项目可以引申出 ×× 业务、×× 业务、×× 业务……那么做哪项好呢？还是先做成能承载所有业务的平台吧。这是缺少核心竞争力产品的做法，谨防后来者单点突破实现赶超。和某个导师级的投资人聊完之后，突然发现我的产品居然还有这样的可能性，而现有的产品实在做得太痛苦。如果你仅因为一次谈话就改变产品方向，我只能说你转型失败的可能性高达 90%。来看看 Kiko 创始人 Mahesh Piddshetti 怎么说：多数创业者都有各种各样的想法。当然这是好事。而且多数人之所以选择创业就是因为他们脑子里能够不断浮现颇具创造性的想法。这样的人整天谈论的也是新产品、新模式。但他们也是最容易一些华而不实的想法迷住双眼的人群。恰好我就是他们中的一员，不断地试验新产品，最终导致我们的主产品一再延期推出。

## 8. 和投资人 / 合伙人关系闹僵

与合伙人闹不和是创业的一项大忌。Bricabox 的联合创始人用亲身体会给出了建议："拿我的例子说事，当一个联合创始人出走时，这本就意味着你已遭受沉重一击。但万事也都要有准备，最好的预防措施就是尽量延长期权的授予期。"和投资人闹掰的一般主要原因是双方在公司发展过程中逐渐出现意见分歧。这其中较知名的例子就得数开放源代码提供商 ArsDigita Corporation 和 General Atlantic、Greylock 在公司发展方向上的意见冲突最终导致公司失去了行业领导地位。所以，慎选投资人很重要。

## 9. 乱用关系网络

在创业者眼中，看似中国走到哪里都靠关系，其实国外很多情况下也是这样。有很多创业者会抱怨缺乏足够广泛的关系网络是创业的一大瓶颈，但是你知道吗？这次调查中居然有 16% 的创业者表示，他们不缺关系，但问题是他们没能合理利用。

## 10. 产品定价问题

产品定价问题是一分科学，九分艺术。这次调查中有好些公司就把失败缘由归结于产品定价过高或过低。比如一位创业者这样说道："我花 50 美分买了一串钥匙链，然后以 1.25 美元卖出去，赚的钱仅够支付我的销售人员的电话费。"Event Vue 的创始人则这样说道："这次创业经历中，我最大的败笔就是通过过度廉价的定价方案去追逐企业级市场。"

### 11. 产品用户体验差

把产品体验归类到创业失败的主要缘由似乎有些言之过重。毕竟前者很难成为后者的直接原因。但从这 32 家公司的例子来看，的确有超过 12% 的创始人把原因归结于此，须知量变导致质变。无论你是有意还是无意，通过过度牺牲用户体验去换取成本节省、新功能研发投入增加等其他竞争优势，最终用户是会慢慢流失的。这样的创业失败案例大多属于慢性死亡类，是最恐怖的一类。

### 12. 未能正确处理转型

"转型"是曾经的创业圈热词，过度频繁的出现使得"转型"一词在当年几乎演变为了贬义词。当然，一遇到挫折就马上开始调转方向，这种快餐式的转型是难有前途的。当年这 32 家公司中就有将近 20% 的公司因为这个原因败下阵来。近些年，转型一词的贬义成分逐渐褪去，我们也看到更多公司对于转型的常态化处理——为了尽量避免损失，对于公司的转型总是慎重再慎重。2013 年最典型的例子就是人人网。从最初的核心业务人人网到分散资源发展人人游戏、糯米团等周边业务，再到去年年底全速回归人人网移动端，人人网绕了两年的弯路。两年，对于快速发展的科技行业来说早已物是人非。作为翻版 Facebook，它没能像后者那样将用户从大学生市场拓展到大众市场，微信、陌陌等新兴社交应用早已完成了一轮圈地运动。如今的人人网也只能打出"力保校园用户，争取年轻 90 后"的口号。

### 13. 对领域缺乏热情和专业知识

无论你认为你的 idea 有多棒，如果你缺乏必要的领域背景，你最好还是调转方向，选择自己熟悉的行业。实在觉得这件事大有可为，也必须有运气找到该领域的专业人士作为联合创始人以补足。怕就怕整个团队都是半瓶水。更可怕的是，当事情做到一半的时候，你瞬间发现整个团队都是朝着这个 idea 的商业愿景出发，原始热情早已泯灭。此种原因在本次调查中占到 18.8% 的比例。其中一个实例来自新闻服务提供商 News Tilt。创始人这样总结这次失败：老实说，我们确实不懂新闻行业。最初产生这个 idea 是因为我想为我的博客设计一个完美的评论系统，让阅读评论也能如同阅读文章本身那样精彩。按照这样的思路，News Tilt 诞生了。不过，结果却没有我们预想的石破天惊，事实上，就连我自己也没有被我的 News Tilt 娱乐到，人们喜欢看的还是 Hacker News、Reddit。没能想通原因，事实上，对新闻行业本身所知不多的我们又如何能想通呢？而我自己更是连一个热心读者都不是。当时，我们脑子里想得更多的还是这个 idea 所能产生的商业价值。

### 14. 产品发布时机不对

产品发布过早，可能面临准备不充分的尴尬，给用户留下不好的第一印象。但如果发布过完，大家可能也会担心错过时机。两相权衡也是需要一定的智慧。而这次调查中超过 20% 的创业者就没能把这件事妥善处理好。不过，产品到底是提早还是推后一些发布，这还是有些规律可循。首先，它依你的产品类别而定。像 Ebay、Mint 这样的有关电商、理财方面的网站，它对产品完善程度要求较高，宁可晚一些也不可早一些。而像 Twitter 这样的社交网站，提早发布可能会出现纰漏，但影响远没有前者来得坏。最后记住一句很经典的话，来自于 32 位失败创业者之一的 Reid Hoffman:"如果你没有因你的 1.0 版本感到羞愧,那只能说明你的产品发布太晚。"

### 15. 我把产品做好了,但是需要商业模式

谈到这一点,大家可能会想到 Twitter,直到上市它也未能诞生真正可行的商业模式。但抛开这个例外,保守来看,我们不能把产品目前无法做收入当作不去思考商业模式的借口。而且,不幸的是,这次调查中 25% 的创业者都在后悔当初没能把商业模式搞清楚。

### 16. 钱烧完了

如何合理地花费仅有的一笔融资对于没有过多财务经验的早期创业者来说是个不小的难题。如何发现不必要的花费,忍痛砍掉那些注定会死的业务,选择何种速度、何种团队规模推出产品,这都是创业者的必修课。不幸的是,在这次调查中,超过 25% 的创业者都未能做好这次必修课。You Castr 是其中最典型的一家,团队将糟糕的财务预算作为此次创业失败的最重要原因。

### 17. 市场推广不给力

了解目标客户群,有效引起他们的注意,最终将他们转成真正的用户。对于一次成功的创业来说,市场推广占有很大的比重,而在这一问题上容易犯迷糊的创业团队往往是一些技术型团队。全员上下努力做产品,没有一个人考虑之后的推广,就在产品即将推出之际,开始想起招募推广之际,发现人哪是这么好找的。这次调查中 30% 的创业者就栽在这件事上。

### 18. Team 不对

团队成员多样化,各有所长,这也是一条成功创业的金科玉律。说起来容易做起来难,这次调查中有超过 1/3 的创业者就认为团队不给力是创业失败的原因。有人说:"我希望我从一开始就能有一位 CTO";有人说:"我希望我的创始人是一位懂得商业运作的人";有的人说:"我希望公司内部能够有一些制衡,而不仅凭创始人一个人的意志。"Nouncers 的创始人说:"团队隐藏的问题是,我没能有一位联合创始人和我密切配合。他能在我决定的时候,对我的决定重新做多角度的审视。"Wesabe 的创始人说:"在公司的整个生命周期中,我有点像一个独裁者。所以这次失败我不能怪任何人,只能怪自己。"

### 19. 忽视市场需求

相比去思考如何通过审视市场需求去寻找产品存在的问题,不少团队比较愿意先去解决那些自己感兴趣的问题,从而获得成功的快感。Brica Box 的创始人就吃了这个亏。他说:"Brica Box 失败的一个重要原因就是团队偏重去解决一些技术性问题,从修复 bug 中找到快感。但这些'技术成就感'在用户那里的能见度很低。相反,一些客户真正关心的问题,我们却没能及时发现并解决。"

### 20. 不注重主动收集用户反馈

这个听起来是大家都知道不应该犯的错,但它还是成为了此次调查的最主要创业失败理由。网络内容管理服务商 Ecrowds 承认:"我们花了太多时间专注把产品做成我们想要的,完

全没去收集用户反馈,这很容易导致视野狭窄。现在想来,我认为创业初期,埋头苦干做产品最多不能超过3个月,之后必须停下来多角度去收集反馈,审视产品,再决定下一步。"

以上就是来自32家创业失败企业的20条失败理由。

(资料来源:http://www.36kr.com/p/1720991039489)

诚如经济学家熊彼特所言,企业家经常"存在有一种梦想和意志,要去找到一个私人王国,常常也是一个王朝"。对于没有其他机会获得社会地位的人来说,这样的梦想动力是巨大的。当然,在背负梦想和憧憬成功的同时,创业者和创业企业同时也承担着巨大的风险。在创业项目选择、实施及退出等创业实践的不同阶段,各类可控及不可控的风险往往都将不可避免地降临到创业者和创业企业头上。据统计,因为对财务风险估计不足而提前耗尽现金的创业者高达25%以上。而对于从事新技术、新产品开发的创业企业,更是不可避免地存在技术及产品开发失败的风险,因产品开发失败而导致创业被迫中止的比例超过75%。一旦创业失败,除了暂时无法实现建立个人独立王国的梦想外,创业者无疑将承受包括物质和精神两方面的现实压力。因此,提前考虑各类创业风险的影响并建立风险防范的预案是非常有必要的。

# 第一节 创业企业风险管理概述

## 一、创业风险的含义

从企业风险管理理论及创业实践角度来看,创业风险是指由于创业环境的不确定性,创业机会与创业企业的复杂性,创业者及其团队与投资者能力的局限性,而导致的创业活动偏离预期目标的可能性及其后果,通常体现为创业企业财务损失以及潜在成功机会的丧失。

## 二、创业风险的分类

创业企业成长过程中充满了风险。创业的过程就是对各种风险进行有效防范,从而把不确定性变为确定性的过程。创业风险的分类标准众多,对于创业者而言,分析创业过程各阶段的风险更具有实践意义。一般而言,可将创业过程划分为四个阶段:识别与评估创业机会、制订创业计划、确定并获取创业资源、创业企业管理。据此将创业风险分为以下四种:

(1) 机会识别与评估风险,指在机会的识别与评估过程中,由于各种客观因素,如信息获取质量不高、问题把握不清、趋势判断不明、评价不科学等,导致错误的风险。另外,机会风险,即因为选择创业而放弃的其他职业的前途的丧失,也是该阶段的主要风险之一。

(2) 创业计划制订风险,是指创业计划制订过程中存在的风险。创业计划制订过程中的各种不确定因素与制订者自身能力的局限,导致创业计划不合理或者不能被顺利执行。

(3) 创业资源配置风险,是指与资源配置有关的风险,例如无法获得创业急需的人员、技术等关键资源或者资源获取成本过高,通常给创业活动带来的决定性影响。

(4) 创业企业管理风险,主要包括管理方式、企业文化、发展战略以及组织、技术、营销等各方面存在的管理的风险。

### 三、创业风险的识别

创业者及其团队必须重视风险管理，需要关注重要的风险来源，警惕可能导致创业失败的关键风险，并找到处理它们的办法。本章将从创业项目选择、融资、资金使用、人力资源、技术、创业阶段等角度探讨创业企业的风险识别及防范。

### 四、创业企业的基本风险防范管理方法

（1）预防风险的办法是消除可能产生风险的条件。例如，创业企业可以采用多种方式来预防重要数据丢失，使用加密存储设备、建立完善的数据备份管理制度等，即从风险产生的条件和环境入手进行分析，找到减小甚至消除风险的相应措施。

（2）自我保险创业企业自身可以通过监控收支情况、制订财务计划对财务风险进行积极管控。这种风险管理方式常被称为自我保险，此种方式需要企业付出一定的财务和时间成本。有条件的企业每年必须从利润中拿出一笔钱作为风险准备金，各类风险带来的损失都可从这笔基金中得到补偿。

（3）风险分担。一般来说，创业企业的规模、资金和研发能力有限，很难全面配置高水平人才和仪器设备，也不具备短时间内建立完善的营销渠道的条件。为了弥补上述不足并且分散创新风险，适当开展联合产品开发、服务外包、营销渠道合作是降低创业风险的有效措施。

## 第二节　项目选择风险管理

### 一、项目选择风险及其表现

项目选择风险是指创业者选择从事某种特定经济活动所面临的所得或所失的可能性和不确定性，主要表现在以下五个方面。

#### （一）市场需求的不确定性

不同于成熟产品市场所具有的需求稳定性，依托某一创新技术的创业企业的产品，其需求往往具有不确定性，其市场多是潜在的、待成长的。顾客往往不愿或不能及时了解其所不熟悉的新产品的功能和质量特征，大多对新产品持观望态度，甚至做出消极判断。因此，关于创业者对市场有多大容量难以做出正确估计，而市场容量往往决定了创业项目的价值。

#### （二）市场接受时间的不确定性

任何产品，从进入市场到被市场所接受必须要经历一个或长或短的过程，消费者的接受过程往往相对缓慢。若创业企业不能进行有效营销传播，产品为市场接受的过程就会更长，从而导致产品销售不畅，研发投资难以收回。而创业企业普遍资金紧张，一旦无法通过销售产品获得现金流入，就很容易面临现金流中断的风险，进而导致创业失败。

#### （三）产品市场扩张速度的不确定性

产品推向市场后，创业企业往往也难以预测其扩张速度。对于大多数产品而言，即使产

品为市场所接受，如果不能迅速普及，企业就无法快速成长，创业投资也将难以获得足够的回报。更糟糕的是，如果创业企业在市场扩张前夕耗尽了资源，创业项目也就无法继续了。

### （四）市场竞争力的不确定性

产品的市场竞争力是产品价格、产品功能及服务综合作用的结果。由于市场接受新产品需要过程，创业者及其团队很难确定新产品市场竞争力的高低。

（1）产品定价是产品市场竞争力的关键方面。产品定价问题既是科学，又是艺术，大量创业企业将失败的缘由归结于产品定价过高或过低。因此，如果选择的创业项目涉及复杂的定价问题时，需要考虑该项目可能面积的定价风险。

一方面，提供创新产品的创业企业为了实现高投入的高回报，采用了较高的定价。若产品价格超出了市场的承受力，就失去价格竞争力，创业投资就无法收回。另一方面，当这种新产品逐渐被市场接受后，其高额利润会引来众多竞争者，造成供给过剩，导致价格下跌，从而影响投资回报。此外，具有功能及价格优势的高新技术产品，还有可能面临被假冒的风险。

（2）在产品服务方面，高技术新产品的销售往往需要提供有效的售前、售中和售后技术服务，而创业企业大多是小微企业，普遍缺乏专业能力和管理经验，从而降低产品的市场竞争能力。一方面，创业企业为了获得竞争优势常常运用差别化策略，例如增加产品功能，然而，这将进一步增加产品成本，降低价格优势。另一方面，从消费者角度来看，即使差别化的产品功能可以满足消费者需求，但由于消费者在采用新产品、新技术时，需要付出相当程度的转换成本，例如，在财务上、组织上，以及在学习时间上增加的投入，从而导致产品在市场上叫好不叫座，难以实现预期的投资回报。

### （五）商业模式的不确定性

创新产品或商业创意，如果缺乏有效的商业模式支撑，很难取得成功，一旦在目标市场选择、市场定位、营销渠道布局、定价等方面出现失误，就会给产品的销售造成困难，甚至导致创业失败。然而，创业企业并不容易找到成熟适用的商业模式，创业之初设定的商业模式也难以保证适应市场的实际状况。商业模式的不确定性很容易导致创业企业陷入被动，特别是其中的盈利模式往往直接决定创业企业能否继续生存。

## 二、项目选择风险的规避方法

### （一）建立策略调整机制

应对创业项目选择的风险，创业团队必须能够将创业目标、自身能力和资源与外部环境中不断变化的机会相匹配，适时修正最初的创业设想，形成在同一个方向上的积累性的能力和经验通道，项目的机会与风险也将显现得更加清晰。建立策略调整机制，也就是在企业运营过程中，定期进行市场分析，持续关注关键市场信号，调整先期制定的市场营销策略的机制。

### （二）及时放弃或谋求合作

如果创业企业能够明确自己的产品或服务当前及未来两三年内都很难获得市场的认可，

就有必要终止对现有产品或服务的资源投入。如果创业企业能够确定现有产品短期内没有需求，但两三年内尚有机会，则可以暂时停止或大幅度减少投入，等待市场需求的变化。

有时，短期内市场对该产品或服务的需求不够明显，但是经过一定时间的持续投入和培育，市场的需求能够被充分唤起。在此前提下，如果企业不能够独立支撑较长时间的资金和资源投入，就可以考虑与其他企业合作，共同获取回报。通常使用股权融资的方式，向风险投资机构或相关行业更有实力的企业出让部分股权以获持续投入所需的资金。

### （三）采取有针对性的市场营销策略

任何产品和服务一般都会经历从导入期到成长期，然后进入成熟期，直到衰退期的生命周期。创业者及其团队所选择的企业项目，其产品或服务也必定处于某一个生命周期阶段。每一阶段的利润潜力和销售增长潜力各不相同。从所选产品或服务的不同生命周期阶段切入市场的创业企业，所面临的风险也不相同，因此，需要有针对性的营销策略。

导入期产品的需求不确定，产品形式甚至技术往往也具有不确定性。企业应该建立高素质的营销团队，通过有效的推广措施、有吸引力的促销手段、完善的售后服务消除了消费者的顾虑，明确他们将从产品、服务中获得何种利益，促使其逐步接受新产品。

成长期产品的需求迅速扩大，技术和产品日趋成熟，更多的企业参与竞争。此时创业企业应密切关注竞争结构，尤其应关注替代品以及营销模式方面的变化，发现并利用需求的差异，并在形象、产品、价格、服务、推广、渠道上更好地满足顾客需求，尽快提高市场占有率，并且应注意通过建立品牌资产、提高品牌忠诚度等措施巩固竞争优势。

成熟期产品需求稳定，市场占有率销售量也相对稳定，利润增长率甚至利润率都开始下降。在此阶段进入市场的创业企业，只有挤占竞争对手的市场份额才能获得成长，往往需要面对价格战和竞争对手激烈的反击，风险很大。除非企业项目有重大创新，否则，对于资源、能力有限的企业而言，选择产品或服务处于成熟期的创业项目是很难做大、做强的。

### （四）制定合理的价格策略

规避拟选择项目中产品或服务的定价风险，可以考虑针对不同的产品采用差异化定价策略。对于创新含量不高的产品，可适当调整产品质量或功能，进行差别定价，对于某些功能单一的产品可采取低价格对市场进行渗透。

对于创新含量高的产品，由于顾客对产品质量的要求高，企业不能降低品质，也就不宜采取中低价格进入市场。而且由于信息不对称，消费者对创新产品蕴含的技术信息不了解，往往借助价格推断产品的性能和质量水平。事实上，由于创新产品的交叉价格弹性和需求价格弹性较小，也使得高定价成为可能。因此，创新产品一般多采用撇脂定价策略，通过高定价尽快收回成本。在应对竞争对手时，也因为保留了价格调整空间，从而容易获得竞争优势。而且，优质高价策略，有利于树立良好的产品及产品形象，为后续产品的市场开拓做好铺垫。

如果创业企业能够客观地评估项目选择风险，并采取积极的控制和预防措施，项目选择风险将被大大降低，从而确保创业企业获得预期的回报。

# 第三节 财务风险管理

财务风险可分为两类：一类是因为融资活动而引致的创业企业控制权被稀释、融资成本高等可用融资风险来表述的风险；另一类是由于创业企业自身资本结构不合理或企业发展战略不当而造成流动资金不足，形成资金链断裂风险。

## 一、创业融资风险管理

### （一）融资规模不当引发的风险

1. 融资规模太小

创业企业所需筹集的资金通常应该比实际需要的更多，而且应该未雨绸缪，根据企业现金流的状况提前获得所需资金。另外，应该对资金消耗的速度做出保守的估计。一般认为，所需资金往往是创业者预期的两倍。筹集到足够的资金对于确保企业的生存和发展、应对内部环境变化、聘请优秀的员工和购买先进的设备、向外界展示良好的企业形象，具有关键作用。

2. 融资规模过大

创业融资规模并非越大越好。超出企业需要且没有合理财务约束的融资反而会使创业者及其团队盲目乐观，错误运用资金，加快资金的消耗速度，最终导致现金流恶化，影响企业的正常运营以及进一步的融资。

### （二）融资时机把握不当引发的风险

创业企业如果没有掌握好融资时机，无论过早还是过晚，都可能致使企业付出更高的成本甚至推动控制权的代价。

1. 融资过晚的风险

创业初期是资金需求量较大的阶段，必须保证及时足量的资金供给。创业者及其团队由于普遍缺乏融资经验，所以，应该尽早着手融资，不要等到现金短缺时才开始寻找资金。筹集资金一般需花费 8 个月或更长时间。因此应该留足提前量。融资过晚体现出创业团队资金规划的不专业性，将会显著降低企业上投资者的谈判能力，很可能大幅增加企业融资的成本。

2. 融资过早的风险

过早融资也存在风险。如果过早进行股权融资，创业者的股权将在早期就被稀释，并且容易失去财务上应有的谨慎和节俭，助长随意进行财务支出的倾向。

过早融资后，一部分控制权将被投资者获得，容易导致创业企业战略灵活性的下降。投资者有时会妨碍创业者在不确定环境中进行"试错"的发展方式，这种方式恰恰是绝大部分创业企业走向成功的必经之路。投资者的干预则容易打破这个成功模式。由于商业模式需要验证，创业者往往缺乏足够的自信和决心摆脱投资者的约束。因此，过早融资将增加创业企业成功的不确定性。

### 3. 过早终止与其他投资者接触引发的风险

在与某些投资者达成意向后,过早终止与其他投资者谈判也蕴含风险。创业企业将可能错过某些更好的机会。即使有投资者已经向企业抛出了橄榄枝,企业也必须清楚融资计划不能就此中止,还需要在时间和条件允许的前提下,继续寻找更好的投资者,坚持寻找其他投资者不仅可以获得更好的投资者,而且会增加企业在谈判中的主动性。

### (三) 融资不计成本引发的风险

筹集资金所需的付出是融资过程中最容易被忽视的重要方面,此类付出至少包括融资所需的时间和精力、为换取股权性融资出让的股份以及获得债权性融资需要支付的利息。而且为了获得资金,企业可能还不得不冒着商业秘密被曝光的风险。

### 1. 忽略机会成本造成成本严重低估

在融资过程中,创业者通常把大部分时间都用在了试图从外界筹集资金方面。有许多创业者为了寻找投资人四处宣传,甚至为之放弃了所从事的所有其他工作。

(1) 为融资而付出的时间和精力。融资过程中,创业者往往无法专注于经营活动,没有太多的精力开展业务,给企业生存和发展造成很大影响,甚至一些初创企业还未融资成功,就因此而倒闭。

(2) 融资成功的后续成本支出。即使融资成功,其成本也是相当可观的。在融资过程中,对时间和金钱的要求是不可避免的。创业者所能做的就是不要忽视这些成本并进行周密的计划。

### 2. 因为融资致使商业秘密泄露

商业机密泄露也是创业融资过程中极易被忽视的风险。说服投资人投资需要提供各种信息以证明创业团队及其项目的价值,这些信息不仅包括公司战略、财务状况、商业模式、技术要点,甚至涉及创业者及团队的个人隐私。这些信息一旦提供给投资人,创业者就无法控制,必须做好被泄露密的准备。

### (四) 投资者选择不当引发的风险

融资策略制定合理,并且充分评估了融资成本之后,创业者还需要防范由于对投资者选择不当而引起的风险。

### 1. 迷信投资者的名气和规模

投资公司的名气和规模常常成为创业者选择的关键标准。然而,规模大、知名度高的投资者不见得是最适合自己企业的融资对象,创业者及其团队应该抛开对投资者规模和名气的偏见,寻找那些尊重创业企业,遵循创业投资规模和规律,而不是一味谋求回报的投资者。

### 2. 忽视投资者的附加价值

部分创业者及其团队存在"只认钱、不认人"和"拿钱就跑"的短视行为。事实上,对创业企业来说,投资者的作用不仅在于提供资金,还可能提供其他附加价值,例如给予企业宝贵的战略指导和业务发展帮助。

## 二、资金链断裂风险管理

### （一）资金链断裂的成因剖析

资金链是指维系企业正常生产经营运转所需要的资金链条，是企业现金流在某一时点上的静态反映。可以把企业资金链分为三部分：资金投入链、资金运营链、资金回笼链。

资金投入链主要与企业筹资有关，这一环节的安全程度主要与企业的筹资能力相关。而资金运营链是企业资金链的关键环节，资金运营链是企业业务运营在资金链上的反映，是利润形成的过程。如果资金运营链出现问题，如企业流动比率、速动比率过低，营运资产不能满足企业经营发展的需要，则企业的资金链会变得脆弱。资金回笼链反映了"资产现金（增值）"的现金流动。在企业经营中，有时需要进行赊销，因此，应收账款的顺利回收与否决定着企业资金回笼链的安全程度。

资金链断裂是指企业发生债务危机，进而不能偿还到期债务。发生资金链断裂的根本原因在于企业的资金运营链，即形成利润的过程及资金回笼链出现问题。所以，评价一个企业的资金链是否安全，是否容易发生断裂，应从企业的短期偿债能力入手，注意检查企业的资金运营链及资金回笼链是否健康。

企业在生产经营活动中的资金循环要经历采购、生产、销售、分配等诸多环节，不论哪一环节出现问题都会带来资金链断裂的风险，其成因剖析如下。

1. 营运资金不足

营运资金不足引发的资金链断裂常见于三种情况：一是由于存货增加、收款延迟、付款提前等原因造成现金周转速度减缓，此时，若企业缺乏足够的现金储备或借款额度，就无法补充投入增量资金，而原有的存量资金却因周转缓慢无法立即满足企业的支付需要，严重的会导致企业停产。二是销售规模扩张过快，以超出企业财务承受的能力的业务量进行经营，从而造成营运资金不足。三是营运资金被长期占用，致使企业营运资金在短期内形成收益，进而导致现金流入长期滞后。

2. 信用违约

信用风险又称违约风险是指由于借款人不能或者不愿意偿还债务而使债权人的利益受损，无法得到利息甚至不能收回应收账款本金的不确定性。

由信用风险引发的资金链断裂风险常见于以下情况：一是突发性坏账风险，由于非人为的客观情况发生了不可预见性的变化，造成应收账款无法收回，形成坏账。例如，因为企业破产关停、与其相关的应资账款成为坏账而无法收回。二是赊销风险，企业采用过度宽松的信用政策大量赊销，虽能在一定程度上扩大市场份额，但一旦大量应收账款无法收回，将可能使企业承受资金链断裂的风险。

3. 结算方式不合理

创业企业在与其他企业进行采购与销售货款结算时，选择了不合理的结算方式也可能引发资金链断裂。

企业在销售过程中，可以采用多种结算方式。一般来讲，结算期短，款项收回的可能性大，形成坏账损失的可能性小；结算期长，款项收回的可能性降低，形成坏账损失、资金链断裂的可能性加大。因此，企业应注意结算方式的选择，并充分发挥银行的监督作用，以利于企业产品的销售和货款的回收。

4. 投资损失

如果企业新增了投资项目，一旦投资失误，无法取得投资回报也是常见的风险。此类风险产生的原因有两个：一是投资项目资金需求超过预算；二是投资项目不能按期投产，导致投入资金耗尽而以失败告终。投资失误一方面增加了企业的偿债风险；另一方面可能产生拖累企业的主营业务。

### （二）防止企业资金链断裂的措施

1. 避免盲目多元化

多元化经营很可能会引起固定资产占用资金过多，造成资金链的断裂。对于资源有限的创业企业来说，必须确定合理可行的发展战略，避免多元化经营导致的资金分散、占用资金过多的现象。

2. 增强企业盈利能力

创业企业要生存和发展，就必须保持资金链的良好运转。如果在企业发展过程中过分强调规模扩张，而不重视盈利能力，很容易导致现金耗尽。只要企业持续盈利，无论数额大小，都将会得到供应商、销售商、消费者以及员工的信任，同时也会增强企业的发展动力。

3. 优化完善结算管理

应收账款和应付账款对于现金管理至关重要。创业企业应该争取在创业之初就在交易中保持良好的现金流，而不必刻意追求高速增长。

具体措施包括：第一，要严格遵循国家《支付结算办法》等结算制度的规定，遵守结算纪律，不得擅自采用不合规的结算办法支付采购货款，如采用现金结算、以物易物等高风险结算方式。第二，加强购销合同的管理，在与客户签订合同时，首先应掌握客户的偿债能力、信用状况等情况，在此基础上再与之签订合同。第三，完善应收账款管理。一方面企业要加强对每个客户应收账款的管理，观察每个客户的付款记录，看其是否超过或经常超过约定的信用期限及信用额度，根据客户的信用状况，企业应予不同的赊销政策避免赊销风险。另一方面，需要制定合理政策。一般而言，可随着客户逾期时间的长短，采取从温和到严厉的账款催收措施。第四，为降低应收账款形成的坏账风险，可以由专人负责管理应收账款，做好应收账款的事前管理、事中管理及事后管理。

4. 与货币政策相适应

一是合理控制企业的发展与扩张速度。避免因为迅速扩大经营规模，导致相当严重的现金短缺及资金链断裂。二是实行与货币政策相适应的赊销政策。在紧缩的货币政策下，企业的应收账款形成坏账的可能性增加。

# 第四节 人力资源风险管理

引发人力资源风险的原因主要有三种：一是创业者的素质不再符合创业活动的要求；二是创业团队的不和谐、不忠诚；三是人员流失。

## 一、创业者风险

### （一）创业者个人素质及能力缺陷导致的风险

创业者的个人素质和能力存在缺陷是创业面临的关键性风险。关注创业者的素质，应注意那些导致创业失败的创业者的特征。长期致力于中小企业经营诊断和企业经营管理理论研究的日本学者野田武辉认为导致企业倒闭的创业者有以下几种类型：独断专行、盲目自信者，优柔寡断，知识匮乏型与"散漫经营者"，坐享其成的少年经营者，好大喜功型，放荡怠惰型等。当创业者具有这些类型中的特征时，就应该引起警觉。

### （二）创业者风险的规避措施

为了避免创业者个人素质和能力不足导致的风险，可以通过阅读财务报表、观察创业者行为等措施，建立预警机制，做到防患于未然。

1. 避免创业者的追求偏离既定目标

当主要创业者的追求目标发生偏离，极易导致创业失败，创业团队应引起警觉。主要创业者追求目标的偏离的形式多样。例如，有的创业者希望成为甩手掌柜，不再将主要精力放在企业经营活动上。而有的创业者则希望成为独裁者，无视团队力觉，无法科学决策。为了避免创业者的追求偏离既定目标，需要创业者不断审视自身创业追求，不忘初心，需要创业团队通过统一创业动机和创业思路，劝诫、引导创业者坚持最初的追求。

2. 防止创业者感情用事，导致决策失误

出现这种情况时，创业团队应尽快找到原因并采取相应的预防措施。创业团队应通过自身力量帮助创业者克服困难，避免感情用事，也可以利用对创业者有影响力的外部人员对其进行引导，帮助其认识自身问题，及时纠正错误做法。例如，如果发现创业者感情用事的原因在于其压力过大，创业团队应该积极为其分担压力；同时，可以让某亲近熟悉的人进行劝慰，帮助缓解压力。对于创业者来说，主动认识到自身素质能力的局限性，并采取措施改进也是至关重要的。

3. 防止创业者长期独断专行

随着企业快速发展，规模扩大，创业企业以往的管理方法失灵，但企业还是由创业者独裁，决策机制并没有随着企业成长而改变。这些应引起创业团队的警觉，需要考虑合理调整决策机制。例如，随着公司治理结构和管理体系的改进，将决策方式由独裁转为群体决策等，避免由于创业者素质能力的局限性导致决策失误。

## 二、创业团队风险

### （一）创业团队风险的主要来源

创业团队也存在着风险。创业初期，团队成员大都是朋友、熟人，但是经过一段时间的磨合之后，各种矛盾显现，这时创业团队往往要经历一个痛苦的"调整"期。

创业团队风险主要来源于以下几个方面：

1. 过分追求民主，缺乏团队领袖

在创业之初，创业团队为了在权利、义务等各方面都体现平等，常常采取许多民主措施，如相同的股票所有权、薪酬、民主化的决策过程等。然而这样一来，一旦出现分歧，将没有人能拍板决策，也就没有人对公司负主要责任，很多分歧也就无法解决。尽管创业团队的职责适度交叉、民主化决策有利于团队的凝聚和科学决策，但是过分松散的民主气氛会使决策效率低下，管理力度不足。因此，创业团队需要真正的团队领袖，依靠他对创业的执着、人品能力以及个人魅力，凝聚团队，并确保决策的效率和正确性。然而，不少创业团队恰恰缺乏这样的领军人物，因而容易导致团队效能低下。

2. 没有共同的愿景和目标

提高团队效率的关键在于团队成员要有一致的创业目标、创业利益、创业思路，一致的行动力。一旦缺乏共同的质量和目标，创业团队成员共事一段时间之后，部分人就会发现原来大家想不到一起，做不到一起，创业团队将随时面临散伙风险。

3. 不能塑造和谐的创业团队关系

"具有和谐平等、相互信任的人际关系"是团队的重要特征。相互倾轧、各占山头的结果是必然在工作中出现人为的阻力。塑造团队关系，就是将团队成员关系调节到最佳状态。

联想集团提出了"五多二少"的行为准则：多考虑别人的感受，少不分场合地训人；多一点赞扬，少一点风凉话；多把别人往好处想，少盯着别人的缺点；多问别人的困难；多一点微笑。这正是出于塑造和谐的团队关系的需要。

4. 未能形成或执行团队规范和纪律

创业团队必须具有严明、公正的纪律或规范，如果过于追求团队的亲和力和人情味，将直接导致管理制度难以建立，或者虽有制度但执行不力、形同虚设。

严明的纪律不仅能维护团队整体利益，也能保护团队成员的个人利益。推行和贯彻团队纪律和规范，就要及时发现并纠正违反规范的行为，并且应摒弃"纪律有碍团结，和气生财"的错误观念。

5. 团队角色配置不合理

团队的力量来自于团队成员专长的合理配置与协同配合，来自于相似性、互补性的平衡。

在组建团队时，不仅要考虑团队成员是否具有拟任角色所需的知识、经验和技能，还要考虑其是否具有与团队精神相符的人格特征（即考察他的人际相容性、情绪稳定性及责任意识）等。如果开始搭建创业团队时就缺乏能够承担特定角色的人员，或者某个角色的团队成员不适应企业的发展要求，那就有可能导致内部出现不协调，团队力量无法发挥，甚至导致团队散伙。

6. 没有明确的利益分配方案

团队在创立初期如果没有确定明确的利益分配方案，往往会为将来利益分配时出现纠纷埋下隐患，导致创业团队解散。在创业初期，或者因为未能充分考虑到，或者碍于面子，没有明确提出具体的利益分配方案的情况在初创企业中很常见。分配的方式和比例的分歧，常常是导致团队成员冲突乃至散伙的关键原因之一。

（二）创业团队风险的规避措施

1. 管理手段综合化

管理创业团队的手段包括沟通、协调、任务分配、目标设定、激励、教导、评价、适当批评、建议、授权、开会、奖惩等，可以根据具体情况综合运用。例如，在建立团队共同目标和愿景、塑造良好的团队关系时，一方面通报创业的进展情况、创业的艰辛、创业团队的奉献精神以及已取得的成果等方面，使团队成员能够产生责任感与成就感；另一方面多组织集体游玩或拓展活动，活跃气氛、消除挫折感、增加团队归属感、增强对创业团队的信心。通过这样的方法可以有效提高团队的凝聚力和效能。

2. 管理目标阶段化

创业团队的建设和成长往往需要经历较长的过程，应当要根据每一阶段的团队特征来确定不同的管理目标，安排相应的管理工作。在形成期，团队共同的目标、成员之间的关系、共同规范尚未形成，此时的管理目标在于让成员快速融入团队，要让成员理解个人的目标和团队目标的相互依存性。在凝聚期，企业已经形成正常运转机制，但重要的决策仍需要创业领袖做出。此时的管理目标是选拔和培养核心成员和业务骨干，建立更广泛的授权与更清晰的权责划分。在成长期，允许成员提出不同的意见与看法，目标由创业领袖制定转变为团队成员的共同愿景。此时的管理目标是培养团队自主能力，提高决策的科学基础。在成熟期，团队充分释放潜能，取得了工作成就，并且能获得市场认同。此时的管理目标在于保持企业继续成长的动力，避免老化。通过设定阶段化的管理目标，可以确保创业团队的表现能够满足企业发展的需要。

3. 绩效评价科学化

创业企业必须能够科学合理地对团队成员进行绩效评价。通常可以遵循如下程序：首先要确定团队绩效的评价维度和成员个体绩效的评价维度，然后在此基础上，分解绩效评价的关键项目，最后再考虑如何用具体的评价指标来衡量这些项目。

## 三、关键员工流失风险

企业关键员工是指那些拥有专门技术、掌握核心业务、控制关键资源、具有特殊技术或经营才能、对企业经营与发展会产生深远影响的员工。关键员工的流失将会对新创企业产生严重的影响。

## （一）关键员工流失的主要原因

### 1. 内部原因

创业企业关键员工流失的内部原因大致包括以下几种：员工个人目标与企业组织目标不一致、员工在企业中遭受不公平待、薪酬待遇达不到预期、企业无法提供足够的发展空间等，因为上述原因，员工满意度下降，积累到一定程度将导致其离职。

### 2. 外部原因

关键员工—受到外界所提供的更好发展机遇或薪酬待遇的吸引，最终选择离开，这也被称为流动性风险。关键员工往往是知识、能力、经验的拥有者，属于重要和稀缺资源，容易受到其他企业的追捧，在条件合适的情况下发生人员流动是常见现象。

## （二）关键员工流失风险的规避措施

创业企业各个方面都处于起步期，关键员不的作用通常不可替代一旦流失，给企业造成的损失往往比处于其他时期的企业更加严重。避免关键员工流失可以从以下方面进行：

### 1. 把好人员引进关

防止人员流失应从人员引进时就开始，不仅要看他们是否具备岗位所需的知识、经验和技能，更要考察职业道德、忠诚度和团队合作意识，确保重要岗位的人员选聘得当。

### 2. 契约约束

企业应当与关键员工在合同中明确责任、权利和义务，一旦因人员流失造成损失，可诉诸法律。双方事先应签订竞业禁止协议及技术保密协议，要求员工在离开企业后的一段时间内不得从事与本企业有竞争关系的工作并继续为本企业保守商业秘密、技术秘密等，同时需要约定相应的补偿措施。

### 3. 建立共同愿景

共同愿景能够唤起人们的希望，特别是内生的共同远景，能够改变成员与组织的关系，这使得创业企业与员工成为命运共同体。这样，员厂就对企业有了高度的认同感和忠诚度，而缺乏这种认同感，企业只能留得住人而留不住心。

### 4. 进行职业生涯规划

创业企业可以帮助关键员工设定职业生涯目标，拟订具体的行动计划和措施，在企业与员工互动的过程中营造企业与员工共同成长的组织氛围，使关键员工清楚地看到自己在组织中的发展道路，对未来充满信心和希望，而不至于为自己目前所处的地位和未来的发展感到迷茫，从而有助于降低流失率。

### 5. 发挥培训开发的激励作用

培训已经受到员工的广泛重视，高素质的关键员工更加重视良好的进修培训机会。与更高的薪酬相比，通过培训开发获得更好的发展提升机会具有相同甚至更高的重要性。创业企业如果能建立合理高效的培训机制，就能够为关键员工提供不断提高、发展的空间，这是吸引、留住和开发关键性人力资源的有效途径。

6. 完善绩效评估体系，提供有竞争力的薪酬待遇

关键员工需要获得工作认同和成就感。因此，企业需要完善绩效评估体系，确保关键员工的工作成绩和贡献能够完全显现，并充分体现在薪酬待遇上。薪酬待遇的水平还要充分考虑同行业同类岗位的平均水平。确保关键员工收入的绝对值和相对价值公平合理。如果同行业其他公司提供的薪酬更高，员工就容易产生不公平感，因而容易引发员工流失。

7. 工作内容激励

让关键员工从事更具挑战性、重要性的工作，能够进一步激发其能动性。通过丰富和扩大工作内容将有助于激发其积极性和创造性；有意识地在公司内进行岗位轮换，合理实施内部流动，既有利于个人发掘潜能，找到自己最适合的岗位，也有利于工作创造性的发挥，实现人和岗位的最佳配置。这些措施能够在一定程度上减少关键员工的流失。

8. 加强感情管理

加强工作以外的联系有助于增加员工与企业的情感联系。企业可以定期安排与关键员工聚餐、旅游等活动。一方面可以体现对关键员工的体恤和奖励，另一方面可以增进企业与关键员工的感情交流，增强员工的归属感。增加感情投入，强调以人为本，用信任、赞美和关心代替机械的组织管理，设身处地地为员工着想，加强沟通与交流，了解他们的需求和期望，及时发现问题并给以解决，创造良好的工作环境，充分发挥和实现他们的自我价值，实现关键员工与企业的"双赢"；相互信任和尊重，共享成果，能够显著提高关键员工对企业的认同与忠诚，减少人员流失。

9. 建立人力资源信息系统

通过建立人力资源信息系统，企业可以及时了解在职人员信息、离职人员信息、人才储备信息、员工工作动态等内部信息。借助这些信息，可以了解关键员工离职率及离职原因。同时，企业还可以了解同业人员信息、同业人才需求和供给状况等外部信息等。掌握这些信息，有助于解决关键员工流失后的人员补充问题，还可以帮助企业判断其薪酬政策是否合理。

10. 通过工作分担机制进行适当分权

企业可以采用类似技术小组的形式，避免让某一个关键员工在较长时间内拥有或控制企业的关键技术和重要权力，注意各技术开发人员的相互学习和协调。通过建立这一机制，每个成员都不可能单独完成整个项目或者掌握全部技术，就能有效降低关键员工流失而带来的关键技术流失风险。对掌握大量客户资源的岗位和部门，也应建立这类相互监督制约的工作分担机制，获取客户和业务的重要环节和关键权力由公司统一管理，可以避免因为关键员工离职而导致重要客户资源流失。

# 第五节 技术风险管理

技术风险是指包括技术从发明到商业化、产业化过程中可能出现的各种不利结果。创业活动常常表现为将某一创新技术应用到实践，将其转化为产品或服务的过程。由于技术创新

的主体受自身能力水平和其他诸多因素的影响,难以对技术及其商业化的前景做出准确的预测,从而形成技术风险。

## 一、技术风险的来源

技术风险来源于多种不确定性,如企业技术创新中的不确定性、技术垄断程度和技术优势持续时间长短的不确定性、社会环境变化的影响等。

### (一)技术创新的不确定性

技术创新的不确定性使许多投入技术研发的创业企业因资金难以为继而半途夭折。具体来看,技术创新的不确定性主要体现在以下几个方面:

一是技术前景不确定。新技术在诞生之初都不完善,技术开发者和企业家都不能确定在现有条件下能否很快使其完善起来,因此,创新企业需要面对研发失败的风险。

二是产品生产的不确定性。创新项目研发成功后,如果缺乏原材料、零部件及生产工艺的配套,无法实现工业化生产,也就不能将产品批量推向市场,创业活动将失败告终。

三是技术进步的不确定性。由于高新技术发展迅速,使创新产品极易被更新的技术产品替代;如果更新的技术比预期提前出现,原有技术将蒙受提前被替代甚至被淘汰的风险。

四是技术的商业化前景不明确。技术创新的最终目的是要实现商业化,赢得市场认可和利润。然而发明人和创业者很难确定该项目能够为企业带来多少利润。商业化作为技术创新最后的一个阶段,其不确定性也是最大的,而且风险带来的损失往往也最大。

### (二)技术垄断的不确定性

高新技术的超额利润往往来自于相应科学技术知识或其产权的垄断性、排他性。然而技术垄断具有时效性。随着科技水平的快速提升,产品的生命周期日益缩短,更新换代速度不断加快一旦技术的垄断优势丧失,那么企业的收益将随之降低甚至消失。

如果企业的技术被竞争对手模仿或窃取,企业的技术收益就会被其他企业瓜分,企业不但无法通过技术创新来提高企业的收益,甚至可能连研发成本都收不回来。

### (三)技术优势转化的不确定性

技术优势并不能直接转化为商业优势。技术优势的转化除了依靠技术本身,还需要依靠技术与市场及商业模式的匹配。即使拥有技术,仍需配对若干不确定性:一是市场是否接受、何时接受该技术是不确定的。过早或过晚将新技术推向市场都将面临很大的风险。二是技术优势能否转化为商业优势是不确定的。最典型的案例是,摩托罗拉铱星系统尽管拥有技术优势,但终因产品、价格等原因导致商业化失败。二是过于追求技术的超前性,创业者过于关注技术本身,置客户需求于不顾,这也是技术优势所面临最大的人为风险。

## 二、技术风险管理

### (一)通过可行性论证降低技术决策的盲目性

创业企业应根据自身技术水平和综合实力选择合适的技术,注重市场调研,以消费者需求为出发点，在确定技术开发总体方案的基础上，合理设计和开发能够满足消费者需求的新产品，降低技术创新决策的盲目性。同时，还应充分了解自己的技术和产品，主动发现技术和产品存在的缺陷，采取各种可能的措施更好地满足顾客的需求。

### （二）建立有效的技术信息情报系统

企业应该跟踪国内外科技发展动态，加强技术及商业情报的搜集，为技术研究、产品开发、产品化以及市场开发等重大经营活动提供有力的决策支持。在进行技术决策时，情报的数量和质量至关重要。掌握的相关信息越多、越准确，越能够做出科学合理的决策，企业承担的风险也就能够得到有效控制；反之，将面临很高的技术决策风险。

### （三）组建技术研发联合体

技术研发联合体是指多个创新主体联合致力于某一技术或产品的研究开发，实现优势互补、风险共担、利益共享的研发组织形式。组建技术研发联合体，可以在一定程度上分担和化解技术风险，通常是企业和企业之间，以及企业和科研机构或大学之间的联合。

由技术研发联合体共同负担技术研发费用，从而降低单个企业的研发费用；通过联合体内各成员的强强联合，优势互补，产生协同效应，可以缩短研发周期，提高研发成功率，有效降低技术风险；当然，研发联合体内的各个创新主体必须通过法律合同的形式明确资源投入、风险分担及收益分配的机制，以避免不必要的纠纷。

### （四）增强企业技术系统的活力

增强企业技术系统的活力，具体来说包括以下措施：

一是采用有效的激励机制。企业对技术创新人员采取积极的激励措施，可以形成企业与技术研发人员共同承担风险和收益的机制，实现互利共赢。受到激励的技术创新人员主观努力程度将大为提高，从而降低技术风险。

二是建立防御性组织结构。高效的防御性组织结构能够避免技术人才、技术信息等关键创新要素的外流，防止竞争对手模仿、窃取技术等侵权行为的发生导致企业利益受损。

三是加强研究开发、生产制造与市场营销等相关部门人员的密切配合，提高团队整体抗风险能力。制造部门提供的原材料及生产工艺信息有助于降低技术开发风险，营销人员不但能够影响技术及产品开发，还对产品的商业化成功具有决策性影响。

## 第六节 创业过程不同阶段的风险管理

### 一、创业启动阶段风险

创业规划期的风险可称之为创业启动阶段的风险。这个阶段是指从产生创业动机开始，到创业企业正式运行为止。

## (一)创业启动阶段风险的来源

### 1. 创意或创业计划的内容被泄露

由于创意或创业计的内容被泄露,因而被人模仿甚至捷足先登,导致船业失去源头。这其中,既可能有创业团队"内部人"作祟,也有可能是一些信息收集公司将自己掌握的信息标价出售给共享信息企业的竞争对手。

### 2. 仓促上阵

首先是低估了创业起步阶段所需要的时间。从创业过程上来看,一家公司在盈利之前,必须完成大量的工作:寻找厂房、装修门面、安装设备、购入存货、联系客户等,还要办理许多准备事项,如各种证件和手续。

再次是缺乏创业经验,盲目上马。作为一家新创企业的决策者,他可能一开始还不适应他的这个新角色。这不仅不利于企业的经营,而且很可能会犯一些低级错误,有时这些低级错误实质上就是致命的错误。

### 3. 计划不明

凡事预则立,不预则废。计划是创业过程中指导性、方向性的东西,计划的错误或者不明确都会给创业者带来苦头,尤其是关键的步骤、关键的环节不明确,很可能就会以失败告终。

### 4. 资源不足

主要是两方面的资源不足,一是创业企业的主要产品没有市场,创业要想成功,在很大程度上依赖于市场,没有市场也就没有创业;二是没能获得外部资本的支持或缺乏足够的流动资金,而没有了资金,公司运转一天都困难。

### 5. 创业团队内讧分裂

大多创业者创业没有成功,主要原因之一就是创业伙伴选择不当,败在创业伙伴之间的内讧。创业团队内讧通常经历三个阶段:第一阶段,企业还未见效益,就开始争利益,股份的大小、利益的多少等;第二阶段,企业刚有起色,就开始为职、权、利你争我夺、勾心斗角;第三阶段,当企业开始盈利、红火成长时,开始闹分家,最后企业也倒闭了。

### 6. 前期开支过高

有些创业者在创业初期就追求享受甚至是奢侈的生活,如果真的这样,你所创立的公司离倒闭已经为期不远了。

### 7. 选址不当

在考虑选址的时候,房屋的租金、社区的环境、与目标顾客群的地理关系、与供应商的区位关系、物流成本等,这些问题都是应该考虑的范围之内,中间缺少一个环节,都可能失败。

### 8. 对市场环境和竞争对手缺乏了解

任何一个行业都会有许多的同行或竞争对手,所以,当创业者决定进入某个市场的时候,必须全面详尽地考察该市场状况。有些创业者对于市场和竞争状况缺乏深入了解,不了解竞争对手是谁，不懂得自己与竞争对手优势与劣势的比较，高估自己企业的竞争力；甚至，有些人认为自己的能耐最大，竞争对手不值得去考虑。实际上的市场远不是那么回事，市场具有很大的偶然性，有些看起来很好的产品，市场反应冷淡，一些看上去不怎样的产品，在市场却热卖。

9. 悲观主义

创业过程中，难免遇到挫折和困难，如果创业者是一个悲观主义者，一碰到暂时难以解决的问题就灰心丧气，再无当初的创业激情和雄心壮志，那么你的悲观会影响你的团队，整个团队就失去了面对现实环境变化的灵活机智，失败就在所难免。

## （二）创业启动阶段风险的防范

1. 严格筛选项目

首先是项目初选。通常创业者应当选择自己熟悉的行业，同时地域上也必须与市场邻近，以方便沟通和联络。在此基础上，再对项目内外环境进行信息收集、访谈和论证，进行详细评估，做深入的投资可行性研究。

2. 有效保护创意和商业机密

创业者在向潜在投资者分析创业可行性时，一定要有保护创意的意识。为此，可以通过几下几种途径来努力：

（1）商标注册。

（2）专利申请。

（3）版权保护。

（4）制度保护。

除了以上措施外，万一创意被盗用，还可以援用《反不正当竞争法》的相关规定请求工商行政部门对未经许可披露或使用你的商业秘密的竞争对手进行处罚。

3. 选择好创业伙伴

（1）最基本的法则，就是选择最了解的人一同创业。

（2）选择不太计较的人一起创业。

（3）朋友关系和家族关系不要混合。

（4）创业团队最好有一个权威人物。

（5）领军人物最好是第一大股东。

4. 密切关注资金风险和技术风险

处于创业启动期的企业面临的最大风险是资金风险和技术风险。首先，要认真筹划创业初始需要的融资或投资数额。融资时要考虑好准备借多少，能够借到多少，最佳值应该是多少，风险有多大；其次，考虑企业的持续融资能力。创业者要提前考虑好融资方法，并建立起快速融资渠道，以防万一。第三，建立财务"预防"机制，正确把握企业负债经营的"度"。

5. 注重建设营销队伍

吸纳、任用既有营销能力又掌握技术知识的营销人才，建设最坚强有力的营销队伍，因为创业企业一定要拥有正确的营销理念和最好的营销策略,这是防范市场风险最有效的办法。

6. 设法分散或转嫁风险

风险不可避免,但可以分散和转嫁,特别是创业启动阶段。比如财产投保,就是转嫁投资意外事故风险;以租赁代替购买设备是转嫁投资风险;个人独资承担无限责任,但几个人共同投资,就是有限责任,可分散风险。许多个体创业都对保险很忽略,但买保险是"小投入大保障",必不可少。

## 二、新创企业起步阶段风险

新创企业起步阶段的风险也可称为创业中期的风险。

### (一)起步阶段新创企业风险的来源

1. 孤军奋战

创业者需要有良好的社会网络、资源的支持,创业者未能取得股东、银行、家人或供应商等关键人士的支持,孤军奋战会使其疲于奔命,无谓增加创业风险。

2. 目标游离

明确创业目标,是成功的第一步,也是非常关键的一步。不少创业者创业开始决心很大、雄心壮志,但创业起步后在工作的忙乱、疲惫与挫折中逐步丧失信心、兴致与目标,导致创业中途夭折。

3. 长期缺乏流动资金

如果在创业之初资金筹集不足,或者启动阶段在固定资产、原料存货上投资过多,缺乏足够流动资金,有可能导致企业夭折。

4. 缺乏市场

随着产品在市场的试销,潜在的市场风险也随之出现。如果创业启动阶段对市场规模估计过高,甚至市场判断失误,则创业起步后市场销量或营业额肯定上不去,与预期目标相去甚远,持续亏损必然导致入不敷出,企业是无论如何也撑不久的。

5. 管理混乱

起步阶段的忙乱往往把创业者搞得晕头转向,对企业运行缺乏冷静思考;或者创业者本身就缺乏管理能力,起步后不知道怎样经营企业,胡乱管理,导致人心涣散,引发创业风险。

### (二)新创企业起步阶段风险的防范

1. 必须抓好人和财两个关键点

首先,人事管理方面,要制定并实施招聘制度、考勤制度、考核制度、奖惩条例、薪资方案等相关制度,把握好员工入职、在职与离职管理中涉及的相关法律及管理要求,保护好商业机密,防止核心员工携密跳槽。理清员工间的亲属关系或地缘、学缘关系,避免这些关系对工作的干扰。

其次，财务管理方面，建立健全财务管理的各项规章制度，要制定报销、预算、核算和控制成本等制度，编制财务计划，加强财务监控。

2. 创业者主观上要有千方百计让企业"活下去"的强烈愿望

新创企业在起步期利润很少，甚至无利可图，增长缓慢，创业者必须设法让企业"活下去"，只有生存下来才可能图谋日后的发展。

3. 及时把握产品及经营状况

首先，要主动开展产品及经营状况的调研，收集客户关于产品价格和经营方面的意见和建议。其次，召开小型市场调研会，邀请行业协会、政府主管部门的相关领导和专家进行咨询，听取专业意见和建议。最后，在两项工作的基础上，对产品及经营进行调整。

### 三、创业企业成长阶段的风险

创业企业成长阶段是指经过创业启动与起步阶段的努力，创业构想变成现实，企业开始真正产生商业价值，业绩、利润基本维持在一个较为稳定的水平，创业者的初始目标已经基本达到。此时，新创企业步入成长和发展阶段，伴随企业步入快速成长阶段，创业后期的风险也接踵而至。

#### （一）成长阶段新创企业风险的来源

1. 最大风险来自管理风险

（1）未建立有效团队；（2）用人失误；（3）疲于奔命；（4）财务失控；（5）市场反应迟钝；（6）创新乏力；（7）新老员工冲突。

#### （二）新创企业成长阶段分风险的防范

1. 尝试授权，学会解脱

创业成功后两个主要因素会导致创业者开始考虑授权：一是管理问题变得又多又复杂，创业者不堪重负；二是员工渴望分享权力，希望得到更多发挥自己的空间与舞台。最有效的授权是由创业者拟定哪些问题由自己来决策，哪些工作可以授权给员工去完成，哪些工作需要员工定期汇报，哪些工作可以放手不管。比如，创业者可以让渡企业的控制权，把企业让渡给他人经营；可以选择出售企业，也可以为企业找到一个好婆家；或是创业者让渡企业的管理权为企业找一个好保姆，聘请职业经理人来把握企业未来的发展大业，自己成为真正的企业家。

2. 完善组织架构，规范决策

创业成功后，企业为了更好地发展，必须建立一套完善的组织架构来有效地执行决策，有计划地完成企业的既定目标。创业者不必奢求一步到位，也不要期望建立一套持久不衰的组织架构，因为企业的组织架构也需要根据企业的目标和发展阶段来进行调整，不可能一劳永逸。一个不断完善的组织架构，会使企业做出的决策越发客观、规范。

### 3. 建立风险责任机制，趋利避害

首先，要通过分析，主动预测风险可能会带来的负面影响。例如，投资一旦失误，可能造成多大损失；投资款万一到期无法挽回，可能造成多大经济损失；贷款一旦无法收回，会产生多少影响；资金周转出现不良，对正常经营会造成哪些影响等。

其次，积极预防风险。例如，对投资方案进行评估，对市场进行周密调查，制定科学的资金使用策略等。一旦某个环节出了问题，要有补救预案，尽可能减少负面影响。

再次，学会减少和转移风险。对无法回避的风险，应当设法分解和转移风险。比如，尽可能将风险大的项目外包。对于风险较大的投资或经营活动，可以将这个项目分解成许多小的项目，再将其中风险较高但别人能接受的部分分包给别人去做，共享收益、共担风险；不拒绝必要的合作和规模化经营。

### 4. 完善激励机制，凝聚人才

创业者要与员工在沟通前提下设计激励机制，尽量做到一视同仁，尽量避免特例或特殊照顾。创业者不能仅仅关注激励机制的内容，更重要的关注激励的过程和结果，要让员工理解和接受。激励制度确定后要严格执行，及时奖惩，使其发挥应有作用。当然，除了激励机制外，良好的企业前景对于优秀人才也具有很强的吸引力和凝聚力，这就需要不断提升企业经营业绩，规划企业未来。

### 5. 发展核心竞争力，战略制胜

保持竞争优势是每个企业得以持续成长的关键。核心竞争力也称为核心专长，是拥有别人所没有的优势资源，这项资源可以是人力、产品、品牌、技术、流程、营销能力、企业文化及价值等。培育和发展核心竞争力必须让企业寻找出属于其自身的核心专长，然后在这个核心专长上与他人竞争。

随着竞争对手的学习、模仿和攻击，竞争优势会随着时间而逐渐消失。为避免这种情况出现，处于快速发展阶段的新创企业必须研究并确立自己的发展战略，只有确立和选择了正确战略，并在其指引下不断实施成功的战略行动，才能在竞争对手学习、模仿或者攻击之前，建立起企业新的竞争优势，使企业的利润永远处于盈亏平衡线以上，这才是快速成长中企业永葆青春的秘诀所在。

## 本章要点

（1）创业风险的分类；
（2）项目选择风险的表现及规避方法；
（3）资金链断裂的成因；
（4）关键员工流失的主要原因；
（5）技术风险的来源；
（6）创业企业初创阶段的风险管理。

# 思考题

## 一、简答题

1. 创业企业可能陷入财务困境吗？如果可能，会发生在什么时候？原因是什么？
2. 人力资源风险有哪些类型？
3. 创业企业可能在创业过程的各个阶段分别面对哪些主要风险？
4. 如何针对创业企业面临的阶段性风险进行有效防范？

## 二、情境练习

1. 阅读下面的案例，并回答问题。你想到了一个你认为很好的创意——生产带有血压、脉搏测量功能的智能手机。你的朋友们都认为将血压、脉搏测量功能内置于他们的手机中确实很有创意。这样，他们在运动之后，可以看到他们的血压和脉搏数据。但是你的老师却告诉你这并不是一个非常好的创意。

（1）创建这样的新企业和现有的智能手机生产厂商相比有什么优势和劣势？

（2）你的公司和现有的智能手机生产厂商合作的机会有哪些？前景如何？

（3）回答上述两个问题后，你还认为这是一个好创意吗？

2. 如果你为一家大公司工作，你认为这家大公司吸引并保留最优秀的创业人才的方法是什么？

3. 技术创新能够给创业者带来丰厚的回报，但是如果不能控制好技术风险，也会让创业者蒙受损失。如果你是一家创业企业的负责人，为了避免技术风险，你如何解决如下问题？

（1）如何提高技术决策的科学性？

（2）在企业内部不同部门之间怎样协调技术、市场、资源和信息？

（3）如何保持技术创新的可持续性？

4. 如果和你一起创业的同班同学突然提出要到竞争对手那里，你会如何来处理？

## 三、课外训练

1. 亲自与一位有融资经验的创业者进行面谈，你能从中学到哪些经验和教训？

# 参考文献

[1] 王兴元. 创业基础 [M]. 北京：清华大学出版社，2016.

[2] 张文喜，巩艳芬. 创业基础 [M]. 北京：中国商业出版社，2016.

# 第五章

# 商业模式的开发

### 学习目的

本章学习目的在于掌握商业模式的定义、特征和构成要素以及商业模式的设计策略和技巧,掌握商业模式画布的构成要素及应用,了解国内外主要商业模式。

上海顺祺能源科技有限公司创始人刘书国,东北石油大学93届毕业,机械制造工艺与设备专业,毕业那年7月,怀揣梦想的他,踏上南下的火车,到中国石油管道局报到,融入了轰轰烈烈的石油大会战当中。他先后参加了哈大管道建设、西气东输管道建设、涩宁兰管道建设、兰成渝管道建设、鄯乌线管道建设、塔里木石油大会战和中俄管道建设等重点工程项目。在中石油奋斗了自己的青春,做出贡献的同时,也得到了锻炼和升华。尤其是2001年只身来到上海,更是如鱼得水,在上海这个大都市,信息极其发达,物资超级丰富,舞台更为宽广,并于2014年创办了自己的公司,继续致力服务于中国石油大庆油田、新疆油田、西南油气田、长庆油田等单位。

上海顺祺能源科技有限公司是中国石油天然气集团公司准入供应商,是一家致力于石油、天然气、化工等能源领域的材料库存供应商,拥有向中石油、中石化、中海油、中航油供应常用无缝钢管、直缝钢管、螺旋钢管、油套管、不锈钢管及钢材的能力,公司产品广泛用于国内各大油田、长输管线和地方燃气,并远销中东、非洲等国外市场。

公司秉持"信誉铸就品牌,服务创造价值"的理念,拥有技术娴熟、服务周全的精干团队,建立有完善的信息共享和物流配送,以客户为中心,提供最优质的产品和服务。广泛赢得客户的信赖和认可,并获得"上海市闵行区2019年最具成长性企业"表彰。

雄关漫道真如铁,而今迈步从头越,现在公司正以矫健的步伐、饱满的热情、坚定的信心稳健前行,不断刷新业绩,创造辉煌。

引例思考:

(1)结合引例,为什么上海顺祺能源科技有限公司能够不断刷新业绩、创造辉煌?

(2)试分析上海顺祺能源科技有限公司的商业模式。

# 第一节　商业模式的内涵

## 一、商业模式的定义和特征

### （一）商业模式的定义

所谓商业模式，就是为了实现客户价值的最大化，通过整合企业运行所需的内外资源，培育和形成企业独特的核心能力，达成企业持续盈利目标的整体解决方案和运行方式。具体包括以下内容：

（1）成功商业模式的前提是：发现和挖掘客户的真实需求，关注顾客的体验和个性差异，通过产品和服务的创新给客户创造最大价值。

（2）商业模式的物质保证：超越自我局限，开展商业合作，建立战略联盟，积聚战略资源。

（3）商业模式的核心要求：扬长避短，积累和培育独特的核心能力，构筑模仿壁垒，形成核心竞争力。

（4）成功商业模式的表现：明确收入来源，持续获得经营利润。

（5）商业模式涵盖了产品和服务价值链的全过程，是企业理念、要素和流程的系统集成，也是企业战略的动态组合。

### （二）商业模式的特征

我们经常提到的商业模式包括：电子商务模式、B2B 模式、B2C 模式、拍卖模式、代理模式、广告收益模式、会员模式、佣金模式、社会模式等。

在人们所熟悉的商业世界中，任何一个商业组织，都有其特定的业务流程，这一业务流程汇集了物流、信息流、资金流，最终以增值的商品或服务传递到客户手中，并产生每个组织所赖以生存和发展的收益。概而言之，这一与每个商业组织相联系的业务流程或其核心环节的抽象，就是它的商业模式。

一个具有吸引力、成功的商业模式，通常需要具备某些能够创造价值与竞争优势的特点，而这些特点往往影响着创业企业的成功与否，也正是商业模式评价不可忽略的重要因素。具体说来，商业模式具有三个特征：

第一，成功的商业模式要能提供独特价值。有时候这个独特的价值可能是新的思想，而更多的时候它往往是产品和服务独特性的组合，这种组合要么可以向客户提供额外的价值，要么使客户能用更低的价格获得同样的利益，或者用同样的价格获得更多的利益。

第二，成功的商业模式是难以模仿的。企业通过确立自己的与众不同的商业模式，提高行业的进入门槛，从而保证利润来源不受侵犯。例如，直销模式（仅凭"直销"这一点还不能称其为一个商业模式），人人都知道这一模式如何运作，也都知道美国的戴尔公司是直销模式的标杆，但是其他公司很难复制戴尔的成功商业模式，原因在于"直销"的背后是一整套完整的、极难复制的关键资源和运作流程。

第三，成功的商业模式要脚踏实地，能够持续为企业创造利润。企业要做到量入为出、收支平衡，这个看似不言而喻的道理要日复一日、年复一年做到却并不容易。

## 二、商业模式的构成要素

结合中外学者的研究，我们认为商业模式的核心三要素是顾客、价值和利润。一个好的商业模式，必须回答以下三个基本问题：

（1）企业的顾客在哪里？
（2）企业能为顾客提供怎样的（独特的）价值和服务？
（3）企业如何以合理的价格为顾客提供这些价值，并从中获得企业的合理利润？

当评判一个企业是否提出了真正具有创新性的商业模式时，首先需要从逻辑上回答上述问题，需要判断它能否为顾客、股东和员工、甚至其他利益相关者带来实际的价值和利益。总之，一个好的商业模式应当能够为多方创造价值。

一个成功的商业模式是对现有方法的有效改进或突破，一种新的商业模式，可能始于设计一种新产品，以满足一项未能或未能完好满足的需求，如 Google 的搜索引擎和定向广告链接服务；也可能始于一个流程的创新——用更好的方法从事一种成熟产品或服务的生产、销售或分销，如 eBay、Dell、沃尔玛。不过，现实中的商业模式创新也可能是源于这两部分不同环节的创新组合，如苹果公司的数字音乐播放器产品 iPod+iTunes 音乐在线商店的商业模式。一方面，iPod 容量大，其时尚的外观设计迎合了年轻人的喜好，40GB 硬盘的标准配置可以容纳近 1 万首歌曲；另一方面，苹果的 iTunes 音乐在线商店把 iPod 和 99 美分音乐下载服务联系起来，其简单便捷赢得了大多数用户的青睐，并带动了苹果公司的 iPod 音乐播放器产品的销售。2004 年 11 月，苹果公司还和 U2 乐队共同推出了 iPod+U2 的合作联盟，为 iPod 产品进一步"摇旗呐喊"。

## 三、商业模式的设计思路和方法

根据马克·约翰逊、克莱顿·克里斯滕森和孔翰宁对商业模式的研究，创业者可以分三步来构建有效的商业模式：第一步，挖掘客户的真实需求，并提出客户价值主张；第二步，设计能够满足客户需求的盈利模式；第三步，培育和整合支撑企业创造和传递独特客户价值的关键资源和管理流程，打造出企业的核心竞争优势。

一个完整的商业模式由三个密切相关的要素构成：客户价值主张、赢利模式、关键资源和关键流程。其中，客户价值主张是指你能为客户带来什么不可替代的价值；赢利模式是指你如何从为客户创造价值的过程中获得利润；关键资源是指企业内部如何汇聚资源来为客户提供价值，关键流程则是指企业如何在内部以制度和文化确保客户价值的实现。客户价值主张和盈利模式分别明确了客户价值和公司价值，关键资源和关键流程则描述了如何实现客户价值和公司价值。

### （一）客户价值创造最重要

客户价值主张是构建商业模式的关键一步，任何成功的企业都能找到为客户创造价值的方法，即帮助客户解决某个问题或更好地完成某项重要事情的方法，如沃尔玛的"天天低价"、宝马汽车的"驾驶乐趣"、飘柔洗发水的"柔顺"等。企业的客户价值主张必须具备三个特点才能真正打动客户的心：第一，与众不同。第二，可衡量性，所有的客户价值主张必须是真实的、能以货币量化的差异点。第三，可持续性，公司必须在相当长的一段时期内执行这一价值主张。

企业确定客户价值主张的方法：突出共鸣点，突出客户最看重的一两个差异点。例如成立于1971年的美国西南航空公司，作为美国唯一一家成立之初就盈利的航空公司，它们的客户价值主张是低价格、方便、愉悦的短途旅行。为此西南航空采取了包括不提供不必要的服务、加大投入让客机携带行李以及清洁机舱等方面的创新。

### （二）赢利模式创新最关键

企业为顾客提供价值的同时，为自己创造价值的详细计划。简单说来就是公司怎么赚钱，利润从哪里得来。最基本的利润公式为：利润 = 收益 − 成本，其中，收益 = 价格 × 销量。可见，赢利模式由客户群规模、定价方式和成本结构这三个方面来决定，企业是否赢利就看顾客认知的价值是否超过企业付出的成本。公司的赢利模式主要有三种：(1) 高端模式（高价格、高运营成本、规模化经营），例如路易威登等高端品牌奉行总成本领先战略的企业；(2) 中间模式（适中价格、中高利润率、中等运营成本）；(3) 低价模式（低价格、低运营成本、规模化经营）。

### （三）关键资源和关键流程最基础

关键资源是指向目标客户群体传递价值主张所需的人员、技术、产品、厂房、设备和品牌，是那些可以为客户和公司创造价值的关键要素，以及这些要素间的相互作用方式。企业的关键流程是指可以持续为客户创造和传递价值的运营和管理过程，包括新产品研发、制造、营销、服务等关键工作。同时，关键流程还包括公司的规则、绩效指标和规范等。

构建商业模式的这三个要素之间相互作用，形成一个有机整体。关键资源和关键流程联合作用形成企业独特的赢利模式；企业的关键资源和关键流程与赢利模式共同为客户提供独特的价值。这三个要素可以建立如图5-1所示的三要素整合模型。

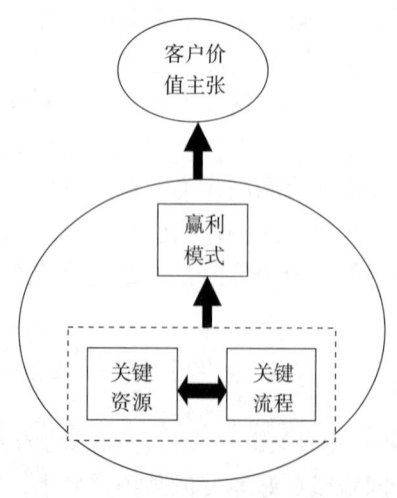

图5-1　构建成功商业模式的三大要素

商业模式的设计需关注的要点如下：
（1）要提供具有广阔市场前景的产品和服务。
（2）要为你的产品和服务提供保障，你的顾客才可能放心购买，而且还能重复购买。
（3）你所能提供的产品和服务一定要有强于你的竞争对手的差异化优势。
（4）你的成功一定要建立在帮助他人成功的基础上，是双赢甚至多赢的生意机制。

好的商业模式的构成要素如下：
（1）能盈利。几乎没有哪个生意第一天就盈利，问题是需要多长时间才能盈利？把目标的盈利日期写下来。如果超很久还没能盈利，就需想法解决商业模式中存在的问题。
（2）能自启动。创业者最容易陷入的陷阱之一就是试图创造一种不能自启动而寄希望于某种难以获得的前提条件、"空中楼阁"式的商业模式。
（3）能自我保护。这些壁垒包括专利、品牌、排他性的推销渠道协议、商业机密以及先行者的优势。
（4）一定的灵活性，商业模式要保持灵活性、有调整的余地。那些依赖大量客户或合作伙伴，或者完全依赖某一个特定客户或伙伴的商业模式，很难获得投资者与伙伴的兴趣。

## 第二节　商业模式画布

瑞士学者亚历山大·奥斯特瓦德（Alexander Osterwalder）和比利时学者伊夫·皮尼厄（Yves Pigneur）提出的商业模式画布是一种描述、可视化、评估和创新商业模式的通用工具，是目前广泛运用的商业模式分析工具之一。该分析法从"为谁提供？提供什么？如何提供？成本多少及收益多少？"四个视角描述了企业如何创造价值、传递价值、获取价值的基本原理，九大板块展示企业创造收入逻辑的、相互关联的元素：客户细分、价值主张、渠道通路、客户关系、收入来源、核心资源、关键业务、合作伙伴、成本结构，这九个元素通过分别覆盖价值主张、客户界面、基础设施和财务生存能力四个方面，可以对组织的商业模式进行较为全面的分析；并定义商业模式画布为"一种用来描述商业模式，可视化商业模式，评估商业模式以及改变商业模式的通用语言"，如图5-2所示。

| 重要伙伴 | 关键业务 | 价值主张 | 客户关系 | 客户细分 |
|---|---|---|---|---|
|  | 核心资源 |  | 渠道通路 |  |
| 成本结构 ||| 收入来源 ||

图 5-2　商业模式画布

### 一、客户细分

客户细分（customer segments），即公司想要接触和服务的消费者群体。这些群体具有某些共性，从而使公司能够针对这些共性来创造客户价值。通俗一点来说，客户细分要解决的问题是企业正在为谁创造价值，谁是企业最重要的客户。

客户是商业模式构建的核心，没有可为企业带来价值和收益的客户，就没有企业可以长久存活。商业模式可以定义一个或者多个或大或小的客户细分群体，企业必须做出合理的决策，到底该重点服务哪些客户细分群体，一旦做出选择，就可以凭借对特定客户群体需求的深入分析和把握，设计出相应的商业模式。

创业企业在进行商业模式设计时，可以先从一些典型的客户细分群体着手，在此基础上拓展出创新的客户细分群体，常见的客户细分市场类型如下。

（1）大众市场客户。商业模式设计时聚焦为传统的大众客户。可以为企业带来最广泛的客户基础，便于企业最大限度地满足广大受众的普遍需求。这类商业模式的客户群体范围广阔，客户的需求和问题都具有普遍性，容易把握，企业一旦进入该类市场，便同时意味着大容量的客户群和激烈的同质化竞争。经营大众日用消费品的企业多使用这类商业模式的客户细分。

（2）利基市场客户。利基是更窄地确定某些群体，这是一个小市场，并且它的需要没有被服务好，或者说有获取利益的基础。利基市场是指那些被市场中的统治者或有绝对优势的企业忽略的某些细分市场或者小众市场，创业企业可以选定一个很小的产品或服务领域作为自己的客户，集中力量进入，并专门为此类客户量身定制产品或服务，从而在避开竞争的同时也建立起强大的市场壁垒，逐渐形成持久的竞争优势，形成自己独有的商业模式。如汽车零部件厂商依赖的利基客户便是其主要汽车生产商。

（3）区隔市场客户。定位为区隔化市场客户细分的商业模式，是在略有不同的客户需求的市场细分群体间有所区分，这些客户细分有很多相似的特征，又有不同的需求和困扰。企业要区别化地提供价值主张、渠道通路，建立不同的客户关系和盈利模式。区隔市场客户细分可按客户行业区隔、客户层级区隔、客户年龄性别区隔、客户心理区隔等。如海尔的商业模式就是运用副品牌策略对市场进行区隔。

（4）平台市场客户。选择平台市场作为商业模式核心细分客户的企业，意在为平台提供服务，而不仅仅是为平台上的一两家客户服务。平台市场给予企业广泛的客户资源，通常都是平台解决方案提供商。如淘宝网即是通过打造 C2C 的平台来构建其商业模式。

（5）链条市场客户。链条市场客户指企业供应链上的客户。企业在商业模式要素设置过程中可对供应链上的企业进行需求分析，为链条上的细分客户提供产品或服务，可以保障企业的利润来源，同时也利于掌控核心资源，为构建商业模式打好基础。如家居零售商的商业模式多集中在此类细分市场客户。

## 二、价值主张

价值主张（value propositions），即企业通过其产品和服务所能向消费者提供的价值。价值主张确认了企业对消费者的实用意义。每个价值主张都包含可选系列产品或服务，以迎合特定客户细分群体的需求。有些价值主张可能是创新的，并表现为一个全新的或破坏性的提供物（产品或服务），而另一些可能与现存市场提供物（产品或服务）类型，只是增加了功能和特性。通俗一点来讲，价值主张要解决的问题是创业企业该向客户传递什么样的价值？或者正在帮助客户解决哪类难题？正在满足哪些客户需求？正在提供客户细分群体哪些系列的产品和服务？

价值主张可以是定量的，如价格、服务等级等，也可以是定性的，如性能、客户体验等，每个客户的价值主张都有对应的产品或服务来实现。创业企业可从以下代表性的要素中来提炼客户价值主张，但不仅限于此七类要素。

（1）创新。该类价值主张满足客户从未感受和体验过的全新需求。大多数消费者对创新的产品和创意都有需求，借助创新来打造企业的核心竞争力，可以给此类客户群体创造持续的客户价值。如 IT 企业便是以不断的技术创新来实现客户价值。

（2）性能。大多数企业都通过不断改进和提升产品或服务的性能来为客户创造价值，这也是广大消费者最普遍的价值主张。如手机制造商就是通过不断改进产品性能来为顾客创造使用价值。

（3）服务。特色化、定制化的服务成为现代消费者越来越关注和在意的价值主张，企业可在服务设计上为客户创造价值。如海底捞以其独具特色的服务来定义其在客户心中的位置。

（4）设计。设计感也可以为顾客创造价值，尤其是在追求时尚和品质的细分客户群中，这样的价值主张是相当重要的一个要素。如珠宝生产商便是以设计来赢得消费者青睐。

（5）品牌。产品同质化竞争的时代，品牌价值是越来越多消费者关注的焦点。品牌是唤起消费者情感价值主张的载体，不容忽视。如奢侈品企业以其独有的品牌价值带给消费者不同的情感诉求。

（6）价格。通过更具竞争力的价格来提供同质化的价值是满足价格敏感客户细分群体的常用做法，如超级市场的低价策略、网络平台的免费模式等。

（7）体验。消费者有参与、体验的价值需求，提供可供目标客户群体体验的产品或服务也是为客户创造价值的手段。如农产品供应商采取体验采摘的模式来满足客户体验价值。

## 三、渠道通路

渠道通路（channels），即公司用来接触消费者的各种途径。这里阐述了公司如何沟通、接触其客户细分而传递其价值主张。它涉及公司的市场和分销策略。通俗一点来讲，渠道通路要解决的问题是：企业通过哪些渠道可以接触我们的客户细分群体？如何接触他们？渠道如何整合？哪些渠道最有效？哪些渠道成本效益最好？如何把渠道与客户进行整合？

企业可以选择通过自建渠道、合作伙伴渠道，或者两者混合来接触目标客户。在把价值主张推向市场期间，发现如何接触客户的正确渠道组合是至关重要的。企业确立了自己的渠道类型之后，还要对这些渠道进行有效整合，渠道整合有利于降低成本，提高效益。因为在同一销售过程中，由不同渠道来承担销售过程中的不同职能，可使企业获得更多利润。例如，一个呼叫中心通常比一个区域销售代理耗费的成本低，而且能为企业带来更多客户，并对这些客户的身份加以确认。企业可以将低成本的电话营销用于客户身份的确认，以达成那些易于成交的业务，把复杂的交易交由区域销售代理处理。采用这种方式，不但可以降低整个销售成本，而且使区域销售代理有更多时间寻求更多、更大的商业机会。

## 四、客户关系

客户关系（customer relationships），即公司同其客户群体之间所建立的联系。我们所说的客户关系管理（Customer Relationship Management）即与此相关。通俗一点来讲，客户关系要解决的问题是：企业的每个客户群体希望企业与之建立和保持何种关系？哪些关系已经建立了？这些关系成本如何？如何把这些关系与商业模式的其余部分进行整合？

企业常见的客户关系类型有如下四种，创业者在创业时可参考确定自己的客户关系类型。

（1）买卖关系。一些企业与其客户之间的关系维持在买卖关系水平，客户将企业作为一个普通的卖主，销售被认为仅仅是一次公平交易，交易目的简单。企业与客户之间只有低层次的人员接触，企业在客户企业中知名度低，双方较少进行交易以外的沟通，客户信息极为有限。客户只是购买企业按其自身标准所生产的产品,维护关系的成本与关系创造的价值均极低。无论是企业损失客户,还是客户失去这一供货渠道,对双方业务并无太大影响。

(2)优先供应关系。企业与客户的关系可以发展成为优先选择关系。处于此种关系水平的企业,销售团队与客户企业中的许多关键人物都有良好的关系,企业可以获得许多优先的甚至独占的机会,与客户之间信息的共享得到扩大,在同等条件下,乃至竞争对手有一定优势的情况下,客户对企业仍有偏爱。

(3)合作伙伴关系。当双方的关系存在于企业的最高管理者之间,企业与客户交易长期化,双方就产品与服务达成认知上的高度一致时,双方进入合作伙伴阶段。在这个阶段,企业深刻地了解客户的需求并进行客户导向的投资,双方人员共同探讨行动计划,企业对竞争对手形成了很高的进入壁垒。客户将这一关系视为垂直整合的关系,客户企业里的成员承认两个企业间的特殊关系,他们认识到企业的产品和服务对他们的意义,有着很强的忠诚度。在此关系水平上,价值由双方共同创造,共同分享,企业对客户成功地区别于其竞争对手、赢得竞争优势发挥重要作用。双方对关系的背弃均要付出巨大代价。企业对客户信息的利用表现在战略层面,关系的核心由价值的分配转变为新价值的创造。

(4)战略联盟关系。战略联盟是指双方有着正式或非正式的联盟关系,双方的近期目标和愿景高度一致,双方可能有相互的股权关系或成立合资企业。两个企业通过共同安排争取更大的市场份额与利润,竞争对手进入这一领域存在极大的难度。现代企业的竞争不再是企业与企业之间的竞争,而是一个供应链体系与另一个供应链体系之间的竞争,供应商与客户之间的关系是"内部关系外部化"的体现。

## 五、收入来源

收入来源(revenue streams),即公司通过各种收入流(Revenue Fow)来创造财富的途径。收入来源用来描绘公司从每个客户群体中获取的现金收入。通俗一点来讲,收入来源要解决的问题是什么样的价值能让客户愿意付费?他们现在付费买什么?他们是如何支付费用的?他们更愿意如何支付费用?每个收入来源占总收入的比例是多少?

一个商业模式可以包含两种不同类型的收入来源,一是通过客户一次性支付获得的交易收入;二是客户为获得价值主张和售后服务而持续支付的费用。

一般而言,创业企业的收入来源可以从以下几个方面获取:

(1)产品销售。最为常见的收入来源方式是销售实体产品的所有权,大多数的企业将产品销售作为其主要的收入来源。如俏江南、真功夫、海底捞等餐饮型企业,他们为客户提供吃的食品,销售的是产品,解决消费者食的需求,收入模式就是依靠产品差价来赚取利润。

(2)服务销售。依靠提供特定的服务来收费,客户使用的服务越多,越个性化,付费越多,包括使用服务收费、定制服务收费、租赁服务收费、授权服务收费等模式。如7天、如家、汉庭、桔子水晶等经济型连锁酒店,他们为客户提供的是住宿服务,解决的是消费者住的需求,收入模式是住宿费用,是服务销售获取收入的模式。

(3)其他收入。处于不同行业中的企业还有其他的收入来源,如广告收入、数据库销售收入、流量收入、会员收入等,这些收入来源往往具有行业特性。如媒体行业的收入模式就主要依靠广告销售,不同类型的品牌商、企业主在各种类型媒体上做广告,销售自己的理念和产品,媒体则依靠广告获取收入维持媒体本身的运营;门户网站的收入来源之一就是流量收入；阿里巴巴的主要收入来自其会员数据库，其主要产品就是中国供应商这一会员产品，依靠万人以上的电话营销及地面营销团队，向大量中小企业提供网络营销会员数据库服务。

## 六、核心资源

核心资源（key resources），即公司执行其商业模式所必需的最重要的因素。每个商业模式都需要核心资源，这些资源使得企业组织能够创造和提供价值主张、接触市场、与客户细分群体建立关系并赚取收入。不同的商业模式所需的核心资源也有所不同。通俗一点来讲，核心资源要解决的问题是企业的价值主张需要什么样的核心资源？渠道通路需要什么样的核心资源？客户关系和收入来源又需要什么样的核心资源？

企业核心资源主要是人力资源、管理资源和技术资源。

## 七、关键业务

关键业务（key activities），即企业为确保商业模式可行而必须做的最重要的经营活动。任何商业模式都需要多种关键业务活动，这些业务是企业得以成功运营所必须实施的最重要的动作。关键业务也是创造和提供价值主张、接触市场、维系客户关系并获取收入的基础。通俗一点来讲，关键业务要解决的问题是企业的价值主张需要哪些关键业务？渠道通路需要哪些关键业务？客户关系和收入来源又需要哪些关键业务？

不同的商业模式会衍生不同的关键业务，可以是制造产品，可以是提供解决方案，也可以是运营平台或者网络。

（1）制造产品。这些业务活动涉及生产一定数量或满足一定质量的产品，与设计、制造及发送此产品有关。制造产品这类业务活动是大多数企业商业模式的核心。

（2）提供解决方案。这类业务指为特定客户的问题提供定制化的解决方案，如咨询公司、医院等机构的关键业务就是提供解决方案。

（3）运营平台或网络。以平台为核心资源的商业模式，其关键业务都是与平台或网络相关的。网络服务、交易平台都是平台。

## 八、合作伙伴

合作伙伴（partnerships），即公司同其他公司之间为有效地提供价值并实现其商业化而形成的合作关系网络。这描述了让商业模式有效运作所需的供应商与合作伙伴的网络。企业基于多种原因打造合作关系，合作关系正日益成为许多商业模式的基石。很多公司通过创建联盟来优化其商业模式、降低风险或获取资源。通俗一点来讲，合作伙伴要解决的问题是谁是企业的重要伙伴？谁是企业的重要供应商？从伙伴那里获取哪些核心资源？合作伙伴都执行哪些关键业务？

企业的合作关系可以有四种类型：

（1）在非竞争者之间的战略联盟关系；

（2）在竞争者之间的战略合作关系；

（3）为开发新业务而构建的合资关系；

（4）为确保可靠提供的购买方—供应商关系。

## 九、成本结构

成本结构（cost structure），即运营一个商业模式所引发的所有成本。成本结构用来描绘特定的商业模式运作下所引发的最重要的成本构成。创建价值和提供价值、维系客户关系以及产生收入都会引发成本，这些成本在确定核心资源、关键业务与合作伙伴后可以相对较为容易地计算出来。通俗一点来讲，成本结构要解决的问题是什么？什么是商业模式中最重要的固有成本？哪些核心资源花费最多？哪些关键业务花费最多？

成本结构所代表的是在运转整个商业模式的过程中所消耗的成本。市场同质化竞争的本质是成本结构的竞争。优化成本结构，不仅降低了经营消耗和有效积累资本，关键是有了更强的抗风险能力。企业在设计商业模式时可以通过以下措施来实现成本结构的优化：

（1）削减客户次要需求，简化产品类型。关键是抓住客户的核心需求和突出性价比，如7天连锁核心是提供良好的休息环境，一流的床铺加上一流的隔音环境，而提供较小的卫生间、窗户做小，吹风每层楼才有一个。

（2）技术性创新。不仅仅是产品的创新，还包括商业模式和管理模式的创新，如佳能用小型复印机打败了如日中天的施乐。

（3）供应链整合。让客户、供应商、制造商和分销商组成的网络中的物流、信息流和资金流加快转速度，用一体化带来的效率提高，沃尔玛和凯马特的美国第一零售之争，沃尔玛就赢在供应链技术革新，它在美国有超过70个高科技物流配送中心，能同时供应700多家店，单个配送中心作业量达120万箱，供应链优势让它价格平均水平低于凯马特，再发动价格战一锤定音。

（4）规模经济效应。通过产能扩大，在组织成本、采购成本、经验成本和库存等方面取得成本优势，降低单位产品的边际成本，最大的优势是成功地拉高进入门槛。如格兰仕产能达到100万台时，出厂价定在产能80万台成本价以下，产能达到400万台时，出厂价定在产能200万台成本价以下，产能达到1000万台时，出厂价定在产能500万台成本价以下，降价的另一个结果是将价格平衡点以下的企业一次又一次大规模淘汰，行业集中度提高，格兰仕成为微波炉市场的领跑者。

（5）自动化。随着我国人口红利的关闭，制造业的人力成本已经不占优势，自动化是未来大势所趋，创造国内摩托车行业的第一条机器人生产线的重庆建设工业公司，通过90%的自动化率，生产效率提高了42.8%，合格率则从70%提高到了97%，而工作人员则减少了3000多人。

（6）严格财务管理。钉死目标，卡住过程，评估结果，最后赏罚分明。例如，台塑集团的采购分为三步，一线提需求，在采购部汇总合并同类项，采购部决定是否购买并集中询价和谈条件，而采购权在经理手里，经理会对需求和价格进行考虑决定是否继续，即使经理通过了最后还得董事长王永庆亲自审批才生效，这种流程让台塑集团的采购价格降低2%~3%，达到数十亿，降低部分拿出一定额度奖励分发给相关人员，整个财务系统实现了利益绑定和良性循环；多一分成本的把握，企业的路才会更有把握。

## 十、商业模式画布的应用

商业模式画布不仅可以应用于创业领域，还可以应用于其他领域。例如，在我们明白了商业模式在企业的应用以及在其中发挥的作用之后，就可以利用这种方式重新进行思考，对职业生涯加以规划、积累和发展。因此，商业模式画布可以用来描述个人商业模式，随着职业道路的不断发展，不断利用商业模式定制化策略进行调整，以便更好地适应充满变化的时代。

画布不但能描述企业的商业模式，也能描述个人的商业模式。但这两者之间还是略微有些区别的。

在个人商业模式中，核心资源即自己，包括你的兴趣、技能、个性以及你掌握的资源；在组织机构中，核心资源的范围通常更为广泛，如包括其他员工。此外，个人商业模式要考虑无法量化的"软"成本（如工作压力）和"软"收益（如满足感）；组织机构商业模式通常只考虑货币化的成本和收益。因此，在描绘个人商业模式时，需要换一种角度来说明画布中的九大基本模块：

（1）客户细分：我能帮助谁；
（2）价值主张：我怎么帮助他人；
（3）渠道通路：怎么宣传自己和交付服务；
（4）客户关系：怎么与对方打交道；
（5）收入来源：我能得到什么；
（6）核心资源：我是谁？我拥有什么；
（7）关键业务：我要做什么；
（8）合作伙伴：谁可以帮助我；
（9）成本结构：我要付出什么。

下面以克里斯·伯恩斯为例，分析她的个人商业模式画布。

在传统出版行业商业模式以及老板眼中，克里斯·伯恩斯无疑是经过良好培训、经验丰富的记者，但不幸的是，面对互联网带来的风云突变，传统出版行业正在严重萎缩。当克里斯被公司解雇时，她正在攻读博士研究生，希望日后投身写作行业。

凭借对可持续性问题的关注以及读博期间建立的人际关系，克里斯找到了一份兼职工作，为大学教授的学术论文做编辑。没想到，这份工作让她感到如鱼得水。

直到有一天，克里斯意识到她的工作其实并不是编辑排版那么简单，而是具有更重要的价值，即帮助客户在一流学术刊物上顺利发表文章。于是，她决定大幅提高自己的服务报价，同时向客户收取研究费。

结果，克里斯竟然赢得了更多的客户。

因此，克里斯·伯恩斯将个人商业模式画布设计为如图5-3所示。

| 重要伙伴 | 关键业务 | 价值主张 | 客户关系 | 客户细分 |
|---|---|---|---|---|
| 博士委员会成员 | 编辑、修改、调研和营销 | 帮助客户在顶级学术期刊发表文章 | 个人服务<br>注重客户维持 | 欧洲地区大学教授 |
| | 核心资源 | | 渠道通路 | |
| | 关注业务、可持续性、一流的写作编辑能力、认真细致，注重细节 | | 电子邮件、skype、互联网 | |
| 成本结构 | | | 收入来源 | |
| 调研、营销工作投入的时间和精力 | | | 更高的回报 | |

图5-3 克里斯·伯恩斯的个人商业模式画布

# 第三节　国内外主要商业模式

## 一、传统商业模式

### （一）新直销模式

代表公司：安利、雅芳、完美、天狮、玫琳凯。
影响领域：化妆品、日用消费品、保健营养品。
影响关键词：多层次直销。
模式概述：多层次人力直销网络是安利商业模式的根基，这张庞大的销售网上的每一个节点——安利的每一个直销员，都具备经销商和消费者的双重身份。1992 年进入中国内地的安利并不是面向终端消费者、以产品消费价值招徕顾客的常规企业，而是面向小型投资主体——个人与家庭，招募他们为经销商，加入安利直销大军。中国《直销管理条例》等相关法律法规出台后，处于敏感地带的安利尽管获得了中国政府的牌照，但也在调整新的业务模式，原来的经销商可以在"销售代表"和"服务网点"两个渠道间重新选定身份，而安利原有的经销商队伍将逐渐淡出。安利在逐步适应中国环境和改变经营方式的过程中，坚守住了中国市场。
示范效应：直销模式被中国很多企业采用，最著名的如天狮集团。
模式的难题：政策约束和道德风险，是直销企业在中国发展的主要瓶颈。
潜在竞争者：天狮、众多 C2C 电子商务网站。

### （二）国美模式

代表公司：国美、鹏润。
影响领域：家电零售业。
影响关键词：资本运作、专业连锁、低价取胜。
模式概述：家电在中国是成长性较好的商品之一，低价连锁的销售模式深得消费者的青睐。国美依靠资金的高周转率，以惊人的速度扩张，至今国美电器是世界知名的家电连锁巨擘百思买公司的 4 倍，利润主要来自供应商的返利和通道费。
示范效应：国美身后，以专业连锁与低价取胜见长的还有苏宁、永乐和大中等公司。作为香港上市公司的国美电器善于借助资本市场的力量，于 2006 年 7 月并购了中国第三大家电连锁销售商永乐电器，成为名副其实的巨无霸企业。
模式的难题：规模急剧扩张的国美面对的却是盈利能力的下滑，和其竞争对手一样，低价之外还需要更多的精细化管理。而凭借供应商的应收账款维持高速运转，恐怕也不是长久之计。

### （三）分众模式

代表公司：分众传媒。
影响领域：户外广告、品牌传播。
影响关键词：新媒体模式、行业整合。
模式概述：其商业价值来源于让无聊地等电梯的写字楼白领观看电梯口液晶屏广告，给广告主提供准确投递广告的新媒体。2005年7月,户外液晶电视广告首创者分众登陆纳斯达克融资1.72亿美元,此后并购了公寓电梯广告商框架媒体和行业第二名聚众,打造"分众户外生活圈媒体群"商业模式:一个人早上上班,进了电梯会看到电梯海报,在都市中心商务区的行进路途观看LED彩屏媒体广告,在写字楼看到楼宇广告,而在超市、大卖场又能看到分众的大卖场联播。

示范效应:分众的出现,催生了一系列的跟进者,如覆盖药店人群的健康传媒、覆盖铁路火车系统的光源传媒、覆盖厕所的亮角落传媒,甚至有人建议海尔也转型广告商——电视开机时跳出广告。

模式的难题:技术门槛低,进入容易,楼宇租金上涨,单机人工播放的形式影响广告价格和广告效果,户外媒体资源(广告牌位)不可再生,市场空间受限,缺乏内容支持,粘性效果差,有噪声。

潜在竞争对手:移动电视网、手机电视。

### (四)虚拟经营模式

代表公司:耐克、美特斯邦威。
影响领域:服装业、零售业。
影响关键词:虚拟经营、外包。
模式概述:美国耐克公司是服装业虚拟经营的典范。耐克公司把精力主要放在设计上,具体生产则承包给劳动力成本低廉的国家和地区的厂家,以此降低生产成本。这种虚拟制造模式使耐克得以迅速在全球拓展市场,近年来,耐克试图转变既有的产品驱动型的商业模式,进而发展成为通过全球核心业务部门的品类管理,推动利润增长的以客户为中心的组织。

示范效应:耐克公司的虚拟经营模式到了中国,得到了温州商人的追捧。早在10年前,美特斯邦威就不生产一件成衣,全部产品由全国的200多家OEM服装厂代工生产,销售则通过分散在全国的1200多家加盟店来完成。目前美特斯邦威已成为中国民营休闲服装的领军企业。

模式的难题:由于中国各地OEM厂商产能有限,供货商队伍过于庞大分散,引起了品牌企业的经营和管理成本的上升,对民营企业的管理能力也提出了挑战。2005年底,美特斯邦威已决定调整策略,控制至少20%的生产能力和零售终端。

### (五)经济型连锁酒店模式

代表公司:如家、锦江之星、莫泰168、七日天天、城市客栈等经济型酒店。
影响领域:酒店、餐饮。
影响关键词:酒店连锁、低价。
模式概述:如家未必是中国经济型酒店的"第一人",却是迅速地将连锁业态的模式运用于经济型酒店的革命者。由于快速地加盟、复制、扩张,如家快捷酒店及时地占据了区位优势,在众多的同行业竞争者中率先赢得华尔街的青睐,于2006年10月26日成功登陆纳斯达克。在中国的一线商务城市,如家入住率接近100%,定位在150元至300元之间的经济型客房,对中小企业商务人士、休闲及自助游客具有极大的吸引力。

示范效应:如家的商业模式引发了复制的热潮,经济型连锁酒店概念在中国炙手可热,如家上市后仅半个月，位于广东的七天假日连锁酒店于 2006 年 11 月获得美国华平投资基金千万美元的投资。目前，在经济型连锁酒店领域，也出现了更为细分的市场，如莫泰 168、汉庭，瞄准了比如家略高一个档次的市场。

模式的难题：中国的不同城市差异巨大，如何在维持低成本运作的前提下，以相对统一的服务品质，保证在各个城市均获得成功，而众多的加盟店管理不善也会影响品牌形象。若想取悦华尔街，经济型连锁酒店需要保持更高的增长速度和利润。

潜在竞争者：来自海外的宜必思、速 8，以及国内民营企业创办的莫泰 168 都是如家的有力竞争者。

### （六）娱乐经济新模式

代表栏目：湖南卫视"超级女声"、上海东方台"加油好男儿"、北京电视台"红楼梦中人"。

影响领域：娱乐文化。

影响关键词：娱乐营销、整合营销、事件营销。

模式概述：超级女声构筑了独特的价值链条和品牌内涵。从 2004 年起，"超级女声"通过全国海选的方式吸引能歌善舞、渴望创新的女孩子参赛，突破了原有电视节目单纯依靠收视率和广告赢利的商业模式，植入了网络投票、短信、声讯台电话投票等多个盈利点，并整合了大量媒体资源。这种调动消费者的情感与参与度的娱乐节目，在 2005 年达到空前高潮。赞助商、电信厂商和组织机构成为最大赢家。而在节目结束后，电视台所属的经纪公司又开始对超女进行系列的包装、运作，进行品牌延伸营销。

示范效应：海选节目在中国遍地开花，各家电视台和影视制作机构纷纷"克隆"，比较成功的有上海东方台"加油好男儿"和北京电视台"红楼梦中人"。

模式的难题：如同所有的电视节目的规律一样，海选节目很容易进入瓶颈期。超级女声在 2006 年已无复 2005 年的风光。消费者喜好的转移和市场的千变万化，是这类商业模式的"死穴"。同时，一枝独秀也是这种模式的规律，虽然容易被复制，但复制者大多难以超越首创者创造的奇迹。

## 二、互联网背景下全新商业模式

### （一）B2B 电子商务模式

代表公司：阿里巴巴、慧聪、环球资源、网盛科技。

影响领域：网上交易。

影响关键词：在线贸易、信用分析、商务平台。

模式概述：阿里巴巴被誉为全球最大的网上贸易市场，不仅推动了中国商业信用的建立，也为广大的中小企业在激烈的国际竞争中带来更多的可能性。阿里巴巴汇聚了大量的市场供求信息，同时通过增值服务为会员提供了市场服务。目前阿里巴巴主要依靠中国供应商、委托设计公司网站、网上推广项目和诚信通赢利。特别值得一提的是诚信通，由于能够协助用户了解客户的资信状况，因此对电子商务市场的诚信度的建立深有意义。

示范效应：网盛科技于日前成为中国互联网第一股，顺利登陆国内 A 股市场，证明了资本市场对 B2B 电子商务模式的信心。网盛科技的核心业务是其旗下运营的多家行业垂直类 B2B 网站，如中国化工网、全球化工网、中国纺织网、医药网等。

模式的难题：中国电子商务整体环境始终困扰着 B2B 电子商务模式的发展，信用管理问题也同样突出。

### （二）C2C 电子商务模式

代表公司：淘宝网、易趣网、当当网。

影响领域：网上个人交易、零售业。

影响关键词：网上支付、安全交易、免费模式、娱乐营销。

模式概述：淘宝网以连续数年免费的模式，将最大的竞争对手置于被动地位，并吸引了众多网上交易的爱好者到淘宝开店。淘宝网还打造了国内先进的网上支付平台"支付宝"，其实质是以支付宝为信用中介，在买家确认收到商品前，由支付宝替买卖双方暂时保管货款的一种增值服务。同时，短时间内迅速占领 C2C 电子商务市场，淘宝网的多触角出击整合娱乐营销的商业模式功不可没。影视、体育、慈善等各个领域都可以看到淘宝网的身影。

示范效应：淘宝网的高速增长，使同行发现了中国 C2C 市场的巨大潜力，原本以 B2C 模式见长的网上书店当当网和被亚马逊收购的卓越网，也纷纷开起网上店中店，以求吸引更多的消费者，增加用户的粘性。

模式的难题：易趣网被淘宝网的免费战略打败，说明中国的消费环境尚不成熟。以利润换取市场空间的方式在 C2C 启动初期是奏效的，但如何增加客户的粘性，并寻找到适合 C2C 的赢利方式，是淘宝等网站共同面临的问题。另外，网络支付的安全性也是一大挑战。

### （三）网络游戏模式

代表公司：盛大公司、网易、第九城市。

影响领域：互联网、网络游戏。

影响关键词：免费模式、互动娱乐。

模式概述：盛大独自开创了在线游戏的商业模式。在 2005 年 12 月，盛大主动宣布转变商业模式，将自己创造的按时间收费的点卡收费模式，改为实施道具增值服务的计费模式。盛大希望以一种有效的运转模式发现和满足用户需求，延长游戏的生命期，并为公司的互动娱乐战略提供更持久的现金流。经历一段低迷期后，由于免费模式的推行，盛大的在线游戏的核心竞争力不断强化，收入得到了快速恢复和增长。

示范效应：盛大游戏转型免费前，国内在线游戏还没流行免费，而现在越来越多的在线游戏运营商摈弃按时间扣点的单一收费模式。久游网也是一家摒弃了单纯的按时间收费的模式，而是为用户提供一站式服务的网游公司。

模式的难题：无论收费还是免费，只有依靠好的游戏产品，才能在市场上长期立足。

### （四）网络搜索模式

代表公司：百度、谷歌、雅虎及众多垂直搜索网站。

影响领域：互联网搜索。

影响关键词：竞价排名、网络广告、搜索营销。

模式概述：搜索引擎已彻底改变了人们的生活方式，其中竞价排名是搜索最主要的收入来源。百度的收入对竞价排名的依赖程度很高，实质类似于做广告，即客户通过购买关键词搜索排名来推广自己的网页，并按点击量进行付费。由于网页左右两边都包含有竞价排名的结果，搜索者很难清晰地辨别哪些搜索结果是付费的。谷歌的竞价排名商业模式有所不同，搜索结果显示的左侧是自然搜索排名，右边为竞价排名搜索结果，更好地照顾了用户的使用感受。

示范效应：继谷歌、百度之后，竞价排名成为多数搜索引擎的赢利模式。

模式的难题：单一搜索门户所采用的竞价排名商业模式，很容易影响搜索结果的客观性，造成用户的忠诚度下降。百度已因此屡受质疑，而如何识别无效点击或欺骗性点击的技术，也是竞价排名搜索模式需要解决的问题。

### （五）O2O 电子商务模式

代表公司：携程、大众点评网、饿了么。

模式概述：O2O 即 Online To Offline，即将线下商务的机会与互联网结合在一起，让互联网成为线下交易的前台。这样线下服务就可以通过线上来揽客，消费者可以在线上筛选服务，并且成交可以在线结算，进而快速达成规模。首次的 O2O 模式是在 2006 年沃尔玛公司提出的 Site to Store 的 B2C 战略，即通过 B2C 完成订单的汇总及在线支付，顾客到 4000 多家连锁店取货，该模式就是 O2O 的模型。携程旅行网、大众点评网为我国最早的 O2O 模式，他们注重信息流的传递，资金流和服务流一般线下实现。近几年，我国涌现了大量本地生活服务 O2O 平台，如餐饮外卖 O2O 平台饿了么、美团外卖，家政 O2O 平台阿姨帮，美业 O2O 平台河狸家等。这些 O2O 平台与用户日常生活息息相关，并能给用户带来便捷、优惠、消费保障等作用，吸引大量高粘性用户；同时对商家有强大的推广作用，可吸引大量线下生活服务商家加入；并可在巨大的广告收入空间及形成规模后形成更多的盈利模式。

O2O 模式的关键点就在于，平台通过在线的方式吸引消费者，但真正消费的服务或者产品必须由消费者去线下体验，这就对线下服务提出更高的要求。而这些线上迅速崛起的创业型公司能否掌控稳定的服务体系也是一个很大的问题。线下的主体多半是服务类型的企业，而国内服务存在各种不规范的运营，虽然团购已经进行了先期教育，但是距离稳定完善的服务仍相去甚远，因此如何保障线上信息与线下商家服务对称，将会成为挑战 O2O 模式能否真正发展起来的一个关键节点。

### （六）团购电子商务模式

代表公司：Groupon、无忧团购网。

模式概述：利用网站聚集用户是团购电子商务模式的核心。Groupon 所提供的产品实质以服务商户与用户为主，对于商家来说 Groupon 平台定位精准、目标明确、成本低廉，是广告宣传的最佳平台。商家通过 Groupon 充分曝光，提升影响力；且通过该平台带来的超级数量的用户，出售优质商品或服务，再口口相传，吸引更多的用户再次消费。而基于用户其提供的是高性价比的产品或服务信息。Groupon 主要售卖的均是餐馆、酒店、美容、健身、培训等服务类的优惠信息，即使跟知名服装企业 Gap 合作也是以优惠券的形式售卖，这均避免了库存、物流配送成本。此外，拥有 3.5 万家商户资源的 Groupon 还推出了个性化团购新功能，来更好的匹配商户与用户的需求。根据用户的性别、购买历史以及兴趣向其发送更为密切的团购信息，使所提供的产品购买率实现最大化，也使用户黏性大增。Groupon 的盈利核心在于收取商户的交易佣金。

无忧团购网其全部业务活动就是利用自己的专业网站聚集用户，发动团购，而样品展示、交易手续办理、支付、配送货以及退换货这些目前制约电子商务发展的难题则完全由签约供应商承担，赚取的是交易佣金。相当于用网站承包了签约供应商的市场推广、开拓和与客户沟通的工作，而把交易中的资金流、物流和逆物流（因客户退换货而引起的物流）外包给了相应的签约供应商。从而，以无忧团购网为核心形成了一个虚拟企业网络。可以认为，无忧团购是一种关注于信息流的团购电子商务模式。在追求成长性的过程中，无忧团购的信息中介模式可能获得的机会是在现有业务之外发展出一个专业的建材和居家用品交易中介平台，从而在模式上类似于易趣网。

团购模式若以价格优势吸引消费者，商家如何权衡线上价格和线下价格的差异，不打破自身原有的市场体系，同时保证两方消费者的利益，这是个难题。

### （七）社交网络平台运营模式

代表公司：Facebook、微信、QQ。

模式概述：Facebook 旨在帮助人们建立社会性网络的互联网应用服务，也就是建立起一个网络社交服务平台，用户在这个平台上可创建属于自己的专区。在 Facebook 里面，因为都是自己熟悉的好友，接收到的基本上是真实的信息，让用户觉得心里踏实、有趣。同时，网络不再是"虚拟"的空间，而成为现实生活的另一版本，而在这个版本里面沟通和互动有时显得更有效率，且更有"人"味，这也促使社交网络的价值飞速增长。

从 Facebook 这几年成长历程中可以看出，其开放、合作、共赢式的战略帮助其一路高涨强进。目前，在 Faceook 平台上大大小小的第三方合作商家已有数千家，吸引了大量的程序员或公司为其开发各种类型的应用模块，使其网站的用户之间多了很多应用模块，又反过来又刺激了用户的增长。

Facebook 等社交媒体最大的成功是改变了人们使用互联网的方式，并称得上是一次历史性的改变。随着社会向更为多元的文化方向发展，越来越多的人喜欢通过社交网络来表达自己。在上一轮互联网经济热潮中，搜索、娱乐等应用工具趁势崛起，而网络社区化趋势正使提供这些服务的传统互联网企业面临严峻挑战。

### （八）共享经济商业模式

代表公司：Uber、RelayRides、Airbnb、滴滴打车。

模式概述：依托于互联网技术的发展，共享经济作为新的商业模式得到了迅速发展。随着对社会经济各个领域的影响逐渐加深，人们的生产和生活各个方面都发生了巨大的变化。共享经济也被称作协同经济、协同消费，最早起源于欧美国家，其核心思想是以共享的方式进行消费和生产。共享经济通过共享平台，重新配置闲置资源，能够大大减少消费者降低获得产品和服务的成本，并减少对现有资源的浪费，是一种低成本、高收益的消费模式。

共享经济理念已在世界范围内得到了广泛的应用，国际上的 Uber、RelayRides、Airbnb 都是成功的典型。特别是在中国，人口密集，资源相对紧缺，共享经济有了更加广阔的发展市场。各式各样的共享单车、共享电车乃至共享汽车平台，滴滴打车等网约车平台，还有小猪短租、我爱日租等空闲房屋共享平台，都在短时间内发展起来，成为人们日常生活的重要部分。

共享经济在我国发展时间尚短，可借鉴的成功案例太少，同时相关的制度建立相对滞后，这使得共享经济在发展中还存在着诸多问题。首先是相关法律法规的不完善，对于共享经济，现有的法律法规在税收和监管等多个方面都还没有特别的规定，无法适应共享经济的发展。其次，共享经济所依托的信用体系在我国也有待完善。信用体系的不完善使得在交易中的逆向选择和道德风险频发，失信问题严重，交易成本非常高，严重阻碍了共享经济的发展。最后，越来越多的企业都纷纷涌入共享经济领域，共享经济观念被运用到各个领域。然而这样无序的进入，不仅使许多行业出现了重复竞争，导致资源浪费，而且导致了竞争市场混乱和恶性竞争。

### （九）社交电商模式

代表公司：拼多多。

模式概述：社交电商是电子商务的一种新的衍生模式，通过社交互动来辅助商品的购买和销售行为，并将关注、分享、沟通、讨论、互动等社交化的元素应用于电子商务交易过程的现象。电商行业兴起多年，淘宝、天猫、京东等巨头已经稳固占据市场，拼多多却凭借社交电商模式挤进了这几乎饱和的市场。

拼多多的低价优惠销售商品、社交分享、满足消费者占便宜心理、帮助商家建立品牌的价值主张是使其成功的重要因素。它最初将客户细分到三四线城市新网民，这些"尾部"消费群体可支配收入不高，对价格极其敏感，他们不看重商品品牌价值，只在乎实用与否。而且拼多多通过社交电商模式发展客户渠道，并在成立初期，利用微信红利低成本获得大量用户，还采取拼单秒杀等活动，利用消费者的社交力量将其传播出去，通过明星代言和综艺宣传增加曝光度。它通过团购拼单，特色营销（如助力免单、品牌折扣、砍价免费等营销），秒杀活动，红包小程序等活动引起消费者的注意、兴趣，建立了相互信任的客户关系。另外，拼多多直接与工厂和农户对接，从源头购买产品，促进供应链集约化，降低物流成本，省去中间经营成本。腾讯微信是拼多多最大的合作伙伴，为其提供了强有力的流量扶持。

拼多多做到了让商家以极低价格进行销售，定位好了买家端的目标用户，且保障了人与货的连接。但其存在的假货管制不力会对公司声誉造成损害并造成财务损失，其社交模式和营销套路会降低用户的复购率。拼多多应提高企业形象和管理能力，守住质量服务底线，获取消费者信任，以求长期持续发展。

## 本章小结

本章主要内容是商业模式的基本知识，包括商业模式的定义及特征、商业模式的构成要素、设计商业模式的思路和方法以及商业模式画布的组成要素，并对国内外主要商业模式进行了介绍。

商业模式是为了实现客户价值的最大化，通过整合企业运行所需的内外资源，培育和形成企业独特的核心能力，达成企业持续盈利目标的整体解决方案和运行方式。

好的商业模式的特征为：第一，成功的商业模式要能提供独特价值。第二，成功的商业模式是难以模仿的。第三，成功的商业模式要脚踏实地，能够持续为企业创造利润。

商业模式的构成要素是顾客、价值和利润。

设计商业模式的思路和方法是客户价值创造最重要；赢利模式创新最关键；关键资源和关键流程最基础。

商业模式画布的组成要素包括了客户细分、价值主张、渠道通路、客户关系、收入来源、核心资源、关键业务、合作伙伴、成本结构这九个元素。

商业模式画布可以用来描述个人商业模式，随着职业道路的不断发展，不断利用商业模式定制化策略进行调整。

## 思考题

1. 如何理解商业模式？
2. 一个好的商业模式需要具备什么特征？
3. 如何理解商业模式画布的九大要素？
4. 应用商业模式画布设计你的职业生涯。

【案例讨论】

## 阿里巴巴的商业模式

1988年，马云以5万元创业，当时中国和发达国家同样面对信息技术带来巨大商机和挑战，中国加入WTO后将迎来"中国会成为世界工厂"的社会现实。马云预测到这些宏观经济形势，敏锐地识别出这些对中国电子商务发展路径的深刻意义。他绕开收费入网模式，毅然推出企业免费入网的概念。

阿里巴巴免费入网概念为他争得最大数量企业的参与。在经济转型中，社会和市场不确定客观存在，产生大量且较严重信用问题。马云敏锐意识到越是市场信用问题糟糕，企业信用就越稀缺，越稀缺就越有价值。2002年阿里巴巴强力推出企业信用认证概念，为企业创造了很高利润。

阿里巴巴没有过早给自己盈利模式定形，马云与其团队饱含创新热情，如2004年阿里巴巴收购雅虎中国后推出电子商务搜索——关键词竞价搜索。

案例思考：

1. 请问阿里巴巴是哪种类型的商业模式？
2. 为什么至今没有企业能够成功模仿它？

## 参考文献

[1] 张文喜，巩艳芬. 创业基础 [M]. 北京：中国商业出版社，2016.

[2] 左仁淑. 创业学教程：理论与实务 [M]. 北京：电子工业出版社，2014.

[3] 蒂姆·克拉克. 商业模式新生代（个人篇）：一张画布重塑你的职业生涯 [M]. 北京：机械工业出版社，2012.

# 第六章

# 创业资源管理

 学习目的 <<<

本章学习目的在于使学生掌握创业资源、创业融资及创业资源管理等相关知识。主要包括创业资源的内涵与分类、创业资源与一般商业资源的异同、获取创业资源的途径与技能；创业融资的内涵、创业融资路径、创业融资方式的选择策略；不同类型的资源开发、创业资源开发的推进方法等。旨在通过本章学习，使学生了解如何获取创业资源，并能针对不同创业资源进行有效开发，为学生未来进行真正的创业实践奠定基础。

 引导案例

## 第一部分

1995 年柳永坡大学毕业后留校任教当老师，后来为了能够深造，学习到更多的专业知识，并深入到研究课题中去，2002 年到了北航读博士。这期间，一直做科研项目，做了很多国家重点项目，但是，最后形成的都是一些报告，然后看看这些并不完美的项目结题研究报告是否能够继续支持做下去，如果有后续的经费支持，那就继续做一些进一步的研究工作，如果没有了经费，就把报告封存入库，然后开始新的研究。当时，他就觉得这是国家投入的巨大浪费，当时，就在想，如何能让这些科技成果转化出来，真正地形成生产力呢。然而，博士毕业后，他去了北京工业大学，在软件学院工作了三年，期间，因为教学任务比较重，科研工作并不多，也就没有特别花精力来考虑这个事情了。经历了三年的教学为主的工作以后，自己意识到这项工作没有太大的挑战性了，几门课程已经烂熟于心，就有了太多的业余时间，他就又开始想，也许还是要回到北航，才能继续持续他的技术转移的梦想，至少那里的科研项目他一直没有放弃，课题组的工作他也一直在负责，同样，这些成果没有得到及时的转化，他还是非常痛心。于是，他毅然决然回到北航做了博士后，看看如果跟社会企业结合，能够让更多的科研成果真正转化落地，无论是为了国计，还是为了民生，真正能够为国家民族做出应有的贡献。回到北航做博士后期间，他做好了课题组交给我的工作任务，开始琢磨如何走入社会，如何跟企业家进行交流沟通，如何将技术成果融入企业的发展中去，恰好，有了一个机会，这就是他的第二部分的工作。

## 第二部分

2014年8月，柳永坡以北航博士后的身份由北航组织部派到江苏省科技镇长团，并任南京经技术开发区投资促进局副局长，开始从学校走向企业家的历程。挂职干部一般都存在一些误区，认为是三不管，原单位不管、现单位不管、家里人不管，所以，少数挂职人员并没有很珍惜这一段经历，然后他想的是不一样的，他认为他原来就在学校里面转，企业家到底是什么，企业到底做什么，尤其是技术创新类企业到底做什么，他非常期待能够借这个机会更多地了解到。于是，他的主管领导，我的局长，开发区管委会副主任，送他一个外号"拼命三郎"，当时，南京有个人才计划，主要就是吸引一些有很好商业计划的创业人才，让他们到南京来创业发展，他从南到北、从东到西，全国各地做宣介、做路演、做招商会不下百场，看了商业计划书几千份，不断积累，不断熟悉了解企业的运作模式、核心技术、创业团队、市场空间等新的领域，从此而一发不可收拾，爱上了这份工作，想尝试这份工作。于是，在这期间经历一个跟技术转移相关的案例的全过程。

一个年轻无人机团队的崛起与离散。老家有一个团队，是一群无人机技术的发烧友，苦心研究5年多，研发出来一套可以挂载不同载荷进行不同应用的油动四旋翼无人机，特点是载荷重、续航时间长、飞行平稳。因为是老家的团队，初来乍到，也不知深浅，而且有很多的需求，那么，柳永坡就利用他过去的资源一项一项帮他们对接，也算是技术转移的雏形阶段吧。首先，找资本，毕竟需要钱，那么找钱的时候就必须有非常能够打动资本方的商业计划书，从江苏到安徽，再到上海、北京，找了十几个资本方，都不愿意投；第二，找背书做评判。他找了空军装备部的技术专家，找了北航通航领域的首席研究员，找了很多行业领域的企业家，进行评估，觉得还是有一些理论知识不够；第三，是找场地找政策，带着他们找了几家政府的园区进行对接，看了十几个地方的厂房，跟政府交流不下几十次，还是没有落地，最后还是落回到了老家，政府给了厂房，给了经费。然而，好景不长，这个团队拿到了政府支持没过多久，等柳永坡再次询问进展时，说技术走了，销售走了，团队基本上解散了。总结这个过程，之所以没找到合适资源，我认为有以下几个问题：一是商业模式不够清晰，产品核心竞争力不够强，行业壁垒没有看到；二是团队专业能力不够；三是市场竞争力不清晰。

## 第三部分

2015年11月至今，柳永坡先后任中关村意谷（北京）信息科技有限公司信息管理部总监、锦州项目部总经理、南阳项目部总经理、新乡项目部总经理，运营管理部总监，现任公司副总裁，意谷（北京）投资管理有限公司投资总监，著名天使投资人，基金合作人，成功投资项目10多个。获得人力资源和社会保障部认证的《创新创业导师》，北京航空航天大学创新创业训练营导师，成都高新区公众移动互联网能力开放中心特约高级顾问，北京航空航天大学北京校友会创新创业专委会委员。

中关村e谷成立于2012年4月，诞生于中关村国家自主创新示范区核心区，起源于中关村数字娱乐产业联盟，是中关村管委会授权使用"中关村"冠名的科技服务企业，是科技部火炬中心认定的国家级科技企业孵化器，也是工信部中小企业局认定的国家级小型微型企业创业创新示范基地。

中关村e谷作为一个创业梦想打造的产业高地，以"互联网＋科技服务"的模式，驱动全国各地展开产业生态的新布局、新主张，将信息技术、互联网、大数据、航空航天、无人机、区块链、文化创意、电子商务和智能制造等产业领域植根于全国，形成了一个包括北京、上海、深圳、广东、天津、河北、山东、山西、浙江、贵州、辽宁、云南、河南、陕西、福建、江苏、重庆在内，覆盖全国的科技服务网络，运营管理着40余个基地和产业园区，累计运营面积100余万平方米，已成为全国知名的专业科技服务机构。

一套大自然完整的生态圈，需要包含生产者、消费者、分解者等一整套高级的运转模式才能达到平衡发展，循环增加的自然状态。而中关村e谷正是在科技服务业中探索出了一套同样的方式，来开发、管理和运营着全国每一个产业基地和产业园区。由物理空间、产业市场、产业联盟、赛会生态、金融体系、定向人才、公共服务平台组成的一套立足地域经济发展需要，缔造地域产业特色的生态雨林体系，正不断重塑着全国各地产业经济的新秩序。

如今，中关村e谷已累计服务企业2000余家，成功孵化企业560余家，其中获得投资企业130余家、新三板挂牌企业近12家、成功上市企业3家，在孵企业中获得专利数3250余项、软件著作权2540余件、国家科技进步二等奖1项、中关村金种子企业10家、企业创始人多人认定为中关村高端领军人才、北京市海外高层次人才、中关村十大海归新星、泰山学者等，累计解决人员就业20000余人，实现在孵企业年交易额700亿元。孵化出一批行业科技水平高，具有一定国内影响力的企业，如：梦之城（阿狸）、7K7K、19e等。

经过几年的发展，中关村e谷已累积了大量的产业园建设管理、孵化、投资的经验及各类科技服务资源，希望借助互联网技术，加大技术研发投入，不断完善管理、提升品质、壮大实力，将此种模式进一步在全国范围内拓展、复制，进一步实现国际化，打造多个产业园区一个孵化平台，知识、人才共享的镜像化服务平台，力争成为中国科技创新服务领导品牌。

案例思考：

（1）柳永坡获取创业资源过程中面临的难题是什么？如何解决？

（2）柳永坡如何对不同类型的资源进行开发？

# 第一节 创业资源

俗话说得好，"巧妇难为无米之炊"，是否能够获取到所需的创业资源，决定了创业者能否把握住创业机会。资源与创业者的关系就如同颜料和画笔与艺术家的关系那样。如果创业者获取不到创业所需的资源，创业机会对创业者而言则毫无意义。

## 一、创业资源的内涵与分类

### （一）创业资源的内涵

从管理学的角度来说，资源就是企业作为一个经济实体，在向社会提供产品或服务的过程中，所拥有或者所能够支配的能够实现公司战略目标的各种要素以及要素组合。创业资源是企业创立以及成长过程中所需要的各种生产要素和支撑条件，是新创企业在创造价值的过程中所需要的特定的资产，包括有形与无形的资产。从资源定义的范围来看，创业资源侧重于广义层面的社会资源，既包括有形的人力资源、物力资源、财力资源，也包括无形的技术资源、组织资源、政策资源、社会关系。从创业机会识别角度看，创业机会的提出来源于创业者依靠自身资源财富对机会的价值确认。对于同样的产品或盈利模式，一些人会付诸行动去创收，其他人可能会放任机会流失。后者做出决定的原因往往是缺乏创业资源。因此，创业就是创业机会识别与创业资源获取的结合。

### （二）创业资源的分类

1. 按创业资源的特征分类

按创业资源的特征，创业资源可分成 6 个维度。

（1）政策资源。从中国的创业环境看，创业活动需要相应的政策扶持，只有在政策允许和鼓励的条件下，企业才能获得更多的国内外人才、贷款和投资、各种服务与优惠等。

（2）市场资源。从创业的外部条件看，市场也是创业必不可少的关键资源。市场存在于买卖双方的交汇处，对企业而言市场是对某一特定商品或服务的潜在购买群体。成功的新兴企业脱颖而出的关键在于其能正确设计市场路线从而带动企业自身的加速发展，一个真正的创业者必须充分挖掘市场资源。

（3）信息资源。对于新创企业来说，由于竞争十分激烈，更加需要丰富、及时、准确的信息，以争取到更多的生产要素资源。由专业机构提供的信息资源可以为创业者制定研发、采购、生产和销售的决策提供指导和参考。信息资源贯穿于新创企业管理的全过程，包括其在生产和经营活动过程中所产生、获取、处理、存储、传输和使用的一切信息资源。

（4）资金资源。资金资源对于任何一个企业都非常重要，对于新创企业来说，无论是进行产品研发还是生产销售，都需要大量的资金，尤其是风险和潜在收益都很高的创新型公司。从资金的来源方式来看，主要分为自筹资金和社会筹资两类。对于大学生而言，其创业资金的获得渠道主要有以下几类：以家人朋友为中心的自筹资金；申请小额创业贷款；参加创业比赛。需要注意的是，创业说到底就是资金的运行与控制，因而对创业资金的风险管理尤为重要。

（5）人力资源。人力资源是所有创业资源中最为重要和最为关键的一种资源，是资源在组织中的具体表现形式。创业者及其创业团队的知识、经验、技能、洞察力、社会关系等都将影响整个创业过程。德鲁克在《管理实践》中指出，人力资源作为一种特殊的资源必须通过有效的激励机制才能开发利用，带来可观的经济价值。在人力资源中高素质人才的获取和开发，是现代企业可持续发展的关键，特别是高科技创业企业，因为其更大的知识比重，人才资源则更为重要。

（6）管理资源。一些新创企业的管理者大多是科技人员出身，他们本身具备较强的科研能力，但是对于企业管理知识往往有所欠缺，很多企业都失败于管理不善，这意味着拥有一套完整而高效的管理制度是新创企业宝贵的资源。

2. 按创业资源的空间特征分类

按创业资源的空间特征，创业资源可以分为自有资源和外部资源。

（1）自有资源。创业者自身所拥有的可用于创业的资源，如创业者自身拥有的可用于创业的自有资金，自己掌握的技术，自己所获得的创业机会信息，自建的营销网络，控制的物质资源，或管理才能等。甚至在有的时候，创业者所发现的创业机会就是其所拥有的唯一创业资源。在这个问题上，我们也许可以从阿玛·百蒂的话中得到启示："准创始人中绝大部分面临的最大挑战不是筹集资金，而是如何在没有资金的情况把事情办好的智慧和干劲"。

（2）外部资源。对创业者来说，运用外部资源，是一种非常重要的方法，在企业的创立和早期成长阶段尤其如此。其中关键是具有资源的使用权并能控制或影响资源部署。外部资源可以包括例如朋友、亲戚、商务伙伴或其他投资者、投资人资金，或者包括借到的人、空间、设备或其他原材料（有时是由客户或供应商免费或廉价提供的），或通过提供未来服务、机会等换取到的。实际上，使用他们的资源有时可能十分简单，如利用社会团体或政府资助的管理帮助计划。

3. 按创业资源是否具有具体形态分类

按创业资源是否具有具体形态，创业资源可以分为有形资源和无形资源。

有形资源是具有物质形态的、价值可用货币度量的资源，如组织赖以存在的自然资源以及建筑物、机器设备、原材料、产品、资金等，具体表现为金融资源、实物资源和组织资源；无形资源是具有非物质形态的，价值难以用货币精确度量的资源，具体表现为人力资源、科技资源、品牌资源、市场资源、政策资源、信息资源。

4. 按创业资源的关键程度分类

按创业资源的关键程度，创业资源可分为核心资源和非核心资源。

核心资源主要包括技术、管理及人力资源。这几类资源涉及创业企业有别于其他企业的核心竞争力，是创业机会识别、筛选、运用几大阶段的主线。必须以这几类资源作为基点，扩展创业企业发展外延。非核心企业主要包括资金、场地和环境资源。如何有效地吸收资金资源，并保持稳定的资金周转率，实现预期盈利目标，是创业成功与否的瓶颈课题。

识别核心资源、立足核心资源，发挥非核心资源的辐射作用，实现创业资源的最优组合是创业资源运用机制的基本思路。

## 二、创业资源与一般商业资源的异同

创业资源与一般商业资源都强调资源作为一种生产要素，以各种不同的形态或作用存在于企业之中，并在企业获取竞争优势或生产经营中具有不可或缺性。创业型企业是企业在成长过程中所经历的一种独特形态。尽管以往企业资源理论多应用于成熟企业分析，但是创业资源在物质形态分类、所起作用等方面与企业资源具有形式上的一致性。

### （一）创业资源与一般商业资源的差异

对于一般商业资源我们可以理解为商业事业发展所需的一切资料的来源。一般是指创业资源具有一般商业资源所没有的特点，具体差异如下：

1. 创业者自身是最重要的创业资源

新创公司一般资源极度匮乏，开始阶段往往唯一的资源就是创业者自身，其他资源都靠创业者去开发整合，而且创业者亲力亲为，其个人能力和行事风格深深影响着新创企业的方方面面，给新创公司打下创业者的个人烙印。而一般商业资源条件下，企业已拥有很多资源，创业者不再是唯一资源，而且正规运营下的企业，所有权和经营权可分离，原始创业者的作用不再明显。

2. 人力资源是创业资源中必须高度重视的重要组成部分

孤家寡人是难以成就一番事业的。创业者必须具备爱惜人才的理念、重视人才的观念、宽容人才的度量、举荐人才的美德、识别人才的慧眼、驾驭人才的能力和保护人才的魄力。

3. 创业资源更加强调资源的创新性

创业资源作为新创企业成立和运行的必要条件，其要求在人才、资金、技术和管理几个方面有所创新。一般商业资源强调的是成长期企业经营和发展的必要条件，更加强调资源的稳定性和持续性。

4. 创业资源倚重整合外部资源

新创企业资源极度短缺，企业直接控制的内部资源不足，需要倚重整合外部资源。创业者通过发挥资源整合能力，使外部资源内化，如投资入股、战略联盟、专业化协作、信用贸易等，通过整合外部资源，新创企业还能大大减少创业期间的风险和固定成本。

5. 创业资源中隐性资源比重更高

首先，创业所需要的资源中，显性资源中除了创业者自身外，其他资源往往比较匮乏，相比之下，隐性资源就成了主要部分。其次，创业阶段，隐性资源中的社会资源、信息资源与政策资源往往对企业的成败和走向起到关键作用，也成为公司的核心竞争力。最后，创业期间的不确定性较大，显性资源的而过度膨胀可能使得企业不易迅速掉头，反而成为拖累。

## （二）创业资源和一般商业资源的相同之处

1. 二者都具有资源的稀缺性

资源无论对于新创企业，还是长期持续经营的企业来说都是稀缺的。长期持续经营的企业并不会因为拥有较多的资源，就使资源不再稀缺，因为相对于无限的商业机会来说，资源总是稀缺的。资源用于一种机会，就不能再投入另一种机会，资源总是具有机会成本，使其稀缺性更加明显。

2. 二者包含相同的资源种类

无论是创业资源还是一般商业资源，其所包含的资源种类都是相同的，都包含显性和隐性资源，显性资源都包含人力与技术资源、资金资源、实物资源，隐性资源都包含社会资源、信息资源和政策资源。只是二者在构成上有差异，而这种差异在不同企业间也明显存在，不能构成创业资源和一般商业资源的差异。

创业资源因所处企业成长阶段不同，无论是资源的质还是量，与一般成熟企业都存在较大的差异性。这种因所处时期不同而导致的差异性会伴随着初创企业的成长与发展逐渐减少，但是同一阶段企业之间的资源异质性却不会消除。初创企业在资源吸引性、政策扶持倾向性、抗风险能力、组织系统性、被市场接受程度等各方面与一般成熟企业都存在明显劣势。此外，在创业群体中，资源还会因独特的创业人员而存在差异性。首先，不同创业者所具有的个人特质不同，创业过程中个人特质所赋予创业者的创业精神便存在差异性。其次，创业者的独特社会背景与经历会对创业资源的初期获取造成影响，也会制约创业初期的资源构建。此外，创业者的知识水平往往作为一种固化在创业者自身的内在属性而被忽视。在知识经济时代，以知识为基础的企业运营能够促进企业创新，提高企业对资源的利用效率。

创业者对资源的态度应该有所不同。郝沃德·斯蒂芬森指出，成功创业者对把握商机过程中所需要的资源以及对这些资源的所有权和管理权有着自己的独特看法，与企业经理人的看法极不相同，成功的创业者在新创企业成长的各个阶段，都会努力做到用尽可能少的资源来推进企业向前发展；同时，对他们而言，资源的所有权并不是关键，关键的是对其他人的资源的控制和影响。这种态度的好处在于，它能够减少创业者创业所需的资本量；在选择经营企业还是放弃企业时处于更有利的地位；以放弃资源所有权为代价而提高了灵活性；降低了沉没成本（指由于过去的决策已经发生了的，而不能由现在或将来的任何决策改变的成本）、固定成本，并以丰富的利润抵消变动成本的上升；进而大大降低了创业者把握商机过程中的风险。

在创业资源的准备上，一般来说要符合两个条件：一是要有进入一个行业的起码资源；二是具备差异性资源。如果两个方面的条件都不具备，创业成功的成功性很小。初创企业成立后，重点应放在创业资源的有效利用上。资源的有效利用对企业的意义重大，不能进行有效利用，已获取的资源仍会散失。

## 三、创业资源获取的途径与技能

### （一）创业资源获取的途径

创业资源获取可以通过依靠自有资源和他人资源两种战略。新创企业的非核心资源，如资金资源应从外部获取，但少部分的核心资源则掌握在企业自己的手中，这部分能资源不易从企业外部获取，应该优先在企业内部开发获取。创业企业可以通过深入挖掘内部资源潜力，不断沉淀、积累、滚动式地发展。如核心人力资源和技术资源就应当通过企业内部培养来获得。内部开发存在难度大、步子慢的特点，创业企业可以通过先外部引入再内部消化的方法来弥补缺陷，加快进程。依靠自有资源，其核心在于对资源进行排队和最小化处理。正式地来说，它是指由于缺乏资源密集度，分多个阶段投入资源并且在每个阶段或决策点投入最少的资源。因此，为了让公司持续经营，创业者要思考怎样才能用更少的资源来获得更多的利益，并把握住这个商机。

运用他人资源，对创业者而言，这是一种非常重要的方法，其关键在于具有资源的使用权并能够控制或影响资源部署。对创业者而言，如何走出利用他人资源的第一步呢，"你必须做两件看起来相悖的事情：寻找最好的顾问，如高素质的董事、律师、银行家、会计师与其他专业人士，并让他们在更早的阶段更深入地参与公司活动"。同时，"加强人与人之间的接触，除了可以建立家庭、朋友、同学和顾问的人际网络，还可以增强创业者和企业顾问之间的关系"。成功的创业者能比其他人更加系统地计划和监督人际网的活动，并采取有利于增加其网络密度和多样性的行动。在走出利用他人资源的第一步的同时，创业者也必须了解获取外部资源的各种途径。除人际资源外，当地企业扶持创业企业发展的各项措施中也有许多可用之处。为了节省成本创业者可以到当地的企业孵化器或创业服务中心去享受那里提供的廉价办公场所。创业者要善于整合资源，通过注入一些新的元素形成在资源利用方面的创新能力，进而获取创业的新突破。

1. 获取创业计划的途径

有望成功的创业计划对创业而言是一个重要的资源。实践表明，创业者可通过以下途径来获取商业计划：吸引他人以商业计划作为知识产权资本，加入自己的创业团队，成为未来新创企业的一个股东；购买他人已有的创业计划，但应注意要进行理性甄别，并借助专家力量对该计划进行完善；构思自己的创意，委托专业机构研究、编制创业计划。

2. 获取外部资金资源的途径

对于外部资金的获取，一般可通过以下四种途径获得：依靠亲朋好友筹集资金，双方形成债权债务关系；抵押、银行贷款或企业贷款；争取政府某个计划的资金支持；所有权融资，包括吸引新的拥有资金的创业同盟者加入创业团队，吸引现有企业以股东身份向新企业投资、参与创业活动，以及吸引企业孵化器或创业投资者的股权资金投入等。

3. 获取起步项目所依赖技术或人才的途径

创业企业需要项目起步所依赖的技术或人才，其方式有：吸引技术持有者加入创业团队；购买他人的成熟技术，并进行技术市场寿命分析等；购买他人的前景型技术，再通过后续的完善开发，使之达到商业化要求；同时购买技术和技术持有者。

4. 获取技术、市场与政策信息的途径

一般而言，获取技术、市场及政策信息的途径主要有：政府机构、同行创业者或同行企业、专业信息机构、图书馆、大学研究机构、新闻媒体、会议及互联网等。对于这些信息的获得，创业者可以根据自己的实际情况与各种方式的特点，选择一种或多种方式，尽可能获取有效的、需要的信息。

5. 获取营销网络的途径

营销网络建设产品要走向市场，换回用户的"货币选票"，要求企业拥有可靠的营销网络。一般情况下，新创企业可通过以下途径拥有未来的营销网络：借用他人已有的营销网络，使用公共流通渠道；自建的营销网络与借用他人营销网络相结合，扬长避短，使营销网络更适应于新创企业的要求。

（二）创业资源获取的技能

创业资源获取过程中，采用适当的技能可使得资源获取事半功倍。获取创业资源最主要的原则是盘活、用好、用足企业的现有资源，四两拨千斤，以有限的内部资源撬动尽可能多的外部资源。具体技能如下：

1. 多用无形资源

企业初创期间，有形资源比较匮乏，企业应该充分挖掘自身的无形资源，以此为杠杆，来撬动外界的有形资源，例如创业课通过个人的专业洞察力和以往积累的社会资源以及对未来的美好设想与承诺，来打动外部投资者，邀其入股，来换取上游供应商的代理权和信用融资，来换取员工对工作的投入。

## 2. 多用合作换取资源

新创企业资源紧缺，可通过广泛的合作、对未来计划美好的利益预期来换取合作，获取实实在在的资源。例如，通过连锁加盟，降低经营风险，直接获得品牌与客户资源；通过共同开发，分摊开发成本，降低开发风险，获得技术资源，更快、更稳妥地实现企业的发展。合作的前提是新创企业可以准确识别出利益相关者。合作的目的是与合作方，即利益相关者实现共赢，最优的情况是设计出让利益相关者感觉到赢而且是优先赢的机制。在合作的过程中，沟通是建立互信的重要手段，建立互信有利于资源整合，降低风险、扩大收益。

# 第二节 创业融资

## 一、创业融资的内涵

从狭义上讲，融资是一个企业的资金筹集的行为与过程。也就是公司根据自身的生产经营状况、资金拥有的状况，以及公司未来经营发展的需要，通过科学的预测和决策，采用一定的方式，从一定的渠道向公司的投资者和债权人去筹集资金，组织资金的供应，以保证公司正常生产需要，经营管理活动需要的理财行为。公司筹集资金的动机应该遵循一定的原则，通过一定的渠道和一定的方式去进行。我们通常讲，企业筹集资金有三大目的：企业要扩张、企业要还债以及混合动机（扩张与还债混合在一起的动机）。从广义上讲，融资也称为金融，就是货币资金的融通，当事人通过各种方式到金融市场上筹措或贷放资金的行为。

企业最初创建需要获得初始资金，随后开展的运营活动需要运营资本，资本是企业创建和生存发展的必要条件，从最初建立到生存发展的整个过程都需要融资。多数企业在创业初期需要筹集资本，主要是基于资本投入、启动资金、现金流和漫长的产品研发期考虑。企业在早期需要购买资产、购置设备等其他固定资产，建造建筑物或投资其他资本项目，这需要大笔资金的投入。在接下来的运营过程中，产品和服务的开发、日常经营、市场规模的扩大都需要巨大的前期投入。

## 二、创业融资路径

创业融资路径主要有债权融资、股权融资、风险投资以及其他融资方式。

### （一）债权融资

债权融资主要通过借贷的方式吸收资金，企业需要定期归还利息以及到期归还本金。债务性融资方式主要有三种，即银行贷款融资、民间借贷和发行债券融资。

#### 1. 银行贷款融资

这是企业常用的融资方式，目前我国大部分中小企业采用这种方式。银行贷款的融资方式主要有以下三种：

（1）信用贷款方式。单凭借款人的信用，无需提供担保而发放贷款的方式，其担保只是信用承诺而非现实的经济实体，贷款风险较大。

（2）担保贷款方式。借款人或担保人以一定的财产作为抵押，贷款偿还建立在抵押物以及保证人的信用承诺基础之上。

（3）贴现贷款方式。指在借款人急需资金时，以未到期的票据向银行融通资金的贷款方式。采用这种方式银行直接贷款给持票人，间接贷款给付款人，贷款的偿还保证建立在票据到期付款人能够足额付款的基础之上。

银行是正规的金融部门，他们在向借款人贷款时有严格的条件和审查程序。

首先，要求借款人填写一份借款申请表，并附上借款人的创业计划。

其次，银行一般需要贷款抵押品或质押品，如私人房产、银行存单、有价证券等。如果以私人房产作为抵押，要办理房产估价和公证手续。而且，银行和其他金融机构为了降低风险，一般不会按照抵押品的实际价值给你贷款。他们通常要保证抵押资产的价值高于你的贷款和未付利息额。如果你的企业失败了，你将失去这些财产，所以，向正规金融部门贷款是不易的，即使你有抵押品，借贷机构还是会提出不同的利率和贷款条件。除此之外，创业者还可以利用自己拥有的信用额度（备用资金）以及政府提供的相关担保（低息、还款周期长）获得创业融资。近年来银行还根据创业者的需求推出了多种新的业务类型，包括个人生产经营贷款、个人创业贷款、个人助业贷款、个人小型设备贷款、个人周转性流动资金贷款、下岗失业人员小额担保贷款、个人临时贷款等。

2. 民间借贷

创业者的自有资金是成功创业的基础，创业者应将自有资金的大部分投入到新创企业中。一方面，自有资金的投入可以保证创业者在企业的股份持有比重，在创业成功后获得较大的回报。同时，自我融资也是一种有效的承诺和信号，告诉其他投资者，创业者对自己的商业机会和新创企业充满信心，这样可以大大提高外部融资成功的可能性。但是自我融资的资金往往是有限的，并且冒险性较大。一旦创业失败，个人的多年积蓄将付之东流。

从法律意义上讲，民间借贷是指自然人之间、自然人与企业之间，一方将一定数量的金钱付给另一方，另一方到期返还借款并按约定支付利息的民事行为。民间借贷方式有口头协议、打借条的信用借贷和第三人担保或财产抵押的担保借贷两种方式。在民间借贷市场上，供求是借贷利率高低的决定因素。对于创业者来讲，向亲朋好友及家庭成员融资在一定程度上避免了自我融资资金量有限的问题。家庭在创业中会起到重要的支撑作用。特别是在我国，以家庭为中心的社会网络关系会对多项创业活动产生重要的影响。亲朋好友给予基于个人关系而给予投资有助于克服对创业者缺乏了解这一不利因素，也会使创业者在初期缺乏抵押资产、信誉及业绩的不利情况下取得融资。在借助社会关系网络进行筹资时必须用现代市场经济的游戏规则、契约原则、法律形式来规范融资行为，保障各方利益，从而减少不必要的纠纷。例如，在借入资金时明确界定资金的性质并据此与亲朋好友制定明确权责利关系的正式协议。温州民营经济的快速发展，在企业的创业过程中向亲朋好友融资等民间资本的运用较为普遍。但也有一定的弊端，在经营过程中有可能产生家族内部的经济纠纷。根据我国法律规定，民间借贷的利率可适当高于银行利率，但最高不得超过同期银行利率的4倍。

总体而言，民间借贷的手续灵活方便、利率通过协商确定，借贷双方都可以接受。对于创业者短期资金困难的解决有很大的帮助。

### 3. 发行债券融资

债券融资与股票融资都属于直接融资，创业者需要到市场上融资。融资效果取决于企业的资信程度。无论是政府还是大企业、金融机构因为资信度高，比较容易通过债券融资。而刚刚创立的中小企业资信度一般尚未建立，在市场上发行债券不易获得成功。但随着进一步深化金融改革，适应中小企业发展，企业债券市场会逐步发展起来，成为中小企业的融资渠道之一。

## （二）股权融资

所谓股权融资，是指企业的股东愿意让出部分企业所有权，通过企业增资的方式引进新的股东的融资方式。股权融资所获得的资金，企业无须还本付息，但新股东将与老股东同样分享企业的盈利与增长。股权融资的特点决定了其用途的广泛性，既可以充实企业的营运资金，也可以用于企业的投资活动。股权融资按融资的渠道来划分，主要有私募融资和上市融资两大类。

### 1. 私募融资

美国私募融资业发达，许多企业是通过私募融资发展起来的。私募是指发行证券的公司以豁免向美国证券交易委员会进行证券发行申报和证券注册登记的方式，向社会投资者发行一定量的证券，以募集一定量资金的融资方式。国内目前尚没有私募融资的相关法律规定。所谓私募发售，是指企业自行寻找特定的投资人，吸引其通过增资入股企业的融资方式。私募资金主要集中在高成长中小企业，这类企业实力较弱、资信不高，银行和债券市场上的融资比较困难，私募融资正好适应了新创企业的需要。私募融资是资本金投资，所投资金不可收回，投资者面临的风险较大，其要求的盈利预期比银行高得多。私募形式主要包括：发行普通股、债券、可转换债券（上市后转换为股票）、优先股、可转换优先股（向普通股转化）或上述形式的结合。因为绝大多数股票市场对于申请发行股票的企业都有一定的条件要求，例如中国对公司上市要求连续3年盈利，因此对大多数创业企业来说，较难达到上市发行股票的门槛，私募成为创业企业进行股权融资的主要方式。

### 2. 上市融资

新创企业在主板上市融资需要3到5年甚至更长的审核批准过程。对于中小企业而言，这么长的等待时间会影响企业发展的。目前，中国加大对资本市场的体制机制的改革力度，由审核批准制向注册制转变的一系列改革措施的实施必将促进新创企业的发展。中小企业的上市可以参考以下3种方式：

（1）中小企业创业板上市。这是新创企业上市较好的融资渠道，但目前存在创业板市场规模较小、上市门槛过高、上市锁定期过长，从而降低资本市场流动性和资金使用效率的问题。

（2）买壳上市。非上市公司购买上市公司一定比例的股权取得上市地位，然后注入自己的有关业务和优质资金实现上市目的。买壳上市成功率低、风险大、成本高，企业会因此背上沉重的财务包袱，一般不会轻易采用。

（3）境外上市。企业以离岸公司方式（境外注册）实现境外上市，在香港上市以H股形式,在美国纳斯达克上市的为小岛公司。境外上市有利于树立企业良好的形象,建立符合国际标准的法人治理结构,有利于企业的长期发展。值得注意的是,境外上市的成本是国内上市的2到3倍,上市的门槛也比较高。

### (三) 风险投资

风险投资是一种新型的融资与投资相结合的方式,在中国是一个新生事物。企业家可以通过出卖自己企业的一部分股权给风险投资者,从而获取一笔资金。风险投资者承担的是企业能否发展的风险,创业企业不必担心能否还得了所获取的风险资金,即风险投资是一种可以借用而无需偿还的资金。风险投资又是一种特殊的投资方式,与传统的投资相比周期较长,一般为3~5年。更重要的一点是,风险投资基本上投资于那些一般传统投资所不敢或不愿涉足的领域,特别是创业企业。因而,对于创业企业而言,风险投资有着特殊的不可替代的作用,也是创业企业在融资过程中较优越的融资渠道之一和最直接的融资方式之一。作为一种非组织化的创业投资形式,主要具有以下特征:直接向企业进行权益投资;不仅提供现金,还提供专业知识和社会资源方面的支持;程序简单,短时期内资金就可到位。

首先,刚刚起步的企业特别需要权益类资本融资。风险资本扩张作用,很大程度上体现在对新创企业的前期融资上。刚刚起步的企业特别需要权益类资本融资,如果过分依赖借贷融资,则很可能在企业获得大量利润、冲破发展前期的"瓶颈"之前就被债务负担压垮了。同时,前期融资正是风险资本家需要采用辅导技术管理其投资的业务领域之所在。因此开业资本是风险资本的精髓所在。

其次,创业企业接受风险投资还有诸多益处。企业没有债务负担;并不担心失去控股权,风险投资已形成"游戏规则",一般在3~5年内退出,同时在持股期间的股权只占10%左右;无需资产作抵押;可同时获得其他帮助,少走弯路,风险投资公司往往会对企业的财务、管理、营销进行辅导,避免投资的企业因缺乏经验而发生不必要的失败和损失。

天使投资人是风险投资的基本类型。天使投资是自由投资者或者非正式风投机构对原创项目构思或小型初创企业进行的一次性的前期投资。这类投资是一种非组织化的创业投资形式,其资金来源大多是民间资本,而非专业的风险投资商。同时,它门槛较低,有时,即便是一个创业构思,但只要有发展潜力,就能获得资金。但天使投资者绝不是不计后果甘冒风险,他们的投资数量有限,多是一次性投资,一般而言,他们具有投资于自己所熟悉的行业和离家较近的特点,有时,天使投资者就是你的朋友和亲戚。

### (四) 其他融资方式

除上述常用的融资方式外,还有一些创新的融资方式,创业者灵活使用创新融资方式也能达到较好效果。

#### 1. 政策融资

政府资助主要是从2002年起,教育部、人力资源与社会保障部、财政部等部委以及许多地方政府就相继出台了相关政策,政府有关部门和社会各界有识之士纷纷出资设立创业基金,主要包括天使基金、创新基金、创业扶持基金。根据小企业和项目的不同特点,创新基金分别以贷款贴息、无偿资助、资本金投入等不同方式对创业企业进行支持。

（1）贷款贴息。对已具有一定水平、规模和效益的创新项目，原则上采取贴息的方式支持其使用银行贷款，以扩大生产规模。一般按贷款额年利率50%～100%给予补贴。贴息金额不超过100万，个别重大项目不超过200万。目前，贴息贷款额度有大幅提高。

（2）无偿补助。主要用于中小企业技术创新中产品研发及中试阶段的必要补助，科研人员的转化补助。资助金额不超过100万，个别重大项目最高不超过200万，且企业必须有等额以上的匹配资金。目前，无偿资助额度有较大幅度提高。

（3）资本金投入。对起点高、创新水平高、有发展潜力、产出效果好，能新兴产业的项目，采取资本金投入方式。资本金投入额一般不超过企业注册资本的20%，并引进其他资本投入。资本金投入可依法转让，或在规定期限内收回投资。目前，资本金投入额有一定的增长。

政府为支持中小企业发展也出台了很多的扶持政策，主要包括以下几种类型：中小企业发展专项基金；中小企业担保基金；下岗失业人员小额担保（总额控制在3万元以下）；开拓国际市场"中小资金支持"。

2. 融资租赁

融资租赁又称设备租赁或现代租赁，是指实质上转移与资产所有权有关的全部或绝大部分风险和报酬的租赁。资产的所有权最终可以转移，也可以不转移。它的具体内容是指出租人根据承租人对租赁物件的特定要求和对供货人的选择，出资向供货人购买租赁物件，并租给承租人使用，承租人则分期向出租人支付租金，在租赁期内租赁物件的所有权属于出租人所有，承租人拥有租赁物件的使用权。租期届满，租金支付完毕并且承租人根据融资租赁合同的规定履行完全部义务后，租赁物件所有权即转归承租人所有。尽管在融资租赁交易中，出租人也有设备购买人的身份，但购买设备的实质性内容如供货人的选择、对设备的特定要求、购买合同条件的谈判等都由承租人享有和行使，承租人是租赁物件实质上的购买人。融资租赁是集融资与融物、贸易与技术更新于一体的新型金融产业。由于其融资与融物相结合的特点，出现问题时租赁公司可以回收、处理租赁物，而办理融资时对企业资信和担保的要求不高，非常适合创业企业融资。此外，融资租赁属于表外融资，不体现在企业财务报表的负债项目中，不影响企业的资信状况。这对需要多渠道融资的创业企业而言是非常有利的。

3. 商业信用融资

商业信用融资是通过商业信用获取资金的融资方式。商业信用的存在对于扩大生产和促进流通起到了十分积极的作用，但不可避免地也存在着一些消极的影响。应收应付账款是企业的潜在资产，合理地运用这部分资产将在一定程度上增加并确保企业的流动资金。一般而言，应当根据企业自身情况，减少应收账款增加应付账款，实现对财务杠杆的运用。

（1）应付账款融资。应付账款是指企业购买货物未付款而形成的对供货方的欠账，即卖方允许买方在购货后的一定时间内支付货款的一种商品交易形式。在规范的商业信用行为中，债权人（供货商）为了控制应付账款期限和额度，往往向债务人（购货商）提出信用政策。信用政策包括信用期限和给买方的购货折扣与折扣期，如"$2/10, n/30$"，表示客户若在10天内付款，可享受2%的货款折扣，若10天后付款，则不享受购货折扣优惠，应付账款的商业信用期限最长不超过30天。

应付账款融资最大的特点在于易于取得，无需办理筹资手续和支付筹资费用，而且它在一些情况下是不承担资金成本的。缺点在于期限较短，放弃现金折扣的机会成本很高。

（2）商业票据融资。商业票据是指由金融公司或某些企业签发，无条件约定自己或要求他人支付一定金额，可流通转让的有价证券，持有人具有一定权力的凭证。如汇票、本票、支票等。对于一些财力和声誉良好的企业，其发行的商业票据可以直接从货币市场上筹集到短期货币资金。

（3）预收货款融资。预收货款是指销货企业按照合同或协议约定，在交付货物之前向购货企业预先收取部分或全部货物价款的信用形式。它相当于销货企业向购货企业先借一笔款项，然后再用货物抵偿。预收货款融资，这是买方向卖方提供的商业信用，是卖方的一种短期资金来源，信用形式应用非常有限，仅限于市场紧缺商品、买方急需或必需商品、生产周期较长且投入较大的建筑业、重型制造等。

### 4. 典当融资

典当融资就是将所拥有的财产进行抵押以获得创业资金。典当融资最大的好处就是在交付部分资金的情况下，就能够拥有该固定资产的拥有权。因此，在实际的筹资过程中，设备融资租赁和向商业银行贷款有时可以联合运用。例如，通过设备融资租赁用1万元的现金融资租赁1台公允价值为5万元的固定资产。然后，再将该固定资产作为抵押向商业银行贷款。从而，获得更多的流动资产，提高企业的运营效率。但是，这种融资方式的潜在风险性很大，一旦企业亏损无法归还到期的融资费用，将产生多米诺骨牌效应，带来一系列的消极影响。

### 5. 内源融资

内源融资是指公司经营活动结果产生的资金，即公司内部融通的资金，它主要由留存收益和折旧构成。是指企业不断将自己的储蓄（主要包括留存盈利、折旧和定额负债）转化为投资的过程。内源融资包括企业盈余、股东增资和职工集资。内源融资对企业的资本形成具有原始性、自主性、低成本和抗风险的特点，是企业生存与发展不可或缺的重要组成部分。事实上，在发达的市场经济国家，内源融资是企业首选的融资方式，是企业资金的重要来源。

对于创业企业而言，不存在完美的融资组合。需要了解各种融资方案的优缺点，然后根据企业所处的环境等相关方面来选取适合于企业长远发展的融资方案。创业融资是创业筹备阶段和企业草创阶段的融资，这个时期对于创业者来说，最难解决的便是资金问题。其实只要愿意想办法，创业者有众多途径可以解决融资问题。

## 三、创业融资方式的选择策略

资金是企业从事投资和经营活动的血液，如何筹集企业所需资金是现代财务管理的首要内容。每个企业在进行筹资方式选择时，必须清楚影响企业融资方式选择的有关因素。

### （一）影响创业企业融资方式选择的因素

#### 1. 外部因素影响

企业融资方式选择的外部因素是指对企业融资方式选择产生影响作用的各种外部客观环境。主要是指法律环境、金融环境和经济环境。外部客观环境的宽松与否会直接影响到企业融资方式的选择。企业进行融资方式选择时，必须遵循税收法规，同时考虑税率变动对融资的影响。金融政策的变化必然会影响企业融资、投资、资金营运和利润分配活动。此时，融资方式的风~险、成本等也会发生变化。经济环境是指企业进行理财活动的宏观经济状况，在经济增长较快时期，企业需要通过负债或增发股票方式筹集大量资金，以分享经济发展的成果。而当政府的经济政策随着经济发展状况的变化做出调整时，企业的融资方式也应随着政策的变化而有所调整。

2. 内部因素影响

企业融资方式选择的内部因素主要包括企业的发展前景、盈利能力、经营和财务状况、行业竞争力、资本结构、控制权、企业规模、信誉等方面的因素。在市场机制作用下，这些内部因素是在不断变化的，企业融资方式也应该随着这些内部因素的变化而做出灵活的调整，以适应企业在不同时期的融资需求变化。

（二）融资方式选择的原则

1. 遵循先"内部融资"后"外部融资"的优序理论

按照现代资本结构理论中的"优序理论"，企业融资的首选是企业的内部资金，主要是指企业留存的税后利润，在内部融资不足时，再进行外部融资。而在外部融资时，先选择低风险类型的债务融资，后选择发行股票。在企业经营业绩没有较大提升的前景下，进行新的股权融资会稀释企业的经营业绩，降低每股收益，损害投资者利益。此外，在我国资本市场制度建设趋向不断完善的情况下，企业股权再融资的门槛会提高，对再融资流程要求会越来越严格，融资成本也会随之增加。比如，2014年4月18日，为落实《中国证监会关于进一步推进新股发行体制改革的意见》及其配套文件的相关要求，中国证监会对首发申请审核流程重新进行梳理，并据此对每周向社会公布的首发审核工作流程和企业基本信息表进行了修订。为了进一步提高发行审核工作的透明度，本次一并公示了再融资审核工作流程和企业基本信息。要求发行监管部在正式受理后即按程序安排预先披露，反馈意见回复后初审会前，再按规定安排预先披露更新。同时，随着投资者的不断成熟，对企业股票的选择也会趋向理性，可能导致股权融资方式没有以前畅通。当然，从长期来看由于初创企业面临较大的风险，为了保持竞争地位必须不断进行后续投资，市场竞争带来的价格波动可能带来资金流的减少或波动，如果企业有大量的债务性融资，可能诱发不良偿债的财务危机。

目前，我国多数上市公司的融资顺序则是将发行股票放在最优先的位置，其次考虑债务融资，最后是内部融资。这种融资顺序易造成资金使用效率低下，财务杠杆作用弱化，助推股权融资偏好的倾向。股权融资和债务融资的优缺点见表6-1。

表6-1 股权融资和债务融资的优、缺点

| 股权融资 | | 债务融资 | |
| --- | --- | --- | --- |
| 优点 | 缺点 | 优点 | 缺点 |
| 能提供大量的资金注入 | 通常仅可获得较大金额的资金 | 可根据你的要求借贷不同的金额 | 构成还债义务 |

续表

| 股权融资 | | 债务融资 | |
|---|---|---|---|
| 优点 | 缺点 | 优点 | 缺点 |
| 无支付利息 | 这意味着卖掉公司的"一部分" | 只要偿还了，就不会影响你对公司的所有权 | 收取利息，影响获利能力 |
| 无偿付资金的义务 | 风险资本家期望他们的投资会有高回报（至少增长25%） | | 一般要求有抵押品，而且银行会保守地看待你资产的价值 |
| | 投资者可能会要求你买下他们的股票 | | 如果你是向朋友和亲人借钱的话，你的人际关系会随着公司的破产而被破坏 |

2. 结合实际选择合适的融资方式

企业应根据自身的经营及财务状况，并考虑宏观经济政策的变化等情况，选择较为合适的融资方式。

（1）考虑经济环境的影响。在经济增速较快时期，企业为了跟上经济增长的速度，需要筹集资金用于增加固定资产、存货、人员等，企业一般可通过增发股票、发行债券或向银行借款等融资方式获得所需资金，在经济增速开始出现放缓时，企业对资金的需求降低，一般应逐渐收缩债务融资规模，尽量少用债务融资方式。

（2）考虑融资方式的资金成本。资金成本是指企业为筹集和使用资金而发生的代价。融资成本越低，融资收益越好。由于不同融资方式具有不同的资金成本，为了以较低的融资成本取得所需资金，企业自然应分析和比较各种筹资方式的资金成本的高低，尽量选择资金成本低的融资方式及融资组合。

（3）考虑融资方式的风险。不同融资方式的风险各不相同，一般而言，债务融资方式因其必须定期还本付息，因此，可能产生不能偿付的风险，融资风险较大。而股权融资方式由于不存在还本付息的风险，因而融资风险小。企业若采用了债务筹资方式，由于财务杠杆的作用，一旦当企业的税前利润下降时，税后利润及每股收益下降得更快，从而给企业带来财务风险，甚至可能导致企业破产的风险。美国几大投资银行的相继破产，就是与滥用财务杠杆、无视融资方式的风险控制有关。因此，企业务必根据自身的具体情况并考虑融资方式的风险程度选择适合的融资方式。

（4）考虑企业的盈利能力及发展前景。总的来说，企业的盈利能力越强，财务状况越好，变现能力越强，发展前景良好，就越有能力承担财务风险。当企业的投资利润率大于债务资金利息率的情况下，负债越多，企业的净资产收益率就越高，对企业发展及权益资本所有者就越有利。因此，当企业正处盈利能力不断上升，发展前景良好时期，债务筹资是一种不错的选择。而当企业盈利能力不断下降，财务状况每况愈下，发展前景欠佳时期，企业应尽量少用债务融资方式，以规避财务风险。当然，盈利能力较强且具有股本扩张能力的企业，若有条件通过新发或增发股票方式筹集资金，则可用股权融资或股权融资与债务融资两者兼而有之的融资方式筹集资金。

（5）考虑企业所处行业的竞争程度。企业所处行业的竞争激烈，进出行业也比较容易，且整个行业的获利能力呈下降趋势时，则应考虑用股权融资，慎用债务融资。企业所处行业的竞争程度较低，进出行业也较困难，且企业的销售利润在未来几年能快速增长时，则可考虑增加负债比例，获得财务杠杆利益。

（6）考虑企业的资产结构和资本结构。一般情况下，企业固定资产在总资产中所占比重较高，总资产周转速度慢，要求有较多的权益资金等长期资金作后盾；而流动资产占总资产比重较大的企业，其资金周转速度快，可以较多地依赖流动负债筹集资金。

为保持较佳的资本结构，资产负债率高企的企业应降低负债比例，改用股权筹资；负债率较低、财务较保守的企业，在遇到合适投资机会时，可适度加大负债，分享财务杠杆利益，完善资本结构。

（7）考虑企业的控制权。发行普通股会稀释企业的控制权，可能使控制权旁落他人，而债务筹资一般不影响或很少影响控制权问题。因此，企业应根据自身实际情况慎重选择融资方式。

（8）考虑利率、税率的变动。如果目前利率较低，但预测以后可能上升，那么企业可通过发行长期债券筹集资金，从而在若干年内将利率固定在较低的水平上。反之，若目前利率较高，企业可通过流动负债或股权融资方式筹集资金，以规避财务风险。就税率来说，由于企业利用债务资金可以获得减税利益，因此，所得税税率越高，债务筹资的减税利益就越多。此时，企业可优先考虑债务融资；反之，债务筹资的减税利益就越少。此时，企业可考虑股权融资。

企业融资方式的选择是每个企业都会面临的问题，企业应综合考虑影响融资方式选择的多种因素，根据具体情况灵活选择资金成本低、企业价值最大的融资方式。"企业贷款难、企业融资难"的状况随着各商业银行纷纷出台支持小企业发展的新举措正在改变。再加上地方政府的大力支持，企业贷款、企业融资环境也逐步向好的方向发展。

### （三）结合创业发展阶段选择合适的融资方式

#### 1. 种子期的融资选择

在种子期创业者需要投入大量资金开发新产品、新工艺、投入新设备等，而企业没有任何销售收入和盈利记录，风险水平高且承担风险的能力有限，商业银行和公众化证券市场不可能为此时期的创业企业提供资本。亲朋好友及政府的资助是该时期的主要融资来源。除此之外，创业者还应撰写好商业计划书，争取天使投资人者的青睐。

#### 2. 启动期融资选择

在启动创立期，企业产品处于开拓阶段，资金需求量大而急迫。企业在该阶段的成立历史短、业务记录有限，投资机构评估比较困难，传统投资机构和金融机构对其提供资金的难度大，担保机构和风险投资机构是这一阶段进行创业融资的主要选择。企业可进一步修改完善商业计划书，吸引包括天使投资在内的风险投资。

#### 3. 成长期融资选择

在成长期，企业销售迅速增加。企业希望扩大生产线，实现规模效益，这就需要大量外部资金的投入，由于这一阶段有了一定的商誉和抵押资产或者担保，此时期的融资渠道相对比较通畅，除了风险投资等股权融资方式，创业企业也可以选择贷款等债务融资方式。

#### 4. 扩展期融资选择

企业在拓展期迅速扩张，拥有一定业绩的同时风险明显降低，进入稳步发展的轨道，融资规模进一步扩大。由于企业的市场前景已经相对明朗,专门为创业企业融资服务的创业板市场能够也愿意提供支持,部分企业开始进入创业板市场,在公众市场上筹集进一步发展所需的资金。

## 第三节 创业资源管理

### 一、不同类型资源的开发

#### (一)人脉资源开发

人脉就是个人与个人,个人与团体,团体与团体之间形成的相互联系的关系网络,是基于相互认识和认可的基础上的,成员之间互惠交换、相互信任、共同追求价值目标的复杂网络。在个人创业过程中人脉资源是第一资源,有各种良好的人脉关系,可方便地找到投资、找到技术与产品、找到渠道等等各种创业机会。整合人脉资源是创业成功的基本条件。人脉资源开发特别需要注意以下几点。

(1)长期投资性。在开发人脉资源的过程中,很多人缺乏坚持的韧性,主要表现:一是"三天打鱼,两天晒网","一曝十寒";二是遭到拒绝之后,没有勇气坚持下来,结果错失"贵人"相助的良机。平时要注意人脉资源的积累,不要事到临头才去找人帮忙。注意建立稳定的客户群,加强与客户之间的长期联系。人脉资源的形成需要很多时间和精力,这也是一种投资。

(2)可维护性和可拓展性。人脉资源是可以通过合作、交流、关心、帮助、友情、亲情等进行维护,并会不断巩固,当然如果不去维护就会变得疏远,所以人脉资源需要经常性的维护,同时在维护中可以不断地发展新的人脉关系。

(3)有限性和随机性。每个人一生中能认识多少人?包括老师、同学、亲戚、同事、朋友、客户等,一般不超过500人,而能够真正帮助自己的一般不会超过50人,所以每个人的人脉资源都是有限的,你的发展同样也会受到你的人脉资源的限制。同时,你所认识的可能没有能力帮助你,有能力帮助你的你可能不认识,所以在客观上就需要不断认识更多的人,但是每个人的能力又是有限的,又不可能认识所有那些潜在的帮助者。

(4)辐射性。你的朋友帮不了你,但是你朋友的朋友可以帮你。每个人可以以自己为核心由亲属挚友、普通朋友、熟识朋友等分层次向外辐射建立自己的社交圈。创业者应该学会运用同学会、同乡会、兴趣社团、企业协会、各种论坛等平台结交有识之士,不断拓展自己的人际交往辐射圈。

创业者整合资源的能力与创业者的素质、管理能力、企业研发能力等都是相通的,因而创业者应该注重资源整合能力的提升。其中人脉资源整合是重中之重,人脉资源的整合在某种程度上来说就是做人,做一个让他人快乐同时也让自己获益的人。需要注意的是,人脉资源的整合一定要整合健康的人脉资源,要以自身的人格魅力来积聚,为此创业者自身的素质、人格、品质需要不断提升。

#### (二)人才资源开发

人力资源是指存在于企业组织系统内部的有经验的、掌握特殊技能的、被激励起来的员工等和可供企业利用的外部人员的总和。人力资源是企业资源结构中最重要的关键性资源，是企业技术资源和信息资源的载体，是其他资源的操纵者，决定着所有资源效力的发挥水平。在新创企业的发展过程中，人们更加关注创业者及创业者团队，认为他们才是新创企业的主导部分，而忽视了其他雇员对创业活动的重要性，这对企业的发展是很不利的。因此在人力资源的开发过程要注意以下几点。

（1）完善培训制度，加强与员工的沟通。针对新创企业人力资源整体素质不高的特点，新创企业应加强人力资源的培训，挖掘员工内部潜能。就全体员工在人力资源开发方面的需求定期或者不定期地开展调查，提出有针对性的人力资源开发解决方案，可用多种方式如，培训、讨论、比赛、定购专业书刊等。

（2）建立与员工的有效沟通制度。合理的沟通制度能够使员工在各个方面的需求、意见建议等，比较方便地传达给新创企业高层，这样有利于企业高层快速且准确地了解企业员工各个方面的状况，就人力资源开发与管理方面的问题制定出有针对性的措施，防止人才的流失。可以采用电子邮箱、电话等方式定期、不定期对各个层级的工作人员中进行访查，并定期和不定期展开员工满意度调查等。

（3）完善新创企业人力资源管理模式。新创企业人力资源管理要集中企业的各种资源，有针对性地将给企业创造80%财富的20%的核心员工作为重点，以核心员工为基础构建人力资源管理模式，开展人力资源管理活动，从而更有效地利用了中小企业的有限资源。

（4）把人力资源管理提到战略高度。人力资源是一种能动的资源，只有这种资源才能实现价值增值。在知识经济时代，经济形态不仅要求产业知识化，而且更重要的是知识产业化。由于知识经济对劳动者知识和智力的依赖，人力资源不仅是当今社会上最宝贵的资源，也是战略性的资源。

### （三）信息资源开发

信息资源是指人类社会信息活动中积累起来的以信息为核心的各类信息活动要素（信息技术、设备、设施、信息生产者等）的集合。作为资源，物质为人们提供了各种各样的材料；能量提供各种各样的动力；信息提供各种各样的知识。当今社会的飞速发展给创业者提出一个新的信息时代的视角，信息资源对很多创业者来说就是成功的机遇，而机遇瞬间即逝，要善于整合把握。我们正在从工业化时代走向信息化时代，随着信息技术的发展，信息与日常生活、工作越来越密不可分，最直接的体现就是信息量陡然增大，信息流转加快；但也同时带来了一个问题，就是信息爆炸，各种信息充斥在我们周围，创业如何在最有效的时间内获得最有效的内、外部信息抓住成功创业的机遇却往往成了一个难题。

首先，所谓天时地利，很多时候不是它们不出现。而是当它们出现时，能否发现并把握，对于创业者来说，这点更显得至为重要。创业企业信息化的最高层次是决策，它具有前瞻性。企业在做决策时，关心的问题是来自包括竞争对手、政府、行业、合作伙伴、客户等在内的周边环境的变化。在对变化的预测、分析的基础上做出合理的决策，这通常是针对创业高层的。

其次，对创业者而言，信息是不对称的，了解分析包括竞争对手、政府、行业、合作伙伴、客户等在内的周边环境的变化信息，才能做到"知己知彼，百战不殆"，才能集中精力、财力、物力抓住转瞬即逝的机会。

再次，对于信息资源，整合包含管理的内涵，既要整合管理好企业外部的资源，又要整合管理好企业内部的信息资源，进行信息资源的规划。即是指通过建立健全企业的信息资源管理基础标准，根据需求分析建立集成化信息系统的功能模型、数据模型和系统体系结构模型，然后再实施通信计算机网络工程、数据库工程和应用软件工程的一个系统化的企业信息化解决方案，以使企业高质量、高效率地建立高水平的现代信息网络，实现信息化建设的跨越式发展。

最后，从信息资源的来源来看，企业应尽可能地选择多种渠道来获取信息，保证信息的全面性、真实性、新颖性，并对信息进行有效的整理和分析，从中发现机会，或利用信息开展业务的运营及管理。从外部渠道来看，企业获取信息的途径主要有：专业信息机构、政府机构、同行创业者或同行企业、图书馆、新闻媒体、大学研究机构、各类媒体及互联网等等。从内部获取渠道来说，创业企业还应该充分累积自身在业务运行中所形成的各类信息，同时做好分析和利用工作，这既是企业自身管理所需，也可以节省企业从外部获取信息的代价。

### （四）技术资源开发

在创业初期，创业技术是最关键的资源，它是决定所需创业资本的大小、创业产品的市场竞争力和获利能力的根本因素。美国的微软公司和苹果公司，最初创业资本都不过几千美元，创业人员也只有几人，它们之所以走向成功，就是因为它们拥有独特的创业技术。所以，创业企业成功的关键是首先寻找到成功的创业技术。

（1）创业企业成功的关键是首先寻找成功的创业技术。首先创业技术是决定创业产品的市场竞争力和获利能力的根本因素；其次创业技术核心与否决定了所需创业资本的大小。对于在技术上非根本创新的创业企业来说，创业资本只要保持较小的规模便可维持企业的正常运营；最后从创业阶段来说，由于企业规模较小，因此管理及对人才的需求度不像成长期那样高，创业技术是创业阶段最关键的创业资源。

（2）做成功企业的核心是要有好的产品，而企业的产品必须做到专业化，这非常重要。要做到产品专一，在同一领域内做到最专业技术上要一直领先。创业企业没有实力一直保持这样技术优势，必须整合企业之外的技术资源，尽可能与科研院所大专院校合作，因为那里有技术上前沿人才，而且科研院所大专院校的人才也很愿意把自己的技术资源转化为产品，实现技术成果的转化。

（3）技术资源的主要来源是人才资源，重视技术资源的整合同时也就是注重人才资源的整合。技术资源的整合，不仅要整合、积聚企业内部的技术资源，还要整合外部的可资利用的技术资源。整合技术资源只是起点，技术资源整合是为了技术的不断创新，自主研发并拥有自主知识产权，保持技术的领先，占领市场，壮大企业。

（4）在技术资源的开发方面不仅要发挥内力还要借助外力。要不断加强和高校科研院所的产学研合作，吸引技术持有者加入创业团队，通过购买他人的成熟技术直接进入市场，或购买他人的前景型技术，然后通过自身的开发来完善等等。这些措施都将有助于加快产品研发速度，使企业获得关键性技术成果，从而在市场上提高自身竞争力，并占据优势地位。

### （五）资金资源开发

企业资金资源的开发除了前文的几种主要的筹资途径之外，企业还应主动关注新的筹资渠道，比如现在刚刚兴起的商标专用权质押。商标专用权质押是一种具有创新意义的信贷品种，是指具有品牌优势的企业用已经国家工商管理总局商标局依法核准的商标专用权做质押物，从银行取得借款并按规定利率和期限偿还借款本息的一种贷款方式。

创业企业在整合资产资源的同时要整合企业之外的资本，而且在整合资产资源的同时更要考虑资本为企业带来什么其他的资源，比如政府背景、行业背景、市场影响力、营销支撑等。

外部企业的投资对于创业企业来说，资金是一个方面，外部企业在技术、市场、管理以及品牌影响力上的优势更是创业企业要借鉴的。投资不仅使创业企业具有了技术、资金和持续发展的优势，而且为创业企业创建了一个产权明晰、目标明确、管理先进的企业平台。外部资金进入创业企业，必然会带来外部企业的文化，投资主体会运用资金的渗透力影响创业企业的战略规划，利用掌握的大量信息修正创业企业的发展方向，保证自己核心利益的实现，同时，这也有利于帮助创业企业渡过生存发展期的困境。

### （六）行业资源开发

充分了解某行业，掌握该行业关系网，比如业内竞争对手、供货商、经销商、客户、行业管理部门以及科研机构、行业协会、行业杂志、行业展会等等，这些对于创业很重要。

（1）创业企业要想发展、壮大，就应该尽可能整合各种资源，"把竞争对手转变为合作伙伴"。市场竞争没有永远的对手，也没有永远的伙伴，更没有敌人。凡以为有敌人的竞争者，大多是竞争中的失败者。创业企业不可避免地存在诸多方面的不足。因此，同行之间或者产业上、下游之间的创业企业通过策略联盟或股权置换等种种方式整合资源，使人力资源、研发能力、市场渠道、客户资源等方面实现优势互补，对内相互支持，对外协同竞争。这种方式往往是有几家创业企业作为核心，同时带动一批创业企业，形成利益共同体。

（2）与行业内优质资源的结合必须具备许多条件，比如自身在优质社会资源面前的质量、分量。对企业而言，自身的问题解决了，还要具备对优质资源的发现和把握，这需要强烈的市场意识和眼光，必须是1+1＞2的做法和方式。具备上述两点后，创业团队在对行业内优质社会资源的整合中，一定要懂得基于企业利益基础之上的放弃，以企业利益为第一利益，合作是双赢的；但任何优质的资源进来，是需要自身付出代价的，这里的代价在某一刻，容易被人误以为是失去主导权损失，这里还需要具备长期的战略发展眼光。很多小企业长不大，追根究底，是一次又一次地放弃了合作的机会，个人或少数人的单打独斗，是无法在现代市场中取胜的。整合行业资源，了解掌握该行业各种关系网，比如业内竞争对手、供货商、经销商、行业管理部门等。

### （七）政府资源开发

掌握并充分整合创业的政府资源、享受政府扶持政策，可使你的创业少走许多弯路，达到事半功倍之效。创业的扶持政策主要包括财政扶持政策、融资政策、税收政策、科技政策、中介服务政策、创业扶持政策、对外经济、技术合作与交流政策和政府采购政策。相关政策可通过上政府公网查询、委托政策服务公司提供政策咨询等途径了解相应政策。政策服务公司比较关注政策变化，与政府有关部门关系密切，不仅了解政策，也能享受政策。如果条件允许的话，可指定专人负责有关政策信息的收集。你要让每位员工了解并注意收集与其工作有关的政策信息，及时跟踪政策的变化。特别是在有疑问时，一定要咨询清楚，并及时解决。政府优惠扶持政策见表6-2。

表 6-2 政府优惠扶持政策一览表

| 序号 | 政策 | 内容 |
|---|---|---|
| 1 | 财政扶持政策 | 中央财政预算设立中小企业科目，安排扶持中小企业发展专项资金；地方政府根据实际情况为中小企业提供财政支持 |
| 2 | 融资政策 | 人民银行加强信贷政策指导，改善中小企业融资环境#鼓励商业银行调整信贷结构，加大对中小企业的信贷支持。各商业银行在其业务范围内提高对中小企业的融资比例，扩展服务领域。国家政策性金融机构采取多种形式为中小企业提供金融服务。县级以上人民政府和有关部门推进和组织建立中小企业信用担保体，推动中小企业的信用担保 |
| 3 | 税收政策 | 国务院和省级人民政府对符合下列条件之一的中小企业，在一定期，限内给予税收优惠：一是由失业人员开办，初期经营困难的；二是吸纳社会再就业人员比例较高的；三是设立在少数民族地区、边远地区和贫困地区的；四是从事高科技产品的研究开发的；五是从事资源综合利用和环保产业的；六是国家产业政策规定需要扶持的 |
| 4 | 科技政策 | 国家制定政策鼓励中小企业按照市场需要，开发新产品，采用先进的技术、生产工艺和设备，提高产品质量。国家实施了一系列的科技计划，包括科技攻关计划、星火计划、重点新产品计划、"863"计划、科技型中小企业技术创新基金 |
| 5 | 中介服务政策 | 政府和有关部门在规划、用地、财政等方面提供政策支持，推进建立各类技术服务机构，建立生产力促进中心和科技企业孵化基地。国家鼓励社会各方面力量建立健全培训、信息、咨询、人才交流、信用担保、市场开拓等服务体系 |
| 6 | 创业扶持政策 | 政府有关部门在城乡建设规划中合理安排必要的场地和设施，支持创办中小企业，地方政府应为创业人员提供工商、财税、融资、劳动用工、社会保障等方面的政策咨询和信息服务；国家鼓励引进国外资金、先进技术和管理经验，创办中外合资（合作）企业；鼓励依法以工业产权或者非专利技术等投资参与创办中小企业 |
| 7 | 对外经济、技术合作与交流政策 | 政府有关部门和机构为中小企业提供指导和帮助，促进中小企业产品出口。国家制定政策，鼓励符合条件的中小企业到境外投资，开拓国际市场。国家有关政策性金融机构应当通过开展进出口信贷、出口信用保险等业务，支持中小企业开拓国外市场 |
| 8 | 政府采购政策 | 政府采购应优先安排向中小企业购买商品或者服务。政府是最大的消费者，各级政府每年要采购大量的商品和服务，要注意政府采购信息，向当地政府采购管理机构了解政府采购如何向中小企业倾斜 |

## （八）管理资源开发

新创企业的管理者大多是技术人员出身，往往在企业管理的知识方面有所欠缺。很多新创企业在创立初期都缺少管理制度、管理过程、失败于管理不善，这决定了企业必须建立起一套完整而高效的管理制度、对各种管理资源也进行有针对性的开发。管理资源的开发主要有以下几种途径：

一是企业在创立之初就搭建起制度体系，确立各种规章、实施流程及规范，并在后续实践中进一步完善和优化，实现企业管理的制度化、体系化、标准化。

二是充分吸收借鉴优秀企业的管理经验和方法，为我所用。如行业领导者的管理理念和方法、ISO 等国际组织开发和应用的各种管理标准和最佳实践等。

三是在处理好企业经营权和管理权的关系的基础上，通过外聘经理使企业的管理更加专业和科学。

四是挖掘企业内外部优秀的管理人才，以人力资源中的发展中放心技术来开发领导力，培育相应人员的领导和管理人才。

五是创业企业要加强绩效考核管理工作。绩效考核是人力资源管理的枢纽和闸门，贯穿企业整个人力资源管理过程，是企业人事决策的重要依据。只有以卓而有效的绩效考核体系作为手段，以提高员工的积极性、创造性为目的，形成独具特色的人力资源管理体系，才是其他企业无法模仿的优势，企业才能在市场竞争中立于不败之地。只有加强管理资源的开发，企业才能做大做强。

## 二、创业资源开发的推进方法

创业企业要通过识别、获取、整合和转化等方式来开发资源，同时还关注各种方式之间的动态反馈特征。

### （一）创业资源的识别

新企业的创建过程通常是通过机会与资源的整合来实现的。然而具有不同创业动机的创业者其创业过程是不同的，一方面，新企业的形成过程开始于创业者的创业决策，根据这种观点，创业者是先决定创办新企业，然后开始识别商业机会。另一种观点认为，创业者在决定创业之前先要识别商业机会，根据基本的产品或服务理念来评估环境和创业者的能力和资源，以判断这种商业机会是否可行，一旦机会可行将制订商业计划并进行企业的创建活动。西方学者将以上两种创业动机定义为：决策驱动和机会驱动。根据创业者的不同驱动因素将新创企业资源识别过程分为决策驱动型资源识别过程和机会驱动型资源识别过程。

1. 决策驱动型资源识别过程

这种资源识别方式中创业者首先形成创业决策，目的在于满足其自身的成就需要，然后再通过开发商业机会得以实现。形成新企业是其创业目标，而机会是实现这一目标的手段。由于这类创业者只拥有一种愿景，因此创业者将努力地挖掘自身现有的资源禀赋，并从中发现可以实现其创业目的的可行性商业机会。这一过程是一种自上而下的过程，创业者首先将建立企业作为其创业目标，因此创业者的初始资源将决定其能够识别的商业机会，在这一过程中通过创业者对自身禀赋资源的反复评价，也将会对创业愿景进行不断地修改，这是一个反复的过程，直到找到适合自己创业的商业机会为止，因此通过这一过程确定的商业机会是以创业初始资源为基础的。

2. 机会驱动型资源识别过程

这种资源识别过程是创业者已经发现了可行的商业机会，然后决定创建企业并进一步开发机会，因此与决策驱动型创业不同的是，这种创业类型是将创办企业作为机会实现的手段,其目的是提供一种产品或服务。虽然,从结果来看两种类型都实现了新企业的创建,但是,在资源识别过程是具有差异的。在这种资源识别过程中,创业者对资源的识别和评价都是围绕商业机会来进行的,相对于决策驱动的识别过程来说,这种资源识别过程更注重机会开发所依赖的核心资源和独特能力,其他资源都是围绕这些基础资源来识别的。创业者将从不同的驱动因素出发,对已掌握的禀赋资源进行识别,归类,确定资源的不同用途,然后进入新创企业资源获取阶段。

### (二)创业资源的获取

新企业要保证其顺利发展,就需要广泛地获取外部资源。由于资源所有者有限的先验知识,再加上新创企业的技术和产品上存在着不确定和信息不对称问题,因此对于新企业来说在获得资源方面存在着很大的困难。新企业将会面对由于其缺少法律和外部主体(如顾客、供应商和政府部门)在制度上的支持所导致的不确定性。因此,资源所有者倾向于延迟资源投入直到企业暴露更多的信息。除了不确定性,创业资源获取过程中也存在着复杂的信息不对称现象,因为相对于外部评估者来说,创业者占有较多的企业层面、产品技术层面和团队能力层面的信息,这种信息不对称导致了两方面的问题使得资源所有者不愿对新企业进行投资。首先,为了防止其他人利用同样的机会,创业者不愿意向资源所有者公开全部信息,因此用以评估的信息很可能是不完备的。其次,创业者可能采取机会主义行为,因为他们掌握资源所有者所不具备的信息。因此,面对以上的问题,新创企业在资源获取的过程中要灵活地利用资源获取方式来建立与外部资源所有者之间的联系。通过对创业资源分类的研究不难发现,创业者可以利用工具型资源来获得其他资源,需要指出的是对于资源的利用并不拘泥于这种分类,在资源获取过程中创业可以通过识别创业禀赋资源的价值,利用有形资源杠杆和无形资源杠杆来实现资源的获取。

1. 有形资源杠杆

在资源获取过程中新企业与老企业是有显著不同的。新创企业没有资源基础,因此很难从内部开发资源。新企业获取资源的主要途径是从外部资源所有者手中获得资源的使用权。基本的方式是通过工具型资源来获取所需资源(包括购买和租赁),这种方式要求创业者掌握一定的资金或所有权性资产作为抵押。同时新创企业可能占有一定的生产型资源(如技术和市场资源等),创业者可以通过暴露这部分资产的期权价值,利用实物(生产型资源)来吸引其他资源所有者,这种通过有形资产获取资源的方式称为有形资源杠杆。新创企业在利用有形资源杠杆时,通常与资源所有者进行直接交易或暴露资源的期权价值来实现。

2. 无形资源杠杆

新创企业占有和控制的资源必定是有限的,因此还需要通过其他的方式来获取资源。创业应该关注于社会网络和创业者人力资源(声誉和专业技能、经验等)对创业活动的影响。在资源获取阶段,创业者可以通过个人的网络关系和声誉等资源,与资源所有者之间建立联系,从而获得资源,称这种途径为无形资源杠杆。资源基础理论认为社会网络对于新企业来说是一种异质的、有价值的资源,它可以作为获得其他类型资源的杠杆,早期研究表明在新企业形成的早期阶段,创业者经常利用由个人关系建立的社会网络来获得财务资源、关键的技术和管理人才以及顾客的购买订单。同时组织理论发现,创业者的社会网络和声誉共同构成缓解不确定性和信息不对称问题的一种机制。社会网络在以下几方面能够促进资源获取过程。

首先，网络能使资源所有者集中创业者能力方面的重要信息，了解新企业的技术和产品的市场潜力。其次，网络可以降低机会主义所产生的交易成本。一旦创业者从事了不法行为，资源所有者可以通过网络散布创业者的负面信息，以此来制裁创业者。因为声誉的形成是要靠时间积累的，但声誉的损毁却非常的快，网络能够产生"自加强"效应来约束机会主义行为。创业者在资源获取阶段同时利用这两种杠杆撬动其他资源，但是有形资源杠杆是双向的，即可以通过工具型资源发挥杠杆作用获取生产型资源，也可以利用生产型资源来获得有形的工具型资源（如财务资源），进而继续发挥工具型资源的杠杆作用。由于创业者个人声誉和社会网络的积累是一个长期的过程，因此无形资源杠杆只能发挥单向作用，即通过无形的工具型资源来获得生产型资源。因此，新创企业有效合理地利用这两类资源杠杆，能够提高新创企业的资源获取效率。

### （三）创业资源的整合

在创业者识别和获取资源之后，并不能保证企业的存活。创业者根据不同的创业理念将资源的价值和潜能加以整合转化为新企业所特有的资源。基础资源的开发也就是配置和整合这些资源，获得特有的能力和功能，而非简单的资源组合，经整合后的资源应该具有新颖性和柔性。资源开发过程不单单要将获得的资源加以整合，还要将创业者（创业团队）的初始资源和其他资源一起转化为组织资源。

对大多数新企业来说，组织资源不是立即形成的，而是通过逐渐地演进，经过一定时间周期后形成的。创业者将各种离散的产权型资源和知识型资源进行整合，形成系统的资源，这依赖于对组织资源的整合。这一过程可以建立在现有基础之上，对现有能力进行提升，也可以通过吸收新的资源，开发新的能力，但无论采用哪种方式，其最终结果都实现了资源的整合。创业企业在进行内部及外部资源整合的过程中应遵循以下两个原则。

#### 1. 内部资源整合

整体大于个体要求企业整合内部各种资源，实现 1 + 1>2 的正效应。这需要通过管理来获得。创业者通过有效实施计划、组织、领导和控制，以人力资源为基础使员工分工合作，人尽其才，高效利用各种资源，才尽其力，物尽其用，让社会、信息和政策资源都能被企业有效吸收消化，使企业成为有效运转的有机体。"个体服从整体"是指企业的每一个局部。资源的配置和利用都要服从整体的利益，以是否有利于整体作为判断决策的依据。当整体和局部的利益发生冲突时，企业要有先考虑整体利益，从长期来看这对局部利益和整体利益都是有利的。当局部无法创造价值或产生负面影响时，企业要对这样的局部利益进行甄别、改造或者摒弃。当企业的局部无法创造企业的核心价值时，有必要用外部购买来替代这一局部。

#### 2. 外部资源整合

企业想要达到整合外部资源的目的就要正确处理合作和竞争的关系。外部环境中的各种资源拥有者都可能与企业同时存在着合作和竞争两种关系，这种关系还存在隐蔽性。同时，显而易见的竞争者不仅可以有竞争，也可以有合作，双方可以通过打造区域品牌共同做大蛋糕。创业企业要学会转变思维，既要合作也要竞争，实现共赢和共同利益的最大化而非恶性竞争、损人利己。

### （四）创业资源的转化

在对离散资源组织和整合的同时，创业者或创业团队还必须将个人的优势资源投入到新创企业之中，或者将个人的能力与组织优势相结合，产生独特的竞争优势。创业者的知识和能力是实现新企业资源规模不断扩大，价值逐渐提高的必要基础。

一些好的企业（甚至是国家）会将所有资源转化为对社会有益的资源，这样的社会是一个良性社会；一个坏的企业，同样有着转化的功能，它就会成为社会产生问题的策源地，甚至是产生罪恶的根源。一个求利的企业可能短期不会为社会所惩罚，但是长期只有利，而没有社会责任，它就有被社会惩罚的可能。

对创业企业来说，企业是资源的转换器，一个创业者的最终目标就是让自己的企业有旺盛的生命力和巨大的影响力，这就需要有一个好关键资源作为起点，还有主动培养转化资源的机制，这样当核心的业务发展起来以后，企业就会迅速地被发展壮大。

总之，对企业而言，显性资源的开发可采取变人为财、变财为人、变废为宝的方法。隐性资源的开发可采取化无为有、化私为公、化分为秒的方式来开发。

## 三、大学生创业扶持政策

2020年7月，全国大学毕业生人数再创新高，达到了874万，2021年高校毕业生人数达到909万，就业形势相当严峻。不过，"就业难"引发了"创业热"，如今创业的大学生越来越多，国家在大学生创业方面也陆续出台了一些政策支持。

### （一）企业注册登记

1. 程序更简化

凡高校毕业生（毕业后两年内，下同）申请从事个体经营或申办私营企业的，可通过各级工商部门注册大厅"绿色通道"优先登记注册。其经营范围除国家明令禁止的行业和商品外，一律放开核准经营。对限制性、专项性经营项目，允许其边申请边补办专项审批手续。对在科技园区、高新技术园区、经济技术开发区等经济特区申请设立个私企业的，特事特办，除了涉及必须前置审批的项目外，试行"承诺登记制"。申请人提交登记申请书、验资报告等主要登记材料，可先予颁发营业执照，让其在3个月内按规定补齐相关材料。凡申请设立有限责任公司，以高校毕业生的人力资本、智力成果、工业产权、非专利技术等无形资产作为投资的，允许抵充40%的注册资本。

2. 减免各类费用

除国家限制的行业外，工商部门自批准其经营之日起1年内免收其个体工商户登记费（包括注册登记、变更登记、补照费）、个体工商户管理费和各种证书费。对高校毕业生申办高新技术企业（含有限责任公司）的，其注册资本最低限额为10万元，如资金确有困难，允许其分期到位；申请的名称可以"高新技术""新技术""高科技"作为行业予以核准。高校毕业生从事社区服务等活动的，经居委会报所在地工商行政管理机关备案后，1年内免予办理工商注册登记，免收各项工商管理费用。

### （二）创业贷款

目前，中行、农行、建行、民生银行、中信实业银行等相关人士均表示，该行没有开办大学生自主创业贷款这项业务，这种尴尬情况主要缘于此类贷款的高风险。大学生创业贷款难就难在无法提供有效资产作抵押或质押。但是已有多家银行开办了针对具有城镇常住户口或有效居留身份，年满18周岁自然人的个人创业贷款。此类创业贷款要求个人采用存单质押贷款，或者房产抵押贷款以及担保贷款。

凡是大学专科以上毕业生、毕业后6个月以上未就业，并在当地劳动保障部门办理了失业登记都可以申请创业贷款。在申请此类贷款时，有三点比较重要：第一，贷款申请者必须有固定的住所或营业场所。第二，营业执照及经营许可证，稳定的收入和还本付息的能力；第三也是最重要的一点，就是创业者所投资项目已有一定的自有资金。

具备以上条件的方能向银行申请，申请时需要提供的资料主要包括：婚姻状况证明、个人或家庭收入及财产状况等还款能力证明文件；贷款用途中的相关协议、合同；担保材料，涉及抵押品或质押品的权属凭证和清单，银行认可的评估部门出具的抵（质）押物估价报告。除了书面材料以外就是要有抵押物。抵押方式较多，可以是动产、不动产抵押，定期存单质押、有价证券质押、流通性较强的动产质押，符合要求的担保人担保。发放额度就根据具体担保方式决定。国家为大学毕业生提供的小额创业贷款是政府贴息贷款，其期限为1～2年，2年之后不再享受财政贴息。创业贷款金额要求一般最高不超过借款人正常生产经营活动所需流动资金、购置（安装或修理）小型设备（机具）以及特许连锁经营所需资金总额的70%；期限一般为2年，最长不超过3年，其中生产经营性流动资金贷款期限最长为1年。

### （三）税收缴纳

凡高校毕业生从事个体经营，自工商部门批准其经营之日起1年内免交税务登记证工本费。新办的城镇劳动就业服务企业（国家限制的行业除外），当年安置待业人员（含已办理失业登记的高校毕业生，下同）超过企业从业人员总数60%的，经主管税务机关批准，可免纳所得税3年。劳动就业服务企业免税期满后，当年新安置待业人员占企业原从业人员总数30%以上的，经主管税务机关批准，可减半缴纳所得税2年。

国家在大学生创业优惠政策中对于税收方面作出了以下规定：

凡高校毕业生从事个体经营的，自当地工商部门批准其经营之日起1年内免交税务登记证工本费（即：免税）。

新成立的城镇劳动就业服务企业（国家限制的行业除外），当年安置待业人员（含已办理失业登记的高校毕业生）超过企业从业人员总数60%的，经相关主管税务机关批准，可免纳所得税3年。劳动就业服务企业免税期满后，当年新安置待业人员占企业原从业人员总数30%以上的，经相关主管税务机关批准，可减半缴纳所得税2年。

除此之外，具体不同的行业还有不同的税务优惠：大学毕业生创业新办咨询业、信息业、技术服务业的企业或经营单位，提交申请经税务部门批准后，可免征企业所得税两年。大学毕业生创业新办从事交通运输、邮电通讯的企业或经营单位，提交申请经税务部门批准后，第一年免征企业所得税，第二年减半征收企业所得税。大学毕业生创业新办从事公用事业、商业、物资业、对外贸易业、旅游业、物流业、仓储业、居民服务业、饮食业、教育文化事业、卫生事业的企业或经营单位，提交申请经税务部门批准后，可免征企业所得税一年。大学生直接从事种植业、养殖业、林业、牧业、水产业生产的，其销售自产的初级农产品免征增值税。大学生销售古旧图书免征增值税。

### （四）企业运营

**1. 员工聘请和培训享受减免费优惠**

对大学毕业生自主创办的企业，自工商部门批准其经营之日起1年内，可在政府人事、劳动保障行政部门所属的人才中介服务机构和公共职业介绍机构的网站免费查询人才、劳动力供求信息，免费发布招聘广告等；参加政府人事、劳动保障行政部门所属的人才中介服务机构免费为创办企业的毕业生、优惠为创办企业的员工提供一次培训、测评服务。

**2. 人事档案管理免2年费用**

对自主创业的高校毕业生，政府人事行政部门所属的人才中介服务机构免费为其保管人事档案（包括代办社保、职称、档案工资等有关手续）两年。

**3. 社会保险参保有单独渠道**

高校毕业生从事自主创业的，可在各级社会保险经办机构设立的个人缴费窗口办理社会保险参保。

## 本章小结

本章包括创业资源、创业融资、创业资源管理等三个模块。创业资源模块主要阐述了创业资源的内涵与分类、创业资源与一般商业资源的异同、获取创业资源的途径与技能。创业融资模块主要阐述了创业融资的内涵、创业融资路径、创业融资方式的选择策略。创业资源管理模块主要阐述了不同类型的资源开发、创业资源开发的推进方法、大学生创业扶持政策。

## 思考题

1. 创业过程有哪些资源需求？如何获取并进行开发、整合与利用？
2. 社会资本、资金、技术及专业人才在创业中分别有什么作用？
3. 创业融资过程中需要注意什么问题。

【案例讨论】

### 陈天桥创造盛大"传奇"

#### 从小要当主流人物

1973年，陈天桥出生于浙江新昌县澄潭镇一个叫东坑坪的小山村，出生的时候，爷爷奶奶觉得这个大胖孙子有出息，加之陈天桥的父母在当时已经离开了山村，在城里工作，于是给他取名天桥，意为陈家登天的桥梁。

### 好学生和网络游戏

1990年，18岁的陈天桥考入上海复旦大学经济系。性格外向、活泼开朗的陈天桥不仅是学习尖子，也是社会活动的热心分子，他的组织能力、活动能力得到了校内外人员的认可。他成了"复旦大学1990届经济系的传奇人物"。大学一年级，陈天桥埋头读书，全系成绩排名第一；大二，陈天桥被上海市教委和团市委评为"上海市优秀学生干部标兵"；大三，21岁的陈天桥就修满了学分，从复旦大学经济系提前一年毕业，并荣获了上海市"优秀学生干部标兵"称号，这在复旦历史上也是罕见的。踏入社会的陈天桥进入了上海陆家嘴集团。从子公司的副总经理开始，直到晋升为集团董事长兼总裁王安德的秘书，4年时间，陈天桥自称学会了三件事：一件是好事，一件是坏事，还有一件"不好也不坏"。

好事是年轻的陈天桥学会传统行业企业家独立、务实的管理风格。陈天桥没有留洋或者海外求学的经历，曾经有人问他是不是"海归派"，他回答"不是"，又问他是不是"土鳖派"，他回答"也不是"。陈天桥觉得自己比海归派更熟悉中国国情和地区市场，而与本土成长的经理人相比，自己的个性更加独立，更加讲求冒险和创新。不好不坏的事是陈天桥比一般人更早接触到互联网。10年以前，在陆家嘴集团，在大多数中国人还不知互联网和电子邮件为何物时，总裁办公室里就已能24小时上网。老总不在的时候，陈天桥就喜欢在互联网上混。人在网上飘，学会玩游戏是早晚的事情。玩网络游戏一开始是件坏事。陈天桥太喜欢游戏了，在办公室偷玩一下实在不过瘾，他干脆买了台电脑回家。每到周末，他必玩得个天昏地暗。这还不够，每逢节假日，他必定呼朋唤友，来家里一起"操练"，通宵达旦、挑灯夜战是家常便饭。据说，他曾一连打了7天7夜的游戏没合眼。

1998年，组织上要安排王安德去浦东新区做分管经济的副区长。王安德对陈天桥许诺，如果他选择投身仕途，就有可能成为全上海最年轻有为的区长秘书，前途不可限量。但陈天桥婉言谢绝了："谢谢您，但那不是我的理想。"

离开陆家嘴，陈天桥来到一家证券公司，担任总裁办公室主任。在证券公司的这1年多时间，对于陈天桥来讲是相当重要的1年。跳出国营单位的陈天桥明白了自己的事业要靠自己去打拼。在证券公司工作，面对滚滚财富，他暗暗下定了自己创业的决心。

在证券公司期间，陈天桥碰到了1位聪明能干的女性，这就是他后来的妻子，现在是盛大公司副总裁——芊芊。两人于1999年9月结婚。

### 第一次创业很平庸

在证券公司娶了老婆，又在股票市场上挣了一些钱，这时候陈天桥有两种选择，一是与太太一起出国；另外就是在国内找个稳定的工作，过小日子。但陈天桥做了第三种选择，自己创业。

1999年是资本疯狂涌向互联网的一个年份。当时的互联网模式就是建立一家网站，然后去赢取风险投资。陈天桥的弟弟陈大年当时在一家网络公司工作。陈氏兄弟一个熟悉互联网，一个熟悉资本市场，就想到了创建网站。"直觉告诉我互联网是非常有前途的。"陈天桥回忆说。"但以往的工作经验让我觉得，一个公司要盈利需要的是资金流和物流，而物流是比资金流更难解决的问题，也就是说电话线不能代替物流与配送，只有数码娱乐产品比如卡通、游戏才可以通过电话线来传输。"陈天桥找到了创业的方向。

1999年11月，陈天桥听说中华网在寻找可投资的小网站，认为机会来了。经过物色，陈选中了当时由复旦的几个学生为主建立的一个社区，这个社区当时已经有不少人气。陈天桥将自己的想法讲给他们，让他们将这个社区改得更加吸引人。而他则去联系中华网。谈妥之后，陈天桥迅速注册了一个资本为50万元的盛大网络发展有限公司，招了20几个人，开始运作 stame.com。公司成立的初衷并不是要成为大型的门户网站，而是想另辟蹊径，成为中国最大的图形化虚拟社区。这个社区建设在当时很有特色，不但有白天、黑夜之分，而且每一个社区中的用户都不能不劳而获，饿了就需要种地，然后再把收获的东西做成食品卖钱，而只有拥有钱才能在社区内生存。靠着在证券公司和政府机构工作时建立起来的人际关系，在陈天桥的运作下，很快，这个 stame.com 和中华网的谈判进入了实质性阶段。1999年12月，中华网 CEO 叶克勇与陈天桥见面，"stame.com 我要定了，你带上签好的合同来见我。"这样，陈天桥在2000年1月拿到了中华网300万美元的投资，中华网得到的是相当于它总浏览量30%的 PageViews。投资拿到了，但中华网认为，仅凭虚拟社区还不足以带来更高的浏览量，因此他们要求盛大改变经营方向。"面对投资方的意愿，我们很迷茫，最后提出了一鱼四吃的做法。"陈天桥曾经向记者讲述过这样一个例子，"一条鱼可以分为头、身子、尾巴和鳍，然后有不同的做法，比如娱乐产业中围绕着一个品牌——樱桃小丸子，可以运作有关她的动画、书籍、游戏，甚至服装等诸多周边产业。因此我们决定不做游戏社区，而做动画网站，这样既可以带来投资方所需要的浏览量，又不会离网络游戏社区很遥远。"

利用这笔资金，盛大购买了黑猫警长的版权，还办起了多期的卡通杂志，并陆续拿到为奥迪、飘柔等大牌厂商做网上动画广告的单子，此时的盛大一个月能有十几万的收入。

2000年下半年，互联网的泡沫开始破灭，形势急转直下。还没有等到网站盈亏平衡，网络业便开始走上下坡路，这在商业气息浓厚的上海表现得尤为明显。面对危机，陈天桥开始反思盛大网络卡通的发展模式。"围绕一个品牌做动画卡通，是一个投入期长、回报期也长的过程。成功了就可以赚七八十年甚至更长时间的钱，失败了就一无所有。"2001年5月，中华网投资盛大的300万美元中还有100万美元没有到账，这时候中华网对盛大提出质疑。陈天桥的大卡通战略即游戏+杂志+Flash广告被迫删改，公司的员工从50人裁减到20人，所有非游戏部门的队伍被全部清除。

为了继续事业，陈天桥决定放弃网络动画，但是下一步的着眼点在哪里，他自己其实也很迷茫。正好此时韩国游戏开发商 Wemade Entertainment 到上海来寻找合作伙伴，准备推广自己开发的网络游戏"传奇"。Wemade 最先找到上海市动画协会，动画协会也不知道网络游戏是干吗的，于是把韩国厂商推荐给了陈天桥。陈天桥拿到游戏，自己先动手玩玩。按照默认设置，他连接到韩国服务器上，可他看不懂韩文。他又连接到《传奇》意大利服务器，玩起了英文版。尽管网速很慢，并且陈天桥认为"传奇"包装很差劲，但还是觉得其内核相当不错。玩到后来，陈天桥欲罢不能了。

陈天桥向中华网请示运营"传奇"，先期要交30万美元的安装费。陈天桥希望中华网将剩余的100万美金投资到"传奇"的运营中来。中华网不同意，陈天桥却坚持要做网络游戏，双方谈判未果。最终陈天桥拿回了公司所有的股份，并且仍然保留了至少30万美元拿到了"传奇"的代理权。

**盛大神话**

中华网撤出了,"传奇"的代理也谈下来了,陈天桥的公司已经没有什么钱了。运行网络游戏,需要很多服务器,而此时的陈天桥根本没有钱来添置服务器。陈天桥拿着与韩国 Wemade、Actoz 公司签订的合约,找到浪潮、戴尔等服务器厂商,告诉他们,我们要运作韩国人的游戏,申请试用机器两个月。服务器厂商一看的确是国际正规合同,小伙子年纪轻轻来头不小,恐怕是潜在大客户,于是就同意了。

然后陈天桥又拿着服务器的单子,以同样的方式与中国电信谈:"浪潮、戴尔都给我提供服务器,我们需要很大的带宽运营游戏。"电信马上会意,给了测试期免费的带宽试用。陈天桥压上了全部的信誉,从 2001 年 9 月,盛大开始了两个月的游戏测试期。2001 年 11 月,传奇游戏开始收费,仅仅 1 个月,"传奇"的投资就已完全收回。盛大活了,陈天桥的财富传奇就这样开始了。

从陈天桥发迹的故事来看,其成功具有很大的偶然性,是一种投机行为,只是这种投机行为具有更多知识的成分。在投机成功过后,陈天桥登上了财富榜,备受瞩目。但是,陈天桥显然不会对此满足,他想要成为这个网络游戏世界的决策者,想成为被社会所承认的主流人物。

(资料来源:纯真网 http://www.cz88.net/lizhi/gushi/146148.html)

# 参考文献

[1] 张悦,周冬梅,鲁若愚. 虚拟社群的力量:创业机会识别和创业资源获取 [J]. 科技和产业,2015,15(8):63-67.

[2] 赵玲,田增瑞,常焙笙. 创业资源整合对公司创业的影响机制研究 [J]. 科技进步与对策,2020,37(6):27-36.

# 第七章

# 创业计划书撰写与展示

 学习目的 <<<

本章学习目的在于了解创业计划书的含义、类型和作用,熟悉创业项目可行性分析工具表、创业计划书的基本结构、主要内容。本章学习重点是掌握创业项目的可行性分析的方法及与创业计划书的关系、撰写创业计划书基本内容及展示创业计划书的技巧。本章学习难点是撰写创业计划书摘要及计划书内容。

 引导案例

## "中国创翼"创业故事:微奥云刘晓竹

刘晓竹,重庆大学和美国田纳西大学联合培养博士,原美国橡树岭国家实验室与美国田纳西大学特聘研究员。2016年9月,刚刚回国创业不久的刘晓竹带领团队以一款基于微/纳流控技术的现场一分钟生化检验仪亮相"中国创翼"青年创业创新大赛,这款颠覆性的产品将传统的被动式免疫吸附检测技术通过纳流控、微粒操控等技术革新为抗原与抗体的主动结合,大大提高了人体疾病、动物疫病、食品安全与环境卫生等检测效率,节约了传统检验的各种高昂仪器、试剂、操作人员、检测时间等成本,应用范围广泛,技术水平领先世界。

参加大赛时该技术还是作为一个项目在运作,没有营业额,离真正的创业还有很长一段距离,团队连公司都尚未成立。为了鼓励创新创业,大赛组委会决定授予他和团队生活性服务业类项目团队组二等奖的荣誉称号。刘晓竹称参加大赛让他演讲的水平提高很多,很锻炼人。让他受益的还有大赛期间一些专家给予的培训,比如BP怎么写,为什么要这么写,让他在参赛期间梳理了项目以后的发展所需要考虑的各个方面。

自创业大赛收官后,刘晓竹团队的项目获得了重庆市等全国多个政府部门的重视与青睐,鉴于伙伴都在重庆,而且重庆市高新区承诺给予团队100万元启动资金,沙坪坝区愿意提供2000平方的生产场地与免费办公室,合川区愿意在医药产业园提供多种优惠政策与配套资源等。虽然磕磕碰碰,但还算顺利,在很多资源嫁接进来以后,刘晓竹和团队成员于2016年12月成立了重庆微奥云生物技术有限公司。

2017年初,公司已经获得1000万元的Pre-A融资款,雇有员工6名,获得一项国家发明专利,并在申请发明专利共35项,准备申请软件著作权1项,第一代产品已经开售,与重

庆医科大学附属医院等客户达成订货量上千余份等。在西南大学、重庆理工大学等高校已经开始使用公司的产品。

公司现在正在完成对数个动物疫病和食品安全项目的转产，因为这两个领域的样本比较好获取和准入门槛比人体疾病检测低，所以最先投入生产。但目前他们的产品是全新的，所以在生产过程中，鲜有可以借鉴的先例，这也是难度最大的所在。刘晓竹说："当务之急就是把生产流水线建起来。没有太多可以参考的东西，只能全世界东奔西跑去学习，在碎片化信息完成质变的那一刻，感觉自己又发明了一个东西。"

在市场方面，刘晓竹非常有信心地说："任何市场的开拓都是有难度的，但我们的优势是技术先进，让使用者效率更高、体验更好。劣势就是行业积累经验不够。开拓市场时要取长补短。"

（资料来源：每日科技网）

本章我们深入地分析编写创业计划书以及创业计划书与创建新企业的内在特征。

## 第一节 创业计划的准备

尽管本章最主要目的在于描述如何编写创业计划书，但本章在讨论和界定创业过程的整个"前端"。作为这一复杂过程中的一部分，最有效的创业计划书包括：识别预筛选商业机会，以决定其基本的可行性；开展全部的可行性分析，检查商业机会的整个过程是否能够得到保证；编写创业计划书以及展示创业计划书。

### 一、创业计划定义与作用

#### （一）创业计划的定义

创业计划也称谓全方位的商业计划，是由大学生创业者在创业前准备的一份书面计划材料，是创业者具体行动的指南，是联系投资商获取创业融资基本依据，是认真解释新创企业内外环境条件和各要素的一种书面文件，也是创业过程中的重要内容。

2002年，美国《公司》（Inc）杂志对于入选当年500强的企业家进行访问，主旨是调查这些企业家在初创企业时是否编写过正式的创业计划书，结果显示，40%以上的企业家说他们曾经拥有创业计划书。

有成功企业人士称，毁掉你的新创企业和信誉的最快办法之一就是递交一份糟糕的商业计划，甚至根本没有计划；没有商业计划的初创公司只是一个"昂贵的爱好"。可见一个靠谱的创业计划书有多重要。

#### （二）做创业计划的作用

创业计划是实现创业构想的指南、是获得经营资源的工具、是实施创业管理的依据。

1. 撰写计划书的原因

（1）撰写计划书可迫使大学生创业者系统思考创业要素、凝心聚力。

（2）撰写计划书可塑造大学生创业公司可靠性、优化营销策略。

2. 展现创业计划书的读者和他们所关心的问题

（1）创业伙伴。创业团队成员共同致力于完成如此重要的项目的过程，也能够有益于形成一支强大的、充满凝聚力的团队；一份清晰的书面创业计划书有利于团队成员保持统一组织目标、密切配合、行动方向一致。

（2）投资者和其他外部利益相关者。包括投资者、潜在的商业合作伙伴、潜在的顾客等。

3. 创业计划书的写作指南

一些重要的指南能影响到创业计划的写作。创业计划书、执行概览或者是一组对计划书概括而形成的 PPT 文稿是作为典型的创业推荐材料，这些材料是有意投资的风险投资商了解新创企业的第一手材料。人们对创业计划书的结构、体例和内容很敏感，关注度比较高。

（1）创业计划书的结构和体例遵循传统的指导原则。

基于投资者工作繁忙，力求让他们快速找到关键信息的创业计划书，因此在制作时应当遵循以下原则：保持传统结构、页码控制在 25～35 页范围之内、细节严谨、数据详实、简单而不简约，专业而庄重。一言以蔽之，秉持一个重要标准，所要完成的创业计划传递的是一个清晰易懂，以及应当如何计划去达到的故事。

【创业实例】

## 创业成功的路标

根据美国最大的投资集团之一——Tech Coast Angels 的前总裁戴维·伯库斯（David Berkus）的观点，撰写创业计划书的第一步是，努力使"议论点"变得有血有肉，并把他们编制成一连串故事。这些故事要求具有一种富于简洁而又准确地就你做什么，你想做什么和你需要做什么的事情进行沟通的能力。Garage Technology Venture 的比尔·朱斯（Bill Joos）从创业者那里不只 10 万次听到这样的故事，并且认为，"创业者没有能力交谈他们做什么是一个大问题"。

（2）创业计划书的内容遵循标准化指导原则。

创业计划书遵循标准化格式，本质以及计划是否能令读者信服的程度，主要从商业机会的可行性和合乎情理性以及新创企业是不是在创业者能力范围之内等几个维度来分析。但不同的计划书差异性还是很大的，如各部分标题存在差异、写作质量的差异、严谨程度差异等。

（3）根据个人目标持续不断评估创业计划原则。

写作创业计划书时应根据创业者个人目标与渴望，持续不断地对准备创建的企业类型加以评估，基于以下两点考虑。

首先，设计编制创业计划书试图引起风险资本注意，以期获得风险资本商或者投资者的资金支持，应当了解什么是他们想要得到的东西，确保与拥有和管理风险资本型企业相关联的生活方式，即个人目标与渴望具有一致性。

其次，对于创业者而言，创业计划的推进过程，也是不断地对创业计划进行评估与修正的过程。

（4）动态调整与优化创业计划原则。

周密的可行性分析是评估商业创意的价值大小的关键，也是不断地对创业计划进行评估与修正的过程，当创业者或者创业团队考虑测试创意价值，新的见识总是不断出现，并贯穿整个企业活动，它值得让创业者保持对新见识、新创意的警觉和开放态度。就这样的现象而言,专家特别强调指出,创业计划书是鲜活的、富有生命力的文献,而不像是石刻一样。

### (三)创业计划的类型

根据不同的分类标准,创业计划可分为以下类型。

#### 1. 按照企业类型分类

企业可分为四种不同的类型,如表7-1所示。不同的企业类型,创业计划也有所不同。

表7-1 企业类型

| 类型 | 解释 | 举例 |
| --- | --- | --- |
| 生存型 | 仅仅只是为了满足支付餐桌上的食物所需费用而进行的创业活动 | 小修小补杂活,草坪维护,兼职的孩子护理 |
| 生活方式型 | 提供企业所有者去追求特定生活方式的一种机会,并以此为生的创业活动 | 以家庭为依托的电子商务,分店,独立的授权经销商,服装专卖店,私人培训 |
| 管理成长型 | 雇佣10多位员工,可能有多个批发门店,也可能将新产品和服务推向市场的创业活动 | 授权多店经营的商业特许,地区性酒店连锁,网络零售商(中等规模) |
| 扩张成长型 | 正在将新产品和服务推向市场,并且拥有企业扩张成长计划方案的创业活动 | 计算机软件,医药设备,网络零售商(大规模),全国性酒店连锁 |

#### 2. 按照目标分类

创业计划按照目标分为吸引风险投资的、吸引创业伙伴的和获取政府支持的创业计划,见表7-2。

表7-2 按目标分类的创业计划

| 目标 | 目的 | 创业计划侧重点 |
| --- | --- | --- |
| 吸引风险投资 | 募集资金 | 以风险投资者的需求为中心,说明项目市场容量与持续盈利能力、有完善与务实的实施计划、具备成功实施管理的团队及项目运营保障 |
| 吸引创业伙伴 | 招纳新人 | 注重结构清晰、前景良好的展示;明确利益分配与权限界定;合理的商业模式和未来发展规划 |
| 获取政府支持 | 享受服务与优惠政策 | 突出项目可行性、有良好社会效益和社会成本 |

#### 3. 按照内容分类

创业计划按照内容划分为综合计划和专项计划。

(1)综合创业计划是全面实现战略的创业计划。

(2)专项创业计划是创业中的某一项目的专门计划。

#### 4. 按照结构和篇幅来分类

创业计划按照其结构和篇幅分为略式创业计划和详式创业计划。

(1)略式创业计划。

略式创业计划是一种较为简明、短小的计划,包括企业的重要信息、发展方向,以及部分重要的辅助性材料。内容一般有10~15页。通常用在申请银行贷款;试探投资商的兴趣等。

(2) 详式创业计划。

详式创业计划对整个创业构思有较为全面的阐述,尤其能够对其中关键部分进行较详细论述的计划。一般页码在 30～40 页范围之内,并附有 10～20 页的辅助文件。通常用在详细探索和解释企业的关键问题、寻求大额的风险投资等。

总之,就创业过程来看,创业计划有不同的分类标准,那么创业计划书的侧重点也有所不同。

## 二、创业计划的前期准备

要完成一份不错的创业计划,需要创业者或创业团队识别商业创意及如何利用商业创意源泉与产生创意的方法;利用可行性分析模板和全面可行性分析的四个步骤。

### (一) 商业创意的形成与筛选

1. 商业创意最常见的三大源泉

形成创业计划的第一步任务是选择一个能够满足消费者需求、为消费者带来独特价值的创意。如果一家新企业提供的产品与市场上现有的产品没有太大区别,这个企业很难发展。因为人们的消费习惯与行为很难改变,即使新产品更好的或价格更低廉,也很难使消费者放弃他们原有的产品。以下三种商业创意源泉有助于形成成功、新颖且价值独特的商业创意。

(1) 变化的环境趋势。

商业创意的第一个源泉是变化的环境趋势。最重要的几个环境趋势是经济趋势、社会趋势技术进步、政治行为与政策变化。这些领域的变化通常能刺激新商业创意产生。

(2) 尚未解决的问题。

形成商业创意的第二个源泉是尚未解决的问题。工作、休闲、日常生活中人们都可能会感受到或发现问题。表 7-3 中列出多个受尚未解决问题的启发而创建的企业及其创业者。

表 7-3 受尚未解决问题的启发而创建的企业

| 创业者 | 年份 | 问题 | 解决方法 | 企业名称 |
|---|---|---|---|---|
| 安·斯科特与莱斯利·斯尔维格拉德 | 2011 | 有些人因不属于某个健身俱乐部,虽他们有意找私人教练指导却不得其门而入 | 创办一个网站,为客户和私人教练提供沟通平台,还可以进行视频教学 | Wello |
| 格雷格·高夫与赫斯基·库切尔 | 2010 | 出游在外时,万一孩子受伤或生病,医生无法获取孩子病例 | 创办一个在线平台,可用电脑或手机查阅孩子的完整病例 | MotherKnows |
| 佩里·陈、查尔斯·阿德勒等 | 2009 | 缺乏为有创意项目融资的在线平台 | 建立一个为创意项目和新产品创意融资的在线众筹平台 | Kickstarter |
| 萨姆·戈德曼与内德·托森 | 2008 | 约 10.5 亿发展中国家的人民用不上电。他们通用煤油灯照明,存在健康与安全隐患 | 设计并制造物美价廉的太阳能灯 | d.light |
| 杰米与本·海伍德 | 2005 | 重症患者很难找到有类似经历的人进行沟通、分享和相互学习 | 设计一个供重症患者交流、分享相互鼓励、相互建议的网络平台 | PatientsLikeMe |

（3）市场缝隙。

商业创意的第三个源泉是市场缝隙。许多消费者需要的商品在特定地区购买不到，或者市场上根本就没有。市场缝隙意味着潜在商业机会，通常有特殊群体、特定区域、变化的环境趋势可能导致现有的企业进行转型，还有部分原因是大型零售商主要进行价格竞争，如沃尔玛、Costco，他们只提供针对主流消费者的大众商品。虽然这使得大型零售商实现了规模经济，但却留下来许多市场缝隙。时装精品店、特色店和其他商务网店就在市场缝隙中生存。这些店铺所销售商品的需求量不大，所以，他们并不在大型零售连锁店里销售。那么，"十四五"发展新阶段，龙江转型发展，会产生市场缝隙，作为大学生机遇与挑战并存，要善于发现市场缝隙，从社会转型、经济转型和教育转型中，把握时机，创新创业填补市场缝隙，如表7-4中列出一些其他利用市场缝隙而创建的企业。

表7-4 利用市场缝隙而创建的企业

| 市场缝隙 | 产生的新商会 | 出现的企业 |
| --- | --- | --- |
| 没有一家健身中心24小时营业 | 以轮班工人、上班族母亲、工作时间不规律的年轻人为目标客户的健身中心，因为主流健身中心开门]营业时，上述人群没有时间 | Anytime Fitness, Snap Fitness, 24 Hour Fitness |
| 缺少儿童智力开发玩具 | 买智力开发玩具的玩具店、直销组织（如特百惠）和网店 | Modular Robotics, Uboody, Launch_Pad Toys, Kazoo & Company |
| 美国很多地方缺乏既便利又品种丰富的民族特色饮食 | 民族特色食品店、销售民族特色食品的网站、民族特色食品制造商、民族特色餐厅 | Ethnic FoodsCompany, International Food Mark, Rice King, Senor Sisis |
| 缺少专营特体时装的服装店 | 特体试装专卖店与网站，包括特大码服装、孕妇装、特高或特矮人服装 | Casual Male, Fashion to Figure, Motherhood Maternity |

2.形成创意的方法

对商业创意的三大源泉进行仔细分析后才能形成创意，有创意才有创业机会。当然，有一点我们要认识到：最佳创意并不一定要求最具原创性。

（1）头脑风暴法。

形成商业创意最常用的方法是头脑风暴法。头脑风暴是个很形象的比喻，指不同的人产生不同的想法。严格说来，头脑风暴会围绕一个特定议题，已分工的小组一组人有组织地进行讨论，以产生多种创意。小组组长请参与者分享他们的创意。一个参与者说出自己的创意，另一个人对此做出回应，其他人对回应做出回应，如此反复。通常用活动挂图或白板记录下所有创意。有效的头脑风暴会是随心所欲、讨论热烈。

（2）焦点小组。

焦点小组是指与议题相关的团队成员集中在一起的小组。焦点小组用途很多，也可用来帮助形成商业创意。

焦点小组一般由熟悉议题的小组核心成员组成。他们集中在一起回答问题，通过集体讨论的双向反馈方式使问题明朗化。焦点小组作为头脑风暴的后续，效果最好。头脑风暴形成一个大致创意，这个创意还需要进一步完善。通常，焦点小组要由训练有素的人来主持。主持人的主要任务是让小组讨论集中在"焦点"上和维持热烈的讨论氛围。焦点小组是否有效，很大程度上依赖于主持人提问和引导讨论的能力。

（3）图书馆与网络调查。

一般认为应该选择创意，接下来就要对创意进行调查。大量的图书馆与网络调查可以使我们对创意有更深刻的了解，从而使大致的创意得以完善，形成最佳创意。

收集商业创意信息时，大学生对图书馆的利用往往不够充分。利用文献的最好方式是咨询专业人士。他们会推荐一些有用的图书，像专业杂志、商业期刊、产业报告等；简单浏览几期商业期刊就可能启发创意；图书馆里面有强大的搜索引擎、数据库与产业报告应该充分利用。

网络调研也很重要。想要知道什么内容可以通过互联网搜索获得。如会议展览、关联方资讯、竞争对手企业相关资讯等。

3. 初筛

选定一个或几个商业创意后，要对创意的价值进行快速评估，才能够进入全面可行性分析与撰写创业计划书阶段。初筛即为一种快速评估商业创意价值的机制。该工具名为"初筛"是因为创业者（或创业团队）对商业创意进行的初步评估。如果经过这一步评估，认为某创意尚可行，并决定实施创意的话，还要对创业进行全面可行性分析，然后才能撰写创业计划。要强调的是这些步骤是必要的；只有通过评估，才能判断出有充分潜力的创意，而这样的创意才值得进行全面计划。初筛模板与全面可行性分析模板见附录 A、附录 B。

初筛要进行一定的调查和分析，但时间不能过长。初筛也不是毫无根据的胡乱猜想。只有根据事实和有效信息进行分析，才会产生最好的创意，靠投机或猜测是不行的。

初筛包括 25 个项目，应该在两三个小时内完成。在进行初筛时，我们需要先做好心理转换，不要把商业创意仅仅看作一个创意，而应该把它当作"商业"来看待。初筛评估的是商业创意，而不仅仅是产品/服务创意。填初筛表的方法很简单并且直接，在表的最后"总体潜力"这一部分中有一栏是提高商业创意的潜力或可行性的建议栏。初筛标的价值就在于它能让创业者注意到此类问题，并迫使创业者思考替代方案。如果建议被确定为是可行的更好方法的话，创业者可对初筛表进行修改。我们要把商业创意看作灵活可变的。在进行初筛时修改几次浪费不大，如果事先没考虑到创意缺陷，待创业计划书都写到一半了，或者是都开始创业了才发现创意不行，那损失可就大了。

（1）商业创意的优势。

潜力大的创意多来源于前面讲到的三大创意源泉，并且适时地导入市场。所谓时机合适，是指创业者及时捕捉创意的时间，机会的窗口是开放的。机会之窗（window of opportunity）比喻企业能够真正进入某个新市场的那个实践阶段。一旦新产品市场确立，机会之窗就开启了。随着市场发展，企业不断进入并力图盈利。而发展到一定时期，市场变得成熟，机会之窗也就随着关闭。所以创业者要做出一个重要判断是，某个商业创意的机会之窗是否开启。新创意必须能够为其购买者或最终使用者，以合适的方式提供"增加价值"。如 ZUCA 拉杆书包，可以让孩子无需背着书包，而是可以拉着书包。

（2）与产业相关部分。

企业进入的产业类型非常重要。许多研究发现 8%~30% 的企业盈利能力差异与产业因素有关。其中一些重要的产业因素包括：竞争者数量、所处生命周期阶段和增长率。处于生命周期介绍期或成长期的产业比成熟期产业更适合新进入者，因为其中竞争者不多；选择拟要进入的产业时,还要注意企业选择的目标市场,因为即使在竞争者众多的、增长缓慢的成熟企业中也存在发展潜力的市场和商业机会。另一方面,产业平均利润率也很重要。有些产业的利润率的确高于其他产业。表7-5是几家产业中S型公司的平均净收益率。

表7-5 产业平均净收益

| 农业 | 平均净收益率(%) |
| --- | --- |
| 农业、林业、渔业 | 0.77 |
| 餐饮、住宿 | 5.95 |
| 建筑 | 6.32 |
| 专业服务、科技服务 | 11.36 |
| 艺术、娱乐休闲 | 11.67 |
| 健康、社会服务 | 12.66 |

(3)与市场、消费者相关的问题。

确定企业拟竞争的目标市场极为重要。目标市场是指一个产业中具有类似特征的、代表更狭窄消费者群体的地区市场或细分市场。大部分企业在创业之时不会针对广阔的大市场,而是以某一大市场中新兴的,或被大企业忽略的利基市场(niche market)为目标。任何一家企业的可能竞争优势都在于其构建"进入壁垒"的能力。进入壁垒(barrier to entry)是指妨碍其他企业进步本企业目标市场的障碍。进入壁垒有多重类型,如规模经济、产品差异化、独特的分销渠道、知识产权(如专利权)保护等。

另一个重要问题是企业目标市场的增长潜力。由于新创企业的目标市场通常是较大市场中的一块,所以很难如分析整个产业发展潜力一样来分析它的增长潜力。

(4)与创业者相关的问题。

对创业者进行自我评估,一定要诚实而公正。很少有企业(尤其是大学生等年轻人创办的企业)能在五个维度都得到高分。创业团队的实力也同样至关重要。投资者有一种共识:"宁肯给产品创意弱、创业团队强的项目投资,也不给产品创意强、创业团队弱的项目投资。"

有利于形成强有力的创业者(或者创业团队)的条件是:创业者在新进入产业中的经验,新企业产品或服务方面的技能,新进入产业内广泛的社会与职业网络。新企业与创业者(或者团队)的个人目标与抱负方向一致同样重要。团队是否有凝聚力、能否齐心协力创建和发展新企业,也尤为重要。诚如专家所言:"在所有产品要素中,人士推动所有其他要素的关键。"

(5)融资部分。

创建企业的初始投资很重要。尽管此时无需精确的预算,但必须能够了解投资的重要性。零售或服务企业的启动资金很容易较为准确地预测。但对于开发新产品的企业来说,开发费用、构建产品分销渠道的费用则很难预测。这个问题最好的解决办法是咨询产业专业人士、查阅产业专栏和商业周刊、利用前面提到的几种信息资源查询专业报道等。在互联网上搜索引擎中输入"商业期刊目录",都能搜索到根据产业分类的商业期刊目录。其次,企业的收益动因也很重要。新创企业担心多个收益动因会让企业失去重点,但通常情况下如果企业有几个收益动因的话,其融资能力更强。最后,是评估创业者个人储蓄或自筹资金为产品开发和初创费用融资的能力。

# 附录 A  初筛评价表

## 第一部分  商业创意的优势

选择每一项的最合适答案，圈出答案并记下得分。

|  | 低潜力（-1） | 中等潜力（0） | 高潜力（+1） |
| --- | --- | --- | --- |
| 1. 创意 | 弱 | 中等 | 强 |
| • 利用环境趋势的程度 |  |  |  |
| • 解决问题的程度 |  |  |  |
| • 契合尚未填充的市场缝隙的程度 |  |  |  |
| 2. 进入市场时机 | 不适合 | 一般 | 非常适时 |
| 3. 创意为其购买者或最终使用者"增加价值"的程度 | 低 | 中等 | 高 |
| 4. 消费者对现有同类产品的满意程度 | 非常满意 | 中等 | 不太满意或模棱两可 |
| 5. 创意会使得消费者改变基本做法或行为的程度 | 改变很大 | 中等 | 很少甚至无需改变 |

## 第二部分  与产业相关的问题

|  | 低潜力（-1） | 中等潜力（0） | 高潜力（+1） |
| --- | --- | --- | --- |
| 1. 竞争者数量 | 多 | 少 | 无 |
| 2. 产业生命周期所处阶段 | 成熟期或衰退期 | 成长期 | 初创期 |
| 3. 产业增长率 | 低或零 | 中等 | 强 |
| 4. 产业内产品/服务对消费者的重要性 | 可有可无 | 希望拥有 | 必需品 |
| 5. 产业利润率 | 低 | 中等 | 高 |

## 第三部分  目标市场与消费者相关的问题

|  | 低潜力（-1） | 中等潜力（0） | 高潜力（+1） |
| --- | --- | --- | --- |
| 1. 拟创建企业目标市场的识别 | 难以识别 | 能够识别 | 清楚 |
| 2. 构建可能竞争者"进入壁垒"的能力 | 无法构建 | 介于"可"与"不可"之间 | 可以构建 |
| 3. 消费者购买力 | 低 | 中等 | 高 |
| 4. 让消费者认识新产品的容易度 | 可有可无 | 中等 | 高 |
| 5. 目标市场增长潜力 | 低 | 中等 | 高 |

### 第四部分 与创业者相关的问题

| | 低潜力（-1） | 中等潜力（0） | 高潜力（+1） |
|---|---|---|---|
| 1. 创业者在该产品中的经验 | 没有经验 | 经验一般 | 很有经验 |
| 2. 创业者在拟创建企业的产品或服务相关的技能 | 没有技能 | 技能一般 | 技能数量 |
| 3. 创业者在相关产业的职业与社会网络 | 没有 | 中等 | 广泛 |
| 4. 拟创建企业与创业者个人目标和抱负的契合程度 | 弱 | 中等 | 强 |
| 5. 组建有凝聚力团队共同创建与发展企业的可能性 | 不可能 | 可能性中等 | 强 |

### 第五部分 融资问题

| | 低潜力（-1） | 中等潜力（0） | 高潜力（+1） |
|---|---|---|---|
| 1. 初始资本投资 | 高 | 中等 | 低 |
| 2. 收益动因（企业盈利的渠道）的数量 | 1个 | 2～3个 | 3个以上 |
| 3. 回本时间 | 2年以上 | 1～2年 | 1年以内 |
| 4. 同类企业财务业绩 | 弱 | 中等 | 强 |
| 5. 用个人储蓄或自筹资金为产品（或服务）开发/初创费用融资的能力 | 低 | 中等 | 高 |

### 总体潜力

每部分都有五项，给部分得分在 -5～5。分数是个参考——多少分对应于高潜力、中等潜力或低潜力，没有公认的标准。评级靠主观判断。

| | 得分（-5～5） | 商业创意在各部分的总体潜力 | 提高潜力的建议 |
|---|---|---|---|
| 第一部分 商业创意度 | | 高潜力 | ☐ |
| | | 中等潜力 | ☐ |
| | | 低潜力 | ☐ |
| 第二部分 与产品相关度 | | 高潜力 | ☐ |
| | | 中等潜力 | ☐ |
| | | 低潜力 | ☐ |
| 第三部分 与市场、消费者相关度 | | 高潜力 | ☐ |
| | | 中等潜力 | ☐ |
| | | 低潜力 | ☐ |
| 第四部分 与创业者相关度 | | 高潜力 | ☐ |
| | | 中等潜力 | ☐ |
| | | 低潜力 | ☐ |

续表

| | 得分（-5～5） | 商业创意在各部分的总体潜力 | 提高潜力的建议 |
|---|---|---|---|
| 第五部分　融资问题 | | 高潜力 | □ |
| | | 中等潜力 | □ |
| | | 低潜力 | □ |
| 总体评价 | | 高潜力 | □ |
| | | 中等潜力 | □ |
| | | 低潜力 | □ |
| 小结——简单总结你的总体评价理由。 | | | |

## （二）可行性分析

### 1. 全面可行性分析的模板

全面可行性分析的模板见表7-3。

表7-3　全面可行性分析模板

| 简介 | | | |
|---|---|---|---|
| A. 拟创建企业名称 | | | |
| B. 创建者姓名 | | | |
| C. 企业简介 | | | |
| 第一部分　产品/服务可行性 | | | |
| A. 产品/服务的合理程度 | | | |
| B. 产品/服务需求 | | | |
| 第二部分　产业/目标市场可行性 | | | |
| A. 产业吸引力 | | | |
| B. 目标市场吸引力 | | | |
| C. 市场时机 | | | |
| 第三部分　组织可行性 | | | |
| A. 管理能力 | | | |
| B. 资源充裕性 | | | |
| 第四部分　财务可行性 | | | |
| A. 初创现金需求 | | | |
| B. 同类企业财务业绩 | | | |
| C. 拟创建企业整体财务吸引力 | | | |
| 小结与结论 | | | |
| （圈出正确答案） | | | |

续表

| 简介 | 不可行 | 不确定 | 可行 |
|---|---|---|---|
| 产品/服务可行性 | 不可行 | 不确定 | 可行 |
| 产品/市场可行性 | 不可行 | 不确定 | 可行 |
| 组织可行性 | 不可行 | 不确定 | 可行 |
| 财务可行性 | 不可行 | 不确定 | 可行 |
| 总体评价 | 不可行 | 不确定 | 可行 |
| 为进一步完善可行性，对各部分改进的建议 | | | |

初筛要在一个小时以内完成，而全面可行性分析需要的时间需要长得多。创业者既要进行原始调查，也要进行间接调查。原始调查（primary research）是指分析者亲自搜集第一手数据，通常包括访谈产业专家、获取预期消费者反馈和问卷调查等方式。间接调查（secondary research）是指调查各种文献档案中已收集的数据。一般包括产业调研报告、人口普查数据、公司报表及其他通过图书和网络调查搜集来的相关数据。

要强调一点，虽然我们用可行性分析来评价具体创意的特点，但在调查和分析过程中我们仍然可以进行改进、调整、修改创意。可行性分析其实就是用各种方法（访谈产业专家、调查预期消费者、研究产业趋势、考虑融资等问题）仔细审查一个抽象的创意。可行性分析实际上就是通过访谈产业专家、调查潜在客户、琢磨产业趋势、研究财务指标等各种方法，对一个抽象概念进行仔细推敲、调查。这些工作不仅可以确定创意的可行性，还有利于改进和塑造创意。

本部分可行性分析内含一套评估工具，可帮助理顺分析者的思路，帮助他们对各种部分可行性做出最终判断。

2. 可行性分析的组成部分

可行性分析的四部分包括：产品/服务的可行性、产业/目标市场可行性分析、组织可行性分析、财务可行性分析

（1）产品/服务的可行性。

产品/服务的可行性分析是评估拟生产产品/服务的总体吸引力。尽管创建新企业时要考虑多种要素，但其他要素都没有产品/服务的吸引力重要。这个问题我们可以从两个方面来分析：产品/服务的合理程度（product desirability）与产品/服务需求。

① 产品/服务的合理程度。

产品/服务可行性分析的第一要素是确定你生产产品/服务是否为人所需、能否满足市场。先回答以下几个问题，以判断产品是否有基本吸引力。

——该产品有意义吗？该产品合理吗？该产品有令消费者兴奋之处吗？

——该产品符合环境趋势，或能解决某个问题，或能填补市场缝隙吗？

——现在是将该产品或服务推向市场的好时机吗？

——该产品设计或概念上有致命缺陷吗？

进行可行性分析时，先寻找这几个问题和其他类似的问题的答案，不要着急得出最终结论。

创业者搜集商业创意反馈意见的方法有很多种。有的创业者向人们口述产品/服务的可行性；有时通过可行性分析，创业者可以对其产品创意有更深入的理解。

② 产品/服务需求。

确定市场对该产品/服务是否有需求。通过购买意愿调查可以初步了解产品/服务需求情况。

购买意愿调查是一种评估消费者对产品/服务兴趣的工具。由简单陈述（或其他类似产品/服务描述）与简短调查表组成。陈述书和调查表应分发给 25～50 名潜在顾客。请每位被调查者阅读陈述书并完成调查表。调查表中的问题就像这样：

如果我们生产这样的产品（或提供这样的服务），你购买的可能性有多大？
一定会买_____
很有可能会买_____
可能买也可能不买_____
不太可能买_____
一定不会买_____

一般认为，选择"一定会买"或"很有可能会买"的人对产品有兴趣。

要提醒的是，说自己是愿意购买的人不一定真的会购买，所以这样调查出来的数据往往过于乐观。而且这种调查的样本也非随机抽取。然而调查结果还是能够让潜在创业者大致了解消费者对产品/服务创意的兴趣。

根据产品/服务的性质，购买意愿调查通常还要增加其他问题。例如：
——你愿意为该产品/服务支付多少费用？（调查定价问题）
——你希望在何处购买到该产品/服务？（了解销售与分销）

切记，调查要简短，这样才能保证被调查者愿意回答。

③ 产业/目标市场可行性分析。

产业/目标市场可行性分析评估的是整个产业与拟生产产品/服务目标市场的吸引力。企业所处产业与其目标市场是完全不同的概念。产业（industry）是指生产相似产品/服务的企业总体，如汽车产业、飞机产业、服装产业。企业目标市场（target market）则是指被企业选定为服务对象或试图吸引的部分市场。大部分企业不试图服务于整个市场，而是选择特定目标市场并全力以赴为该目标市场提供服务。下面从产业吸引力、目标市场吸引力和市场时机三方面来分析。

a. 产业吸引力。

各产业总体吸引力不同。总的来说，对初创企业最有吸引力的产业是大型的、成长中产业，是朝阳产业而非夕阳产业，是处于生命周期早起而非晚期的产业，是细分而非集中地产业，是盈利性强而非弱的产业。创业者还想选择有结构新引力的产业——初创企业能够进入的产业。有些产业进入壁垒很高，或者因产业内存在一两家主导企业，儿时的新进入者被拒之门外。还有其他重要因素，如环境与商业趋势是否有利，产业提供的产品/服务对消费者的重要程度等。

b. 目标市场吸引力。

如上所述，目标市场是指大市场中由一部分具有相似需求的消费者组成的细分市场。大部分新创企业最初并没有服务于整个大市场的足够实力，而是选择集中于一个较小的目标市场,这样通常可避免与产业主导者直接竞争,也可以更好地集中服务于一个专业市场。

辨识目标市场的挑战在于找到的市场对于拟创建企业来说要足够大,同时又要小,小得不至于吸引大竞争者。用来评估产业吸引力的信息一般很容易找到,但评估很小的目标市场吸引力却是件难事。当企业是市场先驱时,尤为如此。通常在这种情况下,必须搜集几个产业/市场信息,将这些信息综合起来,做出判断。

c. 市场时机。

产业/目标市场可行性分析的最后一步是评估产品/服务的机会窗口是否开启。如前面所述,"机会之窗"比喻企业实际进入某新出拟生产产品/服务的时机。此处有两个问题需要重点考虑。

第一,确定市场产品的那个阶段。一旦某新产品市场确立,机会之窗就开启了。随着市场发展,企业不断进入并力图盈利。到市场成熟,这个机会之窗关闭。创业者要做出的重要判断之一即某商业创意的机会之窗是否开启。

第二,研究企业拟进入产业的经济状况以确定时机是否合适。

不进行深入产业与目标市场分析的企业进入市场时,不了解该市场的规模或潜力,往往会发现市场不够大,不足以维持和发展企业。这样,企业只好匆匆寻找其他利基市场做弥补。

④ 组织可行性分析。

组织可行性分析的目的是确定拟创建企业是否有足够的管理能力、组织能力和资源做保证。这个问题主要包括两方面:管理能力与资源充裕性。

a. 管理能力。

无论是个人创业,还是团队创业,新创企业都应评估自己的管理能力。这要求创业者进行自我评估时必须诚实坦率。这一部分包括两个要素:一是创业者的创业热情;二是创业者对拟进入市场的了解程度。其他任何东西都无法替代这两个要素。其他与管理能力有关的要素还有:先前创业经验、创业者的职业与社会网络深度、团队成员创新能力大小、团队现金流管理经验水平,创业者是否有大学文凭等。

b. 资源充裕性。

确定拟创建企业是否有或是否能获得足够的发展资源。组织可行性分析的重点是非财务性资源,因为财务可行性分析是单独进行的。没有必要列出所有的非财务性资源,只要辨识出 8~12 个最重要的且可能构成问题的非财务性资源,并进行评估即可。特别提醒一点,要关注是否邻近同类企业,这一点非常重要,却容易被新企业忽视的资源充裕性问题。企业集群可以提高集群成员的生产效率,因为这些企业地理位置邻近,利于信息沟通、接触专业供应商、获取当地科技资源。如加州硅谷、波士顿 128 号公路等。

⑤ 财务可行性分析。

财务可行性分析是综合可行性分析的最后一步。对于可行性分析来说,通常进行初步财务分析就够了。因为在这之后自然会出现各种细节问题,所以没有必要现在就花大量时间准备详细的财务报表。

本阶段最重要的问题包括:初创现金需求、同类企业财务业绩和拟创建企业整体财务吸引力。如果这一步顺利过关,创业计划书中还要做更完整的融资计划。

a. 初创现金需求。

第一个问题是企业开张需要多少现金。预算中应该列出企业开张需要的所有运营费用和资本购买费用。得出资金需求总数后，还应该解释资金来源。如果资金来源于亲朋好友或其他渠道，创业者应该制定一个合理的还款计划。创业成本从哪里来，如何还款是非常重要的问题。

b. 同类企业财务业绩。

通过比较已立足的同类企业，估算新创企业的可能财务业绩。当然，估算出的只能是大致数目。搜集、获取这方面数据有几种方式。

首先，网络上有大量企业的详细财务报表。要有所筛选，上市公司的数据，由于企业一般比加大，与创业者拟创建企业几乎没有可比性，参考性不大。难就难在查询小型的、更具可比性的财务业绩。在百度与谷歌搜索引擎输入选择好的产业分类，再输入本企业的计划盈利额，就会得到一份根据同类小企业平均利润和成本比例制作的模拟利润表，而且报表数据非常详细。另一种情况是一些中小型企业的财务业绩不好找，可以电话或电邮咨询；如果创业者发现一家与你创建企业类似的企业，而且双方不太可能成为直接竞争对手，那么可以直接找到这个企业的业主或管理者，问问他们的销售和盈利情况也未尝不可。

其次，还可以通过观察和勤跑腿来获取类似企业的销售数据。这种办法并不总是有效。例如，你打算开一家饮品店，可以估算有多少人会上门，平均每人能买多少，当地有哪些人会光顾类似的饮品店，通过估算来大致判断销售情况。最基本的估算方法就是到其他饮品店去，数数在一天不同的时间段内，有多少顾客上门购物。

c. 拟创建企业整体财务吸引力。

另有多种要素与拟创建企业财务吸引力有关。判断要素是否有利是基于估算或预测，而非基于实际业绩。这些要素包括：企业头几年的预期销售增长额度、预期重复购买率（服务于少量忠实消费者的成本低于不断寻找新客户的成本）、两年内企业自有盈余支持企业增长的可能性、投资者的退出机会（如与企业情况相符）。

总而言之，可行性分析是确定与完善商业创意的关键步骤。尽管本部分所介绍的步骤不能给出商业创意可行性的最终结论，但能使问题明朗化，也能使创业者深入了解商业创意。本步骤的最终目的是保证只有经过认真调查、仔细分析，且有潜在可行性的创意才能够进入计划环节。

## 附录 B  全面可行性分析模板

**简介**

A. 拟创建企业名称
B. 创业者姓名
C. 企业简介

# 第一部分　产品/服务可行性

**本部分需分析的问题**

A. 产品/服务的合理程度
B. 产品/服务需求

**评估工具**

理念陈述测试

● 写一份产品/服务理念陈述书，分发给 5～10 人。选择能够给出坦率、有见地反馈意见的人。

● 陈述书附上一份空白表，请被调查者：①说出他们对产品/服务最不满意的三个方面；②提出三个产品改进建议；③直言他们对产品/服务可行性的判断；④说说其他意见与建议。

● 将搜集到的信息归纳为三类：
① 产品/服务创意的力度——被调查者"喜欢"产品/服务的哪些方面。
② 改进建议——被调查者提出的改进创意的建议。
③ 产品/服务创意的总体可行性——认为创意可行的人数、认为创意不可行的人数，及相关评价。
④ 其他评价与建议。

购买意愿调查：

● 将陈述书和调查表分发给 15~30 名潜在顾客（不包括已参与过理念陈述测试的人）。请每位被调查者阅读陈述书并完成调查表。记下参加调查的人数与调查结果。

● 根据记录下的原始数据，计算被调查者中回答"很有可能会买"或"肯定会买"的比例。该比例是判断潜在消费者兴趣的最重要数据。

● 要提醒的是，说自己是愿意购买的人不一定真的会购买，所以这样调查出来的数据往往过于乐观。然而调查结果还是能够让你大致了解消费者对产品/服务创意的兴趣。

如果我们生产这样的产品（或提供这样的服务），你购买的可能性有多大？

一定会买_____
很有可能会买_____
可能买也可能不买_____
不太可能买_____
一定不会买_____

可增加其他调查购买医院的问题。

**结论（在空白处填写调查结果，表格空白不够请扩充）**

A. 产品/服务的合理程度
B. 产品/服务需求

C. 产品/服务可行性（圈出正确答案）
　　□不可行　　　□不确定　　　□可行
D. 提高产品/服务可行性的建议。

## 第二部分　产业/目标市场可行性

**本部分需分析的问题**

A. 产品吸引力
B. 目标市场吸引力
C. 市场时机

**评估工具**

A. 产品吸引力
● 尽可能根据 NAICS（北美工业分类系统）的五级分类代码拟进入产业。如合适，也可依据更宽泛的产业分类系统分析。
● 从以下几个维度评估进入产业的吸引力。
产业吸引力评估工具（附表 B-1）。

附表 B-1　产业吸引力评估工具

|  | 低潜力 | 中等潜力 | 高潜力 |
|---|---|---|---|
| 1. 竞争者数量 | 多 | 少 | 没有 |
| 2. 产业历史 | 长 | 中等 | 短 |
| 3. 产业增长率 | 低或零 | 中等 | 高 |
| 4. 产业内企业平均净收益 | 低 | 中等 | 高 |
| 5. 产业集中化程度 | 集中 | 既不集中，也不分散 | 分散 |
| 6. 产业生命周期所处阶段 | 成熟期或衰退期 | 成长期 | 导入期 |
| 7. 本产业产品/或服务对消费者的重要性 | 可有可无 | 消费者希望拥有 | 必需品 |
| 8. 经济与环境趋势对产业发展有力的程度 | 低 | 中等 | 高 |
| 9. 产业内出现让消费者感兴趣的新产品/服务的数量 | 低 | 中等 | 高 |
| 10. 长期发展前景 | 弱 | 中等 | 强 |

注：用来评估拟进入产业，而非特定目标市场

B. 目标市场吸引力
● 确认你进入的特定目标市场。
● 从以下几个维度评估目标市场。
目标市场吸引力评估工具（附表 B-2）。

**附表 B-2　目标市场吸引力评估工具**

|  | 低潜力 | 中等潜力 | 高潜力 |
| --- | --- | --- | --- |
| 1. 目标市场内竞争者数量 | 多 | 少 | 没有 |
| 2. 目标市场内企业增长率 | 低或零 | 中等 | 高 |
| 3. 目标市场内企业平均净收益 | 低 | 中等 | 高 |
| 4. 产业企业的盈利方法 | 不清楚 | 比较清楚 | 清楚 |
| 5. 构建进入壁垒阻止潜在进入者的能力 | 无法构建 | 可能构建 | 能够构建 |
| 6. 消费者对当前目标市场提供的产品的满意度 | 满意 | 介于满意与不满意之间 | 不满意 |
| 7. 利用低成本游击营销与/或口碑营销的潜能 | 低 | 中等 | 高 |
| 8. 目标市场消费者对新产品/服务的兴趣 | 低 | 中等 | 高 |

注：用来评估拟进入的目标市场，而非宽泛的产业。

C. 市场时机
- 根据以下标准判断拟创建企业的"机会之窗"是否开启。
- 根据其他标准判断进入特定目标市场的时机。

市场时机评估工具（附表 B-3）。

**附表 B-3　市场时机评估工具**

| 1. 消费者预购情节 | 消费者没有预购情节 | 消费者预购情节一般 | 消费者有极强的预购情节 |
| --- | --- | --- | --- |
| 2. 市场冲击力 | 稳定而没有冲力 | 缓慢获得冲力 | 迅速获得冲力 |
| 3. 市场或当地对拟创建企业的需求 | 低 | 中等 | 高 |
| 4. 经济与环境趋势对目标市场发展有力的程度 | 低 | 中等 | 高 |
| 5. 近期是否有大企业拟进入该市场 | 大企业正在进入该市场 | 传说有大企业可能进入该市场 | 没有大企业进入或传言要进入该市场 |

### 结论（在空白处填写调查结果，表格空白不够请扩充）

A. 产业吸引力

B. 目标市场吸引力

C. 市场时机

D. 产业/市场可行性（圈出正确答案）
　　□不可行　　　□不确定　　　□可行

E. 提高产业/市场可行性的建议。

## 第三部分　组织可行性

**本部分需分析的问题**

A. 管理能力

B. 资源充裕性

**评估工具**

A. 管理能力
- 用下面的表格诚实客观地评价创业者/创业团队的"能力"。

管理能力评估工具（附表 B-4）。

附表 B-4　管理能力评估工具

| | 低潜力 | 中等潜力 | 高潜力 |
|---|---|---|---|
| 1. 对商业创意的热情 | 低 | 中等 | 高 |
| 2. 相关产业经验 | 无 | 中等 | 丰富 |
| 3. 先期创业经验 | 无 | 中等 | 丰富 |
| 4. 职业与社会网络的深度 | 弱 | 中等 | 强 |
| 5. 管理团队成员的创造力 | 低 | 中等 | 高 |
| 6. 现金流管理方面的经验与知识 | 无 | 中等 | 高 |
| 7. 是否有大学文凭 | 无 | 有几个往届大学毕业生 | 刚毕业或正在上大学 |

B. 资源充裕性
- 本部分重点是非财务性资源。用下面的表格评价每一类资源的充裕性。
- 无须列出太多资源类别。6～12 项最关键的非财务性资源足够了。

以下表格第一部分中评价等级的解释。

① 能获得
② 可能获得：有可能获得，且在本人预算内
③ 不太可能获得：可能很难获得，且可能超出本人预算
④ 无法获得
⑤ 不符合本企业情况

资源充裕性评估工具（附表 B-5）。

附表 B-5　资源充裕性评估工具

| 等级 | 资源充裕性 |
|---|---|
| ① ② ③ ④ ⑤ | 办公场所 |
| ① ② ③ ④ ⑤ | 实验场地、生产场地、或服务企业的开办地 |
| ① ② ③ ④ ⑤ | 委托生产商或外包提供商 |
| ① ② ③ ④ ⑤ | 关键管理人员（现在及未来） |
| ① ② ③ ④ ⑤ | 关键管理员工（现在及未来） |
| ① ② ③ ④ ⑤ | 企业运营所需的关键设备（电脑、机器、运输工具） |
| ① ② ③ ④ ⑤ | 是否有能力获得企业关键技术或发明成果知识产权保护 |

续表

| 等级 | 资源充裕性 |
|---|---|
| ① ② ③ ④ ⑤ | 如果需要能否获得当地政府或县政府支持 |
| ① ② ③ ④ ⑤ | 能否形成良好的企业合作关系 |
| 等级：强、中等、弱 | |
| ———————— | 与同类企业的接触（目的是信息共享） |
| ———————— | 与供应商的接触 |
| ———————— | 与消费者的接触 |
| ———————— | 与大型科研机构（如大学）的接触（如与企业情况相符） |

结论（在空白处填写调查结果，表格空白不够请扩充）

A. 管理能力

B. 资源充裕性

C. 市场时机

D. 组织可行性（圈出正确答案）

　　□不可行　　□不确定　　□可行

D. 提高组织可行性的建议。

## 第四部分　财务可行性

**本部分需分析的问题**

A. 初创现金需求

B. 同类企业财务业绩

C. 拟创建企业整体财务吸引力

**评估工具**

A. 初创现金需求（附表 B-6）

● 创业成本（包括资本投资和运营费用）应包括所有企业开张所需的成本。新企业通常在很多方面都需要资金，包括雇佣员工、办公场地、生产场地、设备、培训、研发、营销和产品展示。

● 在可行性分析阶段，财务方面数据不一定要很精确，但也要足以使创业者清楚企业建立需要多少资金。得出大致创业资金额后，创业者应决定资金的来源。

附表 B-6　初创现金需求

| 资本投资 | 数额 |
|---|---|
| 房地产 | ———————— |

续表

| 资本投资 | 数额 |
|---|---|
| 家具和设施 | |
| 电脑设备 | |
| 其他设备 | |
| 交通工具 | |
| 运营费用 | 数额 |
| 法律、会计和职业服务 | |
| 广告与促销 | |
| 水、电、煤气和垃圾处理等费用 | |
| 执照与许可证 | |
| 预付保险费用 | |
| 租赁费用 | |
| 工资 | |
| 工资税 | |
| 差旅 | |
| 签约 | |
| 工具与物质 | |
| 初始库存 | |
| 现金 | |
| 其他费用1 | |
| 其他费用2 | |
| 总初创现金需求 = | |

B. 同类企业财务业绩

- 用下表比较拟创建企业与同类企业的年销售额（第一年和第二年）和利润率（第一年和第二年）。

同类企业财务业绩比较评估工具（附表B-7和附表B-8）。

### 附表B-7 年销售额

| 拟创建企业预期年销售额——第一年 | 预期数值算法解释 |
|---|---|
| 第一年预期销售额 | |
| 总结：预期年销售额与同类企业平均值比较（圈出合适答案） | |
| 低于平均值　等于平均值　高于平均值 | |
| 第二年预期销售额 | |
| 总结：预期年销售额与同类企业平均值比较（圈出合适答案） | |
| 低于平均值　等于平均值　高于平均值 | |

附表 B-8　净收益

| 拟创建企业预期年净收益——第一年 | 预期数值算法解释 |
|---|---|
| 第一年预期净收益—— | —————— |
| 总结：预期年净收益与同类企业平均值比较（圈出合适答案） | —————— |
| 低于平均值　等于平均值　高于平均值 | |
| 第二年预期净收益—— | —————— |
| 总结：预期年净收益与同类企业平均值比较（圈出合适答案） | —————— |
| 低于平均值　等于平均值　高于平均值 | |

C. 拟创建企业整体财务吸引力

- 用下因素与拟创建企业的整体财务吸引力有重要关系。
- 评估下表中各要素的强度。

拟创建企业整体财务吸引力评估工具（附表 B-9）。

附表 B-9　拟创建企业整体财务吸引力评估工具

| | 低潜力 | 中等潜力 | 高潜力 |
|---|---|---|---|
| 1. 3 年内，在明确的目标市场中，销售量稳定而快速增长 | 不太可能 | 可能 | 非常可能 |
| 2. 重复购买收入比例很高，即企业赢得一个客户后，该客户会重复购买，不断为企业带来收入 | 低 | 中等 | 高 |
| 3. 较为准确地预测受益与支出的能力 | 弱 | 中等 | 强 |
| 4. 两年内企业自有盈余支持企业增长的可能性 | 不太可能 | 可能 | 非常可能 |
| 5. 投资者的退出机会（如与企业情况相符） | 完全有退出机会 | 可能有 | 可能性小 |

### 结论（在空白处填写调查结果）

A. 初创现金需求

B. 同类企业财务业绩

C. 财务可行性（圈出正确答案）
　□不可行　　　□不确定　　　□可行

D. 提高财务可行性的建议。

### 总体的可行性评价

| | 根据各部分分析得出的商业创意的总体可行性 | | 进一步完善可行性的建议 |
|---|---|---|---|
| 产品/服务可行性 | 不可行 | □ | —————— |
| | 不确定 | □ | —————— |
| | 可行 | □ | —————— |

续表

| | 根据各部分分析得出的商业创意的总体可行性 | | | 进一步完善可行性的建议 |
|---|---|---|---|---|
| 产业/市场可行性 | 不可行 | □ | | ———————— |
| | 不确定 | □ | | ———————— |
| | 可行 | □ | | ———————— |
| 组织可行性 | 不可行 | □ | | ———————— |
| | 不确定 | □ | | ———————— |
| | 可行 | □ | | ———————— |
| 财务可行性 | 不可行 | □ | | ———————— |
| | 不确定 | □ | | ———————— |
| | 可行 | □ | | ———————— |
| 总体评价 | 不可行 | □ | | ———————— |
| | 不确定 | □ | | ———————— |
| | 可行 | □ | | ———————— |

结论——简要解释可行性总体评价的理由。

作为一种重要的工具，创业计划书对于创业活动意义重大，有助于帮助那些有意创建新企业的在校大学生，从创意到方案的实践过程。

准备创业计划的过程实质上是信息搜集，是分析预测环境化解未来不确定性的过程。从了另一角度来看说，对相关信息的收集、汇总和整理是企业管理和运作中必不可少的工作。因此，在拟创建新企业之前，要对商业创意进行筛选、拟创建企业可行性进行分析是非常必要的工作。

## 第二节　撰写创业计划

### 一、创业计划的基本结构

一份相对完整的创业计划一般由封面、目录、正文和附录四部分组成。

#### （一）封面

封面是阅读者首先看到的，其正面的内容应包括企业名称、地址、电子邮件地址、电话号码（座机与手机）、日期、主要创业者的联络方式以及企业网址。这些信息应集中于封面页上半部分。封面底部应有一句话，提醒读者对计划书的内容保密。如果企业已有LOGO，就把它置于封面页正中间。

封面上最重要的一项是计划书撰写者的联络方式,应该让计划书的读者能够轻松联系到。

## (二)目录

目录就是正文的索引,按照章节顺序逐一排列并对应页码。目的是便于查找计划书的内容。

切记:一是不要落项或标错页码,细节决定成败,这是态度;二是不宜太细,只体现章节即可;三是要排列有序和工整。以项目PAF的创业计划书的目录为例,如图7-1所示。

图7-1　目录(PAF创业计划书)

## (三)正文

正文是创业计划的核心内容,包括计划概要、主体和结论三大部分。

### 1. 计划概要

计划概要是创业计划书的第一项内容,是整个商业计划的概述,应该在计划书完成之后再写。必须简洁明快,每部分标题应用粗体字突显。能让忙碌的读者迅速对新创企业有个全面的了解。撰写计划概要是最重要一点是:它不是创业计划书的引言或前言,而是对整个创业计划书的概括。计划概要篇幅不应超过两页纸。其中章节顺序要与计划书中的顺序一致。

计划概要一般包括以下内容:公司介绍、主要产品和业务范围、市场计划和销售计划、生产管理计划、管理者及组织、资金需求状况等。概要首先要说明创办新企业的思路,新思想的形成过程以及企业的目标和发展战略。其次,要交代企业现状、过去的背景和企业的经营范围。在这一部分中,要对企业以往的情况做客观的评述,才能使读者容易认同企业的创业计划书。最后,还要介绍一下新创企业家自己的背景、经历、经验和特长等。企业家的素质对企业的成绩往往起关键性的作用。概要尽量简明、生动,特别要说清自身企业的不同之处及企业获取成功的市场因素。以项目 PAF 的创业计划书的计划概要为例，如图 7-2 所示。

**简介**

从 2007 年起，健身产业成长迅猛，至 2012 年本产业价值已超过 259 亿美元。本产业增长在很大程度上受中老年人口驱动，这部分人口越来越关注自身健康。本产业缝隙之一是缺乏专为 50 岁以上人口服务的健身中心，位于佛罗里达中部。

**企业描述**

PAF 计划营业面积 21600 平方英尺，位于佛罗里达州奥兰多市校区的奥维多。奥维多是创建本健身中心的理想地点，该地的中老年人口比例及其收入水平都高于全美平均水平。本中心的特色是健身器材、课程、训练都专门针对老年人，并开设营养、睡眠、大脑体操等专题讲座与讨论会。

设计经营为老年人服务的健身中心是独特的挑战，需对他们的生理与心理需求高度敏感。因本中心经营方向为：①为会员提供舒适愉悦的环境；②提供高品质课程与设施；③鼓励会员间交往，使 PAF 成为他们的生活中心之一。

**产业分析**

PAF 将在"健身与休闲运动中心"产业内竞争。该产业价值 259 亿美元，处于成长期。成长驱动因素主要是人们对健康与锻炼重要性的认识不断增强。该产业最大的挑战是争夺消费者的闲暇时间。

该产业是竞争性产业。健身中心平均净利率在 9% 左右。成功关键因素包括：合适的地址、有效的、恰当的装备设施与规范的设施维护、拥有能够使用装备设施的高技能员工，以及能够帮助盈利的管理团队。

**市场分析**

PAF 的营业场所将选在佛罗里达州塞米诺尔县内。市场分析表明该县约有 157250 名 50 岁以上人口，其中约 17685 名现已是健身中心会员。

PAF 的会员人数与总收入目标如下：

| 年份（年） | 会员目标（个） | 预期总收入（美元） |
|---|---|---|
| 2014 | 2100 | 1690398 |
| 2015 | 2226 | 2416514 |
| 2016 | 2360 | 2561955 |
| 2017 | 2502 | 2716124 |

通过焦点小组调查和本企业消费者顾问委员会研究，我们认为本企业独特的理念能够吸引到的会员有：50% 的会员来源于其他健身中心的现有会员，50% 为新会员。如果 50% 的会员来自于现有市场，则意味着 PAF 需要争取到佛罗里达塞米诺尔县 6.29% 的 50 岁以上 1113 名现有健身中心会员。我们相信能够实现这个目标。

**营销计划**

PAF 营销策略的总体目标是让 50 岁以上人士意识到锻炼的益处。并使他们认为 PAF 就是他们开始或继续锻炼的最佳场所。

企业差异化要点如下：
- 在目标市场上，面向 50 岁以上人士唯一的健身中心。
- 着重强调健身中心的社交功能，强调会员对健康中心的归属感。
- 拥有训练有素的专业员工，关注老年人的需求与生活。

本企业采取传统营销与大众营销方式相结合的组合营销策略。本企业已与 Central Florida Health Food 和奥维多 Doctor's and Surgeon's Medical Practice 建立起合作品牌关系；关于巩固合作关系的详细规定，目前正在洽谈之中。

**管理团队和公司结构**

公司现有 5 人管理团队，由杰里米·瑞安（46 岁）和伊丽莎白·西姆斯（49 岁）领导。瑞安曾在南佛罗里达成功开办过一家健身中心，并在 3 年内发展到 38 家连锁店，后来他的健身中心被一家大型连锁俱乐部收购，他还有 14 年的本行业从业经验。西姆斯是瑞安一个健身中心的合伙人，具有 19 年的注册公共会计师工作经验。

PAF 董事会成员 5 人、顾问委员会成员 4 人和顾客咨询委员会成员 10 人。

**运营和开发计划**

PAF 已签约租赁 21600 平方英尺的场地，租期 7 年，待交租。合同约定到租期截止时，承租方有权买下该租赁场地。

翻新 21600 平方英尺建筑需要注资 100 万美元。初步翻新方案已由一位曾经设计过老年人健身场所的建筑师制订，该方案将完全符合企业目标客户群的需要。

**融资计划**

本创业计划书包含有整套预计决算表、资产负债表和现金流量表（五年期决算表和资产负债表、四年期现金流量表）。预计 2014 年（营业第一年）企业为亏损经营，之后稳步盈利。预计 2015 年投资收益率为 13.1%，2016 年为 10.5%，2017 年为 11.3%。预计 2015 净收益为 317740 美元，2016 年为 269670 美元。在随后的创业阶段，本企业将一直保持正现金流量。

**所需资金**

本企业现在寻找 515000 美元投资。

图 7-2　计划概要（PAF 创业计划书）

### 2. 商业计划的各主要部分

主体是核心部分,需要将创业计划书的各项内容具体展开,把前期可行性分析的各项内容清晰、有条理地表达出来。具体包括企业描述、产品或服务介绍、市场分析（目标市场）、竞争分析、营销计划分析、产品研发与生产、管理团队和组织结构、财务分析和其他重要数据等。

### 3. 结论

结论是对创业计划展现内容的总结是概括,与计划概要首尾呼应,体现了创业计划的完整性,一般包括写作团队分工的内容、写作过程中的感受、创业项目的后期执行设想和致谢。

特别提醒：结论千万不要忘记写,内容不宜多,应当精炼概括。

## （四）附录

附录是对主体内容的补充,把证明自己创业项目的各种资料、数据分析情况和各种资质呈现出来,以便阅读者参考和更为清晰地理解创业项目。一般包括：专利证书或专利授权证书、技术说明、企业营业执照、商业合同、市场调查问卷、企业管理制度以及项目有关的获奖证书等。

商业计划主体部分建议在 20～50 页,由于篇幅有限,附录是对创业项目很好的补充。

# 二、创业计划的编写内容

创业计划的编写就是将前期可行性分析的各个环节向阅读者逐一展现,组成一份相对完整的创业计划,一般情况下包括企业描述、产品或服务介绍、市场分析、营销计划、团队管理与组织结构、研发与生产、财务计划、风险和退出机制等内容,这些内容里面又包含若干内容,各部分之间存在一定的逻辑性和完整性,这部分的写作是重点与难点。写作时可参照表 7-6,这仅是一个框架,写作时要根据实际进行适当调整。

表 7-6 创业计划的内容框架

| 项目内容 | 描述方向 |
| --- | --- |
| 企业描述 | 1. 企业简介 |
| | 名称、概况、创业原因、基本信息（创建者姓名、核心创业者、企业地址等） |
| | 2. 企业简史 |
| | 企业背景、商业创意来源、创业动机 |
| | 3. 使命陈述 |
| | 企业目标、企业使命、企业理念与文化和 LOGO |
| | 4. 产品和服务 |
| | 汇总可行性分析结果的产品特点描述、知识产权描述 |
| | 5. 企业现状 |
| | 发展历程、现状描述、可行性分析汇总的发展规划 |
| | 6. 启动资金 |
| | 资金总额、资金来源、资金使用情况 |
| | 7. 法律形式 |
| | 法律形式、选择理由、所有权情况 |
| | 8. 选址描述 |
| | 经营地址、选择理由 |

续表

| 项目内容 | 描述方向 |
|---|---|
| 产品或服务 | 1. 产业分析 |
| | ①产业现状（产业所处阶段、总销售额、总收益、企业数量、就业人数等） |
| | ②发展趋势（产业走势、有利或不利趋势、未来情况） |
| | ③产业特征（产业结构与参与者性质、增长率与收益率、影响因素等） |
| | ④产业市场情况（竞争者、消费者、供应商、销售渠道） |
| | ⑤产业壁垒（大型的、成长的、朝阳产业；细分而盈利的产业） |
| | 2. 产品分析 |
| | ①产品介绍（名称、性能、使用方法、品牌） |
| | ②市场定位（确定市场位置是原创、跟随还是复制模仿） |
| | ③可行性分析（市场调查分析结果、消费者购买意愿结果、产品定位策略） |
| | ④市场时机（产品进入市场时段是否适宜、产品进入的产业经济状况的时机是否适宜） |
| | ⑤市场壁垒（知识产权与专利、无专利的设想和面临的风险） |
| 市场分析 | 1. 目标市场 |
| | 定位、规模、趋势、目标顾客 |
| | 2. 顾客分析 |
| | 顾客情况、购买动机、购买心理、购买行为 |
| | 3. 竞争者描述 |
| | 现有竞争者、供应商、潜在竞争者、替代品 |
| | 4. 理顺与市场开拓战略和销售间关系 |
| | 锁定目标市场、挖掘潜在市场、市场销售（定价、促销、渠道） |
| 竞争分析 | 1. 竞争者（直接、间接、未来） |
| | 对象、目标、资源、市场情况、营销策略 |
| | 2. SWOT分析 |
| | 企业的优势、劣势、机会和威胁 |
| | 3. 竞争优势 |
| | 产品、技术、商业模式、销售策略、团队成员等 |
| 管理团队 | 1. 团队管理 |
| | ①团队成员（履历、人事安排、所有权分配、披露技能或能力空缺） |
| | ②核心团队（经验、能力、技术、特长） |
| | ③企业文化建设 |
| | 2. 公司结构 |
| | 组织框架、部门职责（功能、产品、地区）、发展规划（短期、中期和长期） |
| | 3. 专业服务机构 |
| | 法律事务所、会计事务所、企业咨询机构、企业顾问、企业合作机构 |

续表

| 项目内容 | 描述方向 |
|---|---|
| 研发与生产 | 1. 研发计划 |
| | ①技术原理 |
| | ②研发方式与方法 |
| | ③产品层次（核心产品、有形产品、期望产品、扩张产品、潜在产品） |
| | ④阶段目标（短期、中期和长期） |
| | 2. 生产计划 |
| | ①生产工艺流程（主要工艺流程、生产设备与人员安排、产品包装与储运、原材料采购、生产管理、产品投放、质量管理） |
| | ②成本预算 |
| | ③未来产品与服务规划（产品的生命周期、升级或替代产品的规划、产品的服务规划） |
| 营销策略 | 1. 销售策略与目标 |
| | 采取何种销售策略（跟随战术、引领战术、模仿战术）、销售方式、营销计划 |
| | 2. 价格策略 |
| | 采取何种价格策略（竞争定价法、心理定价法、产品差异定价法、成本加成定价法等） |
| | 3. 分销策略 |
| | 采用何种分销策略（短渠道、直接渠道、传统渠道、长渠道、联合销售、网络销售、传统销售等） |
| | 4. 促销策略 |
| | 采用何种促销策略（广告、人员推销、营业推广、公共关系） |
| 财务分析 | 1. 资源分析 |
| | 主要是物质资源（固定资产和流动资产） |
| | 2. 融资计划 |
| | 资金明细表、预计投资金额、阶段股份稀释制度 |
| | 3. 预计财务报表及投资回报 |
| | 关键假设、预计利润表、预计资产负债表、预计现金流量表、投资回报 |
| 风险与对策 | 1. 市场风险 |
| | 来自于生产、销售、竞争、顾客 |
| | 2. 技术风险 |
| | 来自于研发技术、研发资金、研发团队等 |
| | 3. 资金风险 |
| | 资金周转不畅、资金断流等 |
| | 4. 管理风险 |
| | 团队人员、资源匮乏、管理不善等 |
| | 5. 风险应对方案 |
| | 逐一提出解决可能出现风险的办法 |
| 推出策略 | 出售业务、并购重组、IPO、重新募集资金等 |

## 三、撰写创业计划书的原则

为了更好地在创业计划书中阐明创业者的观点，写出高质量的商业计划书，在撰写商业计划书时应坚持以下几个重要原则。

### （一）目标清晰明确

创业计划书的阅读对象性很强，不同的阅读对象有着不同的关注重点。因此，创业计划书的目的指向应该清晰明确，并在商业计划书中得到充分体现。一份好的创业计划书应是目标清晰明确，特点鲜明，长期目标定位准确。

### （二）关键要素齐全

为了能让创业计划起重要作用，必须使创业计划书的关键要素完备，对缺少关键要素的创业计划书，会使投资者觉得不够可靠，或准备不足，或遗漏隐瞒什么情况，这些都会降低投资者对创业项目的评价，会影响投资者的投资决策。因此，创业计划书的关键要素必须齐全。比如企业的基本情况、产品或服务分析、市场分析、团队建设、经营战略、财务分析、盈利状况、退出方式等方面都必须提及到，并要写出"彩"来。

### （三）论证分析透彻

创业计划书是一个用数据论证的书面报告，能否让人信服，不是靠空论和堆积华丽的词句，而是在充分的调查研究的基础上，在掌握大量的第一手数据的情况下，经过深度加工整理，综合提炼，再透彻分析论证之后，用直观、朴实、准确、精炼的语言，概括出创业者的观点意见，并描述出发展变化状态，优势和劣势，让阅读者真正地感受到这是一份值得信赖的可靠的有说服力的创业计划书，给他打下深刻的烙印。

### （四）细节同样重要

好的创业计划书不仅形式规范，编排程序符合要求，重点突出，而且在创业计划书的细节方面，也是精益求精，没有纰漏，让阅读者感到这是一份内容与形式完美统一的精心撰写出的创业计划书，让投资者相信创业者的态度高度认真，没有理由不相信不进行投资活动。细节决定成败，一份丢三落四、漏洞百出的创业计划书，是不可能让人心悦诚服的，是不可信赖的。因此，创业计划书的细节是同样重要的，不可轻视的。

## 四、成功的创业计划书具备的特点

创业计划书是投资人接触新企业项目的第一步，为了撰写出一份出色的创业计划书，向投资人展示计划及项目具备可行性，即使是面对同样的创业机会，不同的创业者制订的创业计划都不一样。但是成功的创业计划书就有一些相同的特征，这些特征是也创业者制订创业计划书时应该使其具有的特征。成功的创业计划书都是对一项新兴务所带来的机遇和风险进行明确的综合评估。虽然对创意的描述和风险的评估有相当的难度，这些是一个成功的创业计划书必备的特点。

### （一）好的创业计划最吸引人的是它清楚的结构

投资者应当能够在计划中找到他们所关注问题的答案，很容易找到他们特别感兴趣的话题。这就要求创业计划必须有一个清楚的结构，使读者能够灵活地选择他们想要阅读的部分。

说服投资者不仅仅是靠分析和数据的多少，而是靠论点和基本论据的组织结构。因此，对任何能使投资者感兴趣的话题，都应该进行充分而准确的讨论。一般情况下，创业计划书的长度大约在 20 页左右。

### （二）好的创业计划以其客观性说服投资者

陈述时自信但不能忘形，客观而富有激情，让投资者有机会仔细地权衡。如果提到弱点或不足，那么一定要同时指出弥补的方法或措施，并在计划中清楚地表达出来。

### （三）好的创业计划应当让技术上的外行也能读懂

一些创业者认为，可以用丰富的技术细节、精心制作的蓝图，以及详细的分析给投资者留下深刻的印象。多数情况下，简单的说明、草图和照片就足够了。如果计划中必须包括产品的技术细节和生产流程，则应当把它们放在附录中去。

### （四）好的创业计划应当有前后一致的写作风格

一般情况下，会有几个人合作完成一份创业计划。最后，必须对这项工作进行整合，以避免整个计划风格不一、分析的深度不同，像一块打满补丁的破被子。考虑到这个因素，最好由一个人负责最后定稿的编辑和修改工作。

### （五）好的创业计划是你的名片

最后，创业计划应当有统一版面格式。例如，字体应当与文章结构和内容保持一致，插入必要的图表时应力求简洁，而且，也可以考虑使用印有（未来的）公司的徽标的文头纸。

## 第三节　创业计划的展示

今天，"大众创业、万众创新"已成为新发展阶段的主旋律，基于互联网技术催生出更多的"小""精""专"的创新型企业。创业者/创业团队的创业构思通过研讨、筛选、可行性分析、撰写创业计划，已经在这个过程中投入了相当的时间和精力，计划相对完善与成熟，该到向他人展示的环节，特别是向投资人的路演。通过路演，增加自己的成功机会。

创业计划的展示一般分为两种形式，即书面展示和陈述展示。陈述展示就是通常所说的路演，也是创业计划展示最普遍、最重要的形式。

### 一、创业路演的准备

创业计划的展示一般是通过路演进行的。通过路演获取投资的兴趣或入选创业计划竞赛，可见一场引人注目、令投资人和大赛评委难以忘怀的路演有多重要，作为初创的大学生，应该从以下几方面入手：

### （一）讲清你做的事情

投资人在决定是否投资你的公司之前，首先要知道你是干什么的。一定要讲清楚你的团队最擅长哪些问题，比如通过技术解决了用户的哪些问题。例如，开场白最好是："我们是××创业团队，我们正在做一个基于人口老龄化的老年人健身中心，下面我将介绍一下为什么用户需要这个产品"。

### （二）详细介绍你的团队

大部分需要融资的初创企业，还没有将创意转化为真正的业务，商业模式及盈利方式还尚未明确。在相互竞争的创业计划书中，胜出者往往不是依靠新颖的创业思想或者市场计划，而是靠着准备更好地执行其计划的管理团队。所以，团队介绍是路演中重要的环节。

演讲者要向投资人传递你们对这个项目有多热爱，管理团队组成方式、团队将会如何演变、发展缺口以及如何去填补这些缺口，都决定着潜在投资者是否相信创业团队有能力将梦想变成现实。

### （三）注重你的演讲技巧

（1）介绍个人经历或趣闻轶事。
（2）保持幽默。
（3）通过手势和激昂的语调，展现你的热情。

### （四）提供产品或服务演示模型

一个Demo演示胜过千言万语。展示产品的样品，邀请听众模拟用户使用，在辅助参与互动中体验产品，分享使用产品后的感受，一定会给潜在投资人留下深刻的印象。

## 二、创业路演PPT制作

创业路演过程中除了创业者自身的演讲水平之外，其制作的创业项目PPT也是一个重要的展示内容。是创业团队的脸面，第一印象很重要的。

### （一）PPT的制作

1. 明确一个问题

预先确定听众关心的敏感问题，创业者路演时必须把重点放在听众认为最重要的部分，目的为听众做决策提供参考而不是满足创业者路演者本人兴趣。

2. 把握一个方向

听众受众群体不同，关注点也有所侧重。
（1）对于风险投资者来说，可能关注新创建企业的发展速度及预期收益率。
（2）对于银行家来说，往往是关注新创建企业的现金流是否可以预测以及怎样将风险降至最低。

（3）对于天使投资人来说，可能是关注新创建企业的回报率，更加关注目标市场及商业模式。

3. 坚守一个信条

PPT 的制作简约，而不简单。切记，将文档中内容复制到 PPT 上。

（二）提高 PPT 的效率

一定要做一个视觉有冲击力的 PPT，文字太多会让观众迷茫，用简洁和凝练的语言表达出创业者/创业团队的所思所想。要精心设计，力求每一页讲稿没有多余文字和图片，每一个元素都在提醒路演者应该说什么。

# 本章要点

本章共三节，主要内容有：

（1）创业计划的准备。介绍创业计划定义与类型以及为什么要做创业计划；前期准备主要提供了可行性分析工具表，包含两份工具表，一是初筛表，有助于对商业机会进行基本可行性分析；另一个是完整的可行性分析表，具有综合性特点。这两份表格代表着连续的过程，学生进入可行性分析过程前，可以将二者结合起来分析商业创意的可行性。

（2）创业计划的撰写。本节提供了一家虚构公司的创业计划书模板，以此为例，描述和讨论创业计划书的每一个方面，给拟创建企业的大学生提供参考。

了解创业计划书的结构和内容，熟悉创业计划书摘要和创业计划书的主要组成部分，重点创业计划书主要部分的撰写，难点是撰写创业计划书摘要，洞察创业计划书编制与创建新企业间内在特征。

（3）创业计划的展示。了解创业计划展示方式。即书面展示和陈述展示。重点掌握路演的准备、制作与展示技巧和建议。

# 思考题

1. 阐释创业前准备提供的可行性分析工具表与商业计划有何不同？以及可行性分析成果在创业计划书中应该如何汇总汇报？
2. 试述如何撰写创业计划书的计划概要，为什么说它是创业计划中最重要的部分？
3. 试述创如何做好市场细分和目标市场、购买者行为和竞争者分析，理顺与创业计划书的营销部分、财务部分和风险分析等其余部分的关系？

【案例讨论】

## 创业者就在我们身边

刘庆强目前是东北石油大学电气信息工程学院的教师，也是大庆慧联电子科技有限公司的联合创始人，他是精益创业理论的践行者。

1997年，他以优异的成绩考入大庆石油学院计算机学院。大学四年，他积极学习软件设计和企业管理相关的知识和技术。2001年7月，他开始筹划第一次创业，他和几名同学开发了一套网络化游戏平台，主要包含"21点游戏"和"斗地主"两款游戏。该平台运行两年后，因为合作模式等原因没有继续推广，但是他将渴望成功创业的愿望深深埋在心里。本科毕业后，他继续在大庆石油学院读硕士。适逢世界"汉语热"，他和大庆高新区红光科技有限公司共同研发汉语学习教学软件，他带领12名学生，经过3年的刻苦研发，成功推出国内首创、世界独创的"多维汉语学习应用系统"。2007年5月21日，国家汉办组织专家对该产品进行鉴定，该产品得到全球67个国家的专家和学者的好评。

2015年12月，刘庆强和几个在哈尔滨工业大学读博的同事聊了创业的想法后，决定一起在物联网领域干一番事业。说干就干，他们在实验室找了一小块地方，自己买了元器件，带领5个研究生和13个本科生，根据新疆维吾尔自治区公安厅的要求设计视频智能监控箱。经过8个月的努力，智能监控箱实现了数据采集、数据输出、数据存储、协议转换、数字报警、智能温控等功能模块，并集成于"一块电路板"，实现了产品的轻量化、低故障和高可靠性。

2017年6月，在学校和大学科技园的大力支持下，刘庆强顺利搬迁到科技园，得到了更大的发展空间。团队不断优化产品核心算法，丰富产品类别，使产品核心技术从公安、边防领域向林业、农业等其他领域拓展。2017年，智能监控运维平台在新疆、甘肃等地共销售5830套。2018年4月，大庆慧联电子科技有限公司成立。公司团队结合国内外先进检测技术与客户实际运维需求，成功研发慧联智能3D可视化运维平台，降低了管理层面的日常工作量，为决策层提供可靠的数据依据。

未来，公司有望成为黑龙江智慧安防产业示范性企业，为黑龙江物联网发展贡献力量。

（资料来源：大庆慧联电子科技有限公司官网）

案例思考：

（1）刘庆强老师是一位连续创业者，先后开办了几个公司，是精益创业的典型案例，结合材料，谈谈他的创业经历。

（2）刘庆强老师的创业经历诠释了精益创业的核心思想，先尽快提供一个最小可行产品，然后通过不断的学习和有价值的客户反馈，对产品进行快速迭代优化，以期适应市场。你对此作如何评价？

# 参考文献

[1] 孙春岭. 讲好故事做好案例 [M]. 北京：电子工业出版社，2017：139-142.

[2] 郑刚，等. 创新者的逆袭：商学院的十六堂案例课 [M]. 北京：北京大学大学出版社，2017：270-272.

[3] 宋要武，等. 大学生创新创业导论 [M]. 北京：高等教育出版社，2016：313-315.

[4] [美] 布鲁斯 R. 巴林杰. 从创意到方案 [M]. 北京：机械工业出版社，2016：75-77.

[5] 张文喜，等. 创业基础 [M]. 北京：中国商业出版社，2016：158-160.

# 第八章

# 新企业的开办

### 学习目的

本章学习目的在于使学生掌握新企业创办过程中所涉及的法律、管理以及伦理方面的相关知识,主要包括企业的组织形式选择、新企业的注册流程、新企业选址策略、新企业生存管理和危机管理及企业的商业伦理问题。通过本章学习,学生对如何实操开办一个新企业和开办新企业过程中需要注意的问题有一个较全面的了解,为学生未来进行真正的创业实践奠定基础。

### 引导案例

2021年是叶东从东北石油大学建筑学专业毕业的第14个年头,成长过程的辛酸苦辣只有他自己深有体会刻骨铭心,从大连市政设计研究院建筑所年轻的建筑师到大连城建设计院建筑所副所长,在毕业后的十年间,他一直参与一线的建筑设计技术工作,投身专业技术的提升,从一个大学生成长为一名真正的行业专家。

**不忘初心　创业筑梦**

然而,叶东时刻没忘当进入社会工作那天起他的创业梦想。"梦想着解决城市的各类问题,把美好带给每一座城市"。2019年他从设计院离职义无反顾地开始筹建自己的公司,为了极大限度地降低创业的风险,公司在建筑设计的业务外增加装饰施工的业务,设计和施工业务互补相辅相成。六张桌子,招聘了两个人,开启了创业之路。

**坚持创新　披荆斩棘**

创业之初,业务难拓展、设计要求精、施工要求质,一系列的创业初期的艰难接踵而至,但是却没有动摇他的决心。尽管企业规模小,但是他在公司成立前期就把公司的管理框架体系建立健全,在公司运营过程中,把优秀的人才安排到部门的领导岗位,各司其职,为公司的发展壮大夯实了坚定的基础。公司发展的核心是创新,如果说创业是一条上坡路,创新就是发动机。但是创新的代价很大,当你一无所有时,你做创新可以义无反顾,但当你在一个大体系里面工作时,就会受到很多质疑,也会受到管理体系的质疑,产生很多的阻力,这个过程是很难的。未来可能会有更多的协同创新,在做事的时候,会找在各行各业最顶尖的伙伴,跟他们去接触、了解、配合,这就是协同创新。同时对建筑设计行业和装饰施工行业他会有自己独特的判断,未来一定会往两端走,一端是小而精的公司,另一端是大而全的航空母舰,航空母舰可以从技术施工图到施工等整个过程对接起来,全程把控,双线并行发展才是未来趋势。同时更重要的是增强公司产品意识和服务意识,带着一种使命感参与城市的更新创造。

**提升管理　心怀大未来**

三年的时间,筑森拥有了两家企业——筑森(大连)建设集团有限公司及中地设计集团规划建筑设计院,产值超过四千万,相比较他最初的梦想,三年发展速度超出了他的想象,但是这种规模在建筑行业并不大,同时一味地追求速度和规模,公司的根基还不是那么稳固会出现很多难以预判的风险。这一年,他开始重新细化公司的管理框架体系,建立健全管理制度,吸纳更多优秀的人才加入公司,业务的方向还会随着公司的体量适当调整,没有假期没有休息是他的常态。建筑行业,企业资质也是很多企业的发展瓶颈,为了寻求发展,公司在资金非常紧张的情况下依然申请多项国家级资质,筑森(大连)建设集团有限公司拥有土建总承包、装饰装修总承包、机电专业安装等多项施工资质,中地设计集团规划建筑设计院拥有建筑设计甲级、城乡规划乙级、景观园林乙级等多项国家资质,为公司的业务发展奠定了坚实基础。建筑作为传统行业,机遇永远和挑战并存,但是如果不寻求突破,企业必将面临岌岌可危的境地。他带领公司一直居安思危,公司项目几年间获得大连市及辽宁省设计大奖,他还经常考察同行业企业及国内项目,将业务发展范围由国内拓展到东南亚地区。"开拓创新、创建一流",希望通过付出努力几年间将公司发展成为行业内领先企业。

(资料来源:东北石油大学官网)

案例思考:

(1)叶东在新创企业管理方面比较成功的做法有哪些?
(2)叶东是怎样分析新企业发展中的风险并予以化解的?

# 第一节　成立新企业

当创业者经过认真调查、筛选、确定并完成了自己的创业计划后,创业就要进入实施阶段。在这一阶段,需要做很多的事情,包括前期的准备工作,其中必不可少的一个环节就是选择一种合适的企业组织形式,并完成企业的注册。

## 一、企业组织形式选择

企业组织形式是指企业财产及其社会化大生产的组织状态,它表明一个企业的财产构成、内部分工协作与外部社会经济联系的方式。

一家新创企业可以选择的组织形式有多种,例如创业者个人独立创办的个人独资企业,或者由创业者团队创办的合伙制企业,或者成立以法人为主体的有限责任公司和股份有限公司。创业者无论选择何种组织形式,均需根据国家法律法规的要求和新企业的具体情况,在对不同组织形式优势与劣势进行科学分析的基础上，决定适合新企业的组织形式。

### （一）独资企业

独资企业是一个自然人投资并兴办的企业，其业主享有全部的经营所得，同时对债务负有完全责任。当个人独资企业财产不足以清偿债务时，选择这种企业形式的创业者须依法以其个人其他财产予以清偿。

这种企业的规模都较小，其优点是经营者和所有者合一，经营方式灵活，建立和停业程序简单。这些优点使这种组织形式的企业在发达资本主义国家占有相当大的比重（主要是中小型企业）。这类企业的缺点是自身财力所限，抵御风险的能力较弱。在各类企业中，个人独资企业的创设条件最简单。根据《中华人民共和国个人独资企业法》，只要满足以下五种条件，就可以申请设立个人独资企业。

（1）投资人为一个自然人；

（2）有合法的企业名称；

（3）有投资人申报的出资，国家对其注册资金实行申报制，没有最低限额；

（4）有固定的生产经营场所和必要的生产经营条件；

（5）有必要的从业人员。

申请设立个人独资企业，应当由投资人或其委托的代理人向个人独资企业所在地的登记机关提交设立申请书、投资人身份证明、生产经营场所使用证明等文件。委托代理人申请设立登记时，需要出具投资人的委托书和代理人的合法证明。

申请设立个人独资企业，设立申请书应当载明下列事项：

（1）企业的名称和住所。企业的名称应与其责任形式及从事的业务相符合。

（2）投资人的姓名和居所。

（3）投资人的出资额和出资方式。

（4）经营范围。

### （二）合伙企业

合伙企业是由两个以上的自然人订立合伙协议，共同出资、合伙经营、共享收益、共担风险，并对合伙企业债务承担无限连带责任的营利性组织。合伙企业包括普通合伙企业和有限合伙企业两种形式。两者最大区别在于有限合伙企业有两种不同的所有者：普通合伙人和有限合伙人。以下主要介绍普通合伙企业。

按照《中华人民共和国合伙企业法》规定，设立合伙企业，应当具备下列条件：（1）有两个以上合伙人，并且都是依法承担无限责任者；（2）有书面合伙协议；（3）有各合伙人实际缴付的出资；（4）有合伙企业的名称；（5）有经营场所和从事合伙经营的必要条件。

申请设立合伙企业，应当向企业登记机关提交下列文件：

（1）全体合伙人签署的设立登记申请书；

（2）全体合伙人的身份证明；

（3）全体合伙人指定的代表或者共同委托的代理人的委托书；

（4）合伙人的书面协议；

（5）出资权属证明；

（6）经营场所证明；
（7）国务院工商行政管理部门规定提交的其他有关批准文件。

### （三）公司企业

公司企业是指以盈利为目的，由许多投资者共同出资组建，股东以其投资额为限对公司负责，公司以其全部财产对外承担民事责任的企业法人。公司的两种主要形式是有限责任公司和股份有限公司。

有限责任公司是指股东以其出资额为限对公司承担责任，公司以其全部资产对公司的债务承担责任。有限责任公司股东人数上限为200人。创业者设立有限责任公司，除了要有固定的生产经营场所和必要的生产经营条件之外，还应当具备下列条件：

（1）股东符合法定人数。
（2）股东共同制定公司章程。
（3）有公司名称，建立符合有限责任公司要求的组织机构。

股份有限公司是指其全部资本分成等额股份，股东以其所持股份为限对公司承担责任、公司以其全部资产对公司的债务承担责任。股份有限公司股东人数无上限。设立股份有限公司要有公司名称，要建立符合有限公司要求的组织机构，要有固定的生产经营场所以及必要的生产经营条件，股份发行、筹办事项要符合公司法律规定。除此之外，根据《中华人民共和国公司法》规定还应当具备下列条件：

（1）发起人符合法定人数。
（2）股份发行、筹办事项符合法律规定。
（3）发起人制定公司章程，采用募集方式设立的经创立大会通过。

## 二、新企业注册程序

企业注册是指创业者根据国家法律法规相关规定获得合法经营手续的行为。企业登记注册是确认企业的法人资格或营业资格，是企业在法律上成立的法定程序，即企业依据有关法律、行政法规，履行登记注册手续，经工商行政管理机关核准登记，取得法人资格或营业资格的过程。

新企业注册步骤包括办理营业执照和后续的备案刻章、办理组织机构代码证、办理税务登记证、开设企业基本账户、划资、税务所报到等流程。

### （一）办理营业执照

一般可以在工商行政管理局网站上选择全程电子化操作或者进行现场窗口操作。主要包括以下步骤：

（1）股东们到银行办理个人身份认证的数字证书；
（2）然后用数字证书登陆市场监督局的网站进行核名及注册，现在多数地区可以自主核名。核名需要的信息主要包括：公司名称、法人、股东姓名和身份证号码、住址、注册资金以及公司经营范围等。

公司名称一般由四部分组成：行政区划、字号、行业（非必填项）和组织形式。如：大庆（行政区划）＋油神（字号）＋信息技术（行业）＋有限责任公司（组织形式）。公司字号一般以3~4个字为最佳，2个字的核准难度较大，公司核名时可以多提交几个备选字号可以提高通过率。

（3）核名通过之后在市场监督局的网站用数字证书登陆填写资料申请注册，需要的信息包括：法人、股东的出资比例、资金到位年限、公司经营年限、总经理和董监事的分工以及公司地址。提交之后下载PDF，用数字证书签名。签好名然后递交申请。

（4）一般经过3~5个工作日，公司就会注册下来。会有电子版的营业执照。需要去工商局领取纸质版的多证合一营业执照。法定申请材料经审查核准通过后，可以携带准予设立登记通知书和本人身份证原件，到工商局领取营业执照。

### （二）刻章

拿到营业执照后，需要携带营业执照原件和法定代表人身份证原件，到指定部门进行刻章备案。法定代表人不能亲自到场办理的，还需携带一份由法人亲自签字或盖章的"刻章委托书"前往领取。刻章包括公章、财务章和法人私章，开始要开发票的时候还需刻发票章。

### （三）银行办理企业基本户

营业执照和印章办理完毕后，即可开立基本户，它与税务报到无先后顺序要求。可以到离公司近的银行办理基本户，每个银行的管理费、网银费等收费标准不一样，各分行办理手续的要求也不一样。办理前可打电话给银行咨询对公账户业务。

### （四）税务报到

营业执照和印章办理完毕后，方可到税务局进行税务报到。

需要注意的是，完成税务报到后，需要拿上银行开户许可证，营业执照副本原件和复印件，公章、财务章、法人章，及时与税务局签订三方协议，然后再拿上三方协议与银行基本户开户行签订三方协议，最后再递交给税务局，完成这些步骤后，创业者就可以实现电子化缴税了。

### （五）申请税控机及发票

如果企业要开发票，需要申办税控机，参加税控使用培训，核定申请发票。申请完成后，企业就具备开发票的资格了，然后再配备电脑和针式打印机就可以开发票了。

### （六）社保开户

公司注册完成后，需要到所在区域管辖社保局开设公司社保账户，办理《社保登记证》，并和社保、银行签订三方协议。之后，社保的相关费用会在缴纳社保时自动从银行基本户里扣除。之后，税务局会通过银行主动从该基本账户中扣税。

## 三、新企业选址策略和技巧

选址是制定经营目标和经营战略的重要依据。选择正确的创业地址是创业成功的首要条件，好的选址等于成功的一半。创业选址时应注意市场、商圈、物业、区域、价格等因素，搜集全面的选址信息，科学地分析评价各创业地点并进行决策。

### (一)创业选址的重要性

选址不当是导致企业失败的一个直接重要原因。这是因为企业竞争力的内容具有复杂性和多层次性,一家新创企业的持续竞争力必然受到该地区商业环境质量的强烈影响,另外,社会治安、企业税率优惠、社区文化等商务环境因素也都深刻地影响着新创企业。

从深层次上看,选址对于创业成功的重要性还在于区域的竞争优势的独特性和集聚等效应。在一个经济发达区域内,选址所在地是否形成了区域集聚效应,是否具有区域竞争优势,都构成了企业竞争中最为重要的微观经济基础。

### (二)影响创业选址的因素

选址需要综合考虑政治法律、经济、技术、社会文化和自然等影响因素。其中经济和技术因素对选址决策起基础作用。

#### 1. 政治法律因素

政治法律因素是指对企业经营活动具有实际与潜在影响的政治力量和有关的法律法规等因素。具体来说,政治因素主要包括国家的政治制度与体制,政局的稳定性以及政府对外来企业的态度等因素;法律因素主要包括政府制定的对企业经营具有刚性约束力的法律、法规,如反不正当竞争法、税法、环境保护法以及外贸法规等因素。

#### 2. 经济因素

经济因素是指构成企业生存和发展的社会经济状况和国家经济政策。社会经济状况包括经济因素的性质、水平、结构、变动趋势等多方面的内容,涉及国家、社会、市场及自然等多个领域。国家经济政策是国家履行经济管理职能,调控国家宏观经济水平,结构,实施国家经济发展战略的指导方针,对企业经济环境有着重要的影响。企业的经济环境主要由社会经济结构、经济发展水平、经济体制和宏观经济政策四个要素构成。

#### 3. 技术因素

技术因素是指企业所处社会环境中的技术因素以及与该因素直接相关的各种社会现象的集合。它包括新产品的开发、知识产权与专利保护、技术转移与技术换代的周期、信息与自动化技术的发展情况、整个国家及企业研发资源的投入比例等。识别和评价关键技术所带来的机会和威胁是外部环境分析极为重要的内容。

#### 4. 社会文化因素

社会文化因素是指一个国家或地区的社会结构、人口分布、历史文化传统、民族特征、价值观、宗教信仰和风俗习惯等,是影响人们生产和生活方式的重要外部环境因素。企业制定的战略目标和战略计划必须适应特定的社会环境,如宗教信仰、民族特征、社会习俗、生活方式、消费者习惯和工作方式等。

#### 5. 自然因素

选址显然应当考虑地质、气候和水资源等自然因素状况。地质、气候条件是企业在选址时应考虑的重要因素,它将直接影响工作效率和职工的健康;水资源状况对企业的选址也有很大的影响，尤其是耗水量巨大的企业，必须选择水资源丰富的地区，同时还要考虑当地的环保规定。

### （三）创业选址的步骤

1. 市场信息的收集和研究

创业者应考虑从二手资料中收集信息，因为对创业者而言，最明显的信息来源就是已有数据或第二手资料，例如行业杂志、图书馆、政府机构、大学或专门的咨询机构。

创业者还应亲自收集新的信息，获取第一手资料。获得第一手资料的过程其实就是一个数据收集的过程，主要通过观察、互联网、访谈、聚点小组、试验及问卷等方法。要对收集到的各方面信息进行汇总、整理。可以对这些数据进行交叉制表分析来获得更有意义的结果。

2. 多点评价

多个选点的评价经过市场信息的收集与研究后，创业者对于企业选址应有若干选择，对于这些选择可以借助科学的分析方法进行定性或定量评价。

目前最常用的有关选址的评价方法有：量本利分析法、综合评价法、运输模型法、重心法、引力模型法等。

3. 确定最终地点

创业者依据已经汇总整理的市场信息，根据其所要进入的行业特点及自己企业的特征，借助以上的一种或几种方法进行评估，最终完成选址决策，从而迈出创业至关重要的第一步。

## 四、新创企业必须考虑的法律问题

创业者在创建和经营企业的过程中，必须了解和遵守有关法律法规，以确保自身和他人的利益没有受到非法侵害。与创业有关的法律主要包括《民法典》《公司法》《税法》《专利法》《商标法》《著作权法》《反不正当竞争法》《产品质量法》等。

### （一）公司法

公司法有广义和狭义之分，狭义的公司法是指自 2018 年 10 月 26 日起施行的《公司法》，广义的公司法是指规定公司的设立、组织、活动、解散及其他对内对外关系的法律规范的总称。它除了包括《公司法》外，还包括其他法律，行政法规中有关公司的规定。

### （二）税法

税法就是国家权力机关及其授权的行政机关制定的调整税收关系的法律规范的总称。税法的调整对象就是税收关系，是指税法主体在各种税收活动过程中形成的社会关系的总和。按照是否属于税收征纳关系的标准，可以将税收关系简单地分为税收征纳关系和其他税收关系。

### （三）专利和专利法

专利有两层含义：一是指专利证书这种专利文件；二是指专利机关给发明本身授予的特定法律地位，技术发明获得了这种法律地位就成了专利发明或专利技术；三是指专利权，即获得法律地位的发明的发明人所获得的使用专利发明的独占权利，它包括专有权（所有权）、实施权（包括制造权和使用权）、许可使用权、销售进口、权利放弃权。专利权就是专利持有人（或专利权人）对专利发明的支配权。专利被用来记述一项发明，并且创造一种法律状况，在这种情况下，专利发明通常只有经过专利权所有人的许可才可以被利用。专利制度主要是了解决发明创造的权利归属与发明创造的利用问题。创业者对其个人或企业的发明创造应及时申请专利，以寻求法律保护，使自己的利益不受侵犯，或者在受到侵犯时，有法律依据提出诉讼，要求侵害方予以赔偿。

### （四）商标和商标法

商标是商品生产者或经营者为了使自己的商品同他人的商品相区别而在其商品上所加的一种具有显著性特征的标记。商标有文字商标、图形商标、立体商标、音响商标和气味商标等形式。商标大体上可分为三类：制造商标、商业商标和服务商标。商标是一种无形的知识财产，保护和提高商标的价值，可以为企业带来巨大的价值。经商标局核准注册的商标为注册商标，包括商品商标、服务商标和集体商标、证明商标。注册商标的有效期为十年，可以申请续展，每次续展注册的有效期也为十年。商标使用者向商标管理部门申请注册并得到批准的就是商标专用权。商标是确认商标专用权，规定商标注册、使用、转让、保护和管理的法律规范的总称。它的主要作用是加强商标管理，保护商标专用权，促进商品的生产者和经营者保证商品和服务的质量，维护商标的信誉，以保证消费者的利益，促进社会主义市场经济的发展。

### （五）著作权与著作权法

著作权也称版权，是指作者对其创作的文学艺术和科学作品依法享有的权利。著作权分为著作人身权与著作财产权。其中著作人身权包括发表权、署名权、修改权、保护作品完整权；著作财产权包括复制权、发行权、出租权、展览权、表演权、放映权、广播权、信息网络传播权、摄制权、改编权、汇编权、翻译权以及其他应由著作权人享有的权利。

著作权要保障的是思想的表达形式，而不是保护思想本身，在保障私人之财产权利益的同时，须兼顾文明之累积与知识之传播，算法、数学方法、技术或机器的设计均不属著作权所要保障的对象。我国实行对作品自动保护原则和自愿登记原则，即作品一旦产生作者便享有版权，登记与否都受到法律保护，自愿登记后可起到证据作用。著作权的保护期限为作者有生之年加上去世后 50 年。

除了以上法律法规，还有《劳动就业法》《劳动保护法》《职业培训法规》《社会保险法》《工会法》《国际劳动法》《劳动保障监察条例》《企业劳动争议处理法》以及地方政府相关的政策，创业者及新创企业也应当加以了解和运用，以保护自己的合法权益的同时，避免违反法律法规。

## 第二节 新企业成长管理

新创企业已经建立起来，但还远不能说创业已经获得成功。新创企业成长管理的意义并不低于创建新企业，创业者常常需要更加审慎地把握企业的发展方向。由于新创企业的快速成长性，需要以动态的观点看待新创企业成长过程中所遇到的各项管理问题，积极根据企业的发展阶段适时地制定适宜的解决方案。

## 一、新企业管理的特殊性

新企业成长和现有企业成长具有明显的不同。激烈的市场竞争使得已经建立一定竞争优势的强大的竞争者有利，它们已经树立了自己的优势，包括品牌、服务、渠道等。作为新入行的企业，只有打破原有竞争格局才能够扭转不利局面。创业者要充分分析了解新企业管理的特殊性，从而对新企业进行有效的管理。新企业管理的特殊性主要体现在四个方面：

### （一）新企业管理以生存为主要目标

新企业的经营运作需要一个从无到有的过程，包括一切从零开始建立相应的内部流程并获得外界的认可。新企业在这一阶段，生存是第一位的，一切都围绕生存运作，避免一切危及生存的做法发生。企业在保证生存的前提下，才能进入下一阶段的发展。因此新企业在成立初期，一切围绕生存运作，一切危机生存的做法都应避免，最忌讳的是在创业阶段提出不切实际的扩张目标。

### （二）新企业管理主要依靠自有资金创造自由现金流

现金流是指一定时期企业的现金和现金等价物的流入和流出的数量，自由现金流是指不包括融资、资本支出以及纳税和利息支出的经营活动净现金流。新企业由于经营历史有限，信用记录不足，融资很困难，银行通常不会给其贷款，企业只能依靠自有资金运作来创造自由现金流，实现对企业的有效控制与发展，因而管理难度很大。企业可以承受暂时的亏损，但不能承受现金流的中断，因此在企业初创时期，将现金流问题提高到怎样的高度都不足为过，因为这是新企业生产经营活动的第一要素，是新企业生存真正的生命线。

### （三）新企业管理是充分调动所有的人做所有的事的群体管理

新企业常会出现所有的人做所有的事的群体管理的局面，在这种环境氛围中，一旦企业哪里有需要做的事情，团队所有人就会一同完成，这种看上去的混乱，实际上是一种高度有序的运行状态。每个人都清楚组织的目标和自己应当如何为组织目标作贡献，才是团队。在创业阶段，创业者必须尽力使新事业部门成为真正的团队，否则创业很难成功。

### （四）新企业管理是创业者亲自深入运作细节阶段

创业者亲自深入运作细节指的是创业者在新企业创立初期经营过程中，亲自与供应商谈判、亲自到车间里追踪客户急需的订单、亲自向消费者推销产品、亲自装车卸货、亲自跑银行、亲自制订工资计划、亲自策划新产品方案；或创业者也会面对经销商的欺骗、消费者的当面训斥等问题。创业者对经营全过程的细节了如指掌，才会引领生意走向正轨。当然，随着企业的逐步发展，创业者不可能再深入到企业的各个角落，亲自参与企业运营的每个环节，授权和分权则成为必然。

## 二、新企业成长面临的挑战

新创企业的数量很多，但能够实现成长的企业并不多，其中实现快速成长的企业则更少，其原因在于新企业的成长会遇到各种限制和障碍，会面临各种发展陷阱和挑战。

## (一)内部管理复杂性的增强

新企业的快速成长体现为市场的快速扩张、顾客数量的规模化增加、职工人数的大幅度增长等,也会吸引各种组织(包括竞争对手、潜在投资人、管制机构、新闻媒体)的注意力,同时也需要获取更多的资源以支撑其成长,这就使得企业内部的管理工作会在短时期内快速增加。尽管创业者开始在组织内部设立职能部门和管理组织,制定各种必要的规章、制度和流程,试图强化职责分工和协调配合,逐步进行管理授权和分权,然而由于规模的急剧扩张、创业团队管理技能的不足、缺少有管理经验的员工、部门分工不够科学合理等原因,企业内部管理往往显得杂乱无序,问题常常容易演变为危机,创业者需要花费大量的时间用于"救火"。部门间的协调配合和"救火式"的管理方式融合在一起,增加了企业整体管理的复杂性。

## (二)外部环境不确定性的增加

企业的快速成长吸引了众多竞争对手的进入,改变了行业的竞争状况,让新企业的市场环境变得更加不确定。行业内的大企业开始注意新企业所在的细分市场,凭借资金、技术、品牌和成熟的销售网络等种种优势,向成长中的中小企业发起挑战或进行打压。行业内众多"跟风"创业的小企业则"搭便车",对产品既不进行创新,也不进行广告投入,只是一味地模仿,利用低成本、低价格和地域性优势抢占市场。众多竞争对手的加入,使得消费者有了更多的选择,竞争变得越来越充分,一度的"蓝海"逐渐变为"红海",产品价格可能迅速下降。这就迫使新企业不得不加大产品创新力度,调整市场战略,进行地域市场扩张。进入新的细分市场,或开始尝试多元化经营等,但这些情况无一例外地增加了企业活动所面临的不确定性,使其经营环境变得更加复杂。

## (三)创业团队管理能力的不足

创业者和管理者的素质和能力是有差异的,而且思维方式也不同。创业者是机会导向的,对资源约束考虑较少,而管理者更多是资源驱动的,会基于所掌控的资源约束去追求机会;创业者的责任是创建企业,而管理者的责任是维持和壮大企业;创业者要引进新产品或服务,管理者要协调生产产品或服务。随着新企业的成长,创业者要从事的管理工作越来越多,其面临的管理压力也越来越大,这就要求其具备越来越高的管理技能,逐步从"创业者"向"创业管理者"转变,但并不是所有的创业者都能顺利实现这种角色的转变。从企业成长和企业家成长之间的互动关系看,企业家管理是企业持续成长的必要条件,管理能力不足则是企业成长的最大障碍,这也叫"彭罗斯效应"对于新企业而言,企业家管理一部分要用于现有业务的运作和优化,另一部分要用于扩张性活动,如开发新产品、开发新市场等。如果管理能力的增长跟不上企业规模扩张的步伐,就会出现管理危机。

## (四)市场容量的限制

市场是企业得以生存和发展的土壤。一旦,企业实现了初期的快速成长。很快就会有其他的企业跟进,竞争就会变得越来越激烈。而先进入的企业成长速度越快,跟进的企业就越多,新企业就会在更短的时间内面临更激烈的竞争,信息发达和市场开放使这种规律更加明显。一方面，在市场容量有限的前提，众多竞争对手的加入。会阻碍新创企业的成长。另一方面，新企业是在行业内的细分市场开始创业和经营，随着企业规模的成长，创业初期的区域市场容量将无法支撑企业快速发展的需要，创业者必须寻求扩张。扩张的路径主要有两条：地域扩张和产业延伸。但地域扩张往往受到各地文化、法律和市场环境的影响，产业延伸则会面临资源不足、管理分散等多元化经营的相关障碍。如果创业者不能很好地解决这些问题，市场容量的局限性就会变得明显，最终像一堵墙一样阻碍企业继续扩张和成长。

### （五）人力资源和资金的约束

新企业的成长还面临极大的资源约束，尤其是人力资源和财务资源的缺口。伴随着业务快速发展，新企业迫切需要吸引大批人才的加入，虽然新创企业良好的创业氛围和广阔的发展前景也能打动一部分人，企业也有充分的用人自主权，但总体而言，由于新企业发展的不确定和高风险性、能够提供的薪酬难有竞争力、管理不够规范、办公环境较差、企业的社会声望不高等原因，多数新企业对优秀人才的吸引力不足。导致较大的人力资源缺口。同样，为了支撑企业的快速成长，新企业有了新的需要，如不断增加固定资产投资，招聘更多员工，加大研发投入，建直销网络和强化营销推广等，这样就要有更多的资金投入，同时日常管理运营费用也大幅增加，但在创立初期和成长期，多数新企业的自由现金流入不足，而且不够稳定，无法满足企业快速成长的需要，导致较大的资金缺口。

### （六）持续创新和战略规划能力的不足

富于创新是推动企业成长的主要动力。企业创立之后。创业者关注的核心问题是销售和生存，将大量的精力和资源都投入到市场拓展和外部融资上，新企业初期创新的推动力会随着创业者投入资源的减弱而减弱。与此同时，知识产权保护不力，竞争对手模仿行为的增多，也可能让新企业创新激励下降和减弱。因此，在缺乏资金、技术、人力资源和组织保证的情况下，如何保持新企业持续创新的动力、能力和活力至关重要。同样，由于创业的机会导向性和新企业的生存压力，多数创业者更加注重策略行动，而非战略思考，甚至许多人认为新企业和中小企业没有战略也不需要战略。但事实上，缺乏战略是制约企业成长的关键因素。战略的缺乏往往导致新创企业随波逐流，小富即安，对未来的发展方向茫然不知所措，核心竞争力无法有效塑造，甚至被大企业或同行挤在角落里苦苦挣扎，发展遇到了瓶颈却无法有效突破。因此，创业管理团队能否拥有出色的战略规划能力，直接决定了新企业能否快速成长，以及能否持续成长。

## 三、新企业成长的驱动因素

当新企业渡过以生存为主要特征的初创阶段，随着产品或服务逐步被市场和消费者认可，销售收入不断增加，规模不断扩张，企业发展进入成长阶段，其成长的驱动因素为：创业者个人能力及成长欲望、优秀的创业团队、市场对新企业产品的需求情况及新企业发展所需资源的富裕度，新企业所能控制和利用的组织资源，即创业者、创业团队、市场和组织资源四个方面构成新企业成长的驱动因素。

## （一）创业者驱动

创业者的能力驱动。创业者勇于向环境挑战，识别和把握机会的能力使其能把各种资源从生产力较低、产量较小的领域转到生产率较高、产量较大的领域，能让新企业具有创新的优势，并赢得快速成长的机会。

创业者的成长欲望驱动。新企业生产产品并投入市场，在赢得一定利润后，创业者一般并不满足于企业经营现状，而是利用利润进行再投资，使企业快速成长，更多地占领市场经营份额，以期成为所在行业的大企业挑战的高速发展的企业。在企业开拓市场过程中，需要大量的资金，企业家为了实现快速成长，愿意通过出售股份融资，这为进一步扩张奠定了基础。创业者的工作激情使其在实现企业目标时更加坚决、乐观和持之以恒，这不仅深深激发了员工的工作热情，而且使其他企业认为不能实现的事情在企业家型中小企业得以实现。

## （二）创业团队驱动

创业团队的创业精神驱动。创业精神在精神层面上，表现为创业欲望、决心和干劲等，在本质层面上彰显着创业价值观。

创业团队的专业水平驱动。专业水平主要是指创业团队在技术、营销、管理方面的专业素质和能力水平，它属于技术层面的特征。

创业团队的组织方式驱动。组织方式主要体现为创业团队的组织形式和治理结构，它属于运作机制和制度范畴层面的特征，对创业团队起着激励创业热情、管理创业活动，提高创业能力的功能保障作用。

## （三）市场驱动

供应商的竞价力驱动。供应商主要通过提高价格与降低单位产品质量来影响产品竞争力与新企业的盈利能力。

消费者的满意度驱动。消费者通过压价或要求企业提供较好的产品或服务，来影响新企业产品竞争力与盈利能力。

新进入企业的威胁驱动。新进入企业的威胁程度取决于两个方面，一是新企业进入新领域的障碍大小；二是市场现有企业对于进入企业的反映情况。

替代品的威胁驱动。替代品进入市场，一方面，现有企业可能被替代品的出现而限制，企业的盈利能力被降低，企业的成长受到制约；另一方面，由于替代品生产企业的侵入，迫使新企业必须提高产品质量、进行产品改良、实现产品创新，提高产品价值空间，不断提高消费者的满意度，促进新企业快速成长。

行业内的竞争者驱动。行业内竞争者的出现，促使新企业密切关注消费者不断变化的需求，调整企业的产品、服务和营销方式，加大创新力度，逐步实现产品的多元化和系列化，增强市场竞争力，促进新企业成长。

## （四）组织资源驱动

新企业的成长取决于其所控制和能够利用的组织资源。组织资源一般指企业的正式管理系统，包括企业的组织结构、作业流程、工作规范、信息沟通、决策体系、质量系统以及正式或非正式的计划活动等。组织资源决定支持组织成长的能力,如果组织不拥有支持成长战略所需的资源,即使创业者的成长欲望很高,实现的销售额也可能很低。员工、集权的组织结构、财务资源和技术资源对企业的快速成长也起着积极的促进作用。

## 四、新创企业的市场营销管理

改革开放至今,中国逐步发展成为具有良好的创业环境的发展中国家。当前,作为创造新经济和建设创新型国家重要力量的新创企业快速发展,但我国新创企业营销管理也存在不少问题。在发达国家,营销管理在企业及许多非营利组织应用中取得了很大的成功,营销管理进入中国后,在企业中得到广泛应用。

新创企业是各种新兴产业的主要缔造者,是创新和民族产业发展的重要源泉,是创造新经济和建设创新型国家的重要力量。新创企业是指从企业创立,甚至是企业创意筹备开始,到企业摆脱生存困境,开始步入规范化管理之前这一阶段的企业。与成熟大企业追求结构稳定、提高已有资源的收益不同,新创企业的首要任务是摆脱生存困境,并动用各种资源去实现商业机会。因此,在创业备受关注的今天,继续沿用成熟大企业传统的"4P"或"4C"营销理论来解释和分析新创企业的营销问题,无论从理论还是在实践中都存在着诸多障碍。

新创企业通常资源比较匮乏,在开展营销活动时一定要清楚,首要任务是生存下来,并迅速积累资金。因此,新创企业不可能像成熟大企业那样依赖已有的经验法则、公式化的思维方式、重心放在营销策略的组合使用上为现有的市场服务,而必须积极整合各种资源,以超前的认知和行动,积极从事产品和市场的创新,并依赖创造性的营销手段,迅速打开局面。

### (一)新创企业的营销特征

#### 1. 新创企业营销的首要任务是生存

新创企业往往没有市场基础,也没有足够的现金流支撑其长线经营,这需要他们在更短的时间内迅速打开市场,获得客户认同,摆脱企业生存困境,从而也就使得其对市场份额的追求变得最为紧迫。

#### 2. 新创企业营销的目标具有阶段性

新创企业营销的各个阶段,其目标和任务都不一样。成功的新创企业营销可能需要历经凝聚创业团队的项目创意营销阶段,吸引投资者关注的商业计划营销阶段,寻求市场认同的产品/服务营销阶段,以及塑造品牌形象的企业营销阶段等。

#### 3. 新创企业营销以机会为导向

新企业内部资源有限,生存能力较差,外部环境的细微变化都可能决定企业的存亡。因此,新创企业的营销者不能受制于企业的资源,也不拘泥于固定的思维模式,而是着眼于企业的未来发展机会,积极地探索新方法来赢得客户,并具有很强的资源整合能力,以创新性的手段,最大限度地调动外部资源。

#### 4. 新创企业营销更加注重关系

新创企业拥有较少的市场知名度,其营销者往往也就是创业者,并非营销专才,初期也没有专门的营销部门协助。因此,一些通行的营销法则和营销方案可能对于新创企业的适用性较弱。在实际营销过程中,创业者往往更依赖于亲戚、朋友或企业战略联盟组成的网络关系来实施营销。

5. 新创企业营销策略灵活多变

新创企业营销的实施环境更为动荡,具有很大的不确定性,这也使得创业者的营销策略必须更加灵活。一方面,其灵活多变的特征有助于创业者积极发挥优势,促进企业快速成长;另一方面,营销策略既需要高度灵活,又需要内在一致,自然也加大了实施的难度。

## (二)新创企业的营销机理

(1)机会导向。认知和探索机会是创业活动的基础,也是新创企业营销的核心维度。新创企业的营销人员通过努力扩大当前顾客所能表达的需求以外的机会范畴,拓展产品和市场的边界,以规避现有市场的支配。

(2)超前行动。机会是有时效性的,甚至稍纵即逝。新创企业的营销活动必须突出速度,善于抓住转瞬即逝的机会,并迅速扩大市场份额。

(3)注重创新。新创企业的产生过程就是一个创新的过程,但唯有持续创新才能获得持续的竞争优势,这包括技术创新、组织创新、市场创新和管理创新。

(4)理性冒险。创业精神与理性冒险相联系。新创企业的营销者通过努力识别各种风险因素,并不一味地规避风险或使风险最小化,而是以理性的态度应对风险,果断地进行市场决策和采用各种销售促进的手段来赢得市场。

## (三)新创企业的营销管理策略

新创企业营销既要通过动用各种手段获取实现创业机会的各种资源,但更需要有整合他人资源为营销目的服务的能力。价值创造是销售得以实现的先决条件。新创企业的营销者需要发现未被利用的顾客价值源泉,组织一切可能的资源来创造顾客价值。即新创企业通过创造性地有机整合机会、资源和顾客价值来驱动市场,取得具有挑战性的组织绩效。对于新创企业来说,组织绩效有财务和非财务的,但首要的组织绩效指标显然还是企业具备足够的生存能力,然后才是不断改善的企业内部的文化、结构和资源条件,实现企业"由外而内"的不断成长。

新创企业资源缺乏,之所以能启动往往是因为已有固定的客户,产品可能并没有优势。这类企业在开发新客户时会遇到困难。如果这些启动客户成长迅速,企业可依靠这些客户完成原始积累。但大多数企业是因为具有某项新技术或某种有特色的产品而起步,这类企业生存的基础是产品对客户的吸引力。采取何种管理将技术或创意变为客户愿意购买的产品,如何将产品实现大规模生产和销售,是新创企业面临的首要问题。以下结合新创企业的营销机理,从产品策略、客户策略、扩张策略、广告策略、渠道策略等方面对营销管理进行分析。

1. 注重创新,精准定位

市场定位是新创企业营销管理的核心。如何扬己之长、避己之短是企业创业期制胜的关键。企业创立之初就要认真研究市场机会,拓展产品和市场的边界,从广阔的行业市场中寻找最适合的消费者群体,创新市场需求,从满足需求的角度去认识产品,创新产品价值,寻求自身特色和优势,采用利基市场战术(Niche Market)。大众化以及技术容易被仿造的产品不是小企业的优势,应选择开发满足客户独特需求,客户价值显著,效果立竿见影的产品或服务。同时，对于新创企业来说，必须清醒地认识到，有些产品可能高额回报、真正赚钱，也有些产品虽不赚钱，但可以赚名声。对于这两种产品都不能有所偏废。

2. 精选客户，稳打稳扎

中小企业没有资源"打大战役"，先攻这几个山头，有了根据地再说。不要试图一开始就建立全国性的营销网络。有了稳定的客户，企业才能放开手脚去谋求更大的发展。一般要优先选择若干价值高、有实力、成长性好、行业影响大、地理位置优，或者原有关系的客户。要根据客户特征对每一个客户制定专门的销售策略，要发挥集体的力量来制定策略，特别要借鉴有销售经验的业务员的经验。要树立以整个公司的力量和经验为客户服务，而不是一个销售员自己去为客户服务的销售观念。当然，对于客户的选择上，新创企业也应该区分识别：有些客户是不能直接给你带来经济回报的，但却可以帮你打开行业的大门，让你积累行业经验和品牌；有些客户虽然利润不高，但采购需求真实，财务和市场状况良好，在经济萧条期仍然能支持你；有些客户利润很高，但财务状况不良，风险较大。

3. 复制扩张，超前行动

新创企业的市场扩张既受经验和资源约束，又面临不得不超前行动，快速抢占市场的压力，因此要以理性冒险的原则稳步推进，可以通过先建立样板市场获取经验，再成功复制到其他区域市场的方式来开拓。这是因为：第一，处于创业期的企业资金实力等方面有限，不可能全面开花，避免全面进入的风险；第二，便于摸索探讨成功的模式，总结成功的经验，便于进入新市场。在建立样板市场获得成功经验后，可以首先考虑复制到其他具备相似特征的区域市场，然后才逐步考虑进入异质市场。

4. 有效宣传，资源撬动

新创企业绝大部分面临的是产品不为消费者认知，更谈不上企业被社会认知。如何利用现有资源使有限的广告费用变得切实有效是企业经营者面临的共同问题。这就需要营销者在有效使用广告费用的同时，能灵活运用各种广告宣传工具进行企业宣传，如开展事件营销、选择有实效的赞助方式、撰写软文、选择合适的媒体投放、充分发挥关系网络、互联网等各种资源的作用等。

5. 简化渠道，控制风险

新创企业应选择合适的渠道策略，建立科学的渠道政策。新创企业渠道的功能诉求有别于相对成熟的企业，应更关注信息传递、收集信息、树立形象、客户服务的作用；渠道结构应尽可能扁平化，以减少产品流通环节，让利给消费者，提高产品价格竞争力；对于经销商的选择和管理应做到公平、公正，追求双赢，建立有效的考核体系和风险控制体系。

6. 内外营销，精炼队伍

无论是营销任务的推进和渠道的构建，创业团队的现有能力是影响和制约其实施效果的重要因素。因此，必须开展有效的内部营销，凝聚队伍，寻求志同道合、能力互补的团队成员；外部营销上要注意培养企业良好的形象，获得广泛的社会认同。在搭建营销队伍的时候，不仅需要吸引有行业经验的专业人士，同时也需要拥有优秀的营销管理团队。

创业活动具有高度的复杂性和动荡性，其本质在于机会导向、创造性的资源整合、价值创造、超前行动和创新与变革。因此，基于创业机会的成长性特点，与其对应的新创企业的营销活动也呈现出与成熟企业不一样的特征，变得更加关注企业的生存、机会导向和创新等。在这一前提下，新创企业的营销管理也形成了由创业精神驱动的，通过有机整合机会、资源和顾客价值来驱动市场，取得具有挑战性的组织绩效的"由外而内"的发展逻辑。

### 五、新创企业人力资源管理相关问题

在我们这个信息知识时代，企业核心能力的形成归根结底是知识和技能的学习与积累，然而这个核心的核心还是在于人才，即企业的人力资源管理。人才是支撑企业成长的关键要素，是企业的核心资产。从根本上说，企业的成长是基于人力资源的成长，企业的发展是基于人力资源的发展，快速成长的企业的一个共同特点，就是有强有力的人力资源管理。这对于新创企业同样适用。但是，现有的人力资源管理理论基本上是来自于成熟企业的经验研究，很少有适合处于新创企业的。因此，针对新创企业的人力资源管理进行探讨研究是相当必要的。新创企业由于自身的缺陷和特点，在人力资源管理上主要存在三点问题：

首先，新创企业的资源比较缺乏，所以它们更倾向于选择成本较低的人力资源管理模式，例如与员工签订雇佣合同，而非进行人力资本投资。这方面的首要表现是新创企业员工的工资普遍偏低，不具有市场竞争力，同时员工福利也很少。另外表现在新创企业在人力资源管理工作上人力财力的投入都不足。此外，新创企业对员工的培训也较少。

其次，新创企业的边界模糊、交易量较小、缺乏足够的合法性，很难吸引并且留住人才。新创企业由于缺乏品牌积累、缺乏市场形象等因素，使得其与成熟的企业相比缺乏吸引力。甚至一些新创企业可能会通过夸大企业与职业前景，给予求职者过高的承诺等行为来吸引人才，最终反而会给优秀人才流失埋下隐患。

最后，新创企业的人力资源管理规范化程度低。一般情况下，新创企业不单独设立正式的人力资源管理部门。

这表现在以下几个方面：第一，在进行人员招聘时，新创企业更倾向于通过私人网络或熟人推荐，较少委托中介机构或通过校园方式来进行人员招聘，同时它们的招聘和面试程序也比较简单。第二，与成熟企业相比，新创企业缺乏与绩效评估相匹配的薪酬制度。第三，新创企业一般没有正式的培训系统，一些简单的培训也只是为了帮助员工胜任当前的工作，而不是根据企业的长期发展目标进行系统性培训。总而言之，与成熟企业相比，新创企业大多数采用非正式和灵活的方式来进行人力资源管理。

人力资本是新创企业在日益激烈的市场竞争中生存下去的一个重要原因，因此，新创企业如何吸引并获取有助其发展的人力资本，并且通过有效的人力资源管理留住优秀人才并使其能力得以充分发挥，已经成为新创企业生存和发展的关键。

新创企业应把人置于组织中最重要的资源地位，积极引导员工进行自我管理，同时应确立团队的共同价值观，积极开发员工的潜能，促进员工的个人能力和企业绩效的共同提升。

在此基础上，为了解决新创企业人力资源管理存在的一些问题，新创企业应该从以下三个方面加以改善其人力资源管理：

#### （一）重视对人力资本和人力资源管理工作的投入

尽管新创企业的资源匮乏，但是新创企业还是应该舍得对人力资本进行投资，比如改

善员工的工作环境，良好的工作环境不仅包括提供开展工作所需的各种必备资源，如办公空间、办公设备等，更重要的是指营造良好的人文环境，如和谐的同事关系、顺畅的沟通渠道与沟通氛围、积极向上的企业文化等。设计合理的薪资福利体系，成长企业要吸引优秀人才的加盟，所提供的薪酬待遇在人力资源市场上要有竞争力，同时在企业内部要有相对的公平性，包括提供较好的工资收入和跟绩效挂钩的奖金。举办提升员工能力的培训活动等，真正实现企业以人为本的理念。

### （二）增强对优秀人力资源的吸引力

新创企业创业期存在人力资源投入能力低与对优秀人才需求的矛盾，那么，如何在投入不足的情况下吸引企业所需要的优秀人才就成为新创企业的一个难题。在这种情况下，新创企业可以根据自身的特点通过三种方式增强对优秀人才资源的吸引力。

第一，以高额的远期风险收入来吸引优秀人才。新创企业由于资源的匮乏不能支付高额的薪酬来吸引所需的人才，那么可以考虑通过风险收入和远期收入来吸引优秀人力资源，比如通过投资入股或给予股票期权等。这样不仅可以增强对优秀人才的吸引力，而且可以把他们的利益和企业的利益结合到一起，激发员工的工作热情和积极性。

第二，重视企业员工发展空间的拓宽和职业生涯规划，以良好的职业前景和工作的挑战性作为吸引人才的一种手段。新创企业的规模不大，分工宽松，可以为员工提供更为丰富化的工作内容、较大的发展机会和成长空间、较短的上升周期。员工的成长机会和成长空间包括：晋升空间、学习与培训机会、持续的工作指导和工作支持、管理技能的发展和提升等。成功的职业生涯规划能将员工自身的发展和企业的成长有机结合起来，使员工在追求自身发展的同时推动企业的发展。

第三，充分发挥新创企业的创业者的人格魅力、创造力和影响力，如李开复的创业就是凭借自身的人格魅力吸引了很多的优秀人才。

### （三）实现人力资源管理的专业化

实现人力资源管理专业化可以采取两种方式，即在企业内部设立专门的人力资源部门或者将企业的人力资源管理进行外包。新创企业可以根据自身的实际情况灵活地组合以上两种方式。在企业内部设立专门的人力资源部门的优势在于对企业人力状况、政策制度、企业文化等因素较为了解，制定的人力资源计划和人力资源管理活动都能符合本企业的利益，能对突发状况做出及时反应，快速解决。此外，选择人力资源管理外包的方式，可以节省企业的精力，使企业将工作重点放在产品业务上。然而，市场中的人力资源公司提供的人力资源服务还是有限的，仅能帮助企业完成招聘和培训等工作，对于其他一些人力资源管理工作还得企业内部自己解决。

总之，要解决新创企业的人力资源管理存在的问题，新创企业需要克服自身的一些缺陷，创造自身的优势。首先，重视人力资源管理工作，重视公司员工，把对人才的重视不仅仅只停留在口号上，更要在行动上体现；其次，要增强对优秀和关键性人才的吸引力，如提供良好的职业前景，给予员工股票期权，甚至可以打出"为有才之士提供施展抱负的场所"的旗号；最后，实现人力资源管理的专业化，这不仅表现为设立人力资源管理部门，还应建立完善的人力资源计划、招聘、培训以及薪酬等制度。

## 六、新创企业的财务管理相关问题

新创企业是指刚成立的企业,企业在这个时期的财务制度会直接关系企业的正常发展。企业的发展具有不同的发展阶段,每个发展阶段实际情况的不同决定了每个阶段都有其特征,因此新创企业面临的财务问题与其他阶段有所不同。自我国实行社会主义市场经济体制以来,越来越多的人开始自创企业,创业初期管理者面临的问题涉及财务、管理和技术等多个方面,财务问题是创业者不得不解决和关注的问题。但是许多新创企业不重视财务管理,忽视财务管理在企业健康发展中的地位和作用,不充分发挥企业财务管理以及风险控制在新创企业中的作用。

### (一)新创企业财务管理存在的问题

1. 财务控制被忽视

许多新创企业经营管理者习惯于依靠自己的喜好来制定财务控制制度,且无法形成稳定的制度,经常更换财务管理规则,因此企业的财务管理比较随意和盲目。据研究者调查,新创企业财务控制制度不健全,没有形成完善的财务清查收支审批制度和成本核算制度,虽然建立了几项财务控制制度,但流于形式,在实际工作并未得到执行。为数众多的新创企业忽视财务控制,没有认真执行账实、账证和账账核对等会计核算流程,从而导致会计资料不真实可靠,使得管理者无法真正把握企业的资金流动。

2. 银行贷款成本高

由于许多新创企业的财务管理制度与财务报告制度不完善,审计部门无法得到真实的财务报表,经营业绩不好,财务资料不完整和准确,因此银行不容易收集到借款企业完整而准确的财务信息,或者需要消耗更大的成本去收集、鉴别企业的财务信息。银行想审查新创企业财务信息要面临很大的难度,使得银行借贷风险较大,同时管理新创企业贷款的成本也会相对增加。银行缺乏足够信息去评估新创企业能否成功地发展下去,因此许多银行不愿意为借贷款数量低的新创小企业提供贷款。

另外,大多数新创企业将面临与成熟企业激烈的竞争,将面临巨大的经营风险,被市场竞争所淘汰的概率比较高,银行融资面临的风险也会增大,获得的投资回报不高,新创企业也不能依照银行的规定提供相关财务信息,从而导致银行无法承受新创企业的信贷。

3. 财务风险管理缺乏

由于新创企业面临的创业环境不明朗、管理者经验不足、企业员工对工作不熟悉、投资者能力不强等一系列因素使得新创企业将面临各种风险。其中最大的风险是财务风险,但是新创企业的管理者很少会事前科学估计和分析将要面临的财务风险,而是主要关注企业经营和生产,没有多少精力来检查财务管理工作,在资金管理、信息获得、资源控制、管理能力等方面都存在缺陷。新创业由于欠缺抵御风险的能力,无法成功规避各种风险,最终导致企业倒闭。

4. 流动资金不足

许多有经验的企业管理者都认为新创企业想生存与发展必须要有足够的现金。现金储备不足会对新创企业的盈利和偿债能力将产生巨大的负面影响，进而破坏新创企业的市场信誉，使企业资金无法周转，甚至造成资不抵债而使企业破产。新创企业的产品和服务在受到购买者们广泛认可并开始盈利之前，对现金的依赖程度大，此时新创企业保持足够的现金储备至关重要。因为新创企业的销售暂不稳定，企业无法持续盈利，而各项成本花费必须要支出，面临的风险又很多，此时企业如果出现资金短缺，又无法筹集资金保证企业正常运转，将会导致企业最终破产。

然而许多新创企业的管理者对现金短缺而造成的风险不够重视，他们过分关注企业的销售增长和盈利状况，忽视企业的现金储备，盲目扩大规模并造成对固定资产增加，使企业现金储备不足，缺乏资金预算。

5. 投融资决策不科学

很多新创企业的管理者片面地认为企业能否健康发展下去关键在于要充分利用机会扩大企业规模，只要企业规模宏大，企业就能在激烈的市场竞争中脱颖而出。但是如果没有理性且科学的财务管理措施和避免风险的措施，企业就会面临巨大的财务风险甚至资金短缺，使新创企业破产的风险增大。在我国资本市场上，不是所有的企业都能够通过发行股票来进行集资和分担风险，新创企业无法满足股票发行的条件，因而无法公开向市场发行债券和股票来进行融资。目前我国许多新创企业的流动资金主要依靠银行贷款，但是由于新创企业的相关风险信息搜集困难，银行的贷款规章比较严格。这增加了新创企业融资困难，同时也增加了新创企业财务风险。

## （二）新创企业财务管理完善措施

### 1. 优化财务管理机制

一是建立完善的记账系统迫在眉睫。新创企业面临诸多问题，如购买固定资产、准备原材料、提供服务等生产经营活动，创业者不仅要高度重视现金和产品的管理，更加要重视对原材料、半成品的管理，对这些企业资产要做到入账及时，从而对接好企业的实际财务活动与账面财务活动。二是企业要明确对经营活动中财务管理的对象、目标及管理方式，并且对生产经营过程的各项财务活动都需要进行管理监督，从而形成良好的内部控制机制，保证财务决策的合理性科学性。三是融资决策需要明确的企业资本结构分析以及偿债能力分析报告，投资决策需要依据规范的财务资源需求及投资回报情况报表等。四是建立良好的清查分析系统，定期盘查企业自身的财务状况，分析企业的资产负债率、存货周转率、应收账款比例及坏账比率等财务风险指标，将盘查结果形成规范的分析报告并记录存档，作为新创企业日后的发展的重要参考依据。

### 2. 强化现金流量管理

现金流量是评价企业综合素质的重要指标，是企业财务管理的核心内容。新创企业要坚持"现金为王"，高度警惕现金的流向、流量和周转率，以免资金链断裂。同时，新创企业应严格地以处于安全区内的可供资金量和对资金使用效益进行评估，作为决定企业发展速度和规模扩张的重要前提。做到现金流入和流出在时间、金额方面的匹配。新创企业要严格限制短贷长用，避免将大量的短期债务资金用于大规模的长期资产购建，将债务流动性风险控制在合理的范围内。这是新创企业长足发展的重要保障。

3. 建立财务风险预警机制

财务风险预警能及时发现财务管理的问题，提前发出预警信号，警示企业及时分析财务恶化的原因，积极采取措施改善财务状况和财务结构、化解财务风险。新创企业要建立完善的风险防范体系，规范企业内控制度建设，确保财务风险预警和监控制度有效运作，这要求新创企业建立实时、全面、动态的财务预警系统，对企业在经营管理活动中的潜在风险实时监控。要以企业的财务报表、经营计划及其他相关的财务资料为依据，通过对财务指标的分析了解企业的资金运行状况、偿债能力和盈利能力，准确预测出企业财务状况的一些危机所在。

4. 关注财务预测

许多新创企业在发展过程中较少关注财务预测，因而面临极大的不确定性。新创企业若能分清确定与不确定事项，并进行相应的财务预测，不仅能发挥财务管理职能，更能控制财务风险。财务预测是企业对企业花费、成本的合理估算，是对未来增长的合理预测。在企业整体目标确定的情况下，做好各类费用预算等，确定维持企业正常运作的现金持有量，及时做好企业的筹资工作。企业在确定各部门费用预算后，就能够在一定程度上合理安排企业各项日常活动，具体把握什么事情应该做，什么事不应该做，从而在最大程度上管理好企业现金的流出，将有限的现金用在刀刃上，实现新创企业的持续发展。

5. 降低企业融资成本

企业融资成本决定了企业融资的效率，对于大多数新创企业而言，选择哪种融资方式具有重大战略意义。一般情况下，基于融资来源划分融资方式，其融资成本的排列顺序依次为：财政融资、商业融资、内部融资、银行融资、债券融资、股票融资。此外，在选择银行融资时，需要充分注意各大银行间信贷政策的差异，最好选择近年来出台对扶持创业企业最为有利、最为优惠的银行。以中国银行为例，出台了诸多针对中小企业的信贷政策，对新创企业的成长产生了积极的影响。

新创企业建立之后到成为成熟企业之前的时间是新创企业的成长阶段。在企业成长期这一阶段，企业在市场上基本上已经站稳了脚跟，关注的重点是如何满足市场日益增加的需求。企业进入成长期后，面临的主要风险则是财务风险。当企业处于成长期，由于需要扩大企业规模和维持营销的正常运转，资金需求大量增加，财务风险成为企业面临的主要风险之一。因此，新创企业必须处理好财务问题，才能实现持续的发展和进步。

## 七、新企业的危机管理

创业过程需要承担一定的风险，包括负债、资源投入、新产品和新市场的引入以及关于新技术的投资。承担风险代表着把握机会。风险意识对新创企业的管理者来说尤为重要。新创企业的发展面临着更多的不确定性，更多的人为及非人为因素需要处理，出现风险的可能性也大大高于一般的企业。管理者需要时刻关注企业发展中出现的技术和市场危机、财务危机、人力资源危机等。德鲁克在《创新与企业家精神》一书中指出，成功的创业者不是盲目的风险承担者，他们采用各种方法降低风险。创业者要知道如何应对新创企业的危机，采用适当的措施，可以将危机转化为企业发展的机遇。因此，创业者要积极把握新创企业发展中遇到的每一个危机，为企业的后续发展奠定基础。

### （一）危机管理的定义

危机管理是企业为应对各种危机情境所进行的规划决策、动态调整、化解处理及员工培训等活动过程，其目的在于消除或降低危机所带来的威胁和损失。通常可将危机管理分为两大部分：危机爆发前的预计、预防管理和危机爆发后的应急善后管理。

危机管理是专门的管理科学，它是为了应对突发的危机事件，抗拒突发的灾难事变，尽量使损害降至最低点而事先建立的防范、处理体系和应对措施。对一个企业而言，可以称之为企业危机的事项是指当企业面临与社会大众或顾客有密切关系且后果严重的重大事故，为了应付危机的出现在企业内预先建立防范和处理这些重大事故的体制和措施，则称为企业的危机管理。

### （二）企业危机管理的特征

突发性危机往往都是不期而至，令人措手不及，危机发作的时候一般是在企业毫无准备的情况下瞬间发生，给企业带来的是混乱和惊恐；破坏性危机发作后可能会带来比较严重的物质损失和负面影响，有些危机造成的后果用毁于一旦来形容一点不为过；不确定性事件爆发前的征兆一般不是很明显，企业难以作出预测。危机出现与否与出现的时机是无法完全确定的；急迫性危机的突发性特征决定了企业对危机作出的反应和处理的时间十分紧迫，任何延迟都会带来更大的损失；信息资源紧缺危机往往突然降临，决策者必须作出快速决策，在时间有限的条件下，混乱和惊恐的心理使得获取相关信息的渠道出现瓶颈现象，决策者很难在众多的信息中发现准确的信息；舆论关注性危机事件的爆发能够刺激人们的好奇心理，常常成为人们谈论的热门话题和媒体跟踪报道的内容。企业越是束手无策，危机事件就会越神秘，引起各方的关注。

### （三）企业危机管理的内容

危机管理是企业在探讨危机发生规律，总结处理危机经验的基础上形成的新型管理范畴，是企业对危机处理的深化和对危机的超前反应。企业危机管理的内容包括：在危机出现前的预测与管理、危机中的应急处理以及危机的善后工作。

1. 危机前的预防与管理

危机管理的重点就在于预防危机。正所谓"冰冻三尺非一日之寒"，几乎每次危机的发生都有预兆性。如果企业管理人员有敏锐的洞察力，能根据日常收集到的各方面信息，对可能面临的危机进行预测，及时做好预警工作，并采取有效的防范措施，就完全可以避免危机发生或把危机造成的损害和影响减小。出色的危机预防管理不仅能够预测可能发生的危机情境，积极采取预控措施，而且能为可能发生的危机做好准备，制订计划，从而从容地应付危机。危机预防要注意以下几方面问题：

（1）树立正确的危机意识。

要生于忧患，死于安乐；要居安思危，未雨绸缪。这是危机管理理念之所在。预防危机要伴随着企业经营和发展长期坚持不懈,把危机管理当作一种临时性措施和权宜之计的做法是不可取的。在企业生产经营中,要重视与公众沟通,与社会各界保持良好关系;同时,企业内部要沟通顺畅,消除危机隐患。企业的全体员工,从高层管理者到一般员工,都应居安思危,将危机预防作为日常工作的组成部分。全员的危机意识能提高企业抵御危机的能力,有效防止危机产生。

(2)建立危机预警系统。

现代企业是与外界环境有密切联系的开放系统,不是孤立封闭体系。预防危机必须建立高度灵敏准确的危机预警系统,随时收集产品的反馈信息。一旦出现问题,要立即跟踪调查,加以解决;要及时掌握政策决策信息,研究和调整企业的发展战略和经营方针;要准确了解企业产品和服务在用户心目中的形象,分析掌握公众对本企业的组织机构、管理水平、人员素质和服务的评价,从而发现公众对企业的态度及变化趋势;要认真研究竞争对手的现状、实力、潜力、策略和发展趋势,经常进行优劣对比,做到知己知彼;要重视收集和分析企业内部的信息,进行自我诊断和评价,找出薄弱环节,采取相应措施。

(3)成立危机管理小组,制订危机处理计划。

成立危机管理小组,是顺利处理危机,协调各方面关系的组织保障。危机管理小组的成员应尽可能选择熟知企业和本行业内外部环境,有较高职位的公关、生产、人事、销售等部门的管理人员和专业人士参加。他们应具有富于创新、善于沟通、严谨细致、处乱不惊、具有亲和力等素质,以便于纵览全局,迅速做出决策。小组的领导人不一定非公司总裁担任不可,但必须在公司内部有影响力,能够有效控制和推动小组工作。危机管理小组要根据危机发生的可能性,制订出防范和处理危机的计划。包括主导计划和不同管理层次的部门行动计划两部分内容,危机处理计划可以使企业各级管理人员做到心中有数,一旦发生危机,可以根据计划从容决策和行动,掌握主动权,对危机迅速做出反应。

(4)进行危机管理的模拟训练。

企业应根据危机应变计划进行定期的模拟训练。模拟训练应包括心理训练、危机处理知识培训和危机处理基本功演练等内容。定期模拟训练不仅可以提高危机管理小组的快速反应能力,强化危机管理意识,还可以检测已拟定的危机应变计划是否切实可行。

2. 危机中的应急处理

危机事件时间紧、影响大、处理难度高。因此,危机处理过程中要注意沉着镇静、策略得当、应变迅速、着眼长远、保证信息通畅。危机处理主要策略包括以下内容:

(1)危机中止策略。

企业要根据危机发展的趋势,审时度势,主动中止承担某种危机损失。例如关闭亏损工厂、部门,停止生产滞销产品。

(2)危机隔离策略。

由于危机发生往往具有关联效应,一种危机处理不当,就会引发另一种危机。因此,当某一危机产生之后,企业应迅速采取措施,切断危机同企业其他经营领域的联系,及时将爆发的危机予以隔离,以防扩散。

(3)危机利用策略。

危机利用策略即在综合考虑危机的危害程度之后,造成有利于企业某方面利益的结果。

例如：在市场疲软的情况下，有些企业不是忙着推销、降价，而是眼睛向内，利用危机造成的危机感，发动职工提合理化建议，搞技术革新，降低生产成本，开发新产品。

（4）危机排除策略。

危机排除策略即采取措施，消除危机。消除危机的措施按其性质有工程物理法和员工行为法。工程物理法以物质措施排除危机，如投资建新工厂，购置新设备，来改变生产经营方向，提高生产效益。员工行为法是通过公司文化、行为规范来提高士气，激发员工创造性。

（5）危机分担策略。

危机分担策略即将危机承受主体由企业单一承受变为由多个主体共同承受。如采用合资经营、合作经营、发行股票等办法，由合作者和股东来分担企业危机。

（6）避强就弱策略。

由于危机损害程度强弱有别，在危机一时不能根除的情况下，要选择危机损害小的策略。建立有效的信息传播系统，做好危机发生后的传播沟通工作，争取新闻界的理解与合作。这也是妥善处理危机的关键环节，主要应做好以下工作：一是掌握宣传报道的主动权，通过召开新闻发布会以及使用互联网、电话传真等多种媒介，向社会公众和其他利益相关人及时、具体、准确地告知危机发生的时间、地点、原因、现状，公司的应对措施等相关的和可以公开的信息，以避免小道消息满天飞和谣言四起而引起误导和恐慌。二是统一信息传播的口径，对技术性、专业性较强的问题，在传播中尽量使用清晰和不产生歧义的语言，以避免出现猜忌和流言。三是设立24小时开通的危机处理信息中心，随时接受媒体和公众访问。四是要慎重选择新闻发言人。正式发言人一般可以安排主要负责人担任，因为他们能够准确回答有关企业危机的各方面情况。如果危机涉及技术问题，就应当由分管技术的负责人来回答。如果涉及法律，那么，企业法律顾问可能就是最好的发言人。新闻发言人应遵循公开、坦诚、负责的原则，以低姿态、富有同情心和亲和力的态度来表达歉意，表明立场，说明公司的应对措施。对不清楚的问题，应主动表示会尽早提供答案。对无法提供的信息，应礼貌地表示无法告之并说明原因。

要善于利用权威机构在公众心目中的良好形象。为增强公众对企业的信赖感，可邀请权威机构（如政府主管部门、质检部门、公关公司）和新闻媒体参与调查和处理危机。

3. 危机总结

危机是整个危机管理的最后环节。危机所造成的巨大损失会给企业带来必要的教训，所以，对危机管理进行认真系统的总结十分必要。危机总结可分为三个步骤：

（1）调查。指对危机发生原因和相关预防处理的全部措施进行系统调查。

（2）评价。指对危机管理工作进行全面的评价。包括对预警系统的组织和工作内容，危机应变计划，危机决策和处理等各方面的评价，要详尽地列出危机管理工作中存在的各种问题。

（3）整改。指对危机管理中存在的各种问题综合归类，分别提出整改措施，并责成有关部门逐项落实。

（四）企业危机管理的对策

新创企业在生产经营中面临着多种危机，并且无论哪种危机发生，都有可能给企业带来致命的打击。企业通过危机管理对策把一些潜在的危机消灭在萌芽状态，把必然发生的危机损失减少到最小的程度。虽然危机具有偶然性，但是危机管理对策并不是无章可循。

1. 做好危机预防工作

危机产生的原因是多种多样的，不排除偶然的原因，多数危机的产生有一个变化的过程。如果企业管理人员有敏锐的洞察力，根据日常收集到的各方面信息，能够及时采取有效的防范措施，完全可以避免危机的发生或使危机造成的损害和影响尽可能降低到最小程度。因此，预防危机是危机管理的首要环节。预防危机主要有以下几个方面的内容：（1）树立强烈的危机意识。（2）建立预防危机的预警系统。（3）建立危机管理机构。（4）制订危机管理计划。

2. 进行准确的危机确认

危机管理人员要做好日常的信息收集、分类管理，建立起危机防范预警机制。危机管理人员要善于捕捉危机发生前的信息，在出现危机征兆时，尽快确认危机的类型，为有效危机控制做好前期工作。

总之，危机发生并不等同于企业失败，危机之中往往孕育着转机。危机管理是一门艺术，是企业发展战略中的一项长期规划。企业在不断谋求技术、市场、管理和组织制度等一系列创新的同时，应将危机管理创新放到重要的位置上。

## 第三节　新企业的商业伦理

伦理是一个社会学的概念，指的是在处理人与人、人与社会以及人与自然相互关系时应遵循的道理、准则和行为规范。它既是一系列指导行为的观念，也是对道德现象的哲学思考。当伦理的概念应用于规范和指导商业活动以及从事商业活动的个人，就产生了商业伦理。

商业伦理是一门关于商业与伦理学的交叉学科，是商业与社会关系的基础。商业伦理研究的是商业活动中人与人的伦理关系及其规律，研究使商业和商业主体既充满生机又有利于人类全面和谐发展的合理的商业伦理秩序。进而研究商业主体以及从事商业活动的个人应该遵守的商业行为原则和规范、应当树立的优良商业精神等商业道德问题。

新企业所涉及的商业伦理问题主要包括企业的社会责任问题，以及企业与内部员工、外部客户、投资者、竞争性企业等相关利益方之间的伦理问题。

### 一、新企业的社会责任

企业注册成立后，除遵纪守法外，还需要主动承担社会责任，才能获得社会认同。

企业社会责任（corporation social responsibility，CSR）的概念由英国学者欧利文·谢尔顿（Oliver Sheldon）1923年在美国考察企业时首先提出，他把企业社会责任与公司经营者满足企业内外各种人类需要的责任联系起来，并将道德因素包含在企业社会责任范畴之内。一个企业应当承担多少社会责任，以及应当承担什么样的社会责任，近年来一直是一个热门的讨论话题。新企业能否取得成功不仅取决于创业者是否能够把握和实现新的创业机会，而且取决于由这种创业活动所引发的经济活动在多大程度上符合现有制度规范的要求或是建立新的制度规范，从而能够为利益相关者（如供应商、消费者和员工等）、一般公众和社会整体制度认可和接受。因此，创业活动不仅受到市场环境的影响，而且受到社会规范和价值体系的约束。

### （一）企业社会责任的定义

企业社会责任的概念已经广被接受，但就国际社会而言，还没有一个统一的定义。但从国际组织对企业社会责任给出的定义可以看出，其基本内涵和外延是一致的，它是指企业在创造利润、对股东利益负责的同时，还要承担起对企业利益相关者的责任，保护其权益，以获得在经济、社会、环境等多个领域的可持续发展能力。利益相关者是指企业的员工、消费者、供应商、社区和政府等。企业得以可持续经营，仅仅考虑经济因素对股东负责是远远不够的，必须同时考虑到环境和社会因素，承担起相应的环境责任和社会责任。

### （二）企业社会责任的内容

自2005年起，国际标准化组织（ISO）就开始着手制定ISO 26000社会责任国际标准。经过近几年的努力，尽管ISO 26000仍未完成全部制定工作，但有关社会责任的术语定义则基本达成了广泛的国际共识。在ISO 26000已有的草案稿中，"社会责任"术语被定义为："社会责任是指组织通过透明和道德的行为为其活动和决策给社会和环境造成的影响所承担的责任。这种担责行为应致力于可持续发展、健康和社会福利，考虑利益相关方的期望，符合适用法律和国际行为规范，并被整合到整个组织及其关联实践关系之中。"它体现出企业社会责任包括以下几方面内容：

（1）社会责任包括社会和环境两方面的影响。从企业内部看，就是要保障员工的尊严和福利待遇，从外部看，就是要发挥企业在社会环境中的良好作用。

（2）社会责任不仅限于企业，还包括企业之外的任何其他组织，无论其规模大小和活动性质。

（3）任何组织的存在均会给社会和环境造成一定影响。这种影响既可能是积极影响，也可能是消极影响。如果是积极影响，组织应视其为分内之事，理应积极促进和推动。如果是消极影响，组织应勇于承担因未做好分内之事而带来的过失，理应采取措施使消极影响尽可能降低到最低程度，或者采取预防措施尽可能避免消极影响的产生。

（4）组织的社会责任活动是一种透明行为和道德行为。透明行为，即意味着组织的活动及其影响的公开化，组织自愿以清楚、准确、完整的方式将这些活动及其影响与利益相关方进行沟通；道德行为，即意味着组织的活动符合特定情况背景下公认的良好操行原则。

（5）企业的社会责任可分为经济责任、文化责任、教育责任、环境责任等方面。用"全球协议"的标准来对照中国企业，可以看到很多差距，当然这也是我国企业发展的潜在空间。在我国，强化企业的社会责任是一个紧迫的现实问题。我国新企业在创建伊始就应清楚地认识到推行企业社会责任是人类文明进步的标志，劳工权益保护不仅是西方国家的要求，也是现代企业的历史使命，符合《中华人民共和国劳动法》等许多现行法规的要求。创业者应该在积极参与和关注企业社会责任运动和企业社会责任国际标准出台的同时，从以下几个方面着手提高承担企业社会责任的意识和能力：第一，制定实施体现企业社会责任的竞争战略。突破传统的企业竞争战略，在勇于承担企业社会责任的同时，打造企业新的竞争优势是我国新一代业者的必然选择。第二，把企业社会责任建设融入企业文化建设中。企业文化建设其实是企业发展战略的一部分，企业文化建设既可以提高企业竞争能力，也可以使人在工作中体会生命的价值。把企业社会责任作为新时期企业文化整合和再造的重要内容，已成为国际企业文化发展的大趋势。第三，把社会责任的理念付诸于实实在在的行动。在企业的日常经营管理过程中，不仅要对股东负责，对员工负责，还要对客户、供应商负责，对自然环境负责，对社会经济的可持续发展负责。

## 二、新企业应遵循的其他商业伦理

新企业商业伦理除了企业的社会责任问题，还包括企业与内部员工、外部客户、投资者以及竞争性企业等相关利益方之间的伦理问题。

### （一）企业与员工间的劳资伦理

劳资伦理的内容主要包括劳资双方如何互信、劳资双方如何拥有和谐关系等内容。

从企业层面，劳资伦理主要与公正公平地对待现有员工和未来员工有关。现实商业实践中，不符合伦理的劳资行为范围非常广泛，从招聘面试中询问不恰当问题到不公平对待员工的方方面面，其根源可能是因为他们在性别、肤色、道德背景、宗教等方面有所不同。

从员工层面，劳资伦理可能涉及一些利益冲突问题，这些问题与那些涉及雇员忠诚的情景相关。例如，如果公司员工出于私人关系以非正当商业理由将合同交给其朋友或家庭成员，这就是不恰当的行动，不符合可接受的商业伦理规范。

作为新创业企业，创业者在处理好与创业团队成员之间的劳资伦理问题的同时，如果新创立企业创业人员为辞职创业，可能还需要考虑自身和其他团队成员与原辞职企业的伦理问题，特别是如果从事与原来职业相关的行业领域，在辞职进行创业后，要处理好与原雇主之间的利益关系等伦理问题。

### （二）企业与客户间的客户伦理

企业与客户之间的商业伦理最主要是服务伦理，满足顾客的需求是客户伦理的核心精神，是企业生存的基础。客户是企业经营的主角，是企业存在的重要价值。

符合客户伦理的企业规范包括企业应该坚决反对顾客欺诈，当公司忽视尊重客户或公众安全的时候，客户欺诈问题通常就有可能出现了，主要表现形式包括误导性广告、销售明知不安全的产品等。

### （三）企业与同业间的竞争伦理

商业对手之间正当竞争无可厚非，有益的同业竞争能够推动企业不断改善产品和服务质量，让消费者得到更多的益处。但竞争不能违背商业伦理的底线。同业竞争的基本伦理规范要求企业不得采取的竞争行为主要包括恶性价格竞争、散播不实谣言、恶性挖角人才、窃取商业机密等。

### （四）企业与股东间的股东伦理

企业最根本的责任之一是追求利润，因此企业必须积极经营、谋求更多的利润，借以创造股东更多的权益。合理划分企业的经营权和所有权，让专业经理人充分发挥管理作业，确保企业营运自由，既保证了企业股东的利益，又保证企业本身、职业经理人以及企业员工的合法权益，建立高效的现代企业公司治理机制，是创业者和投资者需要共同认真考虑的重要战略问题。另外，股东利益最大化是企业生存发展的最根本目标之一，但企业必须平衡好这个目标与企业利益方权益之间的关系，实现股东利益最大化不能以损害企业其他利益方的利益为代价。

## 三、在新企业经营管理中，商业伦理发挥的作用

伦理道德以其特有的社会功能对企业发展施以影响。它有助于企业确立整体价值观和发扬企业精神，有助于群体行为合理化，提高群体绩效。具体说来，企业商业伦理的作用如下：

（1）帮助设立崇高的企业目标，为企业发展指明了正确的方向。关注商业伦理的企业，其发展目标与国家、民族乃至人类社会的发展相联系，赋予了企业一种庄严的使命感。

（2）提高员工的道德素质有利于企业配置更优秀的人力资源。

（3）管理者运用伦理手段调动员工的积极性和创造性，有利于企业获得竞争优势。

（4）管理者的道德素质直接影响着管理者的人格魅力，影响着企业的内聚力。有人格魅力的管理者更有威信，能赢得员工的信任，有助于二者之间的沟通，它能产生感染力和号召力，使员工产生归属感、安全感、责任感，并进一步转化为对企业的忠诚，产生强大的内聚力。

（5）产品伦理道德内涵是企业立足社会的保证。产品质量、企业信誉和诚信服务是一个企业立足社会的要素，它使企业在生产经营过程中坚持一流的产品意识和服务意识。

（6）注重社会效益是企业长期发展的动力。企业在追求经济效益的同时，注重社会效益，企业不仅为社会提供优质产品和服务，而且积极参与社会的公益活动履行社会的义务和完成社会的使命，树立良好的企业形象。

（7）高尚的道德觉悟是企业间竞争与合作的基础。

## 四、新企业伦理应该遵循的基本原则

伦理原则是制度法律的观念基础。那么，遵循什么样的商业伦理原则有助于企业获得社会认可，获得存在和发展的合理性与正当性呢？以下几点原则是伦理追求的基础：

### （一）追求义利相容

追求义利相容即只做善意的生意。所有的生意都是满足人性的需求，因为人性有善恶两面。因此，生意也有善恶两种，譬如，毒品生意就是恶的生意。而一个追求长期发展的企业，必定只做善的生意。

### （二）追求相融共生

商业社会之前，人类解决纷争的最终手段就是暴力和战争。因此，商业，或者说市场经济制度是人类社会一个伟大的发明。商业文明随着时代和技术的发展与时俱进，这也是伦理观念进步的基础。以前，市场竞争以我赢你输为法则，随着社会的发展，市场法则越来越遵循共赢理念，相融共生已成为企业参与市场活动的自觉选择。

### (三）追求天人合一

如果说传统商业为人与人的和谐相处创造了条件和可能，那么，现在商业还不只满足于此，在人与人和谐相处的同时，还要追求人与自然的和谐相处，即追求天人合一。在一个更高级的文明社会中，企业间不仅比拼创造财富，还需要比拼这个过程中，谁对资源的消耗最少，谁对自然环境的保护最大。

### (四）追求长期主义

长期主义可以让我们摆脱狭隘的个人视野，学会从整体的角度考虑问题。长期主义提醒我们不为短期利益出卖未来，节制技术和资本可能对良知造成的伤害。企业最终为创造更美好的人类家园做出贡献。

## 五、新企业如何推进商业伦理建设

企业可以从以下四个方面入手，推动商业伦理的建立：

### (一）制定并执行企业伦理守则

伦理守则所规范的主要内容是企业与其利益相关者、员工、顾客、股东、政府、社区、社会大众等的责任关系，它同时包含公司的经营理念与道德理想，如同一般人的座右铭，可以反映公司的文化与行为、生存的基本意义和行为的基本方向。伦理法规要想更具效力，必须把组织里经理、员工的思想和政策信仰予以具体化。企业信奉的伦理守则应贯彻到经营决策的制定以及重要的企业行为中。在建立伦理法则的同时，通过一系列的奖励、审核以及控制系统加以强化，并对破坏伦理规范的行为予以惩罚，公司必须让大家都明白，组织里决不容许违反伦理的行为。

### (二）设定伦理目标

企业要想获得持久的发展，其追求的经济目标中应该包含有伦理道德的要求，应该是经济目标与伦理目标的统一。

企业伦理目标强调企业行为不仅具有经济价值，还必须具有伦理价值。企业在追求经济目标的时候，往往不由自主地将获利作为衡量行为价值的唯一尺度，于是为了实现利润最大化不惜损害他人利益的行为现实生活中时有发生，这说明企业的经济目标需要伦理目标的调节和制约。企业目标制约下的行为不仅不能违背以法规形式体现出来的经济活动的游戏规则，而且要进一步以伦理准则来约束，主动实现道德自律。

### (三）加强员工企业伦理教育

不少国外的大企业，在员工的教育训练课程中，邀请诗人、哲学家为员工上课，目的就是希望员工能对身边的人与物有更高的敏感度，帮助员工在道德思想和行为中注入强大个人意志，防止破坏性的道德沦丧。企业也可参与一些有意义的社会活动，协助推动社会良性改革，这样不仅可以提高公司的向心力，激励员工士气，同时也可提升个人的品质，满足员工更高层次的精神需求。这种需求的满足会进一步激发员工的积极性、创造性和敬业精神，从而更有利于企业经济目标的实现。

### （四）由上层开始推动伦理建设

企业高层领导的重要职责之一是赋予企业价值观以生命，在企业中建立优良道德行为的环境，并在员工中灌输共同承担的责任感。上层领导要敢于承诺，敢于为自己所倡导的价值观念采取行动，当道德义务存在冲突时，敢于以身作则。一个真正的企业家，应该是员工伦理道德的表率，是净化社会风气的先锋。当年，张瑞敏自己抡起铁锤砸掉了76台冰箱，在家电行业里以"挥大锤的企业家"著称。也正是这把大锤，为海尔走向世界立了大功。如今，"精细化，零缺陷"变成海尔全体员工的心愿和行动，那把大锤依然摆在展厅里，让每一位新员工参观时都能记住它。

中国企业正在更加广泛地参与国际化竞争中，这更要求企业以诚信为本，在创造经济利益的同时，将企业伦理作为公司发展的一个重要部分，在组织内建立一套行之有效的伦理监督机制，肩负起应尽的社会责任，共创人间净土，实现企业的可持续发展。

## 本章小结

本章包括成立新企业、新企业成长管理以及新企业的商业伦理三个模块。成立新企业模块主要阐述了企业组织形式选择、新企业的注册流程、新企业选址策略和技巧以及成立新企业必须考虑的法律问题。新企业成长管理模块主要阐述了新企业管理的特殊性、新企业成长面临的挑战，新企业成长的驱动因素，以及新创企业市场营销管理、人力资源管理和财务管理相关问题。新企业的商业伦理模块主要阐述了企业商业伦理的作用、商业伦理应遵循的原则、企业的社会责任以及企业与其他利益相关方的伦理问题、如何推进企业商业伦理建设等问题。

本章的重点是企业的法律形式、新企业成长管理策略以及新企业的商业伦理。

## 思考题

1. 创建企业常见的组织形式有哪几种？选择不同的企业法律形式应该考虑哪些因素？
2. 新创企业在成长过程中会遇到哪些困难？新企业成长管理应采用哪些策略？
3. 企业商业伦理问题包括哪些方面内容？企业商业伦理的重要作用有哪些？

【案例讨论】

### 案例一　亚德公司的创业管理

亚德公司为民营高科技股份公司，公司的董事总经理陈健毕业于师范大学物理系，曾担任过数年的中学教师，参加过校办工厂的经营。在积累了一点经商的感性认识后，在而立之年决定辞职，自己创办企业。当初，与陈健一起共同创办企业的还有他的朋友张明、李俊，其中张明为陈健的大学同学，李俊为陈健的高中同学，他们三人口头商定：陈健、张明、李俊各占50%、30%、20%的股份。当时，企业实际投入启动资金则全部都是由陈健个人借款筹得的 5000 元钱。

创业初期，企业由陈健兼任经理，负责全面工作，张明作为技术主管，负责技术与生产事宜，李俊为营销主管，负责产品销售事宜。企业经营的业务主要是工业生产用除尘仪的生产与销售。企业开办之初，陈健利用自己所学的物理专业知识，在分析市场中现有除尘仪的基础上，很快研制出了自己企业的产品，并申报获得了五项国家专利。同时，陈健还利用自己与张明曾担任过教师的优势找来市场营销培训教材，采取提供免费培训的方式，吸引了许多高中毕业生来企业参加学习，最后从中择优录取 15 位作为企业的新员工，分别落实到生产与营销部门。

在企业开办的前几年，整个企业只有不到 20 人，创业者与员工经常聚集在一起，气氛轻松融洽，相互信赖。正是由于这种企业上下的同舟共济，陈健个人的企业家才能与营销天分才得以体现，再加上企业产品的适销对路，技术性能优越，企业产品市场不断扩大，规模与利润迅速提升。到了第 5 年，企业的资产就达到了 3000 多万元，年销售额达到了 5000 多万元，员工人数增加到了近 300 人，其中大学本科及研究生毕业的达到 50 余人，营销业务达到 90 余人，企业按有关规定更名重新注册登记为现在的亚德公司。对于陈健来说，企业发展的喜悦并没有冲淡他对公司未来发展的困惑，他遇到了许多令其挠头的新问题。

最早出现的问题是当时已担任公司技术副总的张明不辞而别，与他在社会上的朋友合伙开办新企业，利用从亚德公司移植的技术，生产与亚德公司直接竞争的产品。其起因在于创业初期陈健与张明、李俊口头达成的关于公司股份的分享比例，实际上由于陈健一心想做大规模，从未真正关注过这一比例及与相关的股东决策、分红等权益的兑现问题。陈健理所当然地认为，做大公司也是张明、李俊的共同心愿；而张明、李俊则认为，陈健对公司的技术、生产、营销等大权在握，其夫人又一直担任公司财务主管，当初的口头协议不等于正式法律文件，心中总是担心这种股权分配最终得不到落实。

正是由于这种内心深处看法的不同，再加上忙于公司发展，大家相互沟通交流减少，致使张明产生离开公司自己创业的想法。张明觉得除尘仪产品的市场前景良好，自己掌握生产技术，市场营销可请些人来帮忙，与其再这样不明不白地干下去，还不如早点自己出去创办企业。在张明不告而别开办了与亚德公司直接竞争的企业后，陈健觉得好合好散也不枉朋友一场，他主动找到了张明，与其达成正式协议，给了他 80 万元现金作为补偿，算是完成了以前的口头协议。通过这件事，张明对陈健有了更多的了解，感到他还是很有人情味的。

张明离开亚德公司创办自己的企业，不到半年就由于经营不善出现了亏损。实践使张明觉得自己还是缺乏整个企业的运作能力，并找到陈健表示希望回到亚德公司工作。碍于过去双方的朋友交情，还有公司也确实需要像张明这样有经验的人才，陈健还是接受了张明回公司工作的请求，当然他们之间的关系却发生了微妙的变化。另外张明回公司后，使得作为公司营销副总的李俊内心也产生了些许不平，他与张明一样也是公司的创业"元老"，仅仅因为张明一出一进，反而比自己多得到了公司 80 万元现金补偿。尽管今后自己也许能从公司得到远比张明高得多的回报，但这毕竟还是不确定的事情。

（资料来源：豆丁网）

案例思考：

（1）在创业初期，亚德公司的成功秘诀是什么？

（2）在公司高速发展的美好前景面前，创业元老之间的关系应如何处理？它对公司的长远发展有什么影响？你觉得问题的症结是什么？

（3）如果你是一个创业者，准备新创企业，那么这个案例给你的启示是什么？

## 案例二  家乐福的选址

外资连锁企业在开店的选址上十分慎重，并且在选址时综合考虑交通、竞争和市场发展目标等因素。据了解，几乎所有的欧美大型连锁集团在进入中国市场之前，都对中国市场进行了长达数年的深入细致的调查，投入了成百万、上千万美元的市场调查费用。创始于1959年的法国家乐福，自1995年进入中国市场，从一个"空降兵"，开始在中国的事业。成功的选址是家乐福最为重要的关键因素。

1. 家乐福选址原则

Carrefour的法文意思就是十字路口，家乐福的选址不折不扣地体现了这个标准——所有的商场都开在十字路口，其一必为主干道，巨大的招牌500米开外就看得一清二楚。家乐福第一家店是1963年开在巴黎南郊一个小镇的十字路口，生意异常火爆。十字路口成为家乐福选址的第一准则。家乐福在中国最早开设的北京国展店就位于繁华的国际展览中心，周围有多个高档社区，无论是消费者的数量还是消费能力都很大，附近有大量的流动人口和常住人口，客流庞大，人流不断。

2. 家乐福选址要求

（1）地理位置要求：交通方便，满足私家车、公交车、地铁、轻轨等各种交通要素的通达；人口密度相对集中，附近至少有两条马路的交叉口，其一为主干道；具备相当面积的停车场，如在北京至少要求600个以上的停车位，非机动车场地2 000平方米以上。

（2）建筑物要求：占地面积15000平方米以上，且最多不超过两层，总建筑面积2～4万平方米。建筑物长宽比例10∶7或10∶6。

（3）空间要求：家乐福店可开在地下室，也可开在四五层，但最佳为地面一二层或地下一层。家乐福一般占两层空间，不开三层。这种灵活选址原则，增强了家乐福同类大卖场中的竞争优势。

3. 本地化和差异化服务

家乐福会详尽地调查当地其他商店有哪些本地商品出售，哪些产品的流通量很大，然后去和各类供应商谈判，一个庞大无比的采购供应链就完完全全从零开始搭建。据家乐福自己的统计，从中国本地购买的商品占了商场里所有商品的95%以上。家乐福在上海虹桥门店，因为周围的高收入群体和外国侨民比较多，其中外国侨民占到了家乐福消费群体的40%，所以虹桥店里的外国商品特别多，如各类葡萄酒、泥肠、奶酪和橄榄油等，而这都是家乐福为了这些特殊的消费群体特意从外国进口的。

（资料来源：豆丁网）

案例思考：

制造业和服务业企业选址的差异？

## 案例三  新冠疫情下的商业伦理

2019年底开始的新冠肺炎疫情,对企业与企业之间、企业与社会之间众多的合作关系产生了前所未有的考验,疫情袭击将双方突然抛掷到一个甚至法律都不可能完全规范的空白地带。在这个空白地带,如何承受和分担由疫情带来的巨大的社会损失,正在用一道艰难的考题对双方进行测试。合法的未必合理,合理的未必合规,如何处理,考验着企业掌门人的智慧和眼界,考验着人性的明暗和企业责任意识的高下。

疫情袭来后,万达集团为了减轻商户的经营压力,在业界率先做出减免商户租金的决定。2020年1月28日,万达集团旗下的大连万达商管集团宣布:万达广场所有商户自1月24日至2月25日时间内的租金、物业费实行全免政策。

万达商管的对外公开财报显示,2019年其全年租金收入为384.8亿元,按此计算,万达商管集团减免的1月24日~2月25日的33天租金收入高达34.8亿元。对于万达的这一暖心行为,商户们给予了点赞,纷纷表示减免租金的做法很暖心,更加增添了他们对万达的信心,会携手共克时艰。继万达后全国多家房企纷纷响应免租金,彰显了中国企业的家国情怀和社会担当。

纵观全国我们可以看到,尽管没有法律规定和政府要求,疫情下,有的企业能主动分担原本不属于自己的损失,比如万达集团,一下子将近40亿元的商业租金全部豁免。但同时我们也可以看到了一些企业死守契约一字不改的冷漠和短视。然而,不论企业遇到怎样艰难的外部环境变化,承担社会责任和坚守商业伦理是真正优秀的企业永远的选择。

(资料来源:搜狐网)

案例思考:

如何评价万达集团减免租金的行为?所有企业都应该效仿万达的做法吗?

# 参考文献

[1] 郭聪敏,郑言,刘晖,等. 企业运营决策中的伦理问题研究 [J]. 中原工学院学报,2020,31(3):85-89.

[2] 冯庆林. 创业视野中的伦理决策问题思考 [J]. 企业活力,2006(2):74-75.

# 第九章

# 创业实践活动

本章学习目的在于使学生更好地了解创业教育中实践活动的重要性，进而提升学生参与创业大赛及各种形式实践活动的热情和积极性，更好地将理论教学和创业实践结合起来，提高学生的创业率和参与创业实践活动的比例，为学生积累创业经验、提升创业技能做准备。

## 80后研究生餐饮创业故事 3家店年赚百万

在郑州大学新校区，共有10多个大型食堂餐馆、咖啡店，但很多人不知道，其中有3家店的老板是该校一名在读的学生，熟悉他的人笑言他是校园"餐霸"，2015年毕业的他，室友们都已开始找工作，而他尚未毕业就已靠自主创业赚了上百万。

他叫向锐，郑州大学马克思主义学院硕士毕业，他经营的两家餐馆、1家咖啡店总经营面积约3000多平方米，拥有20多个包间、50多张散桌，3家店每年的营业额达300多万元，手下员工（包括大学生兼职）已达百余人。

### 初衷：开咖啡店不单是为了赚钱

说话不紧不慢，逻辑性强，自信满满，是向锐给别人的第一印象。

2014年6月14日中午，在郑州大学新校区的大学生活动中心2楼，一间装饰很低调的咖啡店里，不时有大学生情侣携手来此就餐。这间咖啡店是向锐在去年10月份开办的。

前来就餐的药学院研一学生小陈说："一杯咖啡十多块钱，一份意大利面也不到20块钱，对学生来说很实惠，比到校外的咖啡店划算多了。"

向锐说，当初开这个咖啡店的目的并不是单纯为了赚钱，而是为了给校园里有同样创业梦想的人提供一个交流的地方，在这里，会不定期举办各种小型的学术讲座、艺术沙龙，为鼓励在校学生创业，校方也对该店提供了很多帮助。

### 成绩：三家店年营业额达300多万元

除了咖啡店，向锐还在郑州大学的荷园食堂、柳园食堂楼上开了两家大型餐馆。

在荷园食堂的3楼，有一家名为"校园美味工厂"的餐馆，这是向锐2012年在郑大校园开创餐饮生意的第一家店。这个面积1000多平方米的餐馆，虽然装修普通，但辟有十多个包间，菜价便宜，成为很多大学生生日聚会、毕业聚会的首选之地。为了吸引更多顾客，向锐还在一家网站上开通了团购业务，经常有不少校外顾客来该店吃饭。

位于柳园食堂3楼的"同和昌"餐馆是他的第二家餐馆。向锐介绍说，这家餐馆平时主要接待老师及社会人员就餐，所以装修档次高一些。

在友人的再三追问下，向锐透露了他开办的2家餐馆和1家咖啡店的年收益：3家店每年的营业额达300多万元，创业至今，除去给合伙人的分红外，他已赚了上百万元。

### 低谷：之前创业曾失败赔了十多万

谈起自己的创业经历，向锐说，他也曾遭遇过失败，并为此交了学费。

2008年，他开始到河南工业大学读大一，发传单、当保安、做促销，各类兼职工作他都有所尝试，随后又开始摆摊卖牛津词典，因为不好意思在自己学校当众卖书，他就跑到邻校摆书摊。大四那年，他在一家教育培训机构做代课老师，并用积攒的几万块钱入股，这家培训机构由最初的几个学生发展到了几百名学生，一年干下来赚了10多万，这也是他做生意捞到的第一桶金。

随后，他与一名社会人员合伙在河南工业大学校门口做餐饮生意，因为多种原因，最后不但没赚到钱，还赔进去了十多万元。但家里人没有埋怨他，反而资助了他几万元，鼓励他把生意做下去。

在做生意的同时，他还认真准备考研，并最终考上了郑州大学马克思主义学院的研究生。

### 发展：执行力很强却很低调

虽然创业几年赚了不少钱，但向锐在校园还是很低调，没买车买房，因为他想用这些钱去投资更多的创业项目，现在，他正准备在信阳老家再开一家餐馆。

与向锐住在同一个宿舍的室友吕阳说，在老师和同学们的眼中，向锐是个执行力很强的人，因为他曾经在本科期间担任过校辩论队的领队，所以，说话很有条理和逻辑性，也很清楚地知道自己想要什么，平时，同学们都喊他"向总"。

"他的饭店每次出什么新菜品，经常会喊室友去试吃、提意见。"吕阳说，他们一个宿舍住着4个人，向锐跟大家聊的都是一些白手起家的名人奋斗故事。向锐经常给室友谈起他的创业梦想：做出一个在全国知名的连锁餐饮品牌。

他的合伙人黄璐说，虽然现在已是老板，但是碰到餐馆的下水道堵了、餐桌垃圾该收了等脏活累活，向锐还会亲自去干，"对朋友也很讲义气，乐于助人！"

2013年，向锐从百余名竞争者中脱颖而出，被评为郑州大学年度"创业之星"。

（资料来源：优途教育网）

案例思考：

（1）向锐创业成功，又是研究生，他的学习和创业经历告诉我们什么道理？

（2）他以前的工作和兼职经历对他的创业活动有哪些方面的帮助？

# 第一节　创业教育中的创业实践活动

## 一、国外创业教育实践活动

19世纪末至20世纪初，西方发达国家相继完成了第二次工业革命，生产力获得了新的发展。经济发展为教育的发展提供了条件，也给教育提出了要求，即急需培养出大批具有专门知识和技能的人才，以满足经济迅速发展的要求。在这一背景下，高等教育领域拉开了创业教育的序幕，世界上很多国家都不同程度地相继进行了创业教育的探索。

美国是最早进行创业教育的国家，1919年就设立了创业教育类课程。1947年，哈佛商学院开设了一门创业课程，即新创企业管理，共有188名MBA学生参加了该门课的学习。在随后的20多年中，大学中创业学科并没有得到很快发展，直到1968年，美国还只有4所大学开设创业方面的课程。1983年美国得克萨斯大学奥斯汀分校举办了首届大学生创业竞赛（在美国称为商业计划竞赛），这时，高校才开始认识到创业教育既是一种教育理念，也是一种教育实践，以战略性的创业教育理念指导具体的教育改革活动，并以开创性的创业教育课程体系作为改革实践的核心成果。此后，包括麻省理工学院的十多所大学，每年都举办这一类的竞赛，并逐渐波及世界其他国家的大学。1990年开始，每年都有几家新企业从大赛中诞生，有的短短几年即成为营业额达数十亿美元的大公司。从某种意义上说，高校的商业竞赛计划已经成为知识经济时代美国经济的直接驱动力量之一。在校大学生创业或停学创业在美国已司空见惯。仅麻省理工学院的教师和学生创办的企业就超过了千家，控制着3 300亿美元的资产，比尔·盖茨就是其中最成功的范例。更为重要的是，创业竞赛为学生提供了进行创业教育的一项好形式，有利于学生毕业后自主创业。一些大学的商学院，从20世纪90年代中期也开始培养创业学方面的工商管理博士，有些大学还成立了创业学系。目前，美国的创业教育已经形成了一个相当完备的体系，涵盖了从小学、初中、高中、大学专科、本科直至研究生的正规教育。创业学已经在许多商学院如哈佛大学、宾州大学等成为工商管理硕士的主修或辅修专业，成为培训重点。现在，美国已有369所大学至少开出一门创业学课程。

理论与实践相结合是促使大学生提高创业教育能力的重要环节。在创业教育过程中，许多国家不断尝试通过实践活动促进和提升创业教育成果。从创业教育实践领域来看，美国高校也非常重视学生的创业实践体验，并提供资金让学生开展创业活动。如百森商学院开设的一门"新生管理体验"课程，将新生班级分成若干团队（小组），在教师指导下制订出创业计划，以团队的形式贷款3000美元作为原始资本启动一家新公司，公司在学年结束时必须返还本金和利息，超过原始资本的利润作为大学一年级学生开办慈善事业的基金。

日本高校于1994年创设的"综合学科"的课程结构由必修科目、选修科目和自由科目组成，其中"产业社会与人"作为学生的必修创业课程。该课程的教学目的在于让学生探求自己的生活方式，建立未来服务社会的构想，培养学生决定职业选择时所必备的能力和态度，以及将来的职业生活所必备的态度和交际能力。同时，使学生认识现实的产业社会及自己在其中的适当位置与生活准则，培养学生为建设丰富多彩社会服务的奉献精神。1998年，日本国会通过了《大学技术转移促进法》，并在高等学校倡导创业教育。1998年，文部省和通产省合作在小学开始实施就业与创业教育。日本小学课前有个"早起会"，敦促孩子们很早起来，利用早上课前的两三个小时给人送报纸，送餐饮，搞勤工俭学。这既是艰辛的创业教育，又是对将来创业的一种准备和尝试，目的是培养学生从小养成就业心理意识和意志品质。

印度在1966年就曾经提出过"自我就业教育"的概念，鼓励学生毕业后自谋出路，使他们"不仅是求职者，还应是工作机会的创造者"。这一培养目标在20世纪80年代再次引起印度社会的重视，印度政府在1986年的《国家教育政策》中明确要求培养学生"自我就业所需要的态度、知识和技能"。在丹麦，要求每个高校建立模拟公司。德国也非常重视对大学生进行创业教育，1998年德国大学校长会议和全德雇主协会联合发起一项名为"独立精神"的倡议，呼吁在全国范围内创造一个有利于高校毕业生独立创业的环境，使高等学校成为"创业者的熔炉"。在澳大利亚，进行创业教育的很多教师是具有高等教育背景的企业家，他们懂得如何通过努力去创办自己的工厂和公司。

## 二、国内创业教育实践

国内高校创业教育的实施始于20世纪末。1998年，清华大学举办首届清华大学创业计划大赛，成为第一所将大学生创业计划竞赛引入亚洲的高校。2002年，高校创业教育在我国正式启动，教育部将清华大学、中国人民大学、北京航空航天大学等9所院校确定为开展创业教育的试点院校。10多年来，创业教育逐步引起了各高校的重视，一些高校在国家有关部门和地方政府的积极引导下，进行了有益的探索与实践。

目前国内高校的创业实践教育主要通过如下几种类型来开展：
（1）"挑战杯"及创业设计类竞赛为载体，开展创业教育。
（2）以大学生就业指导课为依托，开展创业教育。
（3）以大学生创业基地（园区）为平台，开展创业教育。
（4）成立专门的创新创业组织机构，推动创业教育的开展。
（5）以人才培养模式创新实验区为试点，培养创新型人才。
（6）搭建创业教育课程体系，实施创业教育。
（7）融入人才培养方案，全面实施创业教育。

为贯彻落实《国家中长期教育改革和发展规划纲要（2010—2020年）》以及《教育部关于全面提高高等教育质量的若干意见》（教高〔2012〕4号）精神，2012年8月1日教育部办公厅印发《普通本科学校创业教育教学基本要求（试行）》。2015年，国务院办公厅的《关于深化高等学校创新创业教育改革的实施意见》（国办发〔2015〕36号）。各地各高校要按照要求，结合本地本校实际，精心组织开展创业教育教学活动，增强创业教育的针对性和实效性，取得了丰硕的成果。2015年，教育部组织举办首届中国"互联网+"大学生创新创业大赛，属于创新创业赛事中当之无愧的A类国家级赛事。2017年，教育部办公厅完成了首批导师遴选入库相关工作，共确定4492位导师为首批入库导师。

## 三、国内高校创新创业教育的典型经验

### （一）清华大学

（1）在学校层面，建设跨院系交叉的技术创新创业辅修专业/双学位的通用架构，建立

跨院系融合培养创新创业人才的新机制。先从工科突破，与美术、设计、医学、生命、理学、经管、金融、人文等交叉。前期启动智能硬件、机器人和智能交通三个辅修专业方向，其他的交叉学科辅修专业方向/双学位，待规划成熟后可陆续加入通用架构之中。这类辅修专业/双学位的主要特点是：要求学生最终做出产品来；跨院系协同培养。

（2）建设互联网金融与创业辅修专业，结合互联网金融的社会需求和技术发展趋势，进行创业素质和能力的培养。

（3）建设系列创新创业全校选修课，重点支持《学生创新力提升证书项目》，形成思维与技能、跨界学习和实践交流相结合的新课程体系和教学模式，为提升学生创意、创新、创业领导力的思维和技能打下良好基础。

（4）重点建设《跨学科系统集成设计挑战》等20门校级挑战性学习示范课，围绕当前全球性挑战问题，进行课程设计并采用小班授课，突出创新意识和能力的培养。

（5）实行弹性学制，将允许学生创业休学的年限延长为3年。在本科毕业设计中设立创业类毕业设计，支持学生创业。

（6）积极探索基于课程、专业和学位为主要教育形式的第一课堂来实现创新创业教育的方式和方法，真正将创新创业教育落到学生培养的主要环节之中。用三到五年时间，建设一批面向创新创业的辅修专业和第二学位，探索建设第一学位。

（7）继续发挥第二课堂在创新创业教育中的激励作用，包括：大力发挥iCenter、x-Lab、兴趣团队、创+和i-Space等创新创业教育平台在教育中的引领和基础支撑作用；大力支持清华创客日、"校长杯"创新大赛、清华大学"挑战杯"学生课外学术科技作品竞赛等创新创业特色赛事和活动的蓬勃发展，在校园内营造良好的创新创业教育氛围。

（8）探索国际化跨界创新创业人才培养新模式。携手华盛顿大学和微软公司在美国华盛顿州创立全球创新学院，开设双硕士学位，由中美双方跨院系设计培养方案，将创新创业教育融入其中，培养学生的全球化视野和创新创业精神。

（9）通过组织暑期学校国际学生交流、主办及参与国际性创新创业大赛、国际性高校创新创业教育协作和联盟、国际双边创新创业教育研讨会等方式推进我校创新创业教育的国际化。

（10）加强创新创业师资建设，开展"教师+"行动。依托校内创新创业教育专业教师，协同技术创新和设计思维等方面的跨院系教师，建立跨界学习的师资组织机制，促进本科创新创业课程、证书、专业和学位等项目的建设；邀请国际顶级创客作为驻校创客导师，指导学生创客实现创意作品；开设"与创业名家面对面"课程，由创业家和学生分享创业经验与体会；聘请驻校企业家和驻校投资人担任创业导师，与投资机构和创业专业服务机构建立了对接合作，为创业团队提供多方面的支持。

（11）大力推进iCenter、x-Lab、兴趣团队、创+和i-Space等各具特色的创新创业教育平台的协同和融合，为创新创业教育教学提供人员、场地和管理支持，完善其治理架构和开放机制，构建创新创业教育的良好生态。

### （二）浙江大学

（1）加强组织领导，完善双创保障体系。成立由校长担任组长的学生创新创业教育工作领导小组，强化部门协同，明确院系主体，健全学生创新创业工作协调机制。修订本科生培养方案，设立创新创业必修 1.5 学分，构建通识教育、学位教育、专业教育、辅修教育等多层次、分类别的课程体系。出台支持学生创新创业相关政策，制定和完善学分转换、保研激励、休学创业、资金与空间等支持政策，激发学生创新创业热情和动力。搭建创新创业教育交流平台，创办《创业教育》国际学术期刊，举办创新创业展，展示学生创新创业成果。

（2）深化科教协同，创新双创教育模式。学校从 1999 年开始在竺可桢学院设立创新与创业管理强化班，构建面向本科优秀学生的"未来企业家培育工程"，20 年来培养学生 1000 余名，学生毕业 5 年后平均创业率达 20% 以上。加强学科支撑，建设创业管理二级学科博士点。面向本科生开设《创业管理》《创业投资分析》等创新创业类课程 60 余门，探索建设以"X+ 创业"或"X+ 创业管理"模式为主的专业课程建设。出台《浙江大学一流本科教育行动计划（2018—2020）》，开展本科生科研实践计划，改进科研训练、毕业设计（论文）等培养环节，推动本科生尽早进入实验室、融入科研团队，加强本科生科研能力和科研精神的培养。基于国家 MOOC 平台开设《创新管理》《精益创业》两门课程，截至 2018 年底，课程选课人数近 7000 人，课程访问量已超过 400 万次。

（3）汇聚多方资源，搭建双创实践平台。用好校内资源，建立创新创业学院、创新创业研究院、国家大学科技园、创新创业实验室和紫金创业元空间、IdeaBank 创客空间等 20 余个校内实践教育平台，实施国家、省、校、院"四级"创新创业训练计划，建立未来企业家俱乐部、微创业联盟等创业类学生组织 30 余个，举办数学建模、电子设计等多层次、多类型的学科竞赛 75 类共 140 项，承办"创青春"全国大学生创业大赛、第五届中国"互联网+"大学生创新创业大赛等，以赛代训、以赛促创。依托校友资源，聘请 100 余位知名企业家校友担任创业导师，每年举办校友创业大赛，2018 年首次将赛事布局扩展至全球，吸引来自海内外的 1000 余位创业校友参赛、100 余家知名创投机构参与，为参赛团队接洽近 20 亿意向融资。建设校友总部经济园，目前已引进 100 余家海内外高科技企业和项目入驻，为师生校友开辟近 3000 平方米的 ZJU 校友创客空间。汇聚社会资源，建设覆盖 20 余省市的 10 个工业技术研究院、100 个技术转移中心分支机构，推进紫金众创小镇建设，与地方政府、社会企业等合作共建产学研一体化实战孵化体系，为学生创新创业提供技术、资金、场地与专业化服务。2014 年以来，学校共募集创新创业基金超 30 亿元。

（4）树立开放思维，推进双创国际合作。加快布局国际合作网络，建立国际联合学院（海宁国际校区），建设国际联合研发中心、国际技术转移中心、国际科技合作创新联盟等合作基地，联合建立创业孵化平台，让学生创新创业同世界接轨。与国外高校、科研机构联合成立创业实验室，开展全球创业管理联培硕士项目（GEP）、创新创业管理双硕士培养项目（EP）等，进一步完善面向全球的创新创业教育格局。牵头组建联合国教科文组织中国创业教育联盟，获联合国教科文组织批准设立创业教育教席，举办联合国教科文组织创业教育国际会议。发起创立"世界创业论坛"，举办"中国创业"国际夏令营、"全球创新创业高峰论坛"等活动，组织学生暑期海外创新创业实践、参加创新创业国际会议等，拓展学生全球化视野，不断提高创新创业能力。

## （三）东北大学

（1）完善课程体系建设。坚持理论知识"课中学"教育理念，倡导自主性、问题式学习，构建链条式、助推式的创新创业理论和实践课程体系。挖掘校内外教师资源，结合不同年级、不同专业学生的特点，开设"互动型学习示范课"等创新创业教育类课程，开展创意培训、创新创业理论讲座和创新创业教育实践课堂活动。

（2）开展校园科普活动。坚持科普活动"乐中学"教育理念，建设"东北大学学生科普示范基地"，成功打造大一创意节、大二科普节、大三科技节、大四创业节，形成了创新讲坛、大学生科普知识竞赛、创新思维擂台赛等科普品牌赛事。按照规范化、科学化、项目化要求，在全校范围内推行科普立项"百千计划"，带动院级科普节和特色科普活动蓬勃开展。

（3）搭建科研训练平台。坚持科研训练"做中学"教育理念，让学生在动手实践的过程中体验科研乐趣、养成科研习惯。以国家大学生创新创业训练计划实施为核心，以大学生创新基地为依托，通过全过程管理、基地化实践、个性化指导、信息化服务和多元化展示，逐步建立四级（国家级、省级、校级、院级）科研训练体系，为培养学生创新精神，锻炼学生的创新能力搭建科研大平台。

（4）开展科技竞赛活动。坚持科技竞赛"竞中学"教育理念，通过强化竞赛指导与培训，引导和组织学生参加国家级和世界级的各类创新大赛，着力提升各项赛事的育人内涵和育人效果。依据"以赛带训"原则，以"挑战杯"等综合类大赛为龙头，以数学建模、电子设计、智能汽车、机械设计等专业类及单科类竞赛为载体，以各学院承办的科技竞赛为平台，建立并完善学生科技竞赛体系。

（5）推广创业实践教育。坚持创业教育"练中学"教育理念，努力实现创业教育的"虚实结合"，形成创业氛围的强辐射。遵循"校内学、校外练、做中创"培养思路，举办创业先锋班，通过开设系列创业教育课程、组建创业导师团队、设立创业专项基金、搭建学生创业基地、开展学生创业文化节等丰富的创业教育实践活动，对学生开展有关"创业精神""创业知识""创业实践""创业技能"的系统性教育与实践活动。

（四）温州大学

温州大学2000年开始创新创业教育的探索，2007年建成大学生创业园，2009年组建全国最早一批处级建制、实体运作的创业学院，2014年设立温州大学众创空间，2019年更名为创新创业学院。经过二十余年的改革与发展，温州大学具有鲜明地域特色的创业人才培养模式被学者誉为中国高校创业教育的典型模式之一。

（1）温州大学以大学生创新创业能力发展为核心，以创业教育与专业教育深度融合为主线，充分挖掘温州人创业精神，积极融合温州创业资源，以创新人才培养模式、优化课程体系、贯通人才培养环节为重点，形成多维协同的创业教育合作机制。学校注重顶层规划，确定新时期学校创业教育基本框架和发展目标，颁布《"十三五"创业人才培养专题规划》《温州大学创新创业教育改革实施方案》《温州大学创业学院建设试点工作方案》等顶层规划文件，出台《温州大学创业教育创新行动计划》，将创新创业教育纳入人才培养体系，提出了"立足区域、分层分类、深度融合、协同递进"的创新创业教育新理念，开办3+1创业精英班、创业管理班、创业先锋班、企业接班人培训班、大学生村官创业班、奥康电子商务创业班、跨境电商创业班、创新思维班等多个创业人才培养改革实验班。

（2）温州大学注重校地、校企合作，与地方政府合作创办了9家地方研究院。近年来，学校与国家大学科技园、新世纪集团、苍南交运集团、温州源大集团等多家单位建立深度合作关系，合作设立66家深度合作的校外大学生创业实践基地，与浙南科技城共建了浙江省大学生创业实践基地。

（3）温州大学贯彻国家"一带一路"发展战略，积极拓展创业教育国际化。在意大利成立中国地方高校在欧洲的第一所分校；联合全球创业硅谷（GSV）等孵化器在纽约曼哈顿成为温州大学纽约创业孵化器；与韩国群山大学自2017年开始联合培养全球创业学专业博士生，2020年首批3位博士生顺利毕业拿到博士学位；与美国康奈尔大学、美国阿帕拉契州立大学、以色列布劳福德学院等高校在创业教育领域有密切的合作。学校从2016年开始针对留学生举办创业教育硕士项目，招收了来自美国、韩国、孟加拉国、哈萨克斯坦、坦桑尼亚、塞拉利昂等14个国家的27位硕士留学生，多位该项目毕业生继续攻读博士学位或者在国内创业就业，成为连接"一带一路"的友好使者。

近年来，温州大学涌现出一大批大学生创业典型，如入选福布斯"30位30岁以下精英"榜单并成功获得千万融资的张良玉，荣获全国"大学生创业英雄10强"的郑兴伟、刘光宇，荣获全国大学生就业创业典型人物的李小刚，荣获浙商"年度十大未来之星"的赵坤等，成为大众创业、万众创新的生力军。

## 四、创业教育实践新模式探索

国际和国内高校的创业实践做法为中国大学的创业实践教育提供了重要的经验借鉴和参考。还有一些新模式也值得探索。

### （一）充分利用创业孵化机构和现有创业企业进行多种形式的创业实践教育

要充分利用目前各专业的签约实习基地、国家大学科技园、教师创业企业、学生创业企业、校友创业企业、学校所在城市相关企业、学校合作单位等资源，为经管类大学生提供丰富的可靠的实习实训资源，打造全方位实习实训课堂。深入企业、走进卖场，同时结合竞赛课堂，对于一些软件经营类企业，也可以通过试用、购买、合作共建虚拟仿真课程等方式为学生提供校内实习实训的资源。需要注意的是，在实习实训课堂的建设上，专业教师责任重大，要负责实习单位的资质审核、过程安全、实习指导、学生管理等相关工作以外，还要注意做好与实习单位间的沟通和反馈，并根据学生和专业需求不断开拓新的类别的实习单位。在实习方式上，不仅可以有统一组织的校内实习，也可以为学生提供规范周到的假期短期实习资源，为学生将来的就业创业做更好的准备。

### （二）充分利用高校可利用的各种人脉资源和政策资源

校友资源是高校非常重要的人脉资源，除了学校校友总会平台外，还要充分发挥大学不同专业创业的特点，创办院级校友机构，建立校友信息名录，加强与校友间的联谊，邀请知名校友回校交流、座谈，并聘请为创业导师或者相关专业课的外聘教师，并做好新闻报道。校友会、实习单位、校友就业单位、创业企业等资源不仅可以更好为大学生提供就业岗位，而且有助于建立他们和母校间的联系，实现重要资源的共享。在学生就业的问题上，实习基地和校友资源、学校招生就业部门可以发挥积极作用，可和一些企业签订订单式培养计划，按企业需求输送人才。在大学生创业方面，校内外创业导师、学校相关机构、已创业的校友都可提供帮助，也要把学校创业方面的优惠政策及时传达给学生，鼓励和扶持在校大学生和已毕业大学生创业，并能享受学校和地方政府的政策优惠。

# 第二节　创业教育中的"教赛结合"实践

随着高校教育改革的推进，高校生源质量也在不断地发生变化，学校应积极推进与政府、社会、行业企业协同育人机制，建立校外创新创业实践教育基地，以创新创业人才培养为目标，探索特色的创新创业实践教育人才培养模式，成为高校人才培养工作研究的新课题。强化大学生的实践能力是社会的需要，对学生来说，实践创新能力的培养是他们就业以及自主创业的基础。所以，应根据具体专业实际情况探索建立可持续发展的管理模式和运行机制，建立优势互补，互利共赢的实践教育机制和载体。建立"以赛促教，教赛结合"的实践教学模式

## 一、教赛结合的内涵

以学促赛、以赛促学、赛教结合"教学模式是指通过参加与专业相关的大赛，提高学生的专业能力，重点改革教学过程的实践性"开放性和职业性，实现"一面教、一面学、一面练、一面赛""在赛中教、在赛中学、在学中赛""赛教统一、学赛合一"，重心在"学与赛"、"赛与教"的密切结合上。通过在教学活动中，实施"以学促赛、以赛促学、赛教结合"教学模式，有助于学生了解本专业的最新动态，掌握与本专业培养目标相关的理论知识和实践技能，有助于加强与其他同类院校师生的交流、合作与竞争，提高师生的竞争意识。旨在通过形式多样的竞赛活动，使学生获得感性知识，掌握职业技能，养成理论联系实践的作风和独立工作能力看并促进良好职业习惯、职业道德的养成。

## 二、教赛结合的目标

建立赛教融合机制，探索赛教融合人才培养目标，将挑战杯、互联网＋等竞赛的相关理念与实践覆盖到全部专业、全部课程、全校学生和全体教师，推动学校专业教学改革，强化学生职业技能的培养，提高专业课的教学质量。

（1）促进教学内容与竞赛项目的融合，将竞赛项目向重点课程、重点专业再到一般专业，由专业核心课程向其他专业课程、专业基础课程再到公共基础课程。进行推广，以点带面，实现所有竞赛内容向项目课程的转化。

（2）实现教学资源与竞赛资源相融合，竞赛设备、教学实训设备和实训管理中的文化建设同步更新；发挥骨干教练的引领作用，成果辐射全部专业教师，大力发展名师工作室和双师型教学团队，整合大赛数字资源开发理论题库和模拟实训场地。

（3）实现教学过程与竞赛过程相融合，立足课程竞赛实现全部主干课程赛教同步。促进教学评价与竞赛评价的融合，实现企业评价为主的教学评价改革。

## 三、教赛结合的实施过程

### （一）教学内容与竞赛内容相融合

邀请高校创新创业专业教授，剖析大赛的内容和标准，并结合实践加以提炼，转化为教学项目，使学生普遍掌握大赛的先进技术和使用设备，具备参赛的同等竞争力。积极开发各

类数字教学资源，推进竞赛内容的普及化，将大赛规范化和标准化要求，融入促进每一门课程、每一个项目。

1."挑战杯"全国大学生系列科技学术竞赛

"挑战杯"竞赛是"'挑战杯'全国大学生系列科技学术竞赛"的简称，是由共青团中央、中国科协、教育部和全国学联共同主办的全国性的大学生课外学术实践竞赛。"挑战杯"竞赛在中国共有两个并列项目，一个是"挑战杯"全国大学生课外学术科技作品竞赛（俗称"大挑"）；另一个则是"挑战杯"中国大学生创业计划竞赛（俗称"小挑"）。这两个项目的全国竞赛交叉轮流开展，每个项目每两年举办一届。

（1）"挑战杯"全国大学生课外学术科技作品竞赛。

"挑战杯"全国大学生课外学术科技作品竞赛（以下简称"挑战杯"竞赛）自举办以来，在促进青年创新人才成长深化高校素质教育推动经济社会发展等方国发挥了积极作用，在广大高校乃至社会上产生了广泛而良好的影响，被普为当代大学生科牧创新的"奥林匹克"盛会。

自 1989 年以来"挑战杯"全国大学生课外学术科技作品竞赛已分别在清华大学，浙江大学、上海交通大学、武汉大学、华南理工大学、重庆大学、西安交通大学、华南理工大学、复旦大学、南开大学、北京航空航天大学以及大连理工大学成功地举办了十二届，第十三届即将在苏州大学举办。竞赛获奖者中已经产生了两位长江学者，6 位国家重点实验室负责人，二十多位教授和博士生导师，70% 的学生获奖后继续攻读更高层次的学历，近 30% 的学生出国深造。

"挑战杯"全国大学生课外学术科技作品竞赛已形成校级、省级、全国的三级赛事，参赛同学首先参加校内及省内的作品选拔赛，优秀作品报送全国组委会参赛。

"挑战杯"大学生课外学术作品竞赛终审答辩评审标准见表 9-1。

表 9-1 "挑战杯"大学生课外学术作品竞赛终审答辩评审标准

| 考核内容 | 参考标准Ⅰ | 参考标准Ⅱ | 参考标准Ⅲ | 参考标准Ⅳ |
| --- | --- | --- | --- | --- |
| 科学性<br>（30分） | 具有很强科学意义，研究方法合理可行性强。<br>$25 \leq X \leq 30$ | 具有较强的科学意义，研究方法比较合理，有一定可行性。<br>$20 \leq X \leq 15$ | 科学意义一般，研究方法可以，可行性一般。<br>$15 \leq X \leq 10$ | 科学意义不明显，研究方法不科学，可行性较差。<br>$X \leq 9$ |
| 先进性<br>（30分） | 创新点突出，有较高的技术含量，能体现当今大学生的创新意识。<br>$23 \leq X \leq 30$ | 有一定的创新特色和一定的技术含量。<br>$15 \leq X \leq 23$ | 没有较明显的创新点，技术含量一般。<br>$8 \leq X \leq 15$ | 没有明显创新点。<br>$X \leq 8$ |
| 现实意义<br>（25分） | 实用价值高，能够为社会创造价值，能促进学术进步和技术发展<br>$25 \leq X \leq 18$ | 有较好的实践和应用价值。<br>$18 \leq X \leq 12$ | 有一定的实践和应用价值。<br>$12 \leq X \leq 6$ | 缺乏实践和应用价值。<br>$X \leq 6$ |

续表

| 考核内容 | 参考标准Ⅰ | 参考标准Ⅱ | 参考标准Ⅲ | 参考标准Ⅳ |
|---|---|---|---|---|
| 论文、答辩ppt与语言表达能力（10分） | 论文格式规范，答辩ppt准备充分，语言表达能力强，逻辑严密，能迅速准确回答问题。$8 \leqslant X \leqslant 10$ | 论文格式规范，答辩ppt较充分，语言表达能力较好，条理性好，能准确回答问题。$6 \leqslant X \leqslant 8$ | 论文格式较规范，答辩ppt尚可，能表述和回答问题。$4 \leqslant X \leqslant 6$ | 论文格式不规范，答辩ppt不完整，表达能力差。$X < 4$ |
| 精神面貌（5分） | 服饰整洁，面部表情生动，肢体语言得体。5分 | 服饰、面部表情、肢体语言较好。4分 | 服饰、面部表情、肢体语言一般。$2 \sim 3$分 | 服饰不整洁，面部无表情，肢体语言不得体。$0 \sim 1$分 |

（2）"挑战杯"中国大学生创业计划竞赛。

创业计划竞赛起源于美国，又称商业计划竞赛，是风靡全球高校的重要赛事。它借用风险投资的运作模式，要求参赛者组成优势互补的竞赛团队，提出一项具有市场前景的技术、产品或者服务，并围绕这一技术、产品或服务，以获得风险投资为目的，完成一份完整、具体、深入的创业计划。

1999年，由共青团中央、中国科协、全国学联主办，清华大学承办的首届"挑战杯"中国大学生创业计划竞赛成功举行。竞赛汇集了全国120余所高校的近400件作品，在全国高校掀起了一轮创新、创业的热潮，产生了良好的社会影响。在社会各界的关心和支持下，一批创业计划进入了实际运行操作阶段，技术、资本与市场的结合向更深的层次推进。2000年，第二届"挑战杯"中国大学生创业计划竞赛在上海交通大学成功举办，将大学生创业浪潮推向了新的高峰。经过几年的市场洗礼，一部分学生创业公司正在逐步走向成熟，创业计划竞赛使大学校园创新意识、创业能力的教育与培训工作得到了进一步发展，成为共青团、学生会组织参与素质教育的新载体，成为学生科技活动的新形式。此后在2002年、2004年、2006年、2008年、2010年"挑战杯"中国大学生创业计划竞赛先后在浙江大学厦门大学、山东大学四川大学、吉林大学等成功举办。2012年，第八届"挑战杯"中国大学生创业计划竞赛在同济大学成功举办。直至2020年在东北林业大学举办第十二届"挑战杯"中国大学生创业计划竞赛。

该竞赛采取学校、省（自治区直辖市）和全国三级赛制，分预赛、复赛、决赛三个赛段进行。要求参赛者以团队的形式，提出一项具有市场前景的技术产品或者服务，完成包括企业概述、业务与业务展望风险因素、投资回报与退出策略、组织管理、财务预测等方面内容的创业计划书，最终通过书面评审和秘密答辩的方式评出获奖者。

该竞赛的运行过程如下：

参赛：以高等学校为单位，自愿报名，经省级共青团和科协组织推程参加本项竞赛。

参与：学生须以竞赛小组的形式参加。参赛者提供项具有市场前景的产品或服务，组成一个优势互补的竞赛小组，在深入研究和广泛市场调查的基础上，完成一份把产品或服务推向市场的完整、具体、深入的商业计划。同时，创造条件，吸引风险投资家和企业家注入资金，推动商业计划真正走向市场。所提出的产品或服务应为参赛者的发明创造或经授权的发明创造，也可以是一项可能实现开发研究的概念产品或服务。所组成的竞赛小组人数不限，可以跨校组成。所完成的商业计划书应可以直接应用。商业计划书要同时提供文字版和电子版。

赛制："挑战杯"竞赛采取学校、省和全国三级赛制，分预赛、复赛、决赛三个阶段进行，竞赛共评选金奖若干项、银奖若干项、铜奖若干项。

2. 创青春创新创业大赛

"创青春创新创业大赛"是2013年11月8日，习近平总书记向2013年全球创业周中国站活动组委会专门致贺信，特别强调了青年学生在创新创业中的重要作用，并指出全社会都应当重视和支持青年创新创业。党的十八届三中全会对"健全促进就业创业体制机制"作出了专门部署，指出了明确方向。为贯彻落实习近平总书记系列重要讲话和党中央有关指示精神，适应大学生创业发展的形势需要，在原有"挑战杯"中国大学生创业计划竞赛的基础上，共青团中央、教育部、人力资源和社会保障部、中国科协、全国学联决定，自2014年起共同组织开展"创青春"全国大学生创业大赛，每两年举办一次。2018年"创青春"浙大双创杯全国大学生创业大赛将在浙江大学举办。

大赛宗旨：培养创新意识、启迪创意思维、提升创造能力、造就创业人才。

大赛的目的：为深入学习贯彻习近平新时代中国特色社会主义思想和党的十九大精神，引导和激励高校学生弘扬时代精神，把握时代脉搏，将所学知识与经济社会发展紧密结合，培养和提高创新、创意、创造、创业的意识和能力，促进高校学生就业创业教育、创业实践活动的蓬勃开展，发现和培养一批具有创新思维和创业潜力的优秀人才，帮助更多高校学生通过创业创新的实际行动，推动大众创业、万众创新，为决胜全面建成小康社会、建成社会主义现代化强国、实现中华民族伟大复兴的中国梦贡献青春力量。

大赛内容：下设大学生创业计划竞赛（即"挑战杯"中国大学生创业计划竞赛）、创业实践挑战赛、公益创业赛等3项主体赛事。

大赛的基本方式：大学生创业计划竞赛面向高等学校在校学生，以商业计划书评审、现场答辩等作为参赛项目的主要评价内容；创业实践挑战赛面向高等学校在校学生或毕业未满3年的高校毕业生，且应已投入实际创业3个月以上，以盈利状况、发展前景等作为参赛项目的主要评价内容；公益创业赛面向高等学校在校学生，以创办非营利性质社会组织的计划和实践等作为参赛项目的主要评价内容。全国组织委员会聘请专家评定出具备一定操作性、应用性以及良好市场潜力、社会价值和发展前景的优秀项目，给予奖励；组织参赛项目和成果的交流、展览、转让活动。

3. 大学生创新创业训练计划大赛

各地各高校应落实新发展理念，秉承"兴趣驱动、自主实践、重在过程"的原则，坚持以大学生创新创业训练计划项目为载体，建立起具有本地本校特色的大学生创新创业训练与实践体系，安排专项经费支持大学生有效开展项目式学习、科研训练、创新训练与创业实践等活动，持续激发大学生创新创业活力，不断提升创新创业人才培养能力，为实现高等教育高质量发展奠定坚实基础。

各地各高校要在校级和省级项目培育的基础上，推荐学生团队申报"国创计划"项目，组织符合条件的团队报名参加中国国际"互联网+"大学生创新创业大赛等赛事和"青年红色筑梦之旅"活动，申报产学合作创新创业联合基金项目。

（1）项目类型。

①创新训练项目：本科生个人或团队在导师指导下，自主完成创新性研究项目设计、研究条件准备和项目实施、研究报告撰写、成果（学术）交流等工作。

②创业训练项目：本科生团队在导师指导下，团队中每个学生在项目实施过程中扮演一个或多个具体角色，完成商业计划书编制、可行性研究、企业模拟运行、撰写创业报告等工作。

③创业实践项目：学生团队在学校导师和企业导师共同指导下，采用创新训练项目或创新性实验等成果，提出具有市场前景的创新性产品或服务，以此为基础开展创业实践活动。

（2）项目类别。

①一般项目：按每年惯例申报的"国创计划"项目，推荐数额不超过省级大学生创新创业训练计划项目的1/3。

②重点支持领域项目：为2021年起新增项目，推荐数额不超过上一年度"国创计划"立项项目总数的2%。旨在鼓励引导大学生根据国家经济社会发展和重大战略需求，结合创新创业教育发展趋势，在重点领域和关键环节取得突出创新创业成果。视项目进展情况，优先邀请参加全国大学生创新创业年会。

"青年红色筑梦之旅"活动项目推荐要求如下：

"青年红色筑梦之旅"活动，将深入贯彻落实习近平总书记给第三届中国"互联网+"大学生创新创业大赛"青年红色筑梦之旅"大学生回信重要精神，紧扣"建党百年"主题，大力弘扬跨越时空的伟大的井冈山精神，将红色教育、专业教育与创新创业教育相结合，贯穿"四史"教育，全面推进课程思政，厚植学生"爱党爱国"情怀；聚焦革命老区，开展公益创业，引导师生服务乡村振兴，在全国范围内打造一堂主题鲜明的思政大课、实践大课。

参加"青年红色筑梦之旅"活动的项目团队须根据《教育部关于举办第七届中国国际"互联网+"大学生创新创业大赛的通知》要求，登录全国大学生创业服务网进行报名（网址：http://cy.ncss.org.cn，具体报名时间及要求详见大赛通知）。

产学合作创新创业联合基金项目申报要求如下：

为深化产教融合、产学合作、协同育人，汇聚企业资源支持高校创新创业教育改革，我司每年组织有关企业与高校共同实施产学合作创新创业联合基金项目。高校可根据情况组织"国创计划"项目学生向企业申报。

## （二）教学过程与竞赛过程相互融合

（1）实现"重在展示"的校级技能竞赛。每年开展校级挑战杯、暑期三下乡、创青春创新创业大赛等课外学术竞赛，作为教学成果的展示。由人才培养目标要求以及市级以上各级竞赛的具体要求，共同研究确定竞赛项目，共同制定科学合理的竞赛标准、规则。在课堂教学竞赛的基础上选拔，同台竞技，邀请获奖选手同台展示，相互学习。提高学生综合能力特别是动手实践能力的培养。

（2）实现"重在提高"的集训竞赛。在校级竞赛中涌现出的优秀选手基础上，按照学生意愿扩招并组建集训队，鼓励学生积极参与观摩、配合、协助训练，感受大赛氛围，并定期开展集训竞赛，既能使学生共同学习和提高，又能多次考察以提高选拔质量。通过集训模式，大批学生成长为骨干,在教学中配合教师共同做好技术指导工作,带动其他学生一起进步。

### (三)教学评价与竞赛评价相互融合

在教学中参照创新创业大赛的标准,进一步完善教学评价体系,重点考查学生对创业知识、创新技能的运用、创新创业素养以及分析问题、解决问题的能力。例如人文社科类专业参照企业标准和国赛要求,将课程教学中的学习项目和任务串联起来,按照工作流程来进行考核,更加贴近企业的工作实际。还将学生职业道德、职业素养等基本要求融入教学过程和质量的考核,还增加了仪容仪表、现场管理等方面的指标,内化学生综合素质,提升人才培养质量。

## 四、教赛结合的成果展示

2019年,第十六届工银融e联"挑战杯"黑龙江省大学生课外学术科技作品竞赛终审决赛中,东北石油大学的《小林克—哈拉海断裂带主要断裂侧向封堵性及油气漏点分析》《基于虚拟现实技术的无人加油站仿真操作系统》《永磁吸附式爬管机器人》《智能手机对大学生课堂行为影响的调查研究——以大庆高校为例》共4支代表团队脱颖而出进入到答辩环节,角逐全国总决赛资格;"建行杯"第五届黑龙江省"互联网+"大学生创新创业大赛,我校创新创业团队共获得金奖3项,银奖7项,铜奖17项,并在最终的主赛道6强PK总决赛中获季军,韩建获优秀指导教师称号,宋要武教授获杰出贡献奖,国际赛道项目获"一带一路"成果奖。

2020年,在"建行杯"第六届黑龙江省"互联网+"大学生创新创业大赛总决赛中,我校获6金7银27铜,获奖等级和获奖数量均创历史最好成绩,在省内同类高校中名列前茅。其中,金奖中5个团队具备争夺参加国家级竞赛资格,进入省教育厅组织的集训营。

2021年,我校在第十七届工银融e联"挑战杯"黑龙江省大学生课外学术科技作品竞赛共斩获金奖3项、银奖7项、铜奖9项,在现场问辩评审环节中,姜民政老师指导的《小直径管道柔性涂覆装置》和邢雷老师指导的《仿生章鱼式海面泄露原油回收装置》两个参赛团队双双获得金奖,并闯入国赛。

学校还将比赛结果在校园中广泛宣传,让学生们的学习变得更有目标,让更多的学生参加比赛,使更多学生体会:在比赛中成长和历练,在竞争中学习的意义。通过一次次的赛事,使我校的学风建设又上了一个新台阶,激发了学生学习专业技能的兴趣,达到了以赛促学,以赛促教,以赛促改的目的,提高了学生的专业技能水平,培养了一大批出类拔萃的人才,同时增强了岗位实践能力,为实习、求职和就业打下了坚实的基础。

总之,通过大赛可以不断完善我们的教学思路,改变教学方法,给学生提供一个学习专业高技能水平的宝贵机会。大赛也让教师不断更新教育理念,用先进的教育理念和方法指导教学,有能力培养出批批优秀的、社会所需要的高水平人才。同时,要调整课堂结构,在注重传授知识的同时,更注重能力的培养,培养学生的创新意识和能力,培养学生学会学习的能力。只有这样,才会使课常更精彩,教学才能达到事半功倍的效果。

## 第三节 创业教育与专业教育的融合

创业教育是新时期的一种新的高等教育理念,已成为高校教育新的价值取向,是当今时代培养大学生创新精神和创造能力的需要,是社会和经济结构调整时期人才需求变化的要求,是高等教育把人才质量培养引向深入的一项重要举措。将创业教育理念渗透、融合到专业教育过程中,在专业教育教学过程中帮助当代大学生积极树立创业意识,培养大学生创业精神,完善大学生的知识结构具有重要的意义。

## 一、创业教育与专业教育的关系

### (一)创业教育与专业教育的相同点

(1)目标相同。大学实施专业教育和创业教育都是为了培养人,都是为了培养具有创新精神和实践能力的高素质的人才。所培养的人才只有具备创新精神,才能符合新时期经济社会发展所需的人才规格;只有具备了实践能力,才能适应科技成果转化为生产力的过程越来越快、知识和应用结合越来越紧密的发展趋势。因此,创业教育与专业教育在人才培养的目标上是高度一致的。

(2)内容同质。创业教育,是提高社会发展科学化水平的需要,是提高社会就业率的需要,学生走向生活的需要,创业教育包括创业意识、创业精神、创业品质、创业能力四个方面。随着当今社会的发展,人们的工作岗位以及工作内容已经发生了深刻的改变。这要求专业教育的内容也要发生变化。而要变化的内容往往与强调培养人才特征的多样性和复合性相关,因而具有同质性。

(3)功能同效。创业教育的着眼点,是为了使教育更好地适应社会、经济、文化发展的现实状况。彻底改变教育脱离时代、社会、生活的弊端,使教育更加贴近现实,更加贴近人生,使培养对象的生活质量更高,人生更加完美。创业教育落脚点是社会实践性,创业教育就是培养人的终身发展能力,这些与专业教育所突出的专业能力和实践能力的培养具有相同之处。

### (二)创业教育与专业教育的不同点

创业教育是在社会经济高度发展,而劳动力面临就业,再就业巨大压力的背景下,提倡和发展的一种教育模式。它是世界高等教育发展的总趋势,也是我国高等教育改革和发展的必然选择。创业教育作为高等教育发展史上一种全新的教育理念,目前是学术界激烈争论的一个热点话题,在对创业教育内涵的认识上,当前有三种比较具有代表性的观点:第一种观点认为,创业教育就是职业教育与创造教育相结合的教育,创业教育的培养目标就是根据现代教育原理,培养具有从事一定职业的劳动能力和适应社会生活能力的人;第二种观点认为,创业教育就是培养具有开创性的个人教育,其目的在于为学生灵活、持续、终身的学习打下基础;第三种观点认为,创业教育就是指以开发和提高大学生的创业基本素质为目标,对大学生从事事业、企业、商业等规划、活动、过程的教育,培养其事业心、进取心、探索精神、冒险精神等心理品质的教育,培养大学生具有从事创业实践活动开创性才能的教育。尽管以上观点表述不一,但不难发现其共同之处:创业教育就是以培养创业人才为目标的教育,就是教育学生如何走上社会,使学生通过创业教育具有自我创业的精神和技能、自我发展的能力和方法及主动适应社会的就业观念和心理品质。

专业教育是随着学科分化和职业分化而产生的。它的目的很明确,就是为人的谋生做准备。所以,它满足的是人或社会的工具性和实用性的需要。大学专业教育的内容主要是教授一些专业范围中的专业应用性知识,以使受教育者接受了专业教育之后能从事相关专业的实际工作。它的兴起与自由教育的衰弱相联系。自由教育的思想起源于古希腊,盛行于19世纪的欧洲大陆国家。自由教育的目的是发展人的思维、心灵和精神,它主要是为了满足人的体验性、表现性的人文需要。专业教育随着学生分化和职业分化而产生。专业教育在于专业知识的传授,它训练学生的某一项技能,为其能尽快参加社会生产做准备,专业教育所培养的是某一行业的专家。在19世纪,大学对专业教育持反对态度。这主要是因为它不符合当时在大学中处于统治地位的自由教育思想。从自由教育的观点出发,专业教育被看成是一种狭隘的教育,它被现实利益左右,因而无助于促进人精神和心灵的发展。但从19世纪后半叶开始,专业教育在大学中已经成为一种不可逆转的趋势。到19世纪末20世纪初,专业教育思想已经在大学中树立起来。

## 二、创业教育与专业教育融合发展现状

高等院校开展创业教育的基础条件便是要有完整的专业教育的课程体系,创业教育必须在专业教育的基础上才能更好地发展,但在创业教育的发展过程中,有以下两个方面与专业教育衔接不足存在脱节现象。

### (一)创业教育和专业教育在高校课程方面结合不足

当前,创业教育与专业教育的课程体系结合还在发展过程中。高校的专业教育是高校的立校之本,在近些年来的发展中已经趋向成熟,形成了一套完整的体系。而高校创业教育相对于专业教育在近几年随着国家对于创新创业的重视开始蓬勃发展,在社会的一般认知中,更倾向于对创业教育进行直接的商业价值评判,对于创业教育的认识还在转型之中,还在对目前高校大都成立了创新创业学院,且配备专业的创业指导老师,现在创业教育正在积极融入课堂专业教育之中,高校的学科建设规划正在逐步将创业教育纳入其中。总体上说,创业教育纳入高校整体育人体系之中,在大多数高校,创业教育是作为大学生就业指导的一部分,而并且在教学内容、方法等方面不断满足学生的需求,课程设置不合理以及缺乏严谨性和系统性的局面正在改变。创业教育与专业教育的课程融合受硬性因素制约,创业教材上的多样化需要进一步提高。在借鉴国外相关教材的过程中根据实际发展本土化教材,因为创业教育具有需要有优质的本土化教材进行配套。这项工程需要花费大量的人力物力,创业教育需要基础性的组织机构和实验部门支持,在创业教育发展的过程中还需专项资金和场地,在硬件和软件方面创业教育具备基础后会与专业教育更好融合。

### (二)创业教育和专业教育在教育实践方面存在脱节

创业教育与专业教育对实践教学的要求不同。专业教育是创业教育的基础,专业教育构建了一个完整的基础理论体系,它教会学生各方面的专业知识,让学生拥有解决简单问题的能力。创业教育则在综合了学生专业知识的前提下,给予学生更多的实践机会,帮助学生在将来的就业、创业道路上熟练使用自己掌握的知识和技能。因此,从某种程度上来说创业教育是专业教育的强化,它将学生的专业知识从理论推向实践。创业教育表现在意识、品质、能力和知识四个方面,从更深层次来看,创业教育能帮助学生树立创业目标,形成良好的价值取向,全面提升创业素质和能力。当前的创业实践需要结合当前国家新技术的发展需求,

需要具备平台支持并逐渐在大学生中群体中普及创业实践。让创业园中的具体实践如成果转让、技术服务、技术发明、商务活动等引入高校大学生创新创业中心，让大学生创业教育具备实践基础，把大多数有想法和需求的学生纳入其中，随着二者的不断融合，创业教育与创业实践逐渐面向各个专业的所有的学生，真正把创业教育和专业教育统一于教育实践。

## 三、创业教育与专业教育的融合途径

### （一）理论知识结合：构建"专业+创业"教育课程体系

设立合理的课程内容，机构及与创业密切相关的课程，为各专业学生提供系统的创业理论、知识、技能和方法。课程是教学的核心环节，应当成为实施创业教育目标的主要途径。学科课程的设置有三种方式：一为学科渗透，即把专业教育和创业教育相结合；二为必修课，即各专业的必修知识；三为选修课，即拓展学生兴趣与特长。这种"专业+创业"的课程模式，为有浓厚创业兴趣和想法的学生开辟了一条新的创业学习的途径。它没有脱离专业教育，而是在专业教育强化的基础上，让学生扎根于所学理论，通过内心对创业的渴求来实践创业之路。这不仅保证了学生的主动性和自觉性，也确保了课程的互惠性，即专业教育与创业教育的相辅相成，共同成长。创业教育的精髓是创新与创造，以专业教育为契机，引导学生先从本专业开始培养创新创业精神，探索精神。

### （二）实践操作结合：创建情景创业实践平台

创业教育课是一门综合性、开放性、实践性较强的课程，若要将其有效地嵌入目前高校的专业教育课程之中，必须有一个很好的实践操作平台。另一方面，创业教育与专业教育的总体目标是一致的，都是为了培养适应社会需要的人才。而在此类人才的培养过程中，尤为重要的就是让学生很好地与社会接轨，培养学生的实践动手能力。校园全真创业平台是指依托校园环境，为学生创业提供全真的创业实战平台，体验不同于创业园的更具真实创业风险的创业实践机会，接轨商业创业。在生活区，开办"生活区大学生创业示范店"，面向在校生招租生活区店铺，这种带租金有风险的创业形式更能让学生得到创业实战的锻炼机会。这种创业形式深受热爱创业学生的喜欢。原因有两点：一是降低资金风险，在生活园区租金比外面要低廉很多；另外可以降低市场风险，在生活区目标群体明确，客源集中，市场风险小。

### （三）创业能力结合：创建"校内+校外"创业实践基地

学校要高度重视学生实践能力锻炼，广泛建立各类创业教育实践基地，构建创业教育新平台。一方面，可以致力于校内创业实战基地的建设。例如采取"企业+专业+客户"的方式，创办供学生创业实习的经营实体；为学生开放高校的科研实验室，帮助学生了解高精尖设备及学科前沿，同时可吸纳有浓厚创业兴趣的优秀学生，借助老师或学院的专利产品进行合作创业；利用校内资源和学生优势，将顾客群由学生发展到社会人士。在实体创业中，体会创业教育与专业教育"两教融合"的重要性，体会理论与实践并重的迫切性。除专业教学计划内的实践环节，学校还可以借助创业教育的创新性、创造性、艰苦性来完善专业教育计划外的定向实践。如举办挑战杯、大学生创新创业比赛、营销大赛、社会调查等活动。另一方面，高校科技孵化园的设立是对在校内设立创业实践基地最好的诠释。科技孵化园分三大类创业实践基地，包括见习、实习和孵化基地。根据专业的不同，设立适合本专业的实践岗位。

## 四、创业教育与专业教育融合保障机制建设

### （一）完善系统管理保障机制

创业教育是一项系统工程，它与专业教育一样，应贯穿于高等教育各阶段与各方面，它的实施需要教育行政部门，社会及高校通力合作。三方只有在合作中不断挖掘高校内部潜力，改善机制，完善制度，才能为创业教育顺利实施做好保障。此外高校还应该鼓励学生积极实践，自主创业，打破现行教学体制对学生的各种束缚，打破传统高校教育中的专业限制、课程限制，资源限制和时间限制，鼓励学生综合性地学习各专业各学科的知识，为学生创业素质的培养创造良好的条件创业教育与专业教育的有效衔接需要多方支持，需要学校、社会、政府三方形成良好的联动机制，这样才能推动两者的融合发展。政府部门通过出台政策来促进两者的融合，通过企业参与和行业支持来推动两者融合，如通过实习基地仿真模拟创业情境，或企业支持学生创业等途径来实现；学校层面，创业教育与专业教育的融合需要各部门整体联动。此外企业是高校实施创业实践的最好的平台，高校应与企业建立良好的合作关系，积极组织学生到企业中去参观学习，在企业中实践自己在创业教育中学到的知识。这样，一方面，让高校走出去，对接社会，服务企业；另一方面，将企业和社会资源引进来，深化高校创业教育、创业实践。两方联动，形成优良的循环体系。

### （二）完善师资管理保障机制

高素质的教师队伍是推进创业教育的保证。高校必须培养和组建一支优秀的创业教育师资队伍，构建一支专兼职动态发展的创业教育专家体系，包括校内师资建设和校外师资建设两个方面，校内师资为主，校外师资为辅。在这个体系中，高校教师作为创业教育的核心力量，主要从事创业教育的各方面工作。校内打造创新的师资队伍，选拔具有创业意识的教师有针对性地进行创业教育培训，比如制定激励措施，给予现职教师一定的创业实践机会，熟悉市场运作，也可以合作培训形式直接把教师输送到创新型企业培养，或为教师提供参加各类创新创业领域学术交流的机会，提升校内师资的创业素养。校外师资则可以聘请创业成功人士来校做专题讲座，对模拟创业演练活动给予相应指导、点评。使学生获得新理念，对所学知识更好地掌握。

### （三）完善评价考核保障机制

考核环节是创业教育与专业教育融合中非常重要的一部分，然而也是最容易模糊和出错的环节。考核制度的多元化是高校评价制度的大势所趋。它能激发学生的创新欲。而许多高校目前开展的创业教育教学考核还不够规范。如有些学校对学生给予适当学分奖励，有些学校全凭学生课余自愿参与对教师工作量的考核，有些学校对获奖项目的指导教师给予适当奖励，有些学校对参与指导创新创业教育的教师折算一定的工作量，更多的学校尚未建立考核考评机制，因此，当前高校的创新创业教育评价体系亟待完善，尤其需要参考

专业课程的考核评价，并根据自身的特点采取灵活的形式。高校的创业教育以专业教育为基础，综合学生的专业知识与技能，培养学生解决实际问题的能力，这同时也是对高校专业教育的一次深化教育，高校的创业教育与专业教育息息相关，相辅相成。创业教育与高校专业教育体系融合发展必定能够促进我国教育体制改，培养出具有创新能力的人才。

当前创业教育与专业教育的不同之处是在思想观念的认识上，在传统的学术背景下，学习观和创业观是片面的，相互之间是对立的，成功的创业教育，必须结合专业教育。创业是学业，大学的创业教育是引导学生认识自我、明确个人成长的良好途径，在高等教育的发展过程中，需要共同发展，在专业建设中实现创业教育和专业教育的协调发展。

【案例】

## 义乌工商职业技术学院的创业教育与专业教育的融合

创业意味着产生一个创新想法，抓住商业机会进而开创一个事业。创业者所需要的素质是全方面的，这是专业教育的专业性所不能培养的。专业教育的知识体系以及相对严格的对应岗位的技能培训不能适应创业者的人格特质要求。所以，在看待大学的创业教育与专业教育的关系时，立场很重要。创业教育难以大范围推行，很大程度上是因为高校多站在专业立场上，缺乏对高等教育发展过程的包容，不认同新出现的创业教育。

义乌工商职业技术学院创业教育成绩之所以显著，首要一条是改变专业教育观念。重新审视专业教育的价值和意义，重新考察专业教育与通识教育的关系，通识教育与创业教育的关系，将教育放在学生成长成才上。学院创新思维，形成了崭新的知识观、学业观，质量观。教师的学生观：考试好是好学生，创业好是更好的学生。知识观：显性知识是知识，默会知识是更重要的知识，包括人际沟通、意志品质，风险控制能力等。学业观：课堂教学是学业，实践训练是更重要的学业。质量观：不在于有多少学生专升本，而在于有多少学生能以创业带动就业。教育教学观念的改变为创业教育的发展提供了良好的环境，教师们对专业教育的认知也更加深入。专业是为了学生发展而存在的，不是学生为了专业而存在。

专业教育和创业教育之间实现知识迁移并非不可以。两者都含有实践性和理智性的知识成分。作为高职院校，专业教育更加强高实践性而非理智性，要求学生毕业后成为技术型人才。创业教育本身就结合了通识教育与专业教育。专业为创业提供了项目启发，培养了学生创业中必须具备的科学思维，理性判断；创业教育则鼓励学生投身社会、参与实践，运用各种知识和技能开创新的事业，进一步实现对专业教育的深化。这就是通识教育中打通学科知识、整合知识的要求。目前，义乌工商职业技术学院开展的全校性创业教育是融合在专业中的，不是科技型创业（这是少数者的创业）。由此，创业教育不分专业，创业教育的专业教育是辅助专业，是大学生在创业实践与教学实训中历练的专业。该院结合义乌市场特色，主要鼓励学生开展淘宝创业。因该创业模式门槛低、风险小、起步快，不少学生经过三年的历练掌握了扎实的专业技能，如电子商务技能，国际贸易技能等。因为是商科为主的高职院校，学生从事商业活动积极性高，更利于实现专业教育与创业教育之结合。专业教育因为专门化，能够对某一方面的知识掌握得特别好。从创业教育涉及的相关内容看，它是一门交叉学科，要求掌握的不仅仅是某一方面的知识，而是要实现多方面知识的融会贯通。如电子商务创业班的设置理念就是基于商科与网络计算机两种核心专业知识。也就是说，创业教育的开展需要有专业教育的支撑。专业学习过程中,学生掌握的知识、所受到的思维训练,对于将来所从事的任何一项工作都有帮助。事实上,大量的从事非专业工作的大学毕业生,同样能充分实现自己的人生价值,也同样能为社会做出巨大贡献。创业教育不能局限于专业。创业教育更注重实践和实战,通过学生的切身体验获得认知、情感和技能的培养。创业成功的最重要要素不是具有创业能力或意识,而是将能力变为执行力。创业教育的知识迁移更重要的是在于"默会知识",这些知识在传统专业教育中同样受到重视,只是往往闭门造车,培养不出。通过创业,学生的学习兴趣和需要能够大大激发,从创业教育来促进专业教育发展。义乌工商职业技术学院的创业学生在创业实践中更加明白知识的重要性,大三时还饶有兴致地参加专业课学习,少部分学生甚至在毕业以后还主动深造。

(资料来源:义乌工商职业学院官网)

## 本章要点

本章内容主要包含了国际和国内创业教育中的创业实践活动、竞赛和创业教育结合(即"教赛结合")、创业教育和专业教育的融合(即"专创融合")的实践三大部分。通过对当前国际、国内创业教育比较典型高校的实践活动总结,探索我国创业教育如何更好地进行理论实践结合、如何更好实现"教赛结合"和"专创融合"的思路,也比较全面地介绍了创业教育和实践结合的意义及创新做法。本章内容可作为大学生学习生涯规划及大学创业实践活动参与的重要参考,也可为从事创业教育工作者的工作思路提供借鉴。

## 思考题

1. 目前国内高校的创业实践教育主要通过如下几种类型来开展?
2. 教赛融合的主要形式有哪些?

【案例讨论】

### 从"挑战杯"走出的杰出人物

"挑战杯"竞赛已成为促进优秀青年人才脱颖而出的创新摇篮。竞赛获奖者中已经产生了两位长江学者、6位国家重点实验室负责人、20多位教授和博士生导师,70%的学生获奖后继续攻读更高层次的学位,近30%的学生出国深造。他们中的代表人物有:第二届"挑战杯"竞赛获奖者、国家科技进步一等奖获得者、中国十大杰出青年、北京中星微电子有限公司董事长邓中翰,第五届"挑战杯"竞赛获奖者、"中国杰出青年科技创新奖"获得者、安徽中科大讯飞信息科技有限公司总裁刘庆峰等。

案例思考:

(1)作为学校的一名学生,请问你如何结合自身优势,参加挑战杯比赛?

# 参考文献

[1] 陈步青，刘凌超，张卢辉，等. 大学生创新创业实践管理及运行机制探究 [J]. 创新创业理论研究与实践，2019，2（23）：186-188.

[2] 朱荣贵. 国内外创业教育经验的启迪 [J]. 职教论坛，2001（6）.

[3] http://gix.tsinghua.edu.cn/.

[4] http://www.zii-china.org/index.html.

[5] http://cxzx.neu.edu.cn/.

[6] http://cyxy.wzu.edu.cn/.